절망의 나라의
행복한
젊은이들

어려운 시대에 안주하는
사토리 세대의 정체

후루이치 노리토시

이언숙 옮김
오찬호 해제

절망의 나라의 행복한 젊은이들

민음사

일본은 절망적이고
한국은 '더' 절망적이다

오찬호

사회학 박사
『우리는 차별에 찬성합니다:
괴물이 된 이십 대의 자화상』의 저자

누구도 부인할 수 없는 명백한 사실 두 가지가 있다. 첫째, 인류는 공동체를 구성한 이후부터 지금까지 어떻게든 성숙해 왔다. 단기적으로 끊어 보면 종교 박해, 인종 차별, 전쟁 등 어제보다 퇴행한 오늘이 존재한다. 하지만 굵직하게 분류하면 '보다 나은' 사회를 만들기 위해 인류가 늘 노력해 왔음이 분명하다. 그리고 둘째로 아주 오래전부터 어디를 가더라도 떠돌던 말이 있다. 그것은 기성세대가 젊은이들에게 하는 "요즘 애들 버릇없어!"라는 말이다. 그런데 젊은이들이 항상 앞 세대로부터 핀잔을 들었다는 것은 이들이 늘 발칙할 수 있었다는 뜻이기도 하다.

이런 두 가지 사실들을 연관시키면 다음의 그럴듯한 음모론이 가능하다. 인류가 성숙할 수 있었던 여러 이유들 중 하나는 젊은이들이 발칙할 수 있었기 때문이 아닐까? 헤겔의 변증법으로 생각해 보자면, 기성세대의 질서(正)에 대하여, 젊은이들이 반대의 생각(反)을 할 수 있었기에, 보다 나은 사회(合)가 등장한 것으로 설명할 수 있다. 그렇다면 왜 인류 공동체는 지금껏 젊은이들에게 다른 세대에 비해 상대적으로 발칙할 수 있는 특권을 준 것일까? 이유는 간단하다. 누군가는 사회에 쓴소리를 해야 하기 때문이다. '질풍노도'의 감정을 가진 젊은이들의 눈을 통해 '조화로운 질서' 이면의 문제점을 발견하는 것은 기존의 사회 법칙에 익숙한 어른들에게는 얼굴을 찌푸릴 상황이겠지만, 결론적으로 사회 전체의 상식적인 발전을 가능케 하는 변수이기도 하다.

하지만 이제 상황이 달라졌다. 발칙한 젊은이들은 사라졌다. 이들은 사회에 반(反)할 생각이 추호도 없다. 그럴 수 있는 환경이 아니다. 저성장 시대, '바늘구멍'이라는 단어만으로는 설명이 부족한 취업난 속에서 지금의 젊은이들은 질식했다. 그 결과 '자살'이 젊은이들의 사망 원인 1위가 되었다. 질병 때문에 아프거나 혹은 예기치 않은 사고로 다치지 않아도, 단지 이 시대에 태어났다는 이유 때문에 목숨을 포기할 가능성이 어느 때보다 높아진 것이다. 상황이 이러함에도, 이들에게 주어지는 조언들은 '노력하면 성공할 수 있다.'라는 식의 시대착오적인 훈계다. 비판할 사람들이 사라진 자본주의는 당연히 성역이 되었다. 공동체, 연대 등의 단어는 경쟁 완전체가 되어 버린 젊은이들에게 더 이상 의미가 없다. '나는 절대 양보하지 않겠다.'라는 '각자도생(各自圖生)'의 자세가 없으면 이들은 막장 구렁텅이로 떨어질 뿐이다. 그래서 서로가 서로를 조롱하고 멸시한다. 나는 절망의 시대에 '더' 절망스럽게 변해 버린 젊은이들의 모습을 『우리는 차별에 찬성합니다: 괴물이 된 이십 대의 자화상』에 담았다.

이 책을 내고 여러 곳에서 강의할 기회가 있었다. 그런데 많은 사람들이 내게 "젊은이들이 다 그렇게 절망적인 것은 아니다. 주변을 살펴보면 성과주의에 집착하지 않으면서 행복을 즐기는 20대들의 모습을 어렵지 않게 발견할 수 있다. 이들을 어떻게 설명할 것인가?"라는 질문을 한다. 이때 자유롭게 여행을 다니거나, 아프리카에 가서 집짓기 봉사 활동을 한다거나, 소규모 커뮤니티를 만들어 자유롭게 활동하는 젊은이들이 주로 언급됐다. 물론 이 질문에는 '세상을 그렇게 어둡게만 진단하지 마라, 곳곳에 희망의 징표가 있다!'라는 자신들의 해석이 짙게 배어 있다. 그러면서 '이런 시대에도 행복해하는 젊은이가 있기에' 이 사회는 반드시 달라질 것임을 강조한다. 이들은 '행복하게 사는 개인'이라는 객관적 사실에서 '이런 개인들이 모인 사회는 행복하다.'라는 추론을 도출한다. 이에 논리적 오류가 있을 리 없다고 장담한다. 민태원의 시 「청춘 예찬」에는 이런 구절이 있다. "청춘의 피는 끓는다. 끓는 피에 뛰노는 심장은 거선(巨船)의 기관같이 힘이 있다. 이것이다. 인류의 역사를 꾸며 내려온 동력은 바로 이것이다." 압도적이다. 아마 이런 이미지로 젊은이들을 바라본다면, 쉽사리 '절망'이라는 단어로 이들을 해석해서는 안 될 듯하다. 그런데 어쩌지? 이 시는 1929년 작(作)이다. 그 사이 세상은 완전히 변했다. 일본의 젊은 사회학자 후루이치 노리토시의 『절망의 나라의 행복한 젊은이들』은 이러한 현상을 이해하는 데 결정적인 책이다. 그는 젊은이에 대한 낭만적 의미 부여에 찬물을 끼얹고 여태 우리가 알고 있었던 '행복의 이유'를 폐기 처분한다.

절망한 나라의 행복한 젊은이들

『절망의 나라의 행복한 젊은이들』은 한국에서 오해받기 딱 쉬운 책이다. 제목만 보면 '힘들어도 행복을 추구하는 젊은이가 있다!'라는 느낌이 강하게 들지 않는가? 이것은 '고난을 긍정적으로 이겨 내는 스토리'를 과하게 좋아하는 한국 사회의 특징과 무척이나 어울린다. 그래서 이 책은 사회에 대한 절망감에 행복해하지 않는 젊은이들에게 '불평 좀 하지 마라.'라면서 권장될 가능성이 농후하다. 물론 이 책은 그런 '주술적'인 내용이 아니다.

노리토시의 사회학적 시대 진단은 간단하다. 첫째, 일본 사회는 절망적이다. 둘째, 일본 사회에 자기 스스로 행복하다고 여기는 젊은이들이 유의미하게 증가했다. 그리고 이 둘은 서로 인과 관계로 엮여 있다. 즉, 절망적인 사회 덕택에 개인이 행복할 수 있게 된 것이다. 그럼 다음 질문이 가능하다. 아니 사회가 뒤틀렸는데, 어떻게 스스로 행복하다고 여기는 '기묘한' 안정감이 가능하지?(35쪽) 노리토시는 이에 대한 답을 제시한다. 그가 발견한 젊은이들의 '행복'은 '희망적인 미래'를 기대하지 않기에 가능하다. 쉽게 말해, 미래를 포기했기 때문에 가능한 선택지다. 진취적 미래를 위해 우직하게 돌진하는 '육식남'과 대비되는 '초식남'의 등장, 그리고 이루어지지도 않을 목표에 굳이 매달릴 필요 있느냐는 식의 득도를 상징하는 '사토리 세대'의 등장은 이와 무관하지 않다. 미래에 대한 출구가 불투명해지니, '자기만족'이라도 하자는 뜻의 '컨서머토리 족(族)'도 마찬가지 맥락이다. 이런 현상은 1980년대 중반 이후에 태어난 이들에게서 곧잘 나타나는 특징으로, 물질적인 부분만 강조하

는 시대에 돈과 출세만을 쫓으라고 강요하는 경쟁 사회가 만들어
낸 '반작용'인 셈이다. 그리고 노리토시는 사회학자답게 어설픈 대
안을 제시하지 않는다. 오히려 "혹시 더 많은 사람이 행복해지는 것
은 아닐까?"(304쪽)라는 절망스러운 질문을 던진다. '사회적 불평
등'이 개선된다는 징표가 사라진 시대에 어울리는 참으로 솔직한
마무리다.

절망의 나라의 행복하지 않은 젊은이들

'한국은 어떠할까?' 이 책을 읽은 독자라면 필연적으로 떠올릴
생각인 듯하다. 저자가 한국어판 서문에서 밝혔듯이, 일본과 한국
은 상당히 유사한 배경을 지니고 있다. 시대의 물줄기가 어디 '일본
에만' 내려왔을 리도 없고, '한국만' 빠트렸을 리도 없다. 그래서 원
문에서는 '일본'이었던 문장을 '한국'으로 바꾸기만 해도 전혀 어색
하지 않을 구절들이 많다. 다음은 그렇게 바꾸어 본 것들이다.

> 한국은 민주주의적 가치를 가볍게 여김으로써, 민중을 이해하기
> 는커녕 간단히 무시해 버렸고 그 덕에 국가의 경제 성장을 우선시할
> 수 있었다. 기본적으로 한국은 이러한 노선을 타고 지금까지 별 일 없
> 이 버틸 수 있었다. (306쪽)

> 1990년대 이후부터 한국의 기업들은 신입 사원 채용을 축소하고,
> 부족한 노동력은 해고하기 쉬운 계약직 노동자나 파견 노동자로 충당

해 왔다. 대기업에서도 젊은 사원의 승진은 예전에 비해 훨씬 좁은 문이 되었다. (277쪽)

이제껏 한국은 경제 성장만 하면 어떻게든 된다는 생각으로 계속 달려왔는데, 돌연 경제 성장이 멈춰 버린 것이다. 이런 상황에서 민주주의 전통이 없는 이 나라는 모두가 망연자실한 상태로, 그렇게 우두커니 서 있게 된 것이다. (307쪽)

정리하면 한국이나 일본이나 '성장의 미래'를 지나치게 믿었다. 그래서 성장이 멈칫거릴 때, 개인이 보호될 수 있는 장치 마련에 관심이 없었다. 민주주의가 평가 절하된 결과, '개인의 삶'이 어떻게 되든 상관없이 노동의 가치는 땅에 떨어졌다. 일해도 가난할 수밖에 없는 '워킹푸어'가 등장했지만, 우리 그리고 일본 사회에는 이 문제를 해결할 토대가 없다. 하지만 이런 배경이 동일하다고 해서 한국에도 '행복한 젊은이'가 존재하리라 생각하면 오산이다. 왜일까? 신자유주의는 전 세계를 강타했지만, 각 사회의 고유한 사회 문화적 특성들과 결합하면서 강도와 정도의 차이를 야기했다. 즉 한국과 일본은 '자본주의'라는 큰 틀을 공유하는 사회이지만 세부적인 부분에서는 많이 다르다. 결론부터 말하자면, 한국에서는 '미래의 상황이 절망적이니, 현실에서라도 행복하자.'라는 체념조차 젊은이들에게 허락되지 않는다. 한국이나 일본이나 사회가 '절망적'인 것은 분명하지만 한국은 '더' 끔찍하다. 이 점은 지표에서도 금방 드러난다. 조사 시기마다 다르지만, '자살률'의 경우 경제협력개발기구(OECD) 평균은 12%대다. 그중 일본은 20% 내외, 한국은

30% 내외를 기록한다. 물론 지난 10년간 한국은 1위 자리를 내준 적 없다. 개인이 자신이 속한 사회의 미래를 얼마나 불안하게 생각하는지를 알 수 있는 '노인 빈곤율'에 있어서도 한국은 48%라는 믿기 힘든 수치를 보이며 압도적 1위다. 일본은 미국, 멕시코 등과 함께 20% 내외의 수치로 2위권을 형성하고 있다. 조지 오웰이 『1984』에서 표현한 방식을 따르자면, 한국 사회는 '더블 플러스'로 절망적이다. 그래서 실패에 대한 두려움과 생존에 대한 집착이 다른 나라에 비해 '더블 플러스'로 강하다. 여기에 '푸념적 행복'이 들어설 공간은 없다.

행복을 조작해야 하는 사회에 희망은 없다

그렇다면 내가 강의를 다니면서 마주쳤던 질문들은 어떤 의미로 해석되어야 할까? 한국에서도 확인할 수 있는 '행복한 젊은이들'을 상징하는 징표들은 도대체 무엇일까? 착각하지 마라. 한국에서 그런 사례들은 '탈스펙'이라는 또 다른 '스펙'으로 관리되고 있을 뿐이다. 애초에 스펙을 위한 '스토리'를 만들 생각이 아니었다면 하지 않았을 '행복 추구'다. 기업의 문은 좁아졌고 구직자들의 평균 역량은 이미 인간계의 수준을 벗어났다. '취업 9종 세트'라고 하지 않는가. 그것도 '기본 자격'이지 합격이 보장되는 것도 아니다. 사람들은 이제 틈새시장을 노린다. '행복'은 그렇게 스펙이 된다. 한국에서 '행복한 젊은이들'의 사례는 그 자체로 그치는 게 아니라 철저하게 자기소개서의 소재로 활용된다. 여행을 통해 '도전 정신'을 배웠고, 봉사 활동을 통해 '기업의 사회적 역할'을 몸으로 느꼈으며 작은 커뮤니티 활동이었지만 그 안에서 조직이 어떻게 운영되는지를 알 수 있었다는 식으로 말이다. 이제 그런 '스토리' 없이, 학점과 토익(TOEIC) 점수만으로 평범하게 입사 준비를 한다면 면접관으로부터 "왜 이렇게 임팩트 있는 경험이 없어요?"라는 핀잔맞을 각오를 해야 한다. 그렇게 탄생한 것이 '조작된' 행복이다. 그래서 한국에서는 '나는 자유롭게 살았다.'라고 자기소개서의 한 줄이 남을 밀어내는 결정적인 경쟁력이 된다. (물론 이런 '행복 스펙'마저도 '포화'된 상태라 경쟁력이 미비하다. 하지만 '모두가 다 하기에' 안 할 수도 없다.)

　'행복한 젊은이들'의 부재는 요즘의 젊은이들이 사회적 관습으로부터 이탈한 존재를 어떻게 대하는지를 살펴보면 이해하기가 쉽다. 예전부터 '아웃사이더'는 늘 존재했지만, 그 이미지는 '보헤미안 스타일'에 가까웠다. 종종 관습에 얽매이지 않는 대범함으로 포장되기도 했다. 하지만 지금의 젊은이들은 남들에게 '아싸'(아웃사이더를 줄여 표현한 말)라고 비치는 걸 죽기보다 싫어한다. '혼자 밥 먹는 것'조차 그런 인식 때문에 포기한다. 이들은 '아웃사이더'를 '자격 결핍의 이미지'로 이해한다. 젊은이들에게 '아싸'는 개인에게 문제가 있어 중심 '안'으로 들어오지 못하는 '시대의 부적응자'일 뿐이다. 그러니 이들은 '세상 물정과 동떨어진' 행복을 추구할 수 없다. 무엇을 해도 그것은 '이 사회에 적응하고 있다.'라는 메시지를 풍겨야 한다. 그래서 한국의 젊은이들은 '순응하려는 자와 순응에 실패한 자'로 구분될 뿐이다. 그사이엔 '소소한 행복을 추구하는 경우'가 없다.

　이렇게 된 이유에는 한국 사회가 '유례를 찾아볼 수 없는' 현대

사의 굴곡을 너무나 단기간에 체험했기 때문이다. 전쟁, 독재, 민주주의를 포기한 '압축적' 경제 성장, 국제통화기금(IMF)의 관리 등을 거치면서 한국 사람들이 느낀 점은 하나다. '아, 사회는 나를 도와주지 않는구나!' 그래서 어떻게든 '살아남는 것'이 최우선 과제가 되었다. 그 과정에서 한국 사회는 특정 문제를 '사회 구조적 측면'에서 이해하는 촉수를 완전히 잃었다. 그동안 사회 구조가 '개인의 문제'를 해결해 주지 않았기 때문에 이는 당연한 결과다. 따라서 한국에서 사회를 논하는 건 불평불만 가득한 청개구리의 자격지심일 뿐이다. 일본도 마찬가지겠지만 한국은 '돈이 되지 않는다는 이유'로 여러 가치들을 말살하는 속도가 혀를 내두를 정도다. 비판적 논의를 제공하는 최후의 보루였던 '대학'이 '기업이 원하는 인재'를 만들어 주겠다면서 '취업률'에 따라 학문의 씨를 없애 버리는 것이 그 대표적인 경우다. 그래서 요즘의 대학생들은 정치·사회에 관한 이야기를 토익 시험 독해 지문에서 가끔 만난다고 하지 않는가. 취직을 위해 '자신의 행복'조차 정형화시키는 데에 개의치 않는 사회는 그렇게 완성된다.

젊은이들이 자신의 존재를 사회적 관계에서 추론해 내지 못하면 기성세대는 이를 이용할 뿐이다. '상황은 좋지 않지만 열심히 일해라.'라는 어처구니없는 강요는 정규직이 되기 위해 인턴으로 몇 개월을 버티고, 다음은 수습사원으로 몇 개월을 버티고, 다음은 비정규직으로 몇 년을 버텨야 하는 끔찍한 과정을 탄생시킨다. 하지만 누구도 이것을 '문제'라고 가르쳐 주지 않는다. 절망적인 상황을 '절망'으로 받아들이지 않는다면, '현실에 만족하는 행복한 젊은이'조차 등장할 수 없다. '나는 할 만큼 했다, 하지만 사회가 이 모양인

데 더 이상 뭘 하겠어? 이제 내 행복, 나 스스로 찾겠어!'라는 '행복한 젊은이들'이 일본에 존재하는 이유는 그나마 자신을 사회적 관계 내의 '피해자'로서 볼 줄 알기 때문이다. 이것이 두 나라의 결정적 차이다. 그나마 일본은 한국에 비하면 유토피아였다. 부럽다.

차례

2시간 30분의 거리

일본에서 느낀 한국의 두 가지 모습

"EXO가 정말 좋아서 미치겠어. 한국에 가서 살고 싶어. 한국인
이 됐으면 좋겠어."

"한국은 지독한 나라야. 일본에 있는 한국인은 모두 일본에서 나
가 줬으면 좋겠어."

이 말들은 모두 최근 한 달 동안 내가 직접 지인을 통해서 들
은 말이다. 한 사람은 도쿄에 위치한 한 유서 깊은 기업에 근무하는
사에코(27세, 도쿄 도)다. 작년 말부터 K-POP에 흠뻑 빠져들기 시
작했으며, 한동안 BIGBANG을 좋아하다가 지금은 EXO의 멤버
KAI(19세, 서울특별시)에게 온통 관심이 쏠려 있다.[1] 그녀는 유튜브
(Youtube)와 트위터(Twitter)를 통해 카이의 팬으로서 활동하는 데 여
념이 없다. 바로 얼마 전, 단지 EXO의 라이브 콘서트를 보기 위해

일을 제쳐 두고 잠깐 시간을 내서 서울까지 방문했다.

또 한 사람은 일본의 대형 금융 기업에 근무하는 고지(25세, 홋카이도)다. 일본의 유명 대학을 졸업하고 은행가 증권 부문에서 일하는 그는 언뜻 보면 온화한 인상이지만, 정치 이야기가 화제에 오르면 갑자기 우익으로 돌변한다. 특히 한국과 관련된 언급이 나오면, 날카로운 표현을 사용해 가며 "한국인은 모두 차별주의자다. 아베(安部) 수상의 모형을 불태우는 일도 서슴지 않는 나라다."라는 말을 하기도 한다.[2]

다소 극단적인 사례이기는 하지만, 이 두 사람의 의견은 현재 일본에서 나타나고 있는 한국에 대한 이미지를 보여 주는 전형적인 예라고 하지 않을 수 없다. 최근 10여 년 동안, 일본에서는 이른바 '한류 붐'이 이어져 왔다. 한국 출신 가수 BoA(27세, 경기도)와 텔레비전 드라마 「겨울 연가」의 유행을 시작으로, 수많은 일본인들이 한국 문화의 포로가 되었다.

그러나 이것과 동시에, '혐한(嫌韓)' 분위기도 차츰 고조되었다. 한국을 비판하는 서적은 종종 베스트셀러가 되었으며, "(한국 프로그램 수입으로 인해) 한국 자본에 지배당하고 있다."라고 트집을 잡힌 텔레비전 방송국은 대규모 시위대와 맞부닥뜨려야 했다.

특히 '인터넷우익(ネット右翼, 넷우익)'이라고 불리는 사람들은, 한국에 대한 공격적인 발언을 수시로 반복하고 있다. 이들은 한국과 관련된 뉴스라면 아무리 사소한 것도 결코 간과하지 않는다.[3] 심지어 일본의 누군가가 한국에 대해 조금이라도 긍정적인 발언을 하면, (인터넷우익으로 활동하는) 모든 사람들이 달라붙어 서슴없이 비난을 퍼붓는다.

그러나 사실 한류에 열광하는 것이나 혐한에 동조하는 행위는 마치 동전의 양면과 같은 관계다. 이런 두 가지 현상의 배후에 자리한 것은 소프트파워 부분을 중심으로 한 한국의 약진과 거품경제 붕괴 이후 장기화된 일본 경제의 쇠퇴라고 할 수 있다.

한때 일본의 매스컴은 연일 한국의 콘텐츠 산업 활황과 삼성이나 현대 등 유수 기업들의 약진 양상을 보도하기도 했다. 더불어 이에 위협을 느낀 일본인들은 과도할 정도로 한국을 비판하기 시작했다. 이 책의 4장에서 언급했듯이, 이러한 배외주의(排外主義)의 배경에는 그들 자신이 처한 불우한 노동 환경과 승인의 공급 부족이라는 문제가 가로놓여 있다.

일본과 한국은 먼 나라?

이 책을 읽는 독자는 일본의 고조된 배외주의까지 포함하여, 양국의 공통점을 다수 발견하게 될 것이다. 취업 때문에 괴로워하는 젊은이들이라든가, 부모님의 슬하를 떠나 생활하는 젊은이들이 증가하고 있다든가, 급격하게 진행되고 있는 저출산 문제 등 한국과 일본 사회는 서로 공통된 문제를 안고 있다.

한편 한국은 일본에 비해 '젊은' 나라이기도 하다. 평균 연령만 봐도 일본은 '약 45세'인 데 반해 한국은 '약 38세'다. 양국 모두 급격한 저출산, 고령화 문제에 직면해 있기는 하지만, 그렇더라도 한국은 '젊은 인구'가 일본보다 많다. 2012년에 치러진 한국의 대선 때, '젊은이 문제를 어떻게 해결할 것인가' 하는 사안이 하나의 쟁점으로 부각되었다는 뉴스가 일본에도 보도되었다.

세계의 상황을 살펴봐도, 대체로 '젊은' 나라일수록 정치에 대한 열기가 뜨겁다. 이 책의 3장에서는 일본 젊은이들의 정치의식, 4장과 5장에서는 그들의 사회 운동에 대해 서술했는데, 이 부분에 대한 양국의 열기와 온도 차이를 의식하면서 글을 읽어 나간다면 더 좋을 듯싶다.

젊은이를 둘러싼 한국과 일본 사이의 또 하나의 큰 변수는 바로 징병제의 존재다. 2013년 여름에 일본에서 출간한 졸저『아무도 전쟁을 가르쳐 주지 않았다(誰も戰爭を教えてくれなかった)』에서도 언급했지만, 놀랍게도 선진국들 중 여러 국가가 아직도 징병제를 유지하고 있다.[4]

역사적으로 징병제는 많은 국가에서 일종의 통과 의례의 역할을 담당해 왔다. 명확한 통과 의례가 없는 일본과 달리, 한국은 징병제를 남성들에게 강제함으로써 아이에서 어른으로 나아가는 관문, 즉 일정한 기능을 부여하고 있다.

한국과 일본 사이가 '가깝다.' 혹은 '멀다.'라는 느낌은 양국을 우호적인 관계로 맺어 주는가 하면, 때로는 분쟁의 원인으로 작용하기도 한다. 그러나 감각적인 차원에서 말하자면, 나는 일본과 한국의 젊은이들 사이에는 커다란 차이가 없다고 생각한다.

2013년 7월, 서울에서 개최된 동아시안컵 남자 축구 한일전을 보러 갔을 때의 일이다. 소문으로 들었던 대로, 한국의 응원객들은 매우 공격적으로 보였다. 또 그들 중 일부는 "역사를 잊은 민족에게 미래는 없다."라는 정치적인 슬로건과 안중근 의사의 초상을 담은 플래카드를 경기장에 내걸었는데, 이 광경은 뉴스거리로 오르내리기도 했다.

그러나 내 앞자리에 앉아 있던 20세 전후의 여성들은 큰 목소리로 "대한민국!"을 외치거나 종종 "우우!" 소리를 내며 야유를 보내기는 했지만, 눈에 띄는 정치적인 주장은 하지 않았다.

앞서 언급한 플래카드에도 그다지 반응을 보이지 않았다. 심지어 축구 경기가 한창일 때도 응원을 하면서 한쪽 손으로는 스마트폰을 계속 만지작거렸고 끝내 내려놓지 않았다. 아무래도 경기장에 함께 오지 않은 친구와 화상 채팅을 하면서, 축구 경기를 관전하고 있는 듯했다.[5]

한국의 패배와 일본의 승리가 확정된 순간에도 분위기는 깔끔하고 담백했다. 내 앞에 앉아 있던 여성 관객들은 순간 낙담하여 한숨을 내쉬었으나, 곧장 귀가 준비를 서둘렀다. 게다가 "함께 노력합시다."라는 플레이트를 든 일본인 아저씨 응원객과 함께 기념사진을 촬영하기도 했다.

일본에서도 마찬가지일 테지만, 많은 사람들에게 축구라는 것은 소리 높여 무언가를 외칠 수 있고, 적절한 긴장감과 통쾌함을 만끽할 수 있는 엔터테인먼트의 일종이다. 물론 어디에나 이것을 내셔널리즘과 연계해서 생각하는 사람과 전혀 그렇지 않은 사람이 있기 마련이다. 나는 당시 한국의 경기장에서 바라본 광경을 떠올릴 때마다, 이 책의 3장에서 기술한 논의가 생각난다.

다소 차이가 있기는 하지만, 우리는 비슷한 테크놀로지와 유사한 콘텐츠 속에서 살아왔다. 한국의 젊은이들과 일본의 젊은이들 사이에 극복하지 못할 차이는 그 어디에도 없다.

노르웨이에서 만난 한국

내가 개인적으로 한국과 인연이 닿은 건 2005년 노르웨이에서였다. 그때 나는 교환학생제도를 이용해 노르웨이의 오슬로 대학교에서 공부할 수 있는 기회를 얻었다. 그리고 그곳에서 몇 명의 한국 유학생들과 만나게 되었다.

확실히 그들은 유럽인에 비하면 나와 매우 가까운 존재라는 느낌이 들었다. 우리는 서로의 모국어를 몰랐지만, 영어를 통해 충분히 의사소통할 수 있었다. '왠지 모르게' 서로 말하고 싶은 것이 무엇인지 십분 이해할 수 있었던 것이다.

나는 이들을 통해 한국의 혹독한 취업 사정과 의무 군역의 현실을 알게 되었다. 한편 한국인 친구들과 노르웨이 북부까지 오로라를 보러 가기도 했고, 노르웨이의 한국인 커뮤니티가 주최하는 이벤트에 참가하기도 했다. 그런 이유에서 나의 노르웨이 유학 생활은 어느 정도 '한국 체험'의 시간이기도 했다.

잘생기고 친절했던 김건, 익숙하지 않은 유학 생활 동안 많은 도움을 준 우차, 말썽쟁이 세완. 그들은 지금 어디에서 무엇을 하고 있을까?

또한 나는 오슬로 대학교에 머물 때, 이 사람에게 많은 신세를 졌다. 바로 러시아 출신으로 한국 국적을 취득한 박노자(당시 37세, 상트페테르부르크) 선생님이다. 대단히 박식한 그분으로부터 동아시아에 대해 배울 수 있었던 일은 참으로 멋진 경험이었다.

이 책이 한국어로 번역되어 한국의 친구들에게 읽힐 생각을 하면, 진심으로 기쁘다.[6]

이 책은 2011년 일본에서 초판이 출간되었다. 지금도 일본은 여전히 '절망의 나라'이지만, '행복한 젊은이들' 또한 건재하다.

2020년 도쿄 올림픽 개최가 결정되었고, 일단 '아베노믹스'의 약진에 따라 일본의 분위기는 다소 좋아진 듯 보인다. 그러나 후쿠시마(福島) 제1원자력 발전소 문제, 멈출 기세를 보이지 않는 저출산과 고령화 문제 등 여전히 많은 골칫거리가 산적해 있다.

그런데 젊은이들이 느끼는 생활 만족도와 행복 지수는 더욱 상승했다. 최근에 내각부(內閣府)에서 발표한 「국민 생활에 관한 여론 조사」에 따르면, 20대의 생활 만족도는 78.3%까지 상승했다. 그리고 NHK 방송문화연구소의 한 조사를 보면, 중학생과 고등학생의 95%가 자신은 '행복하다.'라고 대답했다는 사실을 알 수 있다.[7]

하지만 이 책의 2장에서 언급했듯이, 젊은이들 스스로가 행복하다고 생각하는 사회가 반드시 '행복한 사회'를 의미하는 것은 아니다.

한국의 독자들은 과연 이 책을 어떻게 읽을까? 도쿄에서 서울까지의 거리는 비행기로 불과 2시간 30분 정도밖에 걸리지 않는다. 일본에서 봐도, 한국은 가까우면서 먼 나라다. 이 책의 내용이 한국 독자들에게 조금이나마 도움이 되었으면 하는 바람을 가져 본다.

프롤로그

요즘 젊은이는
왜 저항하지 않는가

불행한 젊은이들이라고, 정말?

이것은 동일본 대지진이 일어나기 전해인 2010년이 저물어 갈 무렵의 일이다.《뉴욕 타임스》의 도쿄지국장인 마틴 파클러(Martin Fackler, 44세) 씨가 이런 질문을 했다.

"일본의 젊은이들은 이처럼 불행한 상황에 처해 있는데, 왜 저항 하려고 하지 않는 겁니까?"

그 당시 마틴 파클러 씨는 일본의 세대 격차에 관한 기사를 쓰 고 있었는데, 일본 젊은이들의 생각을 도저히 이해할 수 없다는 것 이었다.[8] 현재 일본 젊은 층의 대다수는 비정규직 노동자로서 불안 정한 생활을 할 수밖에 없는 상황이다. 대학 졸업자의 취직율은 저 조하고, 구직을 핑계로 노는 학생도 드물지 않다. 고령화가 차차 진행되고 있는 일본에서 현역 세대에게 부가되는 부담은 더욱 가중되고 있다.

어째서 일본의 젊은이들은 이처럼 불우한 상황에 놓여 있는데도, 현실에 저항하려는 움직임을 조금도 보이지 않고 있는가? 바로 이 점이 마틴 파클러 씨의 의문이었다. 나(26세, 집필 당시 나이)의 대답은 간단했다.

"왜냐하면, 일본의 젊은이들은 행복하기 때문입니다."

확실히 거시적으로 바라보면, 세대 간의 격차를 비롯하여 일본의 사회 구조가 젊은 층에게는 '불행'을 불러일으키는 구조로 이루어진 것처럼 보일 수도 있다. 그러나 실제로 젊은이들의 일상생활을 들여다보면, 그들 아니 우리가 정말 불행하다고 느끼는지 의문스럽다. 과연 불행한 것일까?

우리는 이제 더 이상 일본에서 경제 성장을 기대할 수 없을지도 모른다. 그렇지만 일본에는 매일매일 생활을 다채롭게 해 주고 즐겁게 만들어 주는 요소들이 갖춰져 있다. 그다지 돈이 많지 않아도 우리는 자기 처지를 어떻게 생각하느냐에 따라 그럭저럭 일상생활을 영위할 수 있다.

예컨대 유니클로(UNIQLO)나 자라(ZARA)에서 기본 패션 아이템을 구입해서 입고, 에이치앤드엠(H&M)에서는 유행 아이템을 사서 포인트를 준 다음, 맥도날드에서 런치세트와 커피로 식사하면서 친구들과 시시껄렁한 이야기를 세 시간 정도 나눈다. 집에서는 유튜브를 보거나, 스카이프(Skype)를 이용해 친구와 채팅을 즐기고 종종 화상 통화도 한다. 가구는 니토리(Nitori)나 이케아(IKEA)에서 구매한다. 밤에는 친구 집에 모여서 식사를 하며 반주를 즐긴다. 그리 돈을 들이지 않아도 그 나름대로 즐거운 일상을 보낼 수 있다.

실제로 오늘날 일본 젊은이들의 생활 만족도나 행복지수는, 이미 각종 조사에서 밝혀졌듯이 최근 40년 동안 가장 높았다. 예를 들어 내각부의 「국민 생활에 관한 여론 조사(國民生活に関する世論調査)」에 따르면, 2010년 시점에서 20대의 70.5%가 현재의 생활에 '만족'한다고 대답했다. 그렇다. '격차사회'라거나 '세대 간 격차'에 대해 여러 가지 지적이 나오고 있지만, 일본의 젊은이들 중 약 70% 정도가 현재의 생활에 만족하고 있는 것이다.

이들의 만족도는 다른 세대보다 높게 나타났다. 30대의 경우, 생활 만족도에서 '만족'한다는 수치가 65.2%, 40대의 경우에는 58.3%, 50대의 경우에는 55.3%까지 떨어진다. 젊은이들을 걱정스럽게 지켜보는 중장년 세대의 생활 만족도가 훨씬 낮게 나타난 것이다.

또한 요즘 젊은이들의 생활 만족도는 과거의 20대와 비교해 봐도 높게 나타난다. 한창 경제 고도성장기였던 1960년대 후반의 20대의 생활 만족도는 60% 정도였고, 1970년대에는 50%까지 내려가기도 했다. 그러던 생활 만족도가 1990년대 후반부터 70%를 오르내리는 수치를 보이고 있다.

경제 성장의 이면에 있는 불행

2011년을 살아가는 일본의 젊은이와 과거의 젊은이를 비교해 보면, 과연 '행복하다.'라는 생각이 든다.

오늘날과 대비시켜 보기 위해 지금으로부터 30년 전, 1980년 대 무렵의 젊은이들의 생활을 들여다보자. 거품경제가 붕괴하기 전 인 1980년대는 마치 꿈같은 사회였다고 묘사되는 경우가 있다. 분 명 이 시기 일본의 경제는 상승세였다. 일본은 1973년의 1차 오일 쇼크, 1979년의 2차 오일쇼크를 겪었지만, 거품경제가 붕괴하기 전 (1974년도부터 1990년도)까지는 평균 3.8%의 경제 성장을 이어 갔다.

그러나 경제가 상승세를 타고 있다는 점과 사람들의 생활이 행 복하고 풍요롭다는 것은 별개의 문제다. 오히려 높은 경제 성장의 이면에는 그런 고도성장을 강조하는 불행하고 왜곡된 사회 풍조가 내재해 있었다.

다른 누구보다도 업무에 몰두해야 했던 '아버지들'이 가장 고 달팠다. 수당 없는 잔업까지 해야 하는 경우를 포함하면, 주 60시간 이상을 일하는 장시간 노동자가 1975년 이후 급증하기 시작했다. 그리고 1980년에 이르자 이 수치는 이미 약 450만 명, 즉 전체 노동 자의 약 20%가 장시간 노동에 시달리게 됐다. 그런 장시간 노동자 의 수는 1980년대 내내 계속 증가했다.[9] 왜냐하면 사원을 해고하는 일이 쉽지 않은 일본의 고용 구조는 회사 전체의 업무량이 증가할 경우에 고용을 늘리는 대신, 사원 한 사람에게 할당되는 업무량을 늘리는 방식으로 대처해 왔기 때문이다.

그들의 자녀들도 아주 고달팠다. 입시 경쟁이 극심해진 때도

1980년 무렵이었기 때문이다. 1979년에 지금의 '대학 입시 센터시험'(우리나라의 대학 수학 능력 시험)에 해당하는 '대학 입시 공통 1차 시험'이 실시되면서, 대학 서열화가 시작되었다. 또한 인문계 고등학교의 대학 진학률이 높아지면서, 고등학교 사이에도 서열화가 진행되었다.

당시만 해도 모두가 "좋은 학교에 들어가면 좋은 회사에 들어갈 수 있다. 좋은 회사에 들어가면 좋은 인생을 살 수 있다."라고 믿고 있던 사회였다. 이것은 곧 과열 경쟁 사회를 의미한다.

1980년에는 '금속 배트 살인 사건'도 발생했다. 이것은 입시 삼수생이던 한 학생(20세, 도쿄 거주)이 잠자리에 든 부모를 금속 배트로 살해한 사건이다. 가해자 학생의 아버지는 도쿄 대학교(東京大學)를 졸업했고, 형은 와세다 대학교(早稻田大學)를 졸업한, 소위 엘리트 가정이었다. 그의 범행은 재판 과정에서 '입시 공부로 인한 심리적 압박'이 원인으로 밝혀지면서 정상 참작되었다.[10]

또한 심각한 교내 폭력과 이에 대처하는 관리 교육(管理教育: 학교가 일괄적으로 학생에 대한 지도 내규나 교칙을 정해 엄격하게 '관리'하는 교육 방법 및 방침 — 옮긴이)으로 인해, 일부 중학교·고등학교에서는 엄청난 사건이 벌어졌다. '교사를 대상으로 한 폭력 사건'이 1973년만 해도 71건이었으나, 1982년에는 843건까지 증가한 것이다. 교사를 대상으로 한 학생들의 폭력 사건은 종종 뉴스로 보도됐으며, 경찰이 개입하는 사건도 증가했다.

한편, 과도한 관리 교육이 아무렇지도 않게 태연히 자행됐다. 기후 현립(岐阜縣立) 기요 고등학교(岐陽高等學校)의 교문에는, 매일 아침 대나무로 만든 회초리를 손에 쥔 교사들이 등교하는 학생들을 기다리고 있었다. 이 학교는 체벌을 권장할 정도로 이해하기 어려운 교풍을 가지고 있었다. 급기야 1985년에는 한 교사가 수학 여행지에 헤어드라이어를 가지고 온 학생을 폭행해, 결국 사망에 이르게 한 사건까지 발생했다.[11]

사망 사건 수준은 아니지만, 당시에 '군대식 교육'을 도입한 학교도 많았다. 체벌을 당연시하는 학교가 무수히 많았으며, 학생이 학구(學區)를 벗어날 때도 반드시 학교의 허가를 받은 다음에 교복을 입고 외출해야 했다. 이처럼 도저히 이해할 수 없는 교칙을 적용하는 학교가 적잖았다.[12]

1980년대에 사는 젊은이가 되고 싶은가?

1980년에 경제기획청(당시 명칭)이 발표한 「소비자 동향 조사(독신 근로자 조사)」를 살펴보자. 그 당시에 부모의 슬하를 떠나 일하는 30세 미만의 젊은이 중에서 에어컨을 소유한 사람은 9.9%에 지나지 않았다. 같은 조사에서 전기세탁기는 57.3%, 청소기는 47.9%였다. 요즘 관점에서, 에어컨이 없는 생활을 상상할 수 있겠는가?

텔레비전도 흑백텔레비전이 21.5%, 컬러텔레비전이 67.3%, 그리고 텔레비전 녹화기의 경우에는 1.1%만 보유하고 있었다. 이런 생활이 믿기는가? 30년 전만 해도, 흑백텔레비전을 보는 젊은이가 제법많았던 것이다. 당시에 텔레비전은 여전히 고가의 가전제품이었다. 부모와 함께 사는 사람 중에, 자기만의 개인 텔레비전을 소유한 사람은 흑백과 컬러텔레비전을 전부 합치더라도 50% 정도였다.[13]

당연한 말이겠지만, 오늘날과 비교해 당시 물가는 사회 전체적으로 낮았다. 대학 졸업자의 초임 봉급은 대략 12만 엔 정도였다. 그러나 세부적으로 각각의 품목을 살펴보면, 당시에 더 비쌌던 물품이 적잖다. 예컨대 샴푸나 치약은 지금보다 1980년에 더 비쌌으며, 휘발유도 1리터당 155엔이었다. 텔레비전, 스테레오 스피커, 카메라 등의 전자 제품도 1980년에 더 비쌌다. 1979년에 마쓰시타전송기기(松下電送機器, 현재의 파나소닉)가 발매한 팩스는 당시 48만 엔이었다. 또 1980년에 히타치(日立)가 내놓은 컬러텔레비전(26인치)은 26만 5000엔이었다. 당시에 텔레비전을 사려면, (대학 졸업자 초임기준) 두 달 동안의 월급을 지불해야 했으므로 아무래도 비싼 편이었다. 이런 전자 제품들의 가격이 저렴해진 시기는 신흥공업경제지역(NIES)이 등장하면서부터다.

1980년에는 아직 세상에 등장하지 않은 물건도 많았다. 당연히 위(Wii)도 플레이스테이션도 없었으며, 닌텐도의 패미콤조차도 없었다. 게임이라고 해 봐야 '스페이스 인베이더'를 가정에서 즐길 수 있게 되었다고 기뻐하던 수준이었다.

당연히 인터넷도 없었고, 휴대 전화도 없었다.[14] 그때만 해도 전화 사업은 민영화되지 않았으며, 따라서 전화기는 '구입하는 것'이 아니라, 일본전신전화공사(오늘날의 NTT)로부터 '빌려 사용하는 것'이었다. 버튼식 전화기도 사무실에만 업무용으로 보급되어 있었으며, 대부분의 가정에서는 다이얼식 검은색 전화기를 현관 입구에 두고 사용했다.[15]

국제 전화 요금도 지금으로서는 믿기 어려울 정도로 비쌌다. 1979년의 상황에서 미국에 3분간 국제전화를 걸 경우, 3200엔이나 지불해야 했다.[16] 지금은 3분에 30엔도 들지 않는 염가의 통신 서비스가 드물지 않다. 심지어 스카이프나 구글차트(Google chart)를 이용하면, 사실상 무료로 전 세계의 어느 누구와도 얼굴을 보면서 통화할 수 있다.

1980년의 일본에는 아직 디즈니랜드도 들어서지 않았다.[17] 애니메이션 「원피스」는 물론, 「드래곤볼」도, 「북두의 권」도, 「시티헌터」도 아직 연재되지 않았을 때다.[18] 그리고 「바람 계곡의 나우시카」와 「천공의 성 라퓨타」도 발표되지 않았던 시기다.

편의점은 등장했지만, 지금에 비하면 점포의 개수가 아주 적었다. 또 당시에는 잡화점을 개조해 '편의점'이라는 이름만 붙인 어두컴컴한 점포도 많았다. 그때 세븐일레븐은 약 1000개(현재 약 1만 3000개)의 점포를, 로손은 약 500개(현재 약 9700개) 정도의 점포만을 운영하고 있었다. 당연히 '공공요금 수납 대행 서비스'도 없었고, 은행의 현금자동지급기(ATM)도 설치되어 있지 않았다.

주택 환경도 그리 좋은 편이 아니었다. 당시 유럽 사람들이 지적했듯이, 일본은 '사람들이 토끼집 같은 주택에 사는 일중독자의 나라'였다. 심지어 일본인들 스스로 그런 말을 자조적으로 읊조리기도 했다.[19]

원룸 아파트도 일반적인 주거 형태가 아니었다. 원룸 아파트가 보급되기 시작한 때는 1980년대 중반 이후다. 당시 인기가 있었던 원룸 아파트는 '다다미 여섯 장 정도 크기의 방과 욕실, 화장실, 부엌이 포함된 15~20평방미터'의 형태를 갖춘 주택이었다. 나무로 된 마루(flooring)를 깐 곳을, 굳이 '요마(洋間)'라고 표기해야 했던 시절이었다.[20] 원룸 아파트의 주민은 이웃 사람들과 그다지 교류하지 않았으며, '쓰레기 처리' 등 규칙을 무시하는 사람들이 많아서 기존 지역 주민들과 종종 분쟁을 일으키기도 했다.[21]

현재 쉰 살 정도의 중년이, 아직 청년이었던 1980년. 우리가 볼 때는 오히려 그들이 더 '불행'해 보인다. '불행'은 개인적 상황에 따라 달라지는 '주관적인 문제'이지만, 아무래도 지금 시대에 태어나 다행이라는 생각이 든다. 왜냐하면 그때처럼 혹독한 대학 입시 공부를 하고 싶지 않고, 이제 인터넷이며 휴대 전화도 없는 생활을 도저히 상상할 수 없기 때문이다.

새로운 '행복' 속에 살아가는 젊은이들

2010년에 방송된 대하드라마 「료마전(龍馬傳)」에서 오카다 이조(岡田以藏)로 분했던 사토 다케루(佐藤健, 당시 21세, 사이타마 현)는 에도바쿠후(江戶幕府) 말기와 현대를 비교하면서 "만약 다시 태어난다면, 절대로 에도바쿠후 말기가 아닌 현대에 태어나고 싶다."라고 말했다. 왜냐하면 칼로 사람을 베야만 살아남을 수 있었던 바쿠후 말기의 상황과 달리, 요즘 시대는 "1박 2일 일정으로, 친구들과 함께 바비큐를 먹으러 지바(千葉)로 가는 행복"을 누릴 수 있기 때문이다.[22]

사카모토 료마(坂本龍馬)처럼 유신(維新)이라는 새로운 바람을 불러일으키고 싶은 것이 아니다. 또 나라를 위해 목숨을 바치고, 영웅으로 칭송받기를 바라지도 않는다. 사토 다케루에게 중요한 것은 그런 영웅주의가 아니다. 단지 "1박 2일 일정으로, 친구들과 함께

33

바비큐를 먹으러 지바로 가는" 작은 행복인 것이다.

사토 다케루의 발언이 상징하는 바대로, 요즘 젊은이들이 품고 있는 생각은 바로 가까운 사람들과의 관계 및 작은 행복을 소중히 여기는 가치관이다. "오늘보다 내일이 더 나아질 것이다."라는 생각은 하지 않는다. 일본 경제의 회생 따위는 바라지도 않는다. 혁명 역시 그리 원하지 않는다.

이것이야말로 성숙한 현대 사회에 잘 어울리는 삶의 방식이라고 말할 수 있을지도 모르겠다. 물론 그렇다고 해서, 단순히 "젊은이들이 행복하다."라고 잘라 말할 수 있을 만큼 상황이 간단한 것은 아니다. 그래도 한 가지 분명한 사실은 인프라와 생활 환경의 측면에서, 오늘날의 젊은이들은 그 어느 시대보다도 최고의 '풍요' 속에 살고 있다는 점이다.

그러나 《뉴욕 타임스》의 마틴 파클러 씨가 우려했듯이, 앞으로 세대 간 격차는 더욱 심각해질 것이며, 젊은 층을 중심으로 구성된 현역 세대의 부담은 가중될 것이다.

일본의 저출산, 고령화 문제는 여전히 나아질 기미를 보이지 않고 있다. 출생률이 '1.3명'에서 더 이상 회복될 조짐을 보이지 않기 때문이다. 사회 보장은 지금까지 세 명의 현역 세대가 한 명의 고령자를 부양하는 수준이었는데, 앞으로 15년 후에는 두 명의 현역 세대가 한 명의 고령자를 부양하게 될 것이다.

그리고 거액의 재정 적자 또한 미래 세대가 부담하게 될 것이다. 국가 부채를 미래 세대가 감당해야 되는 것이다. 이것은 마치 나이 든 조부가 어린 손자의 신용카드를 제멋대로 끌어당겨 사용하는, 이른바 '와시와시사기(ワシワシ詐欺: 노인이 젊은이를 상대로 속이거

나 사기 치는 행위를 가리키는 말이다. — 옮긴이)'와 같은 일이라고 주장하는 사람도 있다.[23]

심지어 우리의 부모 세대는 방사능이 누출된 원자력 발전소라는 유산까지 미래 세대 앞으로 남겨 놓았다. 사고가 발생한 후쿠시마 제1원자력 발전소의 원자로를 폐쇄하는 데는 주변 지역의 토지까지 고려하면, 적어도 수십 년의 시간이 걸릴 것이다.[24] 지금의 젊은이들이 노년을 맞이하는 시기에 해당하는 때다.

오늘날 일본의 젊은이들이 아무리 '나는 행복하다.'라고 생각해도, 그 '행복'을 지탱해 주는 생활 기반은 서서히 썩어 들기 시작했다. 그리고 어떤 측면에서는, 이처럼 '뒤틀린' 사회 구조 내부로부터 젊은이들 스스로 자신들이 행복하다고 여기는 '기묘한' 안정감이 나타나고 있다.

이런 '기묘한' 안정감 속에서, 젊은이들은 무슨 생각을 하고, 무엇을 느끼고 있는가? 그들은 어디로부터 와서, 어디로 향하고 있는가?

나는 《뉴욕 타임스》의 마틴 파클러 씨가 던진, "왜 일본의 젊은이들은 저항하려고 하지 않습니까?"라는 질문을 듣고 이렇게 답했다. "왜냐하면 일본의 젊은이들은 행복하기 때문입니다." 이 말에는 복합적인 의미가 포함되어 있다. 앞으로 거기에 감춰진 의미를 이 책을 통해 하나하나 밝혀 나가고자 한다.

이 책의 구성에 대하여

『절망의 나라의 행복한 젊은이들』은, 이 책 한 권만 읽어도 현대 일본의 젊은이들에 대해 대략적이나마 파악할 수 있도록 구성했다.

하지만 안타깝게도, '대략적'일 뿐 '모든 것'을 다루지는 못했다. 애초에 '젊은이'라는 생생한 날것을 연구 대상으로 삼은 이상, '젊은이의 모든 것'을 포착해 기술한다는 것은 무리일 수밖에 없다.

그런 의미에서 이 책은 '젊은이에 대한 퍼펙트 매뉴얼(영구보존판)'이 아니다. 그러나 현대 일본의 '젊은이'를 이해하기 위한 보조 자료로서는 충분히 쓸모가 있을 것이다. 이를테면 '젊은이에 대한 자료집(2011년도판)' 정도로는 말이다.

따라서 여러분이 이 책을 젊은이를 사유하기 위한 '시안(試案)' 정도로 생각해 준다면 다행일 것이다. 물론, "고작 '시안'을 내놓으면서 책으로까지 엮다니!" 하면서, 실례되는 행동이라고 지적할 수도 있다. 하지만 이 책은 지금껏 젊은이에 관한 연구에서 주목 받지 못했던 논의, 화제, 현장 보고 등의 성과를 대폭 반영했다. 부디 넓은 아량으로 봐 줬으면 한다.

또 마치 대단한 연구자라도 된 양 이것저것 다소 까다로운 이야기를 하는 경우도 있을 수 있다. 만약 그런 식으로 기술된 부분을 발견한다면, 좀 더 의심 가득한 눈초리로 읽어 줬으면 한다. 나를 포함해 본디 연구자라는 존재는, 논의에 자신감이 없을수록 다소 애매하고 난해한 방식으로 기술하는 경향이 있으니까 말이다.

우선, 1장에서는 도대체 '젊은이란 무엇인가?'에 대해 생각해 보았다. 태평양전쟁 이전 시기를 포함해, 한때 시중에 떠돌던 젊은이 담론을 살피고 난 후에 내가 깨닫게 된 사실은 실상 '젊은이'란 일종의 환상이 아닐까 하는 점이었다.

2장에서는 세상에서 논의되고 있는 각양각색의 젊은이 이미지가 얼마나 제대로 전달되고 있는지에 대해 데이터를 근거로 검증해 봤다. 최근에 자주 듣는 "물건도 사지 않고, 해외여행에도 다니지 않고, 정치에도 관심이 없고, 초식 생활을 하면서 내향적"이라고 하는 젊은이 이미지는 과연 어느 정도까지 사실일까?

3장과 4장에서는, 직접 현장 연구를 통해 얻은 다양한 자료를 바탕으로, 젊은이들의 모습을 다원적으로 부각시키고자 노력했다. 월드컵 경기에 환호하는 젊은이들, 센카쿠 제도(尖閣諸島) 분쟁 시위에 참여하는 젊은이들 등 다양한 사례를 제시함으로써 '일본'에 대해, 그리고 '젊은이'에 대해 생각해 보았다.

5장에서는, 이 책을 집필하는 동안 발생한 동일본 대지진에 대해 다루어 보았다. "3·11을 계기로 일본 사회가 크게 달라졌다."라는 표현을 자주 들었다. 그러나 적어도 젊은이들의 반응만큼은 좀 색달랐다. 내가 젊은이들을 살펴본 결과, 예상 밖의 계기로 발생한 거대한 지진해일과 달리, 오늘날 젊은이들이 보여 준 반응은 그야말로 '예상한 대로'였다.

6장에서는, 이 책의 주제인 '일본의 젊은이는 행복하다.'라는 점을 '세대 간 격차'나 '노동 문제'를 통해 고찰해 보았다. 그리고 그런 상태의 '지속 가능성'에 대해서도 생각해 봤다. 과연 20년 후, 30년 후의 일본은 어떠한 모습일까, 그때도 '젊은이들'은 여전히 행복할까?

각각의 장은 서로 연관되어 있으면서, 또 독립적으로 읽을 수 있도록 구성했다. 아무 장에서부터 읽어도 크게 지장이 없다. 다만, 내 문체가 책 한 권 분량으로 한꺼번에 읽기에는 다소 지루한 감이 있으므로, 하루에 한 장씩 읽어 가는 편이 좋지 않을까 싶다. 이것은 그저 필자로서의 노파심에서 제안하는 것이다.

참고로 이 책은 각종 인터뷰와 서적을 참조했는데, 필요에 따라 의견을 제공해 준 사람의 나이와 출신 지역을 나란히 기재해 놓았다.[25] 왜냐하면, 누군가가 '젊은이'에 대해 이야기를 할 경우, 자신의 나이를 염두에 둔 그 사람의 입장이 중요하다고 판단했기 때문이다. 그리고 (대중을 대상으로 한 인터뷰의 경우에만) 이 책에 등장하는 사람의 이름은 모두 가명으로 처리했다.

1장

'젊은이'의
탄생과 종언

　　우리는 '젊은이'에 대해 말하기 좋아한다. "젊은이가 일본을 변화시킨다."라는 기대감에서부터 "젊은이가 소비를 하지 않는다."라는 비관적인 시각까지, 언제나 누군가는 '젊은이'에 대해 이야기한다. 그러나 현재 우리가 사용하는 의미와 개념의 '젊은이'라는 용어는 사실 그리 오래전부터 사용되어 온 것이 아니다. 이번 장에서는 '젊은이'라는 용어의 역사와 젊은이론(論)을 추적해 봄으로써, 모호하게 쓰이는 경향이 있는 '젊은이' 개념에 대해 재검토해 볼 것이다. 그리고 '젊은이론'이나 '젊은이에 대해 이야기하는 것'이 왜 어느 시대에나 존재했고, 또 되풀이되는지 이유를 밝혀 보고자 한다.

1 우리가 말하는 '젊은이'란?

요즘 젊은이는 발칙하다?

사람들이 젊은이에 대해 말할 때, 곧잘 인용하는 짤막한 이야기가 있다. 바로 "요즘 젊은이는 발칙하다."라는 명문이 적힌 출토품이 수천 년 전의 유적에서 발굴됐다는 이야기 말이다. 종종 이 이야기의 무대는 메소포타미아가 됐다가, 이집트가 되기도 한다. 그 밖에도 다양한 변종이 존재하지만, 여하튼 한 번쯤은 들어 본 경험이 있을 것이다.

사실 이 이야기는 출처가 의심스러운 일종의 도시 전설이지만,[26] 옛사람들이 "요즘 젊은이는 발칙하다."라고 말했다고 해도 그리 이상하지는 않다. 그러나 주의해야 할 점은, 여기서 언급된 '젊은이'라는 존재가 오늘날 우리가 사용하는 '젊은이'와는 상당히 다른 의미로 사용됐을 가능성이 있다는 것이다. 우선 '연령 구분'의 문제다.

예컨대 고대 로마에서는 '청년(adulescentia)'을 15세부터 30세까지, '젊은이(juventus)'를 30세부터 45세까지로 구분해 사용했다.[27]

현대 일본에서도 '젊은이'의 정의는 여전히 유동적이다. 후생노동성은 고용 정책을 판단할 때 '젊은 층'을 15세부터 34세로 정의하고 있지만, 정부의 「청소년 육성 시책 대강(青少年育成施策大綱)」을 보면 18세부터 30세 미만까지 '청소년'으로 정의하고 있다. 그리고 일본국제협력기구(JICA)에서 모집하는 '청년 해외 협력단'의 자격 요건은 20세에서 39세까지다. 이것만 봐도 앞으로 어려운 문제를 다루게 될 듯싶다.

연령 구분 이상으로 까다로운 문제는, '젊은이는 언제 탄생했는가?' 하는 문제다. '무슨 말이야? 젊은이는 옛날부터 있었지!'라는 반문이 들리는 듯하다. 물론 옛날부터 10대나 20대는 존재했었다. '젊은이'라는 용어가 쓰인 예를 조사해 봐도, 상당히 과거로 거슬러 올라간다. '와카모노(若者, 젊은이)'라는 말의 내력을 살펴보면, 1220년 무렵에 완성된 『헤이지모노가타리(平治物語)』에 이런 언급이 있다. "아쿠겐타(惡源太)는 두 번씩이나 적을 축출했도다. 돌진하라, 젊은이여."라는 구호와 함께 '와카모노'라는 용어가 등장한다. 한편 좀 더 품위 있는 표현인 '와코도(若人, 젊은이)'라는 용어는 974년 무렵에 완성된 『가게로닛키(蜻蛉日記)』와 1059년 무렵에 집필된 『사라시나닛키(更級日記)』에 등장한다.[28]

하지만 '문제'는 그리 단순하지 않다. 현대 일본에서 '젊은이'라는 말은 대부분의 경우에 개인화된 특정 인물이 아니라, '20대 정도'의 세대 전체를 가리킨다. 이를테면 "최근 젊은이들은 자동차를 구입하지 않는다."라고 말했을 때의 '젊은이'란, '20대부터 30세 정도의 일본인 남녀'를 암묵적으로 상정하고 있는 경우가 많다.

　다시 말해, '일본인으로서 20대 정도의 사람들은 어떤 공통적인 특징을 가진 집단이다.'라는 생각이 논의의 전제로 자리해 있는 것이다. 이런 발상은 적어도 에도 시대(江戶時代) 이전까지만 해도 좀처럼 생각할 수 없었다. 왜냐하면, 아무도 '스무 살의 농민'과 '스무 살의 무사'를 동격으로 언급하지 않았고, 심지어 상상조차 하지 않았기 때문이다.

　게다가 '무사'라면 몰라도, 평범한 '농민'이 일본이라는 국가를 과연 어느 정도까지 인식하고 있었을지도 의문스럽다. 따라서 에도 시대의 서민들이 "요즘 젊은이들은 안 돼."라고 지적했더라도, 그것은 기껏해야 "우리 마을의 젊은이는 우리가 젊었을 때보다도 못해."라는 정도의 의미였을 것이다.

　이처럼 오늘날 언급되는 '젊은이론'이나 '젊은이에 대해 이야기하는 것'이 성립하기 위해서는 몇 가지의 조건이 마련되어야 한다. 마찬가지로 '젊은이'를 주제로 삼은 이 책도 당연히 '젊은이'를 어떻게 정의할지 먼저 생각해 봐야 했다. 그러나 그것이 문제였다. 어떻게 하면 좋을지 참으로 어려웠다. 그래서 지금도 주저하고 있다.

　그런 이유에서 '젊은이'에 대한 정의는 좀 더 시간을 갖고 곰곰이 생각해 보기로 하겠다. 우선 일본에서 논의된 '젊은이론'과 '젊은이 담론(젊은이에 대해 이야기하는 것)'의 역사를 살펴보고자 한다. 그리고 이 책은 비단 연구자들이 내놓은 '젊은이론'에 한정되지 않는다. 따라서 '젊은이'를 일종의 집단으로 간주하는 주장을 총칭해 '젊은이론' 또는 '젊은이에 대해 이야기하는 것'이라고 부르기로 하겠다.

　　　　　　　　　　　　1장 '젊은이'의 탄생과 종언

2 젊은이론 등장 전야

젊은이가 청년이었던 시절

지금까지 '젊은이'라는 표현을 계속 사용해 왔는데(앞으로도 계속 사용할 것이다.), 일본에서 '젊은이'라는 말이 널리 사용된 때는 사실 그리 오래전이 아니다. 대략 1960년대 후반부터 1970년대 사이다. 그때 이전에는 '청년'이라는 말이 더 일반적으로 사용됐다. 지금도 국가가 내놓는 백서(白書) 등에서는 '청소년'이라는 말이 쓰이고 있다.[29]

일본어의 역사에서 보면, '청년'보다 '젊은이'라는 용어의 내력이 더 깊다. 그런데, 왜 1960년대까지는 '청년'이라는 용어가 더 일반적으로 사용되었던 것일까? 이 점을 설명하려면, 메이지유신(明治維新) 때까지 거슬러 올라간다.[30]

1880년대 중반, '대일본제국 헌법'의 발표와 '제국의회' 개설을 앞두고, 자유민권운동(自由民權運動: 메이지 전기에 해당하는 1874년 무렵에 시작된 사회 운동. 번벌(藩閥) 정치에 반대해 국민의 자유와 권리를 요구했다. —옮긴이)은 정체기를 맞고 있었다. 이 시기에 '신일본'과 '청년'이라는 용어가 유행하기 시작했다. 당시 지식인들은 한 시대가 막을 내리고, 이어 새로운 시대가 열릴 것이라는 기대감을 품고 있었던 듯하다. 그런 '신일본'을 짊어질 주체로서 '청년'이라는 존재를 발견했던 것이다.[31]

'청년'은 단지 나이가 젊다는 의미만을 나타내는 용어가 아니었다. 잡지《고쿠민노토모(國民之友)》,《니혼진(日本人)》에 글을 게재하던 젊은 논객들이 '청년 붐'의 구심점 역할을 담당했다. 그들은

문명개화에 뒤늦게 눈을 뜬 '덴포로진(天保老人)'을 비아냥거리는
의미에서, '청년'이라는 용어를 즐겨 사용했다. 또 그들은 덴포연간
(天保年間: 1830년부터 1844년 사이)에 태어난 머리가 굳어 버린 무리
들과 자신들을 구별하며, 이제 '청년들'이 '신일본'을 짊어지고 나
아가겠다고 선언했다.[32] '청년 붐'은 1890년대 초까지 지속됐다고
한다.

이러한 '청년 붐'은 어른들이 젊은이들을 화제로 삼아 이야기
했던 것이라기보다, 오히려 '청년들' 스스로가 자신들을 화제로 삼
아 이야기했던(당사자 언설) 것이었다. 게다가 어느 정도 확산된 현
상이기는 했지만, 어디까지나 잡지에 자신의 의견을 투고할 수 있
는 일부 인텔리들만의 유행이었다.

부잣집 자제처럼 변해 가는 청년들

메이지(明治) 말기부터 다이쇼(大正) 초기에 '젊은이 비판'의 원
류라고 할 수 있는 현상이 일었다. 바로 오늘날에도 어른들의 눈살
을 찌푸리게 만드는 '젊은이와 성(性)' 문제였다. 교육계에 마라톤
을 도입한 것으로 유명한 히비야 유타카(日比野寛, 41세, 오와리 번)가
저술한 『청년 자녀 타락의 이유(青年子女堕落の理由)』(1907년)나 일
본의 주혈흡충증(住血吸虫症) 연구로 잘 알려진 병리학자 후지나미
아키라(藤浪鑑, 47세, 오와리 번)가 집필한 『청년과 성욕(青年と性慾)』
(1917년) 등 당시 젊은이들의 '성'이 얼마나 문란하게 무너지고 있
는지를 논한 책들이 봇물 터지듯 출판되었다.[33]

자유연애의 유행과 성병의 만연에 잔뜩 움츠러든 어른들은 청
소년을 '건전'하게 육성하는 일이야말로 일본 제국의 발전을 위한

45

대전제라고 생각했던 것이다. '젊은이와 성' 문제를 다루는 데 있어
가장 크게 비판된 대상은 주로 '상경 유학' 중인 학생들이었다. 실
제 내용 면에서도 '자위행위 유해론'과 같은 논리로 젊은이들을 비
판했다.[34]

이토 긴게쓰(伊藤銀月, 26세, 아키타 현)의 『현대 청년론(現代青年
論)』도 비교적 이른 시기에 나온 '청년 연구서'라고 할 수 있다.[35] 다
만 이 책 역시 '청년 그 자체'를 분석한 것은 아니었다. 오히려 '청
년'이라는 은유를 이용해 '장래의 일본론'을 주로 언급한 책이었다.

오늘날 우리들의 시각에서 바라볼 때, '젊은이론'이라고 할 수
있는 책을 고르라고 하면, 아무래도 다이쇼 시대의 베스트셀러인
도쿠토미 소호(德富蘇峰, 53세, 히고노쿠니)의 『다이쇼의 청년과 제국
의 전도(大正の青年と帝国の前途)』일 것이다.[36] 저널리스트인 도쿠토
미 소호는 메이지 시대에 활동했던 청년들의 편력을 논하면서, 다
이쇼 시대의 청년들은 애국심도 부족하고, 큰 야심도 품지 않게 되
었다고 탄식했다. 또한 그는 다이쇼 시대의 청년은 '부잣집 자제'와
비슷하다고 지적했다. 이제야 '일본 제국'의 기초가 마련되었는데,
젊은이들은 (더 정진하기는커녕) 태평하게 빈둥거리며 살고 있다는
것이다.

한편 도쿠토미 소호는 본래 '부잣집 자제'에도 여러 종류가 있
다고 보고, '젊은이의 인격'을 다섯 가지로 유형화했다. 안정 지향
적이고 윗선의 말을 잘 따르면서 분위기도 정확히 파악하는 '모범
청년', 자기중심적이고 부자가 되는 것만을 목표로 삼는 '성공 청
년', 자유 경쟁 시대(다이쇼 시기)가 불러온 '삶의 고통'을 감지하고
문을 걸어 잠근 채 아무것도 하지 않는 '번민 청년', 육욕의 노예가

되어 퇴폐적인 나날을 보내는 '탐닉 청년', 자신을 찾지 못하고 부화뇌동하며 세태에 휩쓸리는 '무색(無色) 청년'이 그것이다. 미야다이 신지(宮臺眞司)처럼 고도의 통계 분석을 활용한 '예기 이론적 인격 시스템 유형론'[37]은 아니지만, 오늘날에도 통용될 만한 다섯 가지 유형이다.[38]

도쿠토미 소호의 '젊은이론'은 동시대 사상가인 요시노 사쿠조(吉野作造, 39세, 미야기 현)에게 즉각 비판을 받았다.[39] 인프라 및 사회 보장 등이 미처 정비되지 않은 상태에서, 아무리 "나라를 사랑하라!"라고 추상적인 말을 해 봤자, 결국 청년들의 반감만 살 뿐이라는 것이다. 게다가 그런 잡다한 논쟁에 덤벼드는 작자는 노인이나 시골뜨기뿐이며, "무엇보다 국가적으로 유능한 인재라든가 다소간 견식이 있는 청년"에게는 먹히지 않는다는 비난도 잊지 않았다. 이미 백여 년 전에 발표된 논문이지만, 자칭 '전통을 중시하는 애국주의자들'에게 이것을 복사해 나눠 주고 싶은 심정이다.

그럼에도 불구하고 도쿠토미 소호의 '청년론'은 그렇게까지 형편없지 않다. 어쨌든 도쿠토미 소호는 "요즘 젊은이는 발칙하다."라고 일방적으로 잘라 말하지는 않았다. 그는 사회 정서의 변화와 함께, 본격적으로 '젊은이'에 대해 논해 보려고 시도했던 것이다. 또한 비난의 대상이 된 '청년'을 만들어 낸 국가에 대한 비판도 잊지 않았다.

전쟁이 준비한 청년론

일본에서 '하나의 세대'를 가리키는 말로서, 즉 '청년'이라는 용어가 본격적으로 유행하기 시작한 때는 1930년대 후반부터다. 신

　　　　　　　　　　　1장 '젊은이'의 탄생과 종언

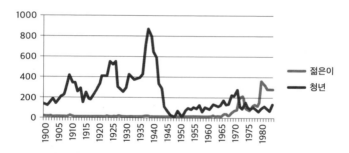

그림 1 '젊은이'와 '청년'이라는 용어 사용 빈도의 변화
《아사히신문》 인터넷판에 실린 '표제와 키워드 분석'을 통한 히트 수를 그래프로 나타냈다.
광고는 제외했고 동의어도 포함시키지 않았다.

문 기사만 봐도, 이 무렵부터 '청년'이라는 용어의 사용 빈도가 급
격하게 증가했다.**그림 1**

시미즈 이쿠타로(清水幾太郎, 51세, 도쿄 도)도 훗날 "당시는 '청년
론'이 저널리즘의 커다란 테마였다."라고 회고했다.[40] 왜 하필 1930년
대였을까?

'현대사를 모르는 젊은이들'을 제외하면 모두 잘 알고 있으리
라고 생각되지만, 일본은 1937년부터 중일전쟁을 본격화했고, 1938
년에는 '1차 고노에 내각(近衛內閣)'에 의해 '국가 총동원령'이 결정
됐다. 일본 전체가 급속하게 '전쟁'에 휩쓸리던 시대였다.

그런데 전쟁은 사람들에게 일종의 '평등'을 가져다준다.[41] 부자
든 가난한 사람이든, 부모가 정치가이든 범죄자이든, 표면적으로는
모두가 '나라를 위해' 싸워야 하는 것이다. 그리고 실제로 '20세 전
후의 젊은이들'은 전부 전쟁터에 나가 희생될 가능성을 안고 있었
다. 물론 여기서 말하는 '청년'은 대부분의 경우 남성을 가리켰다.

따라서 이 시대에 '젊은이론'이라는 것은 오로지 '황군 병사(皇

軍兵士)'가 될 젊은이(남성으로 한정)들을 가리키는 것이었다. 본디 젊은이론은 담론을 생산하는 자가 "젊은 세대에게는 공통된 특징이 있다."라고 생각하지 않으면 성립할 수 없다. 전쟁을 눈앞에 두고 있을 때는 도시에 사는 부유한 남성이든, 시골에 사는 가난한 남성이든 누구나 평등하게 징병 대상자로서의 '국민'으로 편성된다. 어떠한 태생을 지닌 사람이든 모두 '평등'하게, '국민'을 위한 '병사'로서 구성원의 일원이 될 수 있었던 것이다.[42] 다시 말해, 전쟁이 가져다준 일종의 '평등 환상'이 전쟁 동안 이루어진 젊은이론을 뒷받침해 주었던 것이다.

예컨대 평론가 무로부세 고신(室伏高信, 45세, 가나가와 현)이 1937년에 출간한 『전쟁과 청년(戰爭と靑年)』이라는 책을 보면, 그는 '청년'을 '미성년자'로 정의하면서 이 점을 적극적으로 평가하고자 했다.[43]

전쟁이라는 중대한 국면을 맞이해, '죽음의 무대'에 서 있는 '노쇠한 일본'을 '청년 일본'의 시대로 만들어 가야 했기 때문이다. 그리고 "청년이여, 싸워라, 싸워라, 이처럼 고도의 인식을 지니고." 라며, 아시아를 '해방시키기 위한 전쟁'을 호소했다. 마지막 부분에서는 저자 스스로 흥분하고 말았던 것인지, "사랑의 손길로 일본을 포옹하고, 정열의 불꽃으로 일본을 불태우자!"라고 부르짖는다. 이미 이성을 잃은 듯한 느낌이 든다.

참고로 이 책의 저자 무로부세 고신은 일본에 패배의 전운이 감돌자 돌연 은둔해 버렸다. 그리고 전후에는 텔레비전론이나 대중론 등을 주제로 글을 쓰며 다시 활약했다. 정작 그는 전장의 죽음과는 멀찌감치 떨어져 젊은이들을 고무시키는 데 열중했을 뿐, 결국 마지막에는 도망쳐 버리고 말았다. 이것을 두고 뭐라고 표현하면

1장 '젊은이'의 탄생과 종언

좋을까? 참 편리한 발상이다. 이처럼 '편리한 발상'이라는 느낌이 드는 예는 다른 젊은이론에서도 발견할 수 있다.

청년을 찬미하는 청년 잡지

1938년에 발간된《다이니혼세이넨(大日本青年)》이라는 청년 잡지를 살펴보자. 이 잡지는 북 리뷰 코너에 『일본서기(日本書紀)』를 소개하기도 했고, 심지어 '오락 면'에 게재된 「시국만재(時局漫才)」의 주제는 아예 '징병 검사'였다.[44] 말하자면, 전시 중에나 볼 수 있는 매우 자극적인 잡지였다. 이것은 오늘날의 마이니치신문사(每日新聞社)에서 출판한 잡지로, 분명 메이저급 잡지였을 것이다.

이 잡지에는 매호마다 거물급 정치가가 등장해, '청년 제군'을 상대로 어디에서도 들을 수 없는 말을 들려주었다. 이를테면, 당시 해군대신이었던 요나이 미쓰마사(米内光政, 58세, 이와테 현)는 "지금처럼 중대한 시국 상황에서 국민의 중견층(中堅層)을 이루는 청년 제군을 기다리는 곳은 아주 많다."라며 젊은이들에게 성원을 보냈다. "청년 제군이 나아가야 할 방향은 어떠한 곤경에 처하더라도 자신을 믿고, 충분한 자신감을 가지고, 오직 이성과 지혜를 활용해 소기의 목적을 달성하는 데 매진하는 것이다."라고도 언급했다.[45]

마찬가지로 사법대신이었던 시오노 스에히코(鹽野季彦, 58세, 나가노 현)는 "대륙 건설을 위해 이러한 성전을 수행하는 일은 우리에게 주어진 영광스러운 의무이자 우리의 책임"이며, "청년 제군은 장차 완성하게 될 대업을 담당하는 데 있어, 우리와 함께 광영으로 여길지어다. 일어나라, 청년 제군이여!"라며 격렬하게 독려했다.[46]

한편 내무대신이었던 스에쓰구 노부마사(末次信正, 58세, 야마구치 현)도 "일국의 청년은 항상 '다음 시대'라는 거대한 짐을 짊어지고 있다."라고 하며 역시 젊은이들을 치켜세운다. 그리고 "일본 전통의 국체 관념에 투철하고, 더불어 이것을 실천"하라고 격려했다.[47] 그러나 그는 여기서 '국체 관념'이 무엇인지에 대해서는 언급하지 않는다.

이런 발언들에서 흥미로운 점은, 이들이 "요즘 젊은이들은 아무것도 몰라."라고 일방적으로 잘라 말하는 태도가 아니라, "일본의 미래는 젊은이들에게 달려 있다."라는 논법으로 젊은이들에게 기대를 걸고 있다는 사실이다. 이른바 (그들은) '이해력이 좋은 어른들'인 것이다.

육군대장인 히시카리 다카시(菱刈隆, 67세, 가고시마 현)가 늘 쓰던 말투는, 그야말로 '이해력이 좋은 어른' 그 자체였다.

> 과거의 청년과 오늘날의 청년을 비교하며, '예전의 청년은 이랬다든가 혹은 과거의 청년은 이처럼 훌륭했다.'라는 식으로 이야기하는 사람이 있는데, 나는 이에 반대한다. 예전의 청년을 예로 들면서 오늘날의 청년을 나무라는 것은 애석하기 그지없는 일이다. 과거와 지금은 완전히 다른 시대이니 말이다.[48]

어쩌면 기성세대가 '이해력이 좋은 어른'인 척하는 것은 당연한 일일지도 모른다. 왜냐하면, 이들이 기대를 거는 젊은이들이야말로 대일본제국을 위해 목숨을 바치면서까지 싸워 줄 귀중한 자원이었으니까 말이다.

1장 '젊은이'의 탄생과 종언

사냥당하는 젊은이들

물론, (당시 사회에 만연해 있던) 딱히 알 수 없는 찜찜함을 눈치챈 젊은이도 있었다.

저 유명한 『들어라, 해신의 목소리(きけわだつみのこえ)』(2차 세계대전에 참전했던 학도병 전사자들의 유고집이다. ― 옮긴이)에 수록된 어느 스무 살(집필 당시 나이) 학생의 수기를 살펴보자. 그는 1942년에 교토 대학교(京都大學)에 입학했으나, 1943년에 징병되어 1945년에 미얀마에서 전사했다. 당시 그의 나이 22세였다.

> 저널리즘이나 세상의 이목은 이러니저러니 수선스럽게 말들이 많으나, 오히려 우리들은 그런 고마운 지나친 염려들을 뒤로 하고, 남들 모르게 울분을 느껴 왔습니다. 일단 학생들에게 학도병으로 출전할 것을 호소하던 사람들이 수년 전에 '학생사냥'을 찬성하며 앞장섰던 일이 떠오릅니다. 새삼스럽지만 세상 사람들은 우리들 각자가 마음속으로 각기 진지하게 해 왔던 일을 전혀 돌아보려 하지 않고, 중도에 입대했다는 점, 이른바 신분이 변했다는 부분에만 초점을 맞춰 바라보고 있다는 것을 통감하고 있습니다. 한편 저널리즘에 휘둘리는 학생도 있기는 합니다. 그들은 무슨 말을 하더라도 '학생사냥'을 당하던 무렵의 우리와 학도병이 된 지금의 우리가 같은 인간이라는 사실을 전혀 돌아보려 하지 않는군요.[49]

이 학생이 말하는 '학생사냥'이란, 1938년에 경시청이 실시했던 다방, 영화관, 댄스홀에 대한 단속을 말한다. 수업을 빼먹고 '이런 곳들'을 드나든다고 판단되는 학생들을 검거해, '개선확약서'를 작성시키고 천황이 사는 황거(皇居)로 보내 경례하도록 시켰다. 2월 무렵에 실시된 '학생사냥'에서는 단 3일 동안 3486명이나 검거됐다. 국민총동원체제가 한창이던 때, 징병 의무를 면제받은 학생들이 카페 등지에서 노닥거려서는 안 된다는 것이 단속의 이유였다.

당시의 '학생사냥'은 그 시시비비를 놓고 사회적인 논쟁으로까지 번졌다. 예컨대 와세다 대학교의 학생들은 '학생사냥'에 항의하면서, 동시에 자치회를 설치해 학생들로 하여금 유흥가를 배회하는 일을 자숙자계(自肅自戒)하도록 당부했다. 또한 당시 국가 측의 대응도 일관되게 합의된 것이 아니어서, 문부성(文部省)은 범죄 예방뿐만 아니라 풍기 문제까지 경찰이 나서 단속하는 행위에 대해 항의하기도 했다.[50]

전시 상황 속 리아주 비판

하지만 '학생사냥'에 대한 다양한 논의는, 결국 '시국의 중대성'이라는 말로 정리되는 경우가 많았다.[51] 당시에 나온 신문 독자란을 봐도, 이러한 '시국'에 학생들이 "적은 월급을 받는 사람들은 꿈조차 꿀 수 없는 수입산 코트"를 입고 "다방과 마작, 댄스" 등을 즐기는, 심지어 "여자와 손까지 잡고 데이트 산책"을 하는 "추태는 언어도단"이라는 투서가 게재되었다.[52]

이것은 요즘 말로 표현하면, '리아주(リア充)' 비판이라고 말할 수 있다. '리아주'란 2007년 무렵부터 유행한 인터넷 용어로, 리얼한(현실) 생활에 충실한 사람이나 그러한(현실에 충실한) 상태를 가리킨다. 구체적으로는, 연애나 일에 열중해 바쁜 사람을 가리켜 종종 '리아주'라고 부른다. 오늘날에는 '리아주 비판'을 하더라도 그저

세상을 다소 비뚤어지게 보고 있다는 정도로 들리지만, 전시 중에는 '중대한 시국'이라는 말을 덧붙이는 것만으로도 단번에 전쟁을 찬미하는 훌륭한 메시지로 변모했다.

이렇듯 전쟁 중에 나온 젊은이론이라고 하더라도, 비단 젊은이 예찬 일색은 아니었다. 특히 대학생에 대한 비판의 목소리가 높았던 듯하다. 철학자 미키 기요시(三木淸, 40세, 효고 현)가 「학생의 지능 저하에 대해서(學生の知能低下に就いて)」라는 유명한 논문을 《분게이슌주(文藝春秋)》 1937년 5월호에 발표했다. 그는 '사변 후의 학생', 다시 말해 '만주사변(滿洲事變) 이후 고등학교에 입학한 학생'의 '지능'이 저하되고 있다고 지적했다. "예전의 고등학생은 청년다운 호기심과 의구심, 그리고 이상주의적 정열을 가지고 있었다. 그래서 마치 걸신들린 듯이 모든 서적을 읽어 치웠다."라고 한다. 아마도 미키 기요시 자신이 그랬다는 의미일 것이다.

그러나 요즘 학생은 대부분 "사회에 대해 아무런 관심도 갖지 않은 채, 그저 학교를 졸업하면 그만이다."라는 마음으로 학교를 다닌다는 것이다. 그래서 '킹 학생'이 증가한 것이다. '킹 학생'이란, 고단샤(講談社)에서 발간하는 대중오락 잡지 《킹》밖에 읽지 않는 학생을 가리킨다. 요즘 관점에서 보면, 이 잡지마저도 글자가 많은 편이어서 만약 내 친구가 이것을 읽고 있다면 나는 분명 그 친구를 존경하게 될 것 같다. 하지만 미키 기요시는 당연하다는 듯이 《킹》을 무시했다.

'분수도 계산하지 못하는 도쿄 대학교 학생' 등 대학생의 학력 저하는 바로 최근에도 화제가 된 문제였다. 그런데 이런 논의의 원형을 미키 기요시의 논문에서 찾아볼 수가 있는 것이다.[53]

향수에 젖은 노인들의 한탄

미키 기요시와 비슷한 논조를 띤 '학생 비판 논문'을 평론가 오야 소이치(大宅壯一, 36세, 오사카 부)도 발표했다.[54] "요즘 학생들은 전문 지식 이외의 학문과 사상이 결여되어 있으며, 스스로 성찰하는 능력도 부족하다." 즉, 그는 공리적인 '유사 인텔리 학생'이 범람하고 있다고 지적한 것이다.

잡지 《닛폰효론(日本評論)》의 좌담회에 등장한 신문 기자는 다음과 같은 의견을 밝혔다. "1931년에서 1932년 사이, 이른바 사회 운동이 왕성하게 전개되던 시기에는 대학이 많은 비판을 받았으나, 인간적인 면에서는 그때의 학생들이 요즘 학생들보다 훨씬 낫다는 생각이 드는군요. 요즘 학생들은 틀에 박혀서, 뭐랄까 관리의 후예들 같다는 느낌을 지울 수 없습니다."라고 말이다.[55]

사실 이런 논의는 1920년대 후반과 1930년대 초반에 활발했던 좌익 운동을 그리워하는 모습의 한 단면이다.[56] 다이쇼 시대(1912년~1926년)의 엘리트 학생들은 다이쇼 데모크라시의 영향을 받아, 마르크스주의 혹은 사회주의를 적극적으로 받아들였다. 그리고 1920년대 후반과 1930년대 초반에는 '좌경 학생의 증가'가 사회 문제로 대두되었다. 학내에서 시위가 벌어졌고, 벽보가 사방에 나붙었다. 일견 당시 학생들이 상당히 활발한 움직임을 보인 듯하지만, 이후에 이뤄진 학생 운동에 관한 연구를 살펴보면 "다른 학생들에게 따돌림 당하기 싫어서" 사회 운동에 참가한 학생들의 수가 적잖았다.

다시 말해 미키 기요시 등의 '젊은이론'은, 자신들이 젊었던 시절에는 좌익 운동이나 학생 운동이 있었으며, 또 그때의 학생들은

'인간적으로 뛰어난 점을 갖췄으나, 요즘 학생들은 지능이 저하됐다.'라고 보는, 일종의 과거에 대한 향수인 것이다. 그러고 보니, 최근 이와 비슷한 설교를 전공투세대(全共鬪世代: 1965년부터 1972년까지, 즉 전학공투회의·안보투쟁·베트남전쟁이 이뤄지던 때 대학 시절을 보낸 세대. 이들 중 15%가 학생 운동에 참여했다고 한다. ― 옮긴이)로서 학생 운동에 참여했던 한 할아버지로부터 들은 적이 있는 듯싶다.

여기에 좀 더 부연하자면, 1930년대 후반에 일어나기 시작했던 움직임이 바로 '대학의 대중화'와 '교양 붐'이었다. 당시는 (비록 느린 속도이긴 하지만) 차츰 대학생이 증가해 가던 시기였다. 더불어 '제국대 학생'과 '사립대 학생'의 차별화가 학생들 사이에서 생겨나기 시작했다. 또한 '공부하지 않아도 들어갈 수 있는 사립대학은 후지다.'라는 식으로 학생들을 뭉뚱그려 무시하지 말라는 논의도 있었다.[57]

그리고 1936년부터 1941년에 걸쳐 전체 열두 권의 「학생총서(學生叢書)」가 간행되었고, 당대의 베스트셀러가 되기도 했다. 이 총서 가운데, 『학생과 교양』은 발행된 지 3년 만에 24쇄, 『학생과 생활』은 출간 후 3년 반 만에 33쇄, 『학생과 독서』는 불과 1년 만에 2만 9000부나 팔려 나갔다.[58]

말하자면, 「학생총서」는 그 시대의 '교양 매뉴얼'이었던 것이다. 학생이 꼭 읽어야 하는 책이나 글을 쓰는 방법 등에 대해 알기 쉽게 정보를 제공해 주었다.

이러한 '교양 붐'으로 인해 당시까지 교양에 흥미가 없었던 많은 사람들이 갑자기 교양인이 되었다. 하지만 '진정한 인텔리'라고 자칭하던 사람들은 그런 '교양 붐'을 뜨악한 시선으로 바라봤을 것이다. 이것은 2010년도에 하버드 대학교 마이클 샌델 교수의 강의가 유행했을 때, 도쿄 대학교에서 자주 찾아볼 수 있었던 광경과 흡사하다.

자유주의의 악습이 젊은이를 망쳤다?

'젊은이 비판'과 '젊은이가 희망'이라는 입장의 중간에 위치했던 사람은, 규슈제국대학(九州帝國大學)의 교수이자 문학박사인 가노코기 가즈노부(鹿子木員信, 53세, 도쿄 부)였다.

가노코기 가즈노부는 젊은이들에게 "대아시아를 인도하라!"라고 외치며 기대를 표하는 동시에, '민주적 풍조'나 '자유주의'의 영향을 두려워했다. 1차 세계대전 이후에 나타난 '세계적인 퇴폐풍조의 충격'으로 인해, "민주주의 풍조에 편승해 나아가면 스스로 자유주의적 태도에 함몰될 뿐이다. 그 때문에 (일본의 청년들은) 일본의 청년으로서 단련하고, 도야하며 학문을 닦는 일에 소홀한 경우가 매우 많았다."라고 지적했다.[59] 그래서 당시 청년들에게 "복종하라! 복종을 배워라!"라고 호소했던 것이다.

지금으로부터 70년보다 더 오래된 시기에 나온 논거인데도, 왠지 낯설지 않은 느낌이다. 곰곰이 생각해 보니, '전후 민주주의' 비판과 매우 닮아 있다. 이런 낯익은 느낌을 더 강렬하게 풍기는 주장은, 젊은이들이 연장자에게 자리를 양보하지 않는다고 개탄한 극작가 기시다 구니오(岸田國士, 49세, 도쿄 부)의 주장이다.[60]

기시다 구니오의 논거에 따르면, 일본은 "다이쇼 시대 이래, 다양한 풍조를 받아들이고 떠나보내면서 국민으로서 마땅히 나아가야 할 목표를 잃어버렸다."라는 것이다. 또한 그는 요즘 사람들이

'서구적'과 '근대적'을 오해하고 있다고, 그리고 '서양의 사상'도 '일본의 옛 풍습'도 그저 표면적인 것만 받아들이게 되었다고 지적했다. 여기에 덧붙여 "그러한 경향이 가장 두드러진 집단은 젊은이들이다."라고 언급했다. 이것 역시 '다이쇼 시대'를 '패전'으로 바꾸면, 오늘날에도 그대로 통용된다.

지난날 이들이 '젊은이에 대해 이야기한 내용'이 어느 정도로 현대의 '젊은이 담론'과 똑같은지 확인하기 위해서는, 2007년에 발행된 교육학자 노구치 요시히로(野口芳宏, 71세, 지바 현) '할아버지'가 쓴 「젊은이에 대해 말하다」를 살펴보면 된다. 노구치 요시히로 할아버지의 주장에 따르면, "젊은이들이 혼란과 붕괴"를 겪게 된 원인 중 하나는 바로 '전후 민주주의'다.[61]

그리고 그는 전후 교육이 "전후 민주주의 풍조에 현혹되어 자유, 평등, 개성, 여유 등의 미사여구, 감언이설에 내포된 위험성을 간파해 내도록 돕는 깊은 사색을 게을리 하게 만들었다."라고 탄식했다. '전후 민주주의'를 '1차 세계대전 이후의 자유주의'로 대체하면, 1930년대에도 거뜬히 통용될 만한 고전적인 젊은이론이다. 도서관 서고, 아주 깊숙한 곳에 봉인해 두고 싶을 정도로 고전적인 발언이다.

'이질적인 타자'와 '편리한 협력자'

우리는 1930년대 무렵부터 오늘날에도 통할 법한 '젊은이를 비난하는 기본적인 패턴'이 등장했다는 사실을 알 수 있었다. 정말 실망스럽게도, 젊은이를 논하는 담론의 수준이 1930년대 수준에서 조금도 나아지지 못했다. 기본적으로 젊은이에 대한 비난은 두 가지 패턴으로 나타난다. 그중 하나는 자신들(어른들)의 젊은 시절과 비교하며, 요즘 젊은이는 형편없다고 보는 패턴이다. '부잣집 자제'라거나 '좌익 학생'이라고 비판하는 경우가 여기에 속한다. 또 하나의 패턴은, 젊음이 부럽다는 이유로 요즘 젊은이를 고깝게 여기는 발언이다. '리아주 학생' 비판 등이 여기에 속한다.

양측 모두에게 공통적으로 자리해 있는 생각은, '젊은이'를 자신과는 다른 '이질적인 타자'로 규정하고 있다는 점이다. 그들은 자신과 다른 타자이므로 얼마든지 비판할 수 있고, 또 그들을 비판함으로써 자신의 우위를 담보할 수 있게 된다.

이런 맥락에서 보면, 정치인들이 '이해력이 좋은 어른'인 양 가장해 가며 "젊은이는 희망이다."라고 말하는 이유를 분명하게 알 수 있다. '이해력이 좋은 어른들'은 실재하는 젊은이들에 대해 이야기하는 것이 아니라, 자신들이 이상적으로 여기는 젊은이에 대해 이야기할 뿐이다. 그들은 단지 '이상적인 젊은이상'을 말하는 것이므로, 자신과 비교해 볼 필요도 없고 부러워할 이유도 없다. 또한 '이해력이 좋은 어른들'은 이런 '이상적인 젊은이들'이 대일본제국을 위해 목숨을 바칠 것으로 기대하고 있다. 따라서 이들(어른들)에게 '젊은이'는 '이질적인 타자'라기보다 '편리한 협력자'인 것이다.

'편리한 협력자', 이들은 명목상 '이쪽(같은 편)'에 속하는 사람들이다. 따라서 이 젊은이들은 죽으면 야스쿠니신사(靖國神社)에 안치될 것이다. 게다가 나라 전체가 그들을 떠받들 것이고, 제사도 지내 줄 것이다. 즉, 영웅(혹은 영령)의 신분까지 약속하는 것이다. 다만 어디까지나, 실질적인 '이쪽'이 아니라 명목상 '이쪽'일 뿐이다. 정작 "젊은이는 희망이다."라고 외친 정치가들 본인은 전쟁터에 나가지 않으면서, 자기들이 '희망'이라고 치켜세운 젊은이들에게는 어떠한 권리조차 허락하지 않았다. '선거권'마저 '25세 이상의 남성'에게만 부여했던 것이다.

이런 상황을 상징적으로 보여 준 책은, 바로 정보국 정보관으로서 언론 통제 시 암약했던 스즈키 구라조(鈴木庫三, 47세, 이바라키 현)가 쓴『국방 국가와 청년의 진로(國防國家と靑年の進路)』다. 이 책에서 스즈키 구라조는 '대동아공영권(大東亞共榮圈)' 확립의 필요성과 이때 '청년'의 존재가 얼마나 중요한지 열의를 담아 설명했다.[62]

또 스즈키 구라조는 에도 시대가 남긴 "자아공리(自我功利)라는 부산물"과 "메이지 시대 이래, 구미에서 수입된 개인주의, 자유주의, 민주주의 등의 사상"이 결합해 현대(1941년) 대일본제국에 "사상적인 전염병"을 만연시키고 있다고 주장했다. 따라서 그중 아직 젊어 "비교적 병이 가벼운" 젊은이들은 "국가의 기대주"이며, 더불어 "대동아 건설"에 반드시 필요한 존재라고 강변했다.

스즈키 구라조의 주장은 '민주주의'나 '자유주의'와 같은 '서양 사상'뿐만 아니라, 에도 시대까지 부정한다는 점에서 매우 흥미롭다. 한편 그가 언급한 젊은이는 '실재하지 않는 청년'이라는 점을 알 수 있다. 그가 예찬한 존재는, 여전히 세상 어디에도 존재하지 않는 젊은이인 것이다.

오늘날에도 계속되는 '편리한 협력자론'

"역시 전쟁은 무서운 일이다. '젊은이는 희망이다.'라고 청년들을 부추겨 전쟁터로 내몰다니, 도저히 있을 수 없는 일이다."라고 생각하는가? 그러나 이런 논리는 비단 전쟁 중에만 불거지는 논리가 아니다. 오늘날에도 자주 모습을 드러내는 논리다.

예컨대 전쟁 중의 '젊은이 희망론'은 1990년대에 사업자들을 위해 내세운 정책과 매우 비슷하다. 거품경제가 붕괴하고, 일본은 기업의 수를 늘리기 위해 다양한 정책을 발표했다. 그때 정계·재계에서 나온 메시지들을 살펴보면, 사업가는 일본 경제의 구세주이며 고용 창출도 담당하고 '공공'과 윤리를 중시하면서, 실패한 경우에는 자기 책임을 다하는 존재로 규정되어 있다.[63] 진정 사업가는 '편리한 협력자'인 것이다.

단지 사업가에 국한되지 않고, 오늘날에도 정치인이나 경영자, 문화계 인사까지 "젊은이는 좀 더 노력해야 한다."라고 말하는 어른들이 적잖다. 이러한 지적 자체는 환영할 만한 일이다. 나도 젊다는 이유만으로 다양한 혜택을 받아 왔다. 이 책을 출판할 수 있었던 것도, 어쩌면 내가 젊기 때문에 가능한 일이었을 것이다.

다만 '젊은이 희망론'은, 종종 암묵적으로 젊은이들을 '편리한 협력자'로 간주하는 경향이 있다. 젊은이에게 권리나 구체적인 혜택, 기회를 주지 않고, 그저 '노력하라.'라고만 다그치는 행동은 무책임하기 짝이 없는 발언이다. 아무튼 황군의 병사가 되어야 했던 과거의 젊은이들과 달리, 오늘날 일본의 사업가는 (도무지 감당할 수 없는 엄청난 경우가 아닌 이상) 목숨을 잃게 될 정도의 일은 겪지 않아도 되니, 그나마 다행이다.

3 허허벌판에서 시작된 젊은이론

어른들은 다소 이해하기 어려운 전후 범죄

기나긴 전쟁도 마침내 끝났다. '인생 20년'이라는 말이 젊은들 사이에서 일종의 암호로 통하던 시대도 끝난 것이다. 전쟁이 끝나고 바로 '아프레게르(après-guerre)'라는 말이 유행했다. '아프레게르'란 '전후(戰後)'를 의미하는 프랑스어인데, 2차 세계대전 직후의 젊은이들을 총칭하는 말로 사용됐다. 그런데 이 말에는 허무적이고 퇴폐적이라는 뉘앙스가 담겨 있었다.[64]

'아프레'라는 용어를 일약 유행어 반열에 올려놓은 일이 있었는데, 바로 '히카리(光) 클럽 사건'이었다. 도쿄 대학교 재학생이었던 야마자키 아키쓰구(山崎晃嗣, 24세, 지바 현)는 사채업을 하는 '히카리 클럽'을 열고, 명문대에 다니는 학생 사장으로서 인기를 모았다. 그러나 그는 '물가 통제령 위반 혐의'로 적발된 후 자금줄이 막히면서, 결국 채무 불이행 상태에 처하게 된다. 그리고 야마자키 아키쓰구는 끝내 스물일곱 살의 나이로 자살을 선택하고 만다. "대차법(貸借法) 모두 정산, 청산가리 자살(貸借法すべて精算カリ自殺: '精算カリ'를 일본어로 발음하면 청산가리(青酸カリ)와 같은 발음이 된다. ―옮긴이)"이라는 언어유희를 즐긴 듯한 그의 유서마저 화제가 됐다.

'히카리 클럽 사건'에는 '아프레 범죄'라는 이름이 붙었다. 그 후에도 '아프레 범죄'라는 이름이 붙은 사건이 잇달아 발생했다. 그리고 '아프레 범죄'에 대해 이야기하는 것이 유행하기 시작했다. 사와라 로쿠로(佐原六郎)는 「아프레게르의 사회학」이라는 신문 논설에서, 전쟁 이후에 일어난 혼란 상태가 강도범, 암시장 등 범죄 증

가의 한 요인이라고 지적했다.[65] '사상의 과학 연구회'에서도 1951년에 『전후파 연구 : 아프레게르의 실태 기록(戦後派の研究 : アプレ·ゲールの實態記録)』을 출판했다.

1953년에는 《요미우리신문(読売新聞)》에서 '아프레 범죄'를 주제로 특집을 마련했다.[66] 그 내용을 보니 "어른들로서는 다소 이해하기 어려운 아프레적 범죄"가 잇따르고 있는데 "그런 범죄의 동기 혹은 계기를 따져 보면 질릴 정도로 비상식적인 어리석음"을 내포하고 있다고 적고 있다. 그리고 이러한 "청소년 세대의 비밀"을 확실하게 밝혀내는 일이야말로 "어른들에게 맡겨진 큰 책무"라는 것이다. 이것을 쓴 기자는 분명 '어른'일 텐데, 매우 가벼운 문체로 주제를 다루고 있어 웃음이 나올 정도다.

이 기사에 따르면, '아프레 범죄'의 특징은 "범행의 동기가 모호하거나 딱히 동기라고 할 만한 것도 없이 극단적이고 충동적인 행동"이라는 것이다. 또 해당 기사에는 오야 소이치(52세, 오사카 부) 선생의 고마운 코멘트까지 실려 있다. 오야 소이치 선생은 '아프레 범죄'가 증가한 이유로 '생활 문법의 붕괴'를 들고 있다. "옛날에는 사회에 예의범절이라는 것이 있었다. 질서를 잘 지키는 사회 훈련 말이다. 그런데 이것이 사라졌다." 마침내 그는 그래서 오늘날의 젊은이들이 "마작을 하듯 사람을 죽이는 것이다."라고 지적했다.

1900년에 태어난 오야 소이치 선생이 가리키는 '옛날'이 과연 언제인지는 알 수 없지만, 참고로 전전(戦前)에도 열여덟 살의 소년이 아홉 명을 연쇄 살인하기도 했으며(1942년), 열네 살의 소년이 어린 여자아이 두 명을 살해한 다음에 사체를 대상으로 강간한 사건도 있었고(1939년), 스무 살의 청년이 몇 명을 죽일 수 있는지 시험

1장 '젊은이'의 탄생과 종언

해 보기 위해 일가족 다섯 명을 살해(1934년)한 사건도 있었다. 그뿐만이 아니다. 열네 살의 소년이 교실에서 동급생의 가슴과 팔을 칼로 난도질해 살해하거나(1932년) 스무 살의 청년이 여자를 밝히다가 돈을 전부 탕진하자 자산가를 강도 살인하고(1928년), 또 열일곱 살의 승려가 주변의 여성을 강간 살인하는(1927년) 등 당최 이해할 수 없는 흉악한 범죄가 매우 많이 발생했었다.[67]

사회학도 젊은이론에 발을 들여놓다!

1953년에 최초로 사회학자가 저술한 본격적인 젊은이 연구서 『청년사회학(靑年社會學)』이 출간됐다.[68] 여러 명의 저자가 함께 저술한 논문집이기 때문에 저마다 조금씩 수준 차이가 있지만, 현대의 사회 과학 연구와 비교해 봐도 손색이 없는(오히려 더 나은) 수준의 내용으로 구성돼 있다. 기본적으로 이 책은 구미(歐美) 지역의 '청년 연구'를 참조해, 그것을 일본의 구체적인 사례에 적용시켜 보는 방식으로 이루어져 있다. 오늘날의 것과 유사한 방식이다.

다만 매우 흥미로운 점은 '청년'이 실로 다양한 존재로 묘사되어 있다는 사실이다. 엮은이는 '하나의 세대'로서 젊은이들이 지닌 공통된 특징을 기술한 듯 보이지만, 실제 내용은 '도시 청년'이나 '농촌 청년', '비행 청년'과 같이 세부적으로 청년 집단을 나누어 그것을 바탕으로 분석을 시도하고 있다.

당시의 '양식(良識) 있는' 사회학자들이 보기에, 하나의 세대로서 '청년'을 논한다는 것은 다소 무리가 있는 발상이었다. 왜냐하면, 동일한 '청년층'이라고 해도 그 내실은 저마다 지극히 다양했기 때문이다.

64

1950년의 시점에서 보면, 일본의 도시 인구는 전체 인구의 40% 정도밖에 되지 않았다. 당시만 해도 일본인의 대부분은 농촌에 살고 있었던 것이다. 농촌에 사는 젊은이와 도시에 사는 젊은이의 생활 방식은 아주 달랐다. 그리고 도시에 사는 젊은이라고 해 봤자 대부분 공장 노동자였다. 심지어 금속 기계 공업 분야에서 일하는 젊은이와 방직업에 종사하는 젊은이 사이에도 생활 방식과 남녀의 비율은 천차만별이었다.

도쿄에서는 가출한 고등학생들이 무리를 이루어 여관에서 지내며 거리를 배회하거나 댄스홀에 출입하며, 유흥비를 마련하기 위해 절도단을 결성한 '모모이로그룹(桃色グループ)'이 화제가 된 한편, 농촌에는 중학교를 졸업하자마자 곧장 농업에 뛰어드는 젊은이가 다수 존재했다. 이러한 시대였기에, 오늘날처럼 '젊은이는 ○○이다.'라고 간단히 단정 지을 수 없었던 것이다.

한편 심리학 분야는 전전 시기부터 적극적으로 젊은이에 관한 연구를 진행해 왔다. 이것은 당대의 심리학이 '청년'이라는 '생물학적인 세대'를 분석 대상으로 삼았기 때문이며, '사회'와의 관련성을 중시하는 사회학과 달리 젊은이들 사이에 존재하는 '격차'를 크게 고려하지 않아도 특별히 문제될 일이 없었기 때문이다. '생물학적' 측면에서는 도시의 젊은이든 농촌의 젊은이든, 모두 같은 '젊은이'인 것이 분명하니까 말이다.[69]

'고객으로서의 젊은이' 탄생

'아프레게르'가 유행하고 얼마 지나지 않아 세상을 뒤흔든 존재가 바로 '틴에이저(teenager)'다. 이들은 '아프레게르 세대'보다 훨씬 젊고, '패전'을 경험하지 않았다는 점에서 '아프레게르'와 구별된다.[70] 오늘날(2011년) 나이가 70세 정도인 사람들이 여기에 해당한다.

당시 신문은 영화 「10대의 성전(十代の性典)」을 참고해 '틴에이저'를 애인이 있고 식사 중에도 재즈를 흥얼거리며 급기야 재즈 악단을 만들어 유랑하기도 하고 스포츠에 열중하면서 여배우의 사인을 모아 소소한 허영심을 만족시키는 존재로 묘사했다. 아무리 생각해도 그런 10대의 모습은 상상이 안 되지만, 어른들에게 그와 같은 이미지는 "틴에이저의 있는 그대로의 생태"로 비쳤던 것이다.[71]

여기서 주목해야 할 점은, 그런 '틴에이저'의 특징적인 행위들이 대체로 소비문화와 연계되어 있다는 사실이다. 영화를 보더라도 그러하고, 재즈를 즐기기 위해서도 돈이 필요했을 것이다.

바꿔 말하면, 이것은 1950년대 중반 무렵부터 시장과 대중매체가 소비 주체(고객)로서의 '틴에이저'를 발견하기 시작했음을 보여준다. '젊은이는 고객이다.'라는 주장이 탄생한 것이다.

당연히 기업의 입장에서 인구의 가장 많은 수를 차지하는 세대를 고객으로 모시는 일은 현명한 조치일 수밖에 없다. 인구 구성을 살펴보면, 1950년대는 오늘날의 일본과는 비교도 되지 않을 정도로 '젊은' 사회였다. 1955년 시점에서 보면, 일본의 총인구 중 20.3%가 10대였다.[72]

의류 업계는 '틴에이저'만을 위한 패션도 출시했다. "옷깃을 날렵하게 만들고, 소맷부리를 맵시 있게 해 젊고 사랑스러운 느낌"을 표현했다는 선전 문구를 그대로 재현한 실내복과 "타이트하지 않은 플리츠나 플레어로 쭉 뺀 느낌"의 스커트나 "고리타분하지 않

은" 모자 등의 제품이 판매됐다.[73]

'틴에이저'는 시장의 입장에서 좋은 고객임과 동시에, 어른들의 기대를 한 몸에 받으면서 부러움의 대상이 되는 존재이기도 했다. 도쿄교육대학(東京教育大學)의 교수였던 가와모리 요시조(河盛好藏, 56세, 오사카 부)는, ('아프레게르'와 달리) '하이틴'은 전쟁 당시에 매우 어렸고, 전쟁 직후에 이어진 혼란기의 영향도 받지 않았다고 지적했다. 또 이들은 천황제나 가부장제와 같은 '온갖 속박'으로부터 "매우 자연스럽게, 더불어 별다른 어려움 없이" 벗어날 수 있었다.[74] "우리 세대와는 비교조차 되지 않을 정도의 자유를 얻은 그들"에게 기대를 걸면서도, 부러움을 품고 시샘하는 듯한 논조를 느낄 수 있다.

전후라는 시점은 시기적으로 젊은이를 비난하기에 곤란한 점이 가장 많은 시기라고 볼 수도 있다. 전전이라면 "만주 사변 이전 시대의 학생들은 훌륭했었다."라든가, "1차 세계대전 후의 자유주의 풍조가 젊은이를 망쳐 놓았다."처럼 '어느 시점까지는 좋았으나 지금은 그렇지 못하다.'라는 논법이 횡행했을 테다.

그러나 패전으로 인해 일본은 그동안의 가치관을 폐기해야만 했다. 그래서 많은 사람들이 전전의 가치관을 기꺼이 폐기하기는 했지만,[75] 막상 그렇게 하고 나니 이제 젊은이들을 어떻게 비판해야 좋을지 알 수 없게 되어 버렸다. '아프레게르'의 경우에는 범죄를 저지른 일부 젊은이에게 대표성을 부여함으로써, 계속 젊은이들을 비난할 수 있었다.

그런데 '틴에이저'는 고객이었다. 그리고 '틴에이저'는 당대 일본이 부정해야 할 전전의 가치관에도 물들지 않았다. 그러므로 '틴에이저'를 비난하기 위해서는 어떤 형태로든 논리를 찾아내야만 했다. 그러나 이것은 보통 일이 아니었다.[76] 이런 점을 고려해 보면, 지금은 참 좋은 시대다. '전후 민주주의'가 70년 가까이 지속된 덕분에, 당당하게 "전후 민주주의가 일본인을 망쳐 놓았다."라고 말할 수 있으니까 말이다.

이시하라 신타로가 젊었던 시절

마침내 젊은이를 비난하는 데 좋은 재물이 등장했다. 바로 '태양족(太陽族)'이다. 1955년에 이시하라 신타로(石原愼太郎, 23세, 효고현)는 『태양의 계절(太陽の季節)』이라는 작품으로 아쿠타가와 상(芥川賞)을 수상했는데, 이 소설은 곧바로 영화화되었고 결국 사회 현상으로까지 이어졌다. '태양족'은 소설 『태양의 계절』에 묘사된 것처럼, 기존 질서에 구애받지 않는 행동과 '쿨한' 감성으로 기성 사회에 상당한 충격을 안겨 주었다.

참고로 (우려스럽지만) 이시하라 신타로가 아쿠타가와상을 수상한 이듬해, 그는 원작·각본·출연까지 전부 스스로 해결한 「일식의 여름(日蝕の夏)」이라는 영화까지 제작했다.

그런 이시하라 신타로(78세)가 지금에 와서는 "젊은이에게 자위대, 경찰, 소방관, 청년 해외 협력단처럼 '타인을 위해 몸을 혹사하는' 직업을 갖게 해, 일 년 동안 구속해야 한다. 공공을 위한 봉사를 통해 심신을 긴장시킴으로써, 감정을 관장하는 뇌관을 단련시킬 수 있다."[77]라고 당당히 말하고 있다. 1955년 당시에, 이 사회가 이시하라 신타로라는 '젊은이'에게 얼마나 많은 기회를 줬었는지 벌써 잊었다는 말인가? 그렇겠지, 잊었겠지.[78]

텔레비전이 보급되기 전까지 일본 최대의 매스미디어였던 영화를 통해 '태양족'은 전국으로 전파되었다.[79] 선글라스에 알로하셔츠, 일명 '신타로가리(愼太郎刈り)'라고 하는, 오늘날 변두리 해수욕장에서나 찾아볼 수 있을 법한 스타일이 유행했다.

영화 「태양의 계절」을 비롯해 일련의 '태양족 영화'에서 문제가 되었던 부분은, 당시로서는 과격한 폭력 표현과 성 묘사였다. 결과적으로 입법화는 무산되었지만, 문부성은 '어떻게 하면 미성년의 영화 관람을 제한할 수 있을지'에 대해 검토하기도 했다. 신문에는 "태양족 영화를 보고 흥분한 소년"이 극 중의 "연애 장면에 자극을 받아" 다섯 살의 여자아이를 성폭행했다는 기사가 여봐란듯이 크게 게재되기도 했다.[80] '태양족' 관련 범죄가 잇달아 보도되었으며, 결국에는 "아무리 스타일이라고 해도, 몸매의 선을 살린다고 해도, 주의하는 편이 좋습니다." 그리고 "분별력 있게 사람을 판단합시다."라는 현직 형사의 충고까지 신문에 실렸다.[81]

"그들에게 꾸지람을!"

1964년 무렵에는 '미유키족(みゆき族)'이 대중매체를 뜨겁게 달궜다. 미유키족이란 롱스커트나 아이비 패션(Ivy look)으로 몸을 치장하고, 커다란 쌀 포대를 안고 긴자(銀座) 미유키 거리에 모여 있던 젊은이들을 말한다.

잠깐, 쌀 포대라니! "멋있잖아. 우리들만의 독특한 개성이야. 있잖아, 파리에는 쌀집이 없잖아?"라는 것이 그런 행색의 이유였다.[82]

매우 흥미로운 점은, 이들 '미유키족'이 경찰의 단속을 받았다는 사실이다. 1964년 9월, 미유키족을 대상으로 일제 단속이 이루

1장 '젊은이'의 탄생과 종언

어졌다. 그러나 미유키족의 활동이라고 해 봐야 그저 긴자 거리를 걸어 다니는 정도였기 때문에, 당연히 도로교통법과 경범죄법 등 어디에도 저촉되지 않았다.

그래서 학교가 끝난 시각, 미유키족이 모이는 토요일 오후에 일제히 선도에 나섰다. "거리에 모인 젊은이들을 잔뜩 선도해, '특별 제작'한 마이크로버스에 태워 속속 경찰서로" 보냈다. 그리고 "이제부터는 유흥가 주변을 서성거리지 않겠습니다."라는 서약서를 받아 냈다고 한다. 미유키족들은 "달리 나쁜 짓을 한 것도 없는데 말이야!"라고 투덜거리면서도 순순히 선도에 응했다고 한다.[83]

당시 소년과 형사는 '일제 선도'의 이유로 "공부하지도 않고 일하지도 않고 무기력하게 지내는 그들에게 꾸지람을 주는 것"이 목적이었다고 말했다. '학생사냥'과는 달리 황궁을 향해 경례하도록 강압하지는 않았지만, 1940년 무렵에도 본 적이 있는 광경이었다. 다소 우스꽝스럽다. 1960년대에는 이미 '전후 민주주의'가 뿌리를 내렸을 텐데도 말이다.[84]

물론 미유키족을 단속한 이유는 분명하다. 1964년 10월에 개최된 도쿄 올림픽 때문이었다. 전 세계의 주목을 받는 국가적 행사가 열리는 도쿄, 더구나 긴자라고 하는 '어른들의 거리'에 쌀 포대를 든 젊은이들이 서성거리면 분위기를 망친다는 것이었다. 이렇게 일본 최초의 스트리트 패션은 마치 한여름 밤의 꿈처럼 사라져 갔다.[85]

'젊은이' 탄생까지 이제 남은 한 걸음

'틴에이저'나 '태양족', '미유키족'과 같은 생활 방식을 향유할 수 있었던 대상은 도시의 일부 젊은이들뿐이었다. '틴에이저'나 '태양족'이라는 말이 유행하던 때의 일본의 경제 수준은 아직 전전보다 낮은 단계였다. 일본이 「경제백서(經濟白書)」를 통해 "이제 더 이상 전후가 아니다."라고 선언한 1956년도에 들어서야, 마침내 다양한 경제 지표가 전전의 수준을 웃돌기 시작했다.

아직 대부분의 젊은이들은 경제적으로 빈곤한 생활을 하고 있었다. 1955년에 중학교를 졸업한 남성의 초임 봉급은 4090엔, 여성은 3890엔이었다. 빈곤층 이하의 금액이었다. 그럼에도 불구하고 「태양의 계절」이 히트하고, 거리에 '태양족'이 넘쳐 났던 것은 당시 젊은이들 사이에 중상류층 생활에 대한 욕망이 싹텄기 때문일 것이다.[86]

실제로 당시에 '성공'하는 방법을 제시하는 책들이 많이 출판되었고, 샐러리맨들에게 인기를 모았다. 예를 들면, 일상생활 속에서 '어떻게 하면 중역으로 발탁될 것인가?' 따위의 생각을 습관적으로 품도록 장려하는 『성공하는 아이디어 창출 방법(成功するアイデアのつかみ方)』과 샐러리맨들에게 '매사 지위 향상과 자산 축적을 의식'하라고 설득하는 『샐러리맨에게 필요한 36가지 열쇠(サラリーマン36の鍵)』 등이 당대의 베스트셀러였다.[87]

그리고 마침내 1960년대부터 고도의 경제 성장이 시작되었다. 그때는 연평균 10.4%라는 엄청난 수치의 경제 성장률을 기록하던 시대였다. 산업 구조도 크게 변화했으며, 농촌에서 수많은 젊은이들이 고임금과 도회 문화를 꿈꾸며 도시로 모여들었다. 냉장고 보급률이 그다지 높지 않았던 1960년대의 농촌에서는 매일매일 계절 채소를 먹어 치워야 하는 단조로운 생활이 이어지고 있었다. 그 때문에, 도시 생활은 한층 더 반짝이고 눈부시게 보였을 것이다.[88]

1장 '젊은이'의 탄생과 종언

일본인의 식생활도 변화했다. 새로운 가공식품으로 햄이나 소시지가 등장했던 때도 이 시기였으며, 동물성 단백질과 지방질, 비타민의 섭취량이 증가한 때도 바로 이 시기였다. 패션 스타일도 변화했다. 합성 섬유가 등장해 의복의 종류도 크게 다양해졌다.

그리고 '젊은이'의 탄생에 있어 중요한 요소 중 하나는 미디어 환경의 확충이었다. 1958년에 15.9%였던 흑백텔레비전의 보급률이, 5년 후인 1963년에는 88.7%까지 높아졌다. 청년층을 겨냥한 잡지의 창간도 이어졌다. 1964년에 《헤이본판치(平凡パンチ)》가, 1966년에는 《주간 플레이보이(週刊プレイボーイ)》가 창간됐다.

다시 말해, 1960년대 중반에 이르러 이중적인 의미에서 '세대 공통 문화', '세대 공통 체험'이 탄생할 수 있는 기반이 마련되었다. 첫째로 인구 이동을 통해 도시 지역으로 사람들이 모여들었다는 의미에서, 그리고 둘째는 대중매체를 통해 젊은이들의 공통 체험이 그 어느 때보다 훨씬 용이해졌다는 의미에서 말이다. '태양족'이나 '미유키족'으로 표면화된 (젊은이들의) '공통 문화'는 중상류층으로 상승하고 싶다는 동경을 자극했던 것이다.

이제 '젊은이'의 탄생까지 한 걸음 남았다.

4 '1억 명 모두가 중산층'과 '젊은이'의 탄생

젊은이론 붐의 도래

1960년대 후반부터 1970년대에 걸쳐 '젊은이론' 붐이 일어났다. 당대의 대표적인 예만 들어도, 미타 무네스케(見田宗介, 31세, 도

쿄 도)의 『현대의 청년상(現代の靑年像)』(1968년), 이노우에 슌(井上俊, 34세, 미야기 현)의 『죽는 보람의 상실(死にがいの喪失)』(1973년), 히라노 히데아키(平野秀秋, 43세, 타이페이)와 나카노 오사무(中野收, 41세, 나가노 현)의 『카피 체험의 문화(コピー體驗の文化)』(1975년), 오코노기 게이고(小此木啓吾, 48세, 도쿄 도)의 『모라토리엄 인간의 시대(モラトリアム人間の時代)』(1978년) 등 수많은 젊은이론이 이때 출판됐다.

《샤카이가쿠효론(社會學評論)》이라는 오늘날에도 계속 발간되고 있는 아주 유명한 잡지[89] 역시, 1971년에 「청년 문제」라는 특집을 다뤘다. 게다가 정부까지 나서 1978년에는 『우리나라 젊은이들의 인격론(わが国の若者人格論)』을 발표했다. 그야말로 엄청난 규모의 '젊은이 축제' 한 마당이 벌어졌다.

그 내용에 대해서도 잠시 언급해 보겠다. "구미의 젊은이들과 비교해 일본의 젊은이들은 공공 의식이 약하고 사회에 강한 불만을 가지고 있으며, 자립심이 부족하고 일에서 보람을 찾지 못한다."라든가[90] 본래 '모라토리엄'이 지닌 "어른이 되기 위한 단계라는 기능이 소실되어, 어른이 되지 못한 젊은이가 증가했다."라는 등[91] 다양한 사람들이 각자 자신의 의견을 내놓았다.

여기서 주목하고 싶은 부분은, 각각의 내용보다도 당시의 기성 세대가 하나의 세대로서 '젊은이'를 포착해 보고자 갖가지 노력을 했다는 점이다. 그래서일까? 상당히 의도적으로, 일종의 유형으로서 단순화된 젊은이들을 묘사하려고 시도하고 있다. 이를테면 "현대의 젊은이는 캡슐 인간이다.", "모라토리엄 인간이다." 등으로 묘사하듯 말이다.

물론, 논자들 역시 하나의 세대로서 '젊은이'를 묘사하는 데 한

　　　　　　　　　　　　　　1장 '젊은이'의 탄생과 종언

계가 있다는 점을 인식하고 있었다. 이노우에 슌마저 "세대론은 '세대' 내부의 개인적·계층적 다양성을 간과하는 경향"이 있기 때문에, "'세대주의'라는 발상은 위험하다."라고 지적했다. 그러나 한 세대로서의 '젊은이'를 논하는 것은, 그 세대가 놓인 공통의 '상황'과 공유된 '체험'이 있기 때문이라고 했다.[92]

사실 당시에는 이노우에 슌이나 오코노기 게이고 등의 연구와 함께, 사회학자나 심리학자들의 실증적인 '젊은이 연구'가 아주 많이 나오고 있었다. 오늘날의 시각에서 봐도 그 수준이 매우 높고, 제대로 구성된 성실한 연구들이다.

그러나 그것들 대부분은 잊히고 말았다. 그중 『카페 체험의 문화』에 실린 '캡슐 인간'이나 오코노기 게이고의 '모라토리엄 인간'은 오늘날에도 자주 인용된다. 이유는 간단하다. '제대로 구성된 성실한 연구'는 재미가 없기 때문이다.

『모라토리엄 인간의 시대』의 내용은, "글쎄, 요즘 젊은이들을 모라토리엄 인간이라고 부른다네."라고 시장통의 아저씨도 대충 아는 체할 수 있는 수준이다. '이질적인 타자'로서의 젊은이에 대해 논자 스스로 잘 알고 있다고 생각하는 것이다. 오히려 실증적인 자료를 나열하는 연구로는, 결국 '젊은이'에 대해 잘 알 수가 없다. 그런 자료를 겨우겨우 다 읽어 봐도, 연구자가 아닌 사람의 입장에서는 "그렇구나, 다양한 젊은이가 있구나." 정도의 느낌을 받는 데 그칠 것이다.

고타니 사토시(小谷敏, 36세, 돗토리 현)가 훗날 고언을 피력했듯이,[93] 이리하여 이후의 젊은이론은 젊은이들의 다양성을 무시하고, 그들의 특징적인 생활 방식이나 심리만을 크게 부각해 그것을 과장

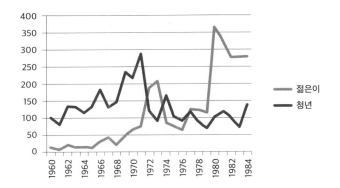

그림 2 '젊은이'와 '청년'이라는 용어의 사용 빈도 변화
《아사히신문》인터넷판의 '표제와 키워드 분석'을 통해 얻은 히트 수를 그래프로 나타내 봤
다. 광고는 제외했고, 동의어를 포함하지 않았다. (그림 1 오른쪽 부분 확대)

하는 논의로 이어졌다.

'1억 명 모두가 중산층'과 '젊은이'의 탄생

이 시기에 또 하나의 중요한 변화가 일기 시작했다. 그때부터
젊은이에 대해 이야기할 때 당시까지 일반적으로 쓰이던 '청년'이
라는 단어보다 '젊은이'라는 말이 더 자주 언급되기 시작했다.**그림 2**
'1세대 젊은이론'으로 한 시대를 풍미했던 사회학자 나카노 오사무
(62세, 나가노 현)는 "1960년대는, 뭐라고 하면 좋을까? 아무튼 어떤
분위기 탓에 '청년'이라는 단어를 사용하는 데 어려움이 있었다."
라고 회고했다.[94] "문명과 사회의 상황이 변했고, 그들 연령층에 속
한 사람들과 사회의 위치 관계가 변화했다는 사실이 자리해 있었
다. 이 점을 모두가 느끼고 있었다."라고 덧붙였다.

시대는 경제 고도성장기였다. 게다가 마침 이 무렵에 단카이
세대(団塊世代, 1947년~1949년 사이에 태어난 베이비 붐 세대 ― 옮긴이)

75　　　　　　　　　　　　　　　　　　　　1장 '젊은이'의 탄생과 종언

가 스무 살 전후의 '젊은이'로 성장해 있었다. 출생률이 높아 인구가 증가하고, '전쟁을 모르는' 세대(일본에서는 단카이세대)가 독자적인 문화를 만드는 것은 선진국 공통의 현상이었다. 분위기가 그랬던 만큼 젊은이에 대해 무언가 한마디를 하고 싶어지는 것도 당연한 일이었을지 모르겠다.

실질적인 수치상의 '젊은이'만 증가한 것이 아니었다. 또 하나, 이 시기의 일본 사회에서는 어떠한 변화가 일어나고 있었다. 1960년대 후반부터 1970년대에 걸쳐 '중류(중산층) 의식'이 침투하기 시작했던 것이다.

그렇다고 해서 경제 격차가 사라졌다는 말은 아니다. 그러나 1970년대 전반에 걸쳐, 대다수의 일본 사람들이 '나는 중산층이다.'라는 생각을 품게 되었다. 바로 저 유명한 '1억 명 모두가 중산층'이라는 개념의 등장이다. 「국민 생활에 관한 여론 조사」에 따르면, 자신의 경제 수준을 '중'이라고 인식하는 사람이 1958년에는 72.4%였는데, 1964년에는 87%로, 그리고 1973년에는 무려 90.2%로 증가했다.[95]

세대론이 사회에서 유행하게 되는 때는 계급론이 현실성(reality)을 잃었을 때다. 세대론이라는 것은 본래 매우 억지스러운 이론이다. 계급, 인종, 젠더, 지역 등 모든 변수를 무시하고, 부유층도 빈곤층도, 남성도 여성도, 일본인도 재일 한국인도 그 밖의 외국인도 모두 한데 뭉뚱그려, 그저 '어떤 연령'에 가깝다는 이유만으로 '젊은이'라고 일괄해 명명해 버리기 때문이다.

신문을 살펴봐도, 1960년대 중반 이후부터 '세대'라는 말을 사용하는 빈도가 매우 증가했다.**그림 3** 계급이나 지역이 아니라, '세대'

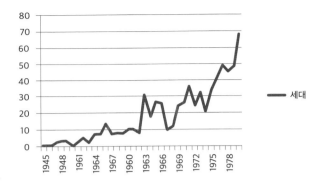

그림 3 '세대'라는 용어의 사용 빈도 변화
《요미우리신문》인터넷판의 전체 기사를 검색해 그 결과를 그래프로 만들었다.

에 따라 사회를 분석하고 사람들에 대해 논하는 사고방식이 보급된 것이다.

그리고 이 무렵부터 '국민적'이라는 표현의 의미에도 변화가 나타났다. 오늘날에는 '국민적 아이돌'이라고 하면 '세대를 초월해 인기가 있다.'라는 것을 의미하지만, 1960년대 초반까지만 해도 '국민적 아이돌'이란 '계급을 초월해 인기가 있다.'라는 의미로 언급됐다.

예컨대 요시나가 사유리(吉永小百合)는 영화「용선로가 있는 거리(キューポラのある街)」(1962년)에서 일하면서 야간 고등학교에 다니는 가난한 소녀를 연기했고, 또「흙투성이 순정(泥だらけの純情)」(1963년)에서는 외교관의 딸로 분했었다. 이런 영화들에서 상류층부터 하류층까지 '모든 계급의 소녀'를 연기한 요시나가 사유리는 그야말로 계급을 초월한 존재였고, 따라서 모든 계층의 젊은이들에게 인기가 있었다.[96]

모든 계급이 '총체적으로 중산층'이 되었다고 하는, 즉 '계급'

1장 '젊은이'의 탄생과 종언

소멸의 환상이 '1억 명 모두가 중산층'이라는 개념이다. 이러한 '1억 명 모두가 중산층인 사회'의 진행과 나란히, '젊은이론'이 유행하기 시작했다.

이처럼 '청년'에서 '젊은이'로 용어가 변화한 데서, 단순한 용어 변화 이상의 의미를 찾아낼 수 있지 않을까? 실제로는 여전히 격차가 남아 있는데도 불구하고, 사람들 스스로 '중산층'이라고 여기며 일본 전체를 '1억 명 모두가 중산층'인 사회로 인식했듯이, '젊은이'에 대해 이야기할 때도 이제는 '젊은이(연령)'라는 것 이외의 차이는 그리 문제되지 않았던 것이다.

거창하게 말하자면, '젊은이'는 1960년대 후반부터 1970년대 전반에 걸쳐 탄생했다고 볼 수 있다. '나이 말고는, 다른 다양성은 문제가 되지 않는 균질한 집단'으로서 말이다.

완성된 젊은이론

무릇 1970년대에 오늘날까지 이어지는 대체적인 젊은이론의 원형이 등장한 것으로 보인다.

지금까지 등장했던 젊은이론을 정리해 보자. 먼저, 전전(戰前)에는 '이질적인 타자론'과 '편리한 협력자론'이 있었다. 그리고 1950년대에는 '틴에이저론' 등 젊은이들을 소비의 주체로 묘사하는 '젊은이는 고객론'도 등장했었다. 또한, 일부 특수한 젊은이의 모습을 과도하게 일반화하여 찬양하거나 비난하는 논리도, '태양족'과 관련한 논쟁이 있은 후부터 널리 보급되었다.

다소 부족한 감이 없지 않으므로, 조금 더 이야기해 보도록 하겠다. 젊은이를 대상으로 새로운 미디어와 관련해 갑론을박하는 논쟁이 1970년대에 등장했다. 1975년에 출판된 히라노 히데아키와 나카노 오사무의 『카피 체험의 문화』는 '캡슐 인간'이라는 용어를 제시했다.

히라노 히데아키와 나카노 오사무에 따르면, "정보화 사회가 가치의 다원화를 촉진했으며 이데올로기의 해체를 이끌었다." 이런 "극도로 유동적인 사회"에서는 이미 대중사회론이 규정했듯이, 매스컴을 통한 대중의 관료제적 지배라는 도식은 통용되지 않는다.

그래서 등장한 것이 '캡슐 인간'이다. 그 개념은 라디오나 레코드 등의 정보 기기에 둘러싸인 채, 개인 공간에서 정신적 안정을 꾀하는 젊은이들의 모습을 상정하고 있다.

보통 '캡슐 인간'이라고 하면, 젊은이들이 각각의 캡슐에 갇혀 고립되어 있는 모습을 떠올리곤 하는데, 사실 히라노 히데아키와 나카노 오사무가 보여 주고 싶었던 것은 새로운 형태로 나타나는 '젊은이들의 관계'였다.

히라노 히데아키와 나카노 오사무는 심야 라디오에 주목했다. 1960년대 후반부터 방송국은 젊은이들을 대상으로 한 방송 프로그램을 속속 내놓았다. 그러한 가운데 심야 라디오는 젊은이 문화의 하나로 자리를 잡아 갔다.[97] 젊은이들은 동일한 심야 라디오 방송을 들으면서, 자신처럼 살고 있는 각각의 밀실 동지들과 같은 정보를 공유했다. 바로 이 공간에서 여러 캡슐 동지들에 의한 '공진(共振)'이 일어났다.

자신의 방에 틀어박혀 라디오를 듣거나 음악을 감상하거나 전화를 걸기도 하는 젊은이들은, 일견 폐쇄적으로 보일 수 있다. 그러나 그들은 외부 세계에서 벌어지는 일에 대해 전혀 모르는 것은 아니었다. 왜냐하면, 그들은 라디오 등의 정보 기기를 통해 외부와 연결되어 있었기 때문이다.

그렇다. '라디오'를 '인터넷'이나 '휴대 전화' 혹은 '트위터' 등으로 바꿔 생각해 보면, 이것은 오늘날에도 통용될 수 있는 이론이다. 『카피 체험의 문화』의 흥미로운 점은, 이런 내용뿐만 아니라 현대의 젊은이론에서나 찾아볼 수 있을 법한 논리를 선취해 기술하고 있다는 사실이다.

예컨대 『카피 체험의 문화』에는 "요즘에는 한자리에 모였다고 해서, 끊임없이 수다를 떨며 이야기를 나누는 일은 없다고 한다. 같은 공간에 있으면서도 잡지를 읽거나 기타를 치거나 만화를 보거나"라는 문장이 나온다. 그렇지 않은가, 오늘날에도 흔히 볼 수 있는 광경이 아닌가!

그리고 심야 라디오는 현대판 '축제'라는 지적이다. "오르고자 했던 언덕길을 이제 끝까지 다 올라온 근대"는 사회에서 "비일상적인 것"을 말살했고, 결국 '축제'도 형식적이고 무의미한 행위로 변질됐다는 것이다. 그러나 사람들은 "'성스러운' 공적 공간"을 강렬하게 원한다. 이처럼 '축제'가 없는 시대에 인공적으로 연출된 '축제'가 바로 심야 라디오 방송이다. 그것은 록 밴드의 공연이며, 보행자천국과도 같은 공간인 것이다.[98]

이 점은 앞서 지적했듯이, 격차를 무시하면서까지 '젊은이'에 대해 이야기할 여지가 많았던 데다가, 현대와 그리 다르지 않은 생활 환경이 이미 1970년대부터 정비되어 있었기 때문에 가능했을 것이다.

미래의 젊은이론

이때부터 비로소 젊은이론이 활발히 진행되기 시작했지만, 젊은이에 대해 논할 때 나옴 직한 대부분의 패턴은 이미 빠짐없이 다 등장한 상태였다. 그것들을 대략적으로 확인해 보겠다.[99] 1980년대의 젊은이론은 '신인류론'에서 시작되어 '오타쿠론'으로 마무리되었다.[100]

'신인류론'의 특징은, 첨단의 미디어 해독 능력(media literacy)과 고도의 소비사회에 대한 기대다.[101] 1980년대는 개인용 컴퓨터나 비디오테이프리코더의 발매 등 새로운 미디어 환경이 급속하게 자리를 잡아가던 시대였다. 이때 젊은이들은 그런 문화의 '창조적 수용자'로서 큰 관심을 끌었다. '캡슐 인간론'의 진화된 버전이라고 볼 수 있다.[102]

그리고 호리이 겐이치로(堀井憲一郞, 48세, 교토 부)에 따르면, 1983년부터 '크리스마스'가 젊은이들을 상대로 상품화되었다.[103] '젊은이들'로 하여금 지갑을 열도록 만들기 위해, 사회가 미디어를 통해 '젊은이는 이래야 한다.'라는 식의 정보를 내보내기 시작한 때도 바로 이 무렵이라는 것이다.

이것은 '젊은이는 고객론'의 보급판이라고 할 수 있는데, 이렇듯 '젊은이'를 대상으로 했을 때 시장이 활성화된다는 도식은, 거품 경제기인 1980년대 후반에 절정에 달했다. 시장, 마케팅 업체, 학계가 한데 결탁한 '젊은이는 고객론'은 이 시기에 크게 성장했다.

한편, 1980년대 후반부터 '오타쿠'에 대한 비판이 시작됐다. 바로 얼마 전까지만 해도 정보화 기기를 요령 있게 사용하는 젊은이들을 치켜세우며 칭찬하는 분위기더니, 이제는 갑자기 일변해 범죄자 취급을 하기 시작한 것이다. '고객'이라는 '편리한 협력자' 논리가 사라지자, 곧바로 '이질적인 타자' 취급을 해 버린 것이다.

젊은이론의 종결?

사실 1990년대 초반부터 '젊은이론의 종결'이라는 의견이 나오기 시작했다. 아직 흰머리가 없던 젊은 시절의 고타니 사토시(36세)는 "젊은이론이 커다란 붐을 일으키는 현상 따위는, 이제 더 이상 없다."라고 잘라 말했다.[104] 이런 주장은 당시 조사된 합계특수출생률(合計特殊出生率: 인구 통계상의 지표에서, 여성 한 명이 일생 동안 낳는 아이의 수를 가리킨다. ─ 옮긴이)의 수치가 1.5였다는 사실이 보여 주듯이, 일본이 이미 '정체와 성숙'의 단계로 접어들었다는 점을 전제로 제기되었다.

그리고 이제 더 이상 젊은이를 "다양성이 무시된 하나의 바윗덩어리인 양, 즉 하나의 집단으로 파악할 수 없다."라는 지적도 거론되었다.[105] 이것을 뒷받침이라도 하듯 'ㅇㅇ족'이라는 용어가 좀처럼 사용되지 않게 되었으며, 1990년대부터는 'ㅇㅇ계'라는 용어가 주류를 이루었다.[106] 또한, 젊은이들 자신도 같은 세대의 고유한 공통 문화보다도, 동료와의 소통이라는 좀 더 자신과 가깝고 친근한 세계를 중시하게 되었다.[107]

이리하여 '젊은이'에 대한 논의는 좀 더 틈새를 파고들며 대상을 분석하기 시작했다. 가령 '원조 교제하는 여고생', '바이크 택배 기사', '휴대 전화 소설', '인터넷카페(피시방) 난민', '피스보트'와 같은 구체적인 대상을 찾아 그 속에서 젊은이들을 분석해 나가는 것이다.

상황이 이러한데 막연한 입장에서 '젊은이'에 대해 접근하기 시작하면, 그것은 그저 저자의 망상이 뒤섞인 '젊은이론'에 그치고 말 것이다. 한편 논의가 순탄하게 진행되더라도, '이러한 젊은이가 있습니다. 저러한 젊은이도 있습니다. 각양각색의 젊은이가 있습니다.' 하는 정도에서 마무리되어 버리기도 한다.[108] 이것은 1980년대 라는 틀 속에서 '젊은이'에 대해 논한 것이므로, 좀비가 된 '젊은이론'이라고도 할 수 있다.

그리고 2000년대 이후에 '젊은이'를 주제로 하면서 크게 주목을 끈 작품 중에, '사회'와 '젊은이'의 관계를 묘사하는 경우가 상당히 많았다. 야마다 마사히로(山田昌弘, 47세, 도쿄 도)의 『희망 격차사회』, 스즈키 겐스케(鈴木謙介, 29세, 후쿠오카 현)의 『카니발화하는 사회』, 미우라 아쓰시(三浦展, 46세, 니가타 현)의 『하류 사회』, 혼다 유키(本田由紀, 40세, 도쿠시마 현)의 『초업적주의화(Hyper-meritocracy化)하는 사회』 등이 여기에 속한다.

기타다 아키히로(北田曉大, 38세, 가나가와 현)의 말을 빌려 다소 어렵게 표현하자면, "근대 사회는 '전체'를 통찰하는 시점 자체가 불가피하게 국소화(局所化)할 수밖에 없는 사회 구조를 가지고 있다."[109] 따라서 사상적으로는 '국소를 향한 퇴각'과 '전체성을 통찰하고자 하는 욕망의 복권'이 지적된다. 이제 젊은이론도 '마니아'를 위한 광적인 영역에서의 연구와 '거대 담론'을 지향하는 사회론으로 이분화되어 가고 있다.

이러한 이분법을 포괄해 '국소'를 관찰하면서 '전체를 통찰하는' 시각을 유지하는 일도 가능하다. '보편'을 선험적(先驗的)으로 상정할 수는 없더라도, '보편'을 탐구하는 태도는 근대 과학의 기본

적인 시각 중 하나이기 때문이다.[110]

앞으로도 '이질적인 타자'로서의 젊은이에 대한 비판은 계속될 것으로 보인다. 또 학자들은 실증 연구를 계속해 나갈 것이다. 이제 문제는, 1970년대 무렵부터 '1억 명 모두가 중산층 사회'와 함께 본격화된 '젊은이는 고객론', 그리고 연구자들이 내놓은 '젊은이 문화론'이다. 사람들이 '1억 명 모두가 중산층 사회'에 의문을 품기 시작했을 때, 그리고 또 사람들이 단지 연령이 같다는 이유만으로 '젊은이들'에게 공통된 특징이 존재하리라는 생각을 기각하게 될 때, 이 두 논리는 위기에 빠질 우려가 있다. 앞으로 젊은이론은 어떠한 전개를 보여 줄 것인가?

5 그리고 젊은이론은 계속된다

무리하게 달려온 젊은이론

단카이세대라고 불리는 압도적인 수의 인구를 보유한 집단과 '1억 명 모두가 중산층'이라는 계층 소멸의 환상과 더불어 성립한 존재가 바로 '젊은이'이며, '젊은이론'이었다. 그러나 단카이세대가 더 이상 '젊은이'가 아닌 시점에서도, '젊은이'를 가리켜 '고유문화를 가진 특정 집단'으로 묘사하는 '젊은이론'은 계속 양산되었다.

다시 말해, '젊은이론'은 엄청난 무리를 감수하면서까지 '무엇인가'를 만들어 내고 있는 것이다. 예컨대 15세부터 30세 사이의 일본 국적 보유자를 젊은이라고 가정했을 때, 2011년 시점에서 보면 약 2013만 명이 젊은이 층에 속한다.[111] 여기서 언급된 '젊은이 층'

에는, 에르메스의 시계를 차고 아오야마가쿠인(青山學院) 고등학교에 다니는 '상큼한 분위기의 남학생'[112]부터 텔레비전과 인터넷을 사용하지 않고 오직 라디오로 정보를 수집하는 스물세 살의 일러스트레이터[113], 이시노마키 시(石巻市) 연쇄 사상(死傷) 사건의 피고인으로서 사형 판결을 받은 열아홉 살의 소년까지 모두 포함된다.

어렵지 않게 짐작해 볼 수 있겠지만, 약 2000만 명이나 되는 사람들에게서 공통점을 찾아낸다는 것은 사실상 불가능에 가까운 일이다. 거기에는 남녀 차이도 있고 지역 차이도 있으며 빈부의 차이도 존재한다.

물론, 이러한 차이가 존재한다는 사실을 충분히 알면서도, 하나의 세대로서 '젊은이'에 대해 논의하려고 했던 것이 젊은이론이다.

그러나 이런 방식의 논의는 더 이상 진행할 수 없게 되었다. 1990년대 후반부터 중산층 붕괴론과 격차사회론이 유행하기 시작한 탓이다. 이제 '1억 명 모두가 중산층'이라는 말이 무의미해진 것이다.[114] 바꿔 말하면, '세대 내부에는 격차가 없다.'라는 전제가 있었기 때문에 '젊은이'에 대한 논의가 가능했던 것이다. 그런데 그와 같은 전제가 무너지기 시작하면서, '젊은이론'은 큰 위기를 맞게 되었다.

게다가 '틴에이저론'에서 시작된 '젊은이 고객론'도 위기를 맞게 되었다. 한때 소비의 주체로 부상했던 젊은이가, 어느 순간부터 예전만큼 물건을 사지 않게 되었으니 말이다.

최근에는 '젊은이가 소비하지 않는다.'라는 내용의 논의가 유행하고 있다. 사실 생각해 보면, 그런 논의는 '젊은이가 물건을 산다.'라는 전제가 공유되어 있을 때 비로소 가능한 주장이다. 따라서 그런 주장이 앞으로 얼마나 더 지속될지는 미지수다.

이대로 젊은이론은 자취를 감추게 될까?

결론부터 말하자면, '젊은이'에 대한 논의는 앞으로 당분간 사라지지 않을 것이다. 사실 젊은이론보다 훨씬 조잡한 논의도 여전히 건재하기 때문이다. 가령 저 유명한 '일본인론'이 그것이다. '일본인론'은 무려 1억 2000만 명이나 되는 일본 국적 보유자에게서 특정한 공통점을 찾아내 언급하기도 했다. 마치 '격차사회론'은 전혀 모른다는 양, 우치다 다쓰루(内田樹, 59세, 도쿄 도)의 『일본변경론(日本邊境論)』같은 '일본인론'은 때때로 크게 흥행했다.[115] 그런 현상을 보면, 약간 부럽기도 하다.

한편 '젊은이론'에는 '일본인론'에서 찾아볼 수 없는 매력이 있다.

젊은이론은 어른들의 자기 찾기이다

젊은이론이 결코 마무리되지 않는 이유 중 하나는, 사회학에서 말하는 '가령(加齡)효과'와 '세대효과'의 혼동 때문이다. 다시 말해, 본인이 늙어 세상의 속도를 따라가지 못하는 것일 뿐인데, 이것을 마치 '세대의 변화' 혹은 '시대의 변화'로 착각해 버리는 것이다. 이런 착각은 '젊은이론'에 국한되지 않는다. '일본인이 약해졌다.'라고 지적하는 대부분의 논의 역시, 이 현상으로 설명이 가능하다.

더구나 '젊은이론'은 자신을 확인하는 작업이기도 하다.

누군가가 "요즘 젊은이는 발칙하다."라고 쓴소리를 하기 시작했다면, 그 사람은 이미 자기 스스로 더 이상 '젊은이'가 아니라는 입장을 밝힌 셈이다. 그것과 동시에 자신은 '발칙하고 이질적인' 젊은이와는 다른 장소, 즉 '성실한' 사회의 성원이라는 점을 확인하고 있는 것이다.

다시 말해, "젊은이는 발칙하다."라는 식으로 젊은이를 '이질적인 타자'로 간주하는 지적은, 이미 젊은이가 아닌 중·장년층의 '자기 긍정'이자 '자아 찾기'의 일종인 것이다.

자기가 사회에서 '이질적'이라고 느낀 대상을 솔직하게 받아들이면, 그 스스로 '이질적인 존재'가 되어 버리고 만다. 이것과는 반대로 자신이 느끼기에 '이질적인 대상'을 '이질적'이라고 잘라 말해 버리면, 그 스스로 '이질적'이지 않다는 사실을 보여 주게 된다.

'젊은이가 희망이다.'라는 주장은 이것과 반대다. 젊은이를 '편리한 협력자'로 간주함으로써, 자신과 사회의 연결 고리를 확인하는 것이다. '요즘 젊은이'도 자신과 같은 '이쪽'에 속해 있으니까, 자기를 포함한 이 사회는 걱정 없다는 것이다.

그러면 젊은이를 비판할 것이 아니라, 개인을 공격하면 되지 않느냐고? 물론 그럴 수도 있지만, 아무래도 개인을 대상으로 비판하는 것은 꺼림칙하고 훨씬 책임이 따르는 일이다. 즉, 개인을 비판하는 것보다 세대를 비판하는 편이 더 완곡한 비판이 될 수 있기 때문이다. 게다가 젊은이를 대상으로 논의를 펴는 쪽이, 왠지 모르게 더 '그럴싸하게' 느껴지니까 말이다. 다만 그런 '그럴싸함'이 앞으로 얼마나 더 유효할지는 미지수다.

사회의 '네거티브'로서의 젊은이

'젊은이'라는 존재는 어른들에게 있어 형편에 따라 끌어다 활용할 수 있는 변명의 도구이기도 했다. 예컨대 자동차가 팔리지 않으면, "젊은이들이 자동차에 관심이 없다."라고 말한다. 그러나 이 "자동차에 관심이 없다."라는 말에는, '예전의 젊은이들은 자동차에 관심이 많았고 곧잘 탔는데, 요즘 젊은이들은 그렇지 않다.'라는 의미가 내포되어 있다. 그러나 젊은이들은 애당초 자동차를 잘 타지 않았다. 따라서 "요즘 젊은이들은 자동차에 관심이 없다."라고 한탄하는 말에는 어폐가 있다.

일본 내수 시장에서 신차 판매 대수는 2000년을 절정으로 2001년부터 하향 곡선을 그리기 시작했다. 모타니 고스케(藻谷浩介, 46세, 야마구치 현)가 지적했듯이, 대도시를 제외한 일본 대부분의 지역에서 자동차는 기호품이 아니라 필수품이다. 그 때문에, '더 이상 원하지 않으니까 사지 않는다.'라고 단순하게 말할 수 없는 것이다. 그럼 왜 자동차 판매 대수가 급격하게 감소한 것일까? 답은 간단하다. 일본의 인구 구조가 바뀌면서, 고령자가 늘고 젊은이가 줄었기 때문이다.[116]

일본 인구 구조에 변동이 생겨 더 이상 자동차가 팔리지 않는 것이라면, 그것은 이제 어떻게 해 볼 여지가 없는 문제다. 그러나 자동차의 판매 부진을 젊은이들의 심리 변화로 몰아가면, 아직 만회할 수 있는 기회가 생긴다. 따라서 자동차 판매 대수와 관련된 현상을 "젊은이들은 자동차에 관심이 없다."라는 말로 일축하는 것은 어떤 면에서 상당히 영리한 판단이다. 왜냐하면, 일단 자동차 회사로서는 당분간 안심할 수 있고, 광고 회사나 자칭 '젊은이 마케터'에게도 할 일이 생기기 때문이다. 또한 대중매체의 기삿거리로 활용할 수도 있다.

아무튼 '젊은이 탓으로 돌리면 만사 괜찮다.'라는 식의 발상은 나치 독일이 유대인을 상대하던 태도와 비슷하다. 전시 독일에서는 근면, 금욕과 같은 엄격한 규칙이 중시되었다. 그러나 모두가 이것을 준수했던 것은 아니었다. 그래서 자신들과 다른 '이질적인 타자', 즉 유대인들에게 자신들이 완수할 수 없었던 부분(근면, 금욕과 반대되는 행동들)을 '투영(投影)'했던 것이다.[117]

그러나 '젊은이'는 '유대인'과 달리, 완전히 '이질적인 타자'가 아니다. 젊은 시절은 누구에게나 있고, 어쨌든 어른과 젊은이는 같은 나라에 살고 있다. 따라서 (어른들이) 젊은이를 완전히 '이질적인 타자'로 간주하는 것은, 적어도 일본에서는 일반적이지 않은 일이다. 그런 이유에서 배제하면 그만이었던 '유대인'과는 달리, '젊은이'에 대한 비판은 그칠 줄 모르고 계속되는 것이다. 이것은 나이토 아사오(內藤朝雄, 44세, 도쿄 도)가 내놓은 주장이다.[118]

그러나 나이토 아사오가 우려하는 만큼, 작금의 사태가 심각한 것은 아니다. 왜냐하면, 결국 젊은이론은 젊은이론이기 때문이다. 근거 없는 젊은이론이 국가 정책 결정에 영향을 미칠 정도라면, 그것은 분명 심각한 문제일 것이다. 그러나 "일본 젊은이가 원숭이처럼 되어 간다."[119]라든가, "게임용 뇌"[120]라든가 하는, 이런 종류의 지적을 과연 몇 명이나 진지하게 받아들일까? 그런 식의 지적은 젊은이를 비판하는 방법을 통해 자신의 자아를 찾을 수밖에 없는 안타까운 중·장년층의 사람들에게 맡겨 놓으면 된다.

'젊은이론'은 어설퍼도 된다

예전부터 '젊은이'는 다양한 이미지로 표현되어 왔다. 프랑스의 유명한 화가 들라크루아(Eugène Delacroix)의 작품 「민중을 이끄는 자유의 여신」을 보면, 젊은이는 혁명의 상징으로 묘사되어 있다. 나치 독일에서 청년은 '창조를 기르는 예지'를 갖춘 존재로서 기대를 한 몸에 받았다. 스포츠계도 대부분의 경기 종목 자체가 신체적으로 20세 정도의 젊은이에게 유리하기 때문에, 당연히 젊은이를 치켜세운다.

이번 장에서도 각종 젊은이론을 살펴봤다. 특히, 전후에 이루어진 젊은이론에서는 '요즘 젊은이들은 이런 부분이 새롭습니다.'라고 젊은이의 '새로움'을 강조해 왔다. 이런 언설은 그야말로 자동차의 판매 전략과 완전히 일치한다. 이를테면 자동차의 구조 자체는 그다지 개선하지 않고, 외관과 명칭만 바꿔 '신차'라고 판매에 나서는 전략 말이다. 이것은 지금껏 자동차 산업에서 발달해 온 방법이다.[121]

최근에는 태어나면서부터 정보 기술(Information Technology)에 친숙한 세대를 가리켜 '디지털 네이티브'라고 부른다. 마찬가지로 젊은이들이 '캡슐 인간', '신인류' 따위로 불리던 과거에도 이와 유사한 말이 유행했었다. 이를테면 "철이 들기도 전에 이미 텔레비전을 보는 세대"라는 유행어 말이다.[122]

어쩌면 '젊은이론'은 젊은이라는 이름을 빌려 쏟아 낸 사회 비판이 아니었을까? 본래 '젊은이'는 그 실체가 있는 듯하면서 또 없는 듯한 존재, 즉 애매한 대상이기 때문에 얼마든지 자의적으로 이미지를 부여할 수 있었다. 게다가 젊은이는 쉴 새 없이 교체된다. 따라서 젊은이론이 바뀐다고 해도, 아무도 이 점에 대해 불평하지 않는다. 오히려 그런 식의 '교체'를 환영한다. "이것이 새로운 젊은이다."라고 하면서 말이다.

더구나 젊은이를 비판하는 데는 난해한 이야기 따위는 필요하지 않다. 누구나 젊은이를 비판할 수 있다. 일본 경제에 대해 논하는 것은 다소 어렵게 느껴지지만, 젊은이에 대해 이야기하는 경우라면 한결 편하게 느껴진다. 누구나 자기가 젊었던 시절, 자신의 상식과 비교해 가며 "요즘 젊은 아이들은 텔레비전을 보지 않는다."라고, 어딘가에서 어설프게 들은 이야기를 전하는 정도로만 이야기해도 되니까 말이다.

젊은이에 대해 이야기하는 의미와 한계

지금까지 젊은이론의 한계에 대해 지겨울 정도로 지적해 왔다. 그러나 젊은이에 대해 논의하는 일 자체가 무의미한 일이라고는 여기지 않는다. 아예 '젊은이론'에 의미가 없다고 단언해 버리면, 이 책의 존재 근거조차 사라져 버리게 될 것이다.

그럼 어떤 방식으로 '젊은이'에 대해 논의하면 좋을까? 사실 이런 질문에 대한 대답은 벌써 1970년대부터 나와 있었다.

먼저 하야사카 다이지로(早坂泰次郎, 44세, 미야기 현)가 지적했듯이, "어떤 현상이 있다는 것과 그 현상을 의미 부여, 평가의 도구로 이용하는 것"은 서로 다른 일이다.[123] 이 장에서는 아주 대략적으로 설명하고 말았지만, 각각의 '젊은이론'은 나름대로 해당 시대의 중요한 발견이자 지적이었다.

이번 장에서 기술하고자 했던 바는 "'젊은이론'이나 '젊은이 비판'에 패턴이 있다."라는 점이지, 실제로 젊은이들이 변하지 않았다는 말은 아니다. 즉, '현상'을 분별없이 가치 판단으로 직결시키는 것이 문제라는 뜻이다. 변화와 열등화는 엄연히 다르다.

오히려 이전보다 '현상'을 자세하게 연구해야 할 필요성이 훨씬 높아졌다. 1980년대의 상황과 달리, 이제 우리들은 '젊은이'를 하나의 바윗덩어리 같은, 말하자면 '다양성'이 무시된 일률적인 존재로 바라볼 수 없다.

어떠한 '현상'이 발생했을 때, 그것을 '젊은이 개인'의 문제라거나 '젊은이 특유'의 문제라고 속단하지 말고, 사회 구조의 실태와 변화까지 함께 고려해야 한다. 그런 당연한 일부터 해 나가야 하는 것이다.[124]

하지만 이것은 단지 통계 자료만 잘 이용하면 된다는 말이 아니다. 이노우에 슌(井上俊, 33세, 미야기 현)이 스스로 경계하며 말했듯이, "수치를 바탕으로 한 형식적인 경향이나 통계적인 '평균 이미지(平均像)'를 가지고, 간단히 '전체 이미지' 혹은 '전형 이미지(典型像)'라고 단정하는 것은 역시 잘못이다."[125]

'젊은이 연구'가 한동안 연구 주제로 삼아 온 '원조 교제를 하는 여고생'이나 '모터바이크 택배 기사'는 수치로 볼 때 분명 소수파에 속한다. 통계 자료에서 다수를 차지하는 쪽은 대부분 '의외로 건전하고 상식적인 사람들'일 때가 많다.

그러나 소수파가 보여 주는 성격과 특징은 반드시 고립된 현상이 아니다. '소수파'가 지닌 '다수 속에 막연히 존재하고 있는 것을 비교적 명확한 형태로 표현할 가능성'을 무시할 수 없기 때문이다. 반복해서 지속적으로 이루어진 세부적인 발견은 결코 쓸모없지 않다.

또한 같은 맥락에서 사회적인 흐름에 주목하려는 노력을 잊어서는 안 된다. 개인의 정체성과 문화적인 측면으로 귀결되는 경향이 짙은 '젊은이 문제'를 '사회적인 문제'로서 구조적으로 파악하려는 것이 이 책의 목적이기도 하다.

여기서 내가 중요하게 여기는 '구조'는, 거품경제가 붕괴한 1991년을 기점으로 상당한 변화를 겪은 일본 사회다. 거품경제의 붕괴로 인해 1970년대 이후 당연하게 여겨져 왔던 '좋은 학교, 좋은 회사, 좋은 인생 모델'(일본형 업적주의)도 함께 무너져 내렸다. 이제 대기업은 '연공서열'과 '종신고용'이라는 '일본형 경영'을 더 이상 젊은이들에게 제공할 수 없게 된 것이다. 이처럼 '중산층의 꿈'이 붕괴되어 가던 시대에, 오늘날의 젊은이들이 태어났다.

젊은이론의 계보

이번 장을 마무리하면서, 지금까지 참조해 온 젊은이론을 그림 4로 정리해 보았다. 그리고 젊은이론을 크게 네 가지, 즉 '이질적인 타자론', '편리한 협력자론', '문화론', '실증 연구'로 구분했다.

젊은이를 '이질적인 타자'로 여기는 '젊은이 비판'은 이미 백여 년 전부터 계속적으로 반복된 논의였으며, 한편 전쟁 중에는 젊은이를 '편리한 협력자'로 간주하는 언설이 곳곳에서 제출됐다. 요컨대 젊은이에 대한 어른들의 논의 수준은 한 세대를 거치면서도 전혀 발전하지 않았다.

다만 현대적인 의미에서의 '젊은이론'은 '1억 명 모두가 중산층 현상'과 함께 등장했고, 또 그 현상과 병행하면서 성립된 것으로 보인다. 단지 연령이 비슷하다는 이유로 지역 차이, 빈부 차이, 성별 차이 등을 모두 무시하면서까지 '젊은이'라고 간주해 버리는 논의는, '일본 내부에서 계층 차이가 사라졌다.'라고 하는 이미지가 공

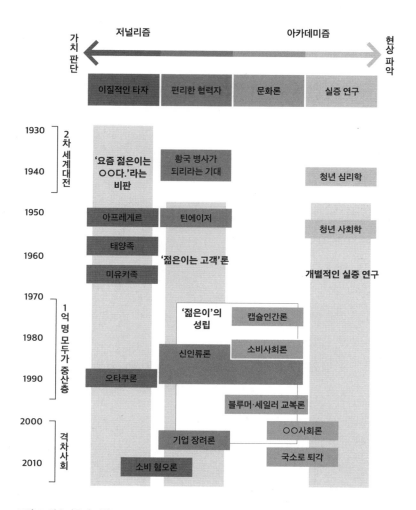

그림 4 젊은이론의 변천

유되어야만 현실성을 가질 수 있기 때문이다.

따라서 '격차사회'라는 용어가 유행하는 오늘날에 이르러, 종래의 '젊은이론'은 존속의 위기를 맞고 있다. 이제 우리는 (적어도)

거품경제 붕괴 이전과 같은 도식으로 '젊은이'에 대해 이야기할 수 없으며, 또한 이야기해서도 안 된다. 이렇듯 새로운 젊은이론을 모색할 때, 비로소 '젊은이'에 대해 이야기하는 의미가 생긴다.[126]

결국 이 책이 중심적으로 초점을 맞춘 대상은 거품경제 붕괴 이후의 일본 사회에서 살아온 젊은이들, 특히나 20대라고 볼 수 있다. 그런 의미에서, 일반적으로 많은 사람들이 언급하는 '젊은이'와 이 책에서 다루는 '젊은이'라는 단어 사이에는 별다른 차이가 없다.

그럼, 젊은이들은 실제로 현대 사회를 어떻게 살아가고 있을까? 그들의 삶은 예전과 (즉, 과거 젊은이들의 삶과) 얼마만큼이나 달라졌을까? 이 점에 대해서는 다음 장에서 살펴보기로 하겠다.

1장 '젊은이'의 탄생과 종언

2장

작은 공동체 안으로
모이는 젊은이들

사람들은 젊은이들이 점점 더 '내향적'으로 변해 가고 있다고 말한다. 이번 장에서는 주로 자료(data)를 참고하면서 정말로 젊은이들이 '내향적'으로 변해 가고 있는지, 만약 그렇다면 어떻게 '내향적'이 되었는지, 왜 '내향적'이 되고 말았는지에 대해 생각해 보기로 하겠다. 이 주제를 다소 품격이 없는 말로 표현하면 '끼리끼리 무리 짓기', 좀 더 순화해 표현하자면 '자기 충족화(consummatory化)'다.

1 '내향적'인 젊은이들

신문 사설을 통해 살펴본 2011년 젊은이의 초상

매해 '성인의 날'에 게재되는 신문 사설은 매우 흥미롭다. 각각의 신문들은 제각기 다양한 젊은이상(若者像)을 상정해, 그런 '젊은이'에 대한 천태만상의 생각을 풀어내기 때문이다. 어른들이 '젊은이에 대해 묘사하는 담론'이 얼마나 제멋대로이고, 자유분방한지는 앞 장에서 살펴본 그대로다. 나 역시 이미 '성인'이므로 잠시 뜨악한 시선을 접고, 해마다 조금 더 따뜻한 시선을 담아 신문의 사설을 읽고 있다.

2011년의 사설은 젊은이들의 내향적 성향을 한탄하면서도, 무기력감에 빠질 정도로 답답한 시대에 태어난 그들을 동정 어린 시선으로 바라보고 있었다. 그러면서도 젊은이들이 '좀 더 노력해 주기를 바란다.'라며 그들을 고무했다. 이와 같은 내용이 모든 신문

사설에 공통적으로 나타난 패턴이었다.[127]

《아사히신문》은 "전철에서 게임만 하고, 휴대 전화에 몰두하는 젊은이들을 바라보면, '이대로 괜찮을까?' 하는 걱정이 앞선다."라고 했으며, 《요미우리신문》은 "젊은이들이 내향적 성향을 지향한다."라고 탄식했다.[128] 그리고 《마이니치신문》은 저조한 투표율을 예로 들면서 "선거권을 좀 더 이른 나이에 얻었으면 좋겠다고 생각할 정도가 되어야 젊은이로서 바람직한 모습"이라고 독려했으며, 《산케이신문》은 "인터넷에 푸념을 늘어놓거나, 사회는 어차피 나아지지 않을 것이라고 미리 포기해 버리는 태도는 젊은이답지 못하다."라고 단정했다.[129]

그러고 보니, 젊은이들이 '내향적으로 변해 가고 있다.'라는 지적은 최근 자주 듣는 이야기다. '내향적'이라는 말에는 여러 가지 의미가 내포되어 있다고 생각되는데, 만약 온갖 신문에서 묘사한 '젊은이상'이 옳다고 친다면, 오늘날 젊은이들의 모습은 다음과 같을 것이다.

이를테면, 그들은 이 시대가 안겨 준 답답한 상황을 민감하게 받아들이며 살아왔기 때문에, 안전하고 확실한 길만 선택한다. 또 그들은 인터넷을 사용해 아무 때나 전 세계와 소통할 수 있지만, 영어 구사 능력이 원활하지 못해 자유롭게 교류하는 데는 제약을 받는다. 해외로 유학을 떠나는 학생의 수도 감소하고 있으며, '청년 해외 협력단'에 참가하는 젊은이도 줄고 있다. 상대방을 밀어내면서까지 성공하는 것을 갈구하지 않으며, 오히려 자신과 가까운 동료들을 소중히 여기고 있다. 사회를 바꾸려고 하지 않으며, 투표하러 가지도 않는다.

이렇게 나열하고 보니, 하나같이 "과연 그렇구나." 하며 고개를 끄덕이게 만든다. 그러나 "과연 그렇구나." 하는 정도에 그치고 만다면, '젊은이'를 주제로 내세운 책으로서 중요한 무언가를 간과하고 있다는 생각을 떨칠 수 없다.

그래서 좀 더 진지하게, '요즘 젊은이들은 내향적이다.'라는 지적이 사실인지 아닌지, 구체적인 자료를 바탕으로 살펴보고자 한다.

2 사회에 공헌하고 싶어 하는 젊은이들

의외로 사회 지향적인 젊은이들

먼저 젊은이들의 '의식'을 살펴보자. '젊은이의 의식에 관한 조사'는 실로 방대하지만, 사실 대부분의 경우 '잠시 시간 죽이기' 혹은 '마케팅 자료' 이상의 의미를 가지고 있지 않다. 왜냐하면, 특이해 보이는 어떤 결과가 나타났다고 하더라도, 그 결과가 정말 '특이한 결과'라는 점을 보여 주기 위해서는 또 다른 어떤 대상과의 비교가 불가피하기 때문이다.[130]

예컨대 다른 세대와 비교되는 젊은이만의 '특이'한 수치가 나타난다면, 그것은 분명 고찰해 볼 만한 가치가 있는 자료다. 또한 과거의 젊은이 세대와 오늘날의 젊은이를 비교해 어떠한 변화를 찾아냈다면, 그 역시 분석해 볼 만한 자료일 것이다.

이러한 기준에서 가장 도움이 될 만한 자료는 내각부에서 실시한 「사회의식에 관한 여론 조사(社會意識に關する世論調查)」다. 지난

30년 동안 동일한 내용의 질문이 설문지에 올라와 있는 덕에, 대략적으로나마 일본인의 의식 변화를 알아보고자 할 때 매우 요긴한 자료다.[131]

그중 "사회 지향인가? 개인 지향인가?"라는 문항은 30년 이상 줄곧 제시된 단골 질문이다. 이 설문지는 "국가나 사회에 대해 좀 더 관심을 가져야 한다." 혹은 "개인의 생활에 충실한 삶이 더 중요하다."라는 두 가지 사고방식을 통해 '당신의 생각'에 더 가까운 쪽을 고르라고 묻고 있다.

한편 (앞서 이야기했듯) 오늘날의 젊은이들이 '내향성'을 지향한다면, '개인 지향'을 선택한 젊은이가 분명 더 많을 것이다. 그런데 가장 최근에 조사된 자료인 2011년의 데이터를 살펴보면, 20대 젊은이들 가운데 '사회 지향'을 선택한 젊은이가 55%였고, '개인 지향'을 선택한 젊은이는 36.2%였다. 그리고 나머지는 "한마디로 표현하기 어렵다." 또는 "모르겠다."라는 쪽을 선택했다.[132]

이 조사 결과를 살펴보면, 의외로 오늘날의 많은 젊은이들이 국가나 사회에 대해 관심이 있는 듯 보인다. 그리고 근소한 차이이기는 하지만, 고령자보다 젊은이들이 좀 더 높은 비율로 '사회 지향'을 선택했다. 70세 이상이면서 '사회 지향'을 선택한 사람의 비율은 54.1%였고, '개인 지향'을 선택한 사람의 비율은 30.6%였다.

더구나 과거와 비교해 봐도 '사회 지향'을 선택한 젊은이의 수는 많이 증가했다. 그림1은 이제껏 20대가 보인 '사회 지향'과 '개인 지향' 비율의 추이를 나타낸 것인데, '사회 지향'은 1980년대에 약 30%였으나 서서히 상승해 1990년대에는 40%를 넘어섰으며, 최근 5년 동안 50%를 초과했다. 즉, 최근 몇 년 동안 젊은이들은 해당 조

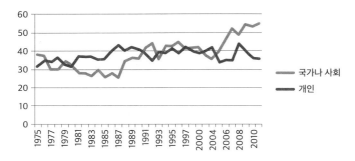

그림 1 「사회의식에 관한 여론 조사」, 사회 지향인가? 개인 지향인가? (20대)

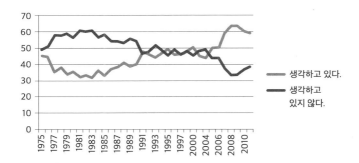

그림 2 「사회의식에 관한 여론 조사」, 사회에 도움이 되고자 하는 생각을 하고 있습니까? (20대)

사가 시작된 이래 최고로 높은 수치의 '사회 지향'을 보이고 있는 것이다.

또 같은 자료(「사회의식에 관한 여론 조사」)에는 "평소에 사회의 일원으로서 무언가 도움이 되고 싶다고 생각한 적이 있습니까?"라는 '사회 공헌 의식'을 묻는 질문도 제시되어 있다. 2011년도의 조사 결과에 따르면, 무려 59.4%에 이르는 20대 젊은이들이 사회를

2장 작은 공동체 안으로 모이는 젊은이들

위해 도움이 되고 싶다고 응답했다.

한편 1983년도의 조사 결과를 보면, 사회를 위해 도움이 되고 싶다고 대답한 20대는 32%에 불과했다. 다시 말해, 채 30년도 안 되는 세월 동안 사회에 도움이 되고자 생각하는 젊은이의 수가 무려 두 배나 증가한 것이다.(그림 2 참고) 이 결과는, 오늘날의 젊은이들이 단지 '사회 지향'에 머무는 것이 아니라, '사회에 공헌하고 싶어 한다.'라는 점을 잘 보여 준다.

사회 공헌 붐

그렇다. 요즘 젊은이들은 의외로 사회에 관심이 많은 것이다. 그렇게 판단할 만한 확실한 사례가 몇 가지 존재한다.

예컨대 2005년, 의대생이었던 하다 고타(葉田甲太, 21세, 효고 현)와 이시마쓰 히로아키(石松宏章, 21세, 오이타 현)는 어떤 우연한 기회로 '150만 엔'만 있으면 캄보디아에 학교를 세울 수 있다는 사실을 알게 되었다. 이들은 뜻을 같이하는 동료들을 모아 자선 이벤트를 개최했고, 마침내 캄보디아에 초등학교를 개교했다.[133] 그들의 활약상은 무카이 오사무(向井理, 20세, 가나가와 현) 주연의 영화로 제작되어 2011년 가을에 개봉되기도 했다.

하다 고타와 이시마쓰 히로아키뿐만이 아니다. 2009년에 설립된 '스위치(SWITCH)'라는 학생 단체는 이벤트를 통해 마련한 수익금을 방글라데시의 노숙 아동들을 지원하기 위한 기금으로 기부했다. 그리고 여행사인 에이치아이에스(HIS)와 제휴해, '방글라데시 국제 교류 여행'이라는 스터디 투어까지 기획했다.[134]

피스보트, 즉 세계를 일주하며 식견을 넓히는 선박 여행에는 사회에 공헌하고자 하는 젊은이들이 대거 참가하고 있다. 여행 지역에는 가령 '캄보디아 지뢰 문제 검증 투어(9만 8000엔)'와 같은 프로그램이 별도로 마련되어 있어, 배에 승선한 사람들은 자신의 의사에 따라 사회 공헌을 만끽할 수 있다.

그리고 대중매체에서 젊은 기업가들을 중점적으로 보도하는 경우가 늘고 있다. 야마구치 에리코(山口繪理子, 25세, 사이타마 현)는 게이오기주쿠 대학교(慶應義塾大學)에 다닐 당시, 방글라데시에서 경험한 인턴 활동을 계기로 삼아 '마더하우스'라는 회사를 창업했다. 이 회사는 마(麻)를 소재로 한 고품질의 가방을 현지에서 생산해 수입 판매하고 있다. 일방적인 기부나 지원이 아니라, 개발도상국의 자립을 독려하는 모델로서 주목을 끌고 있다.

젊은이들이 관심을 두는 곳은 해외뿐만이 아니다. 하라주쿠(原宿)에서 시작된 쓰레기 줍기 봉사 프로젝트인 '그린버드'의 활동은 일본 전체로 확산되었다. 2009년도의 쓰레기 줍기 봉사 활동 참가자는 약 2만 4000명이나 됐다고 한다. 이 활동에는 수많은 젊은이들이 참여했다.

앞으로 5장에서 자세히 다루겠지만, 동일본 대지진에 대한 젊은이들의 반응도 매우 생생하게 남아 있다. 실제로 직접 재난 지역을 찾아간 젊은이에서부터 일본 각 도시에서 모금 활동을 전개하거나 인터넷에서 절전을 호소하는 등 매우 다양한 형태로 전개된 젊은이들의 봉사 활동 모습을 곳곳에서 발견할 수 있다. 젊은이들은 마치 이런 기회를 기다리기라도 했다는 듯이 열렬한 반응을 보여 줬다.

이처럼 젊은이들 사이에서 흡사 '사회 공헌 붐'이라고 불릴 만

2장 작은 공동체 안으로 모이는 젊은이들

한 현상이 일어나고 있는 것이다. 기성세대의 비관적 시각을 잠재우듯이, 요즘 젊은이들은 '내향적'이기는커녕 한발 더 나아가 해외로까지 눈을 돌리고 있다.

그러나 안타깝게도 이것이 전부가 아니다.

봉사 활동하는 젊은이는 그다지 늘어나지 않고 있다

우선 제대로 된 통계 자료를 통해 확인해 보자. 총무성(總務省)의 「사회생활 기본 조사(社會生活基本調查)」를 활용해, 조사 시점에서 과거 1년 동안 봉사 활동에 참여한 적이 있는 사람의 비율을 살펴보자.

5년마다 실시되는 이 조사에서 (게다가 가장 최근에 조사된 자료가 2006년도 것이라는 점은 다소 유감스럽지만) 봉사 활동에 참여하는 20대의 수는 1970년대부터 거의 변동 없이 평행을 달리고 있다. 더구나 봉사 활동에 참여하는 전체 연령의 평균치보다 20대의 참여율이 낮은 편이다.**그림 3**

다시 말해, '사회 지향'을 선택한 젊은이가 증가했고 '사회에 공헌하고 싶다.'라고 생각하는 젊은이가 증가했음에도 불구하고, 실제로 사회 공헌 활동에 참여하는 젊은이의 수는 그다지 늘지 않았다는 사실을 확인할 수 있다.

사회봉사 계통 및 복지 관련 활동가들 사이에서 1995년은 '사회봉사 활동 원년'으로 일컬어지고 있다. 1995년 1월 17일에 발생한 한신(阪神)·아와지(淡路) 대지진 때는 전국에서 약 130만 명이나 되는 사람들이 구조 활동을 위해 재해 지역으로 달려갔다. 그런데 그중 대부분의 사람들이 사회봉사 활동을 처음 해 본 초보자들이었

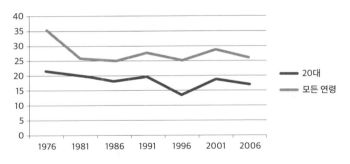

그림 3 「사회생활 기본 조사」, 사회봉사 활동 참가율 (20대)

다고 한다.

당시의 조사에 따르면, 지진 피해 관련 봉사 활동에 나선 사람의 66.6%가 사회봉사 활동에 처음 참여해 본 초보자였으며, 그들의 연령대는 20세에서 24세 사이가 30%를 넘었다고 한다. 또한 봉사 활동 참가자의 평균 연령도 26.3세로 집계되어, 매우 젊게 나타났다. 마침 시기적으로 대학교의 봄 방학 기간과 겹치긴 했지만, 사실상 사회봉사 활동의 60%가 대학생이었다.[135]

그리고 1998년에는 NPO법까지 발효되면서, 거액의 기본 자산을 보유하지 않은 단체라도 법인 자격을 취득할 수 있게 되었다. 지금은 등기만 하면 NPO든, 일반 재단 법인이든, 일반 사단 법인이든 자유롭게 설립할 수 있다. NPO법이 제정되기 이전에는, '풀뿌리 정신'을 가지고 사회봉사 활동 단체를 설립하려고 해도 법인 자격이 없는 임의 단체로서 활동할 수밖에 없었다.

그러나 우리는 여기서 '사회봉사 활동 원년'과 NPO법 제정이라는 움직임에도 불구하고, 이것이 곧장 사회봉사 활동 인구를 증가시키는 기폭제로 작용하지 않았다는 사실을 엿볼 수 있다. 1996년의 「사회생활 기본 조사」는 같은 해 10월의 시점에서 지난 1년 동안의 사회봉사 활동 경험 여부를 묻는 질문이었기 때문에, 한신·아와지 대지진 때 사회봉사 활동에 나섰던 사람들의 수는 포함되지 않았다. 만약 이 조사가 1995년에 실시됐다면, 예시로 게재한 그래프와는 매우 다른 양상을 보였을 것이다.

어쨌든 아무리 '사회봉사 활동 원년'이라고 해도, 사회봉사 활동이라는 것 자체가 일본에 그다지 깊숙이 뿌리내리지 못하고 있음을 분명히 알 수 있다. 그래서 동일본 대지진 때 사회봉사 활동에 참여한 사람들의 수가 반영될 '2011년 조사 결과'에 기대를 걸어 보고자 한다.[136]

젊은이의 정치 외면은 사실인가?

사회 지향적인 데다가 사회에 공헌하고 싶다고 생각하는 젊은이라면 분명 선거에도 적극적으로 참여할 것이다. 어찌 보면 사회봉사 활동은 다소 문턱이 높게 여겨질 수도 있지만, 투표는 선거 때 투표소에 가기만 하면 된다. 게다가 최근에는 일부 상점에서 '투표를 하면 커피를 쏩니다.'라는 상당히 기묘한 서비스까지 실시하고 있으니 말이다.

'의식 조사' 결과를 살펴봐도, 정치에 관심을 두는 젊은이의 비율은 증가하고 있다. 「세계 청년 의식 조사(世界青年意識調査)」를 들여다보면, '정치에 관심이 있다.'라고 대답한 18세부터 24세 사이의 젊은이는 1998년의 6차 조사 때는 37.2%였으나, 2003년에는 46.7%였고, 2008년에는 57.9%까지 상승했다.**그림 4** 이 결과만 봐도

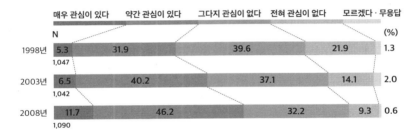

그림 4 「세계 청년 의식 조사」, 정치에 대한 관심도

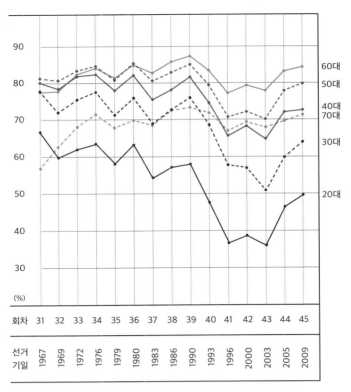

그림 5 중의원 의원 선거의 연령별 투표율 추이
(출처: 밝은 선거 추진 협회)

　　　　　　　　　　　　　　2장 작은 공동체 안으로 모이는 젊은이들

불과 10년 만에, 상당수의 젊은이들이 정치에 관심을 갖게 되었다는 사실을 알 수 있다.

그러나 '중의원(衆議院) 의원 선거'의 연령별 투표율을 살펴보면, (자료를 확인할 수 있는 1967년 이래) 20대의 투표율은 지속적으로 감소하고 있다.**그림 5** 1970년대의 경우에는 60% 정도가 투표했는데, 1980년대에는 50%까지 하락했으며 결국 1993년에는 50%를 밑도는 투표율로 이어졌다. 그리고 1996년의 '제41회 중의원 의원 선거'에서는 36.4%까지 하락하고 말았다.

그런데 2005년부터 다시 반등하기 시작하더니, 민주당으로 정권 교체를 이루고자 하는 움직임이 일어나면서 2009년도 '중의원 의원 선거' 때는 20대의 49.5%가 투표소를 찾았다. 이것을 보라, 행동하면 바뀌지 않는가! 역시 "이대로는 안 된다."라고 생각한 젊은이들이 마침내 정치에 눈을 떴고, 일본을 스스로 움직여 보겠다는 책임감을 갖기 시작한 것이다.

가장 최근에 이루어진 선거, 즉 2010년에 실시된 '제22회 참의원(參議院) 의원 선거'의 투표율을 확인해 보자. 유권자 전체의 투표율은 57.9%였고, 그중 20대의 투표율이 36.1%였다. 그런데 2007년에 실시된 '제21회 참의원 의원 선거' 때 20대의 투표율이 36.0%였던 데 비춰 보면 그리 큰 변화는 없었다.

심지어 젊은이들의 투표율이 증가한 2005년과 2009년의 '중의원 의원 선거' 때도, 사실 30대 이상의 투표율이 훨씬 높았다. 2005년은 '우정선거(郵政選擧)'라고 불리며, 고이즈미 준이치로(小泉純一郎)의 '자민당 집안 잔치'가 일본 전역에서 연출됐다. 전체 투표율은 67.5%였다. 또한 2009년에 이루어진 자민당에서 민주당으로 정권을 교체하자는 이슈가 내걸린 선거의 전체 투표율은 69.3%였다. 이것은 '소(小)선거구 비례 대표제'가 도입된 1996년 이후 최고 기록이었다.

《마이니치신문》이 사설을 통해 우려를 표명했듯이, 선거일에 젊은이들이 투표하러 가지 않는다는 것은 사실인 듯 보인다. 1995년 무렵의 투표율은 바닥 수준이었다. 따라서 그 당시에 20대였던 지금의 30대와 40대가 "요즘 젊은이는 선거일에 투표하러 가지 않는다."라고 지적할 처지는 아니지만, 확실히 그 이전 세대보다 투표율이 하락한 것이기는 하다.

3 배타적인 젊은이들

젊은이들이 나라 바깥소식에 무관심하다는 것이 사실인가?

그럼 이어서 '요즘 젊은이들은 내향적이다.'라는 주장을 근거로 자주 언급되는 '최근 젊은이들은 해외에 대해 무관심하다.'라는 지적을 살펴보도록 하자.

일본 전체를 대상으로 수집된 통계 자료를 들여다보면, '해외 출국자 수'는 1990년도에 처음으로 1000만 명을 넘겼다. 그리고 2000년도에는 1781만 명으로 사상 최대치를 기록했다. 이후 2001년에 발생한 미국 9·11 동시다발 테러와 아시아 지역에서 대유행한 급성호흡기증후군(SARS)의 영향으로 2003년도의 출국자 수는 1327만 명까지 감소했다. 하지만 최근 몇 년 동안, 보통 1600만 명에서 1700만 명 정도의 추이를 보이고 있다.

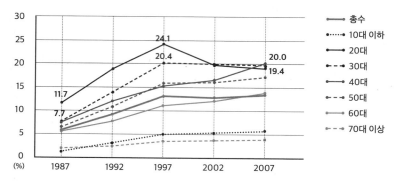

그림 6 해외 출국률 추이
(출처: 히로오카 유이치, 「'젊은이의 해외여행 외면'에 관한 고찰」, 2008년)

한편 20대의 해외 출국자 수는 1996년에 절정을 찍은 뒤로, 1997년부터 장기간에 걸쳐 하락세를 보이고 있다. 1996년도에 463만 명이었던 20대의 해외 출국자 수가, 10년 후인 2006년도에는 298만 명으로까지 감소했다.

출국률을 바탕으로 그 추이를 살펴보자. 1997년도에는 20대 중 네 명에 한 사람 꼴로, 즉 24.1%가 해외를 다녀왔다. 그런데 2002년에는 19.9%까지 저하됐고, 2007년에도 19.4% 정도의 출국률을 보였다.**그림 6** 예전만 해도 20대(특히 여성)가 다른 어느 세대보다 많이 해외로 나갔다. 그러나 2000년대에 접어들면서부터 20대는 다른 세대에게 자신의 자리를 내주었다. 2010년도의 20대의 해외 출국률은 19.7%였다.

오늘날의 젊은이들은 해외에 나가지도 않는 발칙한 존재라고 생각하는가? 그러나 지금도 20대의 20% 정도는 여전히 출국하고 있다. 게다가 20%라는 수치는 1992년 무렵의 출국률 수준으로 돌

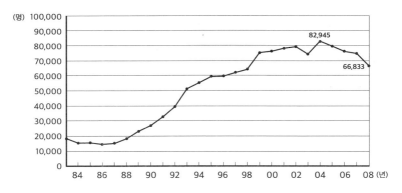

그림 7 일본에서 해외로 떠난 유학생 수 추이
(출처: 문부과학성[137])

아간 데 지나지 않는다. 특히 여성의 출국률만 보면, 네 명 중 한 사람 정도의 비율로 해외를 다녀오고 있다. 달리 생각해 보면, 1990년대의 젊은이들이 지나칠 정도로 자주 해외를 드나들었던 것이다.

그리고 유학생 수의 변동 추이도 살펴보자. 확실히 '일본인의 해외 유학생의 수'는 2004년도의 8만 3000명을 절정으로 해마다 감소하고 있다. 2008년도에는 6만 7000명으로까지 유학생의 수가 감소하였다.

일본인 유학생 수의 변동 추이는 그림 7의 그래프에 표시된 대로다. 그런데 이 그래프에서 이상한 점을 발견하지 못했는가? 일본인 유학생 수의 '절정기'는 거품경제 시대가 아니라, 바로 최근인 2000년대 중반이라는 사실 말이다. 2008년도의 6만 7000명이라는 수치는 분명 전년도 대비 11%나 줄어든 숫자이지만, 사실 그 '감소한 수치'라는 것도 1998년 수준으로 돌아간 것에 지나지 않는다.

더구나 최근 들어 일본의 젊은이 인구가 감소하고 있다. (다른

2장 작은 공동체 안으로 모이는 젊은이들

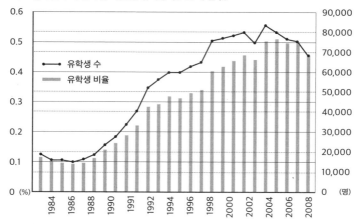

유학생 수와 유학생 비율(총 유학생 수/ 20대 인구)

그림 8 유학생 수와 유학생 비율 추이[139]

연령대보다) 유학생 수가 많을 것으로 추측되는 20대의 인구는 1996년부터 2010년에 걸쳐 30% 가깝게 감소했다. 따라서 '유학 적령 인구당 유학생의 수'라는 '유학생 비율'로 따져 보면, 최근에 집계된 유학생의 수는 여전히 과거 대비 최고 수준이라고 할 수 있다.**그림 8** 그 수치는 거품경제 시기의 두 배 이상이다.

다시 말해 '불황이다.', '사회 격차가 심하다.'라고 부르짖는 오늘날에, 오히려 거품경제 시기보다도 훨씬 많은 수의 젊은이들이 유학길에 오르고 있다. 지금까지 미국 등 영어권에 치우쳐 있던 유학생의 발걸음이 이제 중국 등지로 돌아서고 있다. 이렇듯 유학을 떠나는 국가도 분산되고 있기 때문에, 기성세대의 기준에서 보면 유학생의 수가 감소하고 있는 것처럼 보일 수도 있다.[138]

해외에서 일하는 젊은이의 수도 증가하는 추세다. 이를테면,

1980년에 오스트레일리아와 맺은 협정을 기초로 도입된 '워킹홀리데이 제도'가 있다.[140] 현재(2011년 1월 기준) 일본은 뉴질랜드, 캐나다 등 11개국과 워킹홀리데이 비자 협정을 체결했다.

1981년에 이 제도에 참여한 젊은이는 884명, 1990년에는 897명이었으나, 2008년에는 2만 868명에 이르렀다. 이렇게 많은 수의 일본인들이 워킹홀리데이 제도를 이용해 해외에서 일하고 있는 것이다. 2000년대에 들어오면서부터는 수치상 거의 변화가 없으나, 이것 역시 거품경제 시기와 비교해 봤을 때 두 배 이상의 젊은이들이 해외에서 일하고 있다는 사실을 보여 준다.

젊은이가 '현지화'하고 있다는 것이 사실인가?

'젊은이들이 현지화하고 있다.' 혹은 '요즘 젊은이들은 도시를 동경하지 않는다.'라는 발언 역시 젊은이들의 '내향성'을 판단하는 하나의 근거로 자주 언급된다. 예를 들어, 2008년에 방영된 「구메 히로시(久米宏)의 경제 스페셜 신(新)일본인 출현!」이라는 프로그램에서는 '1마일족(1マイル族)'이라는 명칭으로 불리는 젊은이들에 대한 특집을 다루었다. 이 프로그램에서 정의한 '신일본인'이란 '돈을 쓰지 않는 20대 젊은이'를 가리킨다. 또 해당 특집은 이런 '1마일족', 즉 '자기가 사는 집 반경 1.6킬로미터 이내에서 생활하는 젊은이'이 증가하고 있다고 전했다.[141]

관광 가이드북 시리즈 「루루부(るるぶ)」는 2003년부터 '마치다시(町田市)'나 '시나가와 구(品川區)'와 같은 시구(市區) 단위로 정보를 제공하는 '지역판'을 발행하고 있다. "주민들이 자신이 사는 지역을 재발견할 수 있도록 돕는 잡지를 발행하면 좋지 않을까?"라는

창간 동기를 품고 출발한 잡지로, 여전히 증쇄를 거듭하는 인기 가이드북도 있다고 한다. 일본의 평범한 지역까지도 '관광지'로 여기는 시각은, '여행은 하와이지!'라는 생각을 지닌 사람의 시각에서 보자면 좀처럼 믿을 수 없는 이야기일 수도 있다.[142]

대학 캠퍼스가 도쿄 세타가야 구(世田谷區)에 위치한 고쿠시칸 대학교(國士館大學)는 이케부쿠로(池袋)까지 찾아가 실시한 '딜리버리(delivery) 입학시험'을 통해 큰 호응을 얻었다.[143] 이 대학교의 입학 담당 부서는 "학생들이 자택과 가까운 곳에서, 평상심을 유지한 채 시험을 치렀으면 한다."라고 이런 형태의 입학시험을 실시하게 된 취지에 대해 설명했다. 이케부쿠로에서 세타가야까지는 전철을 타고 약 삼십 분 정도 소요된다. 어쩌면 이것 역시 지역화, 현지화의 일환일지도 모르겠다.

내가 가장 놀랐던 점은 하쿠호도(博報堂)의 하라다 요헤이(原田曜平, 33세, 도쿄 도)가 묘사한 '젊은이상'이었다.[144] 하라다 요헤이가 지바 현(千葉縣) 마쓰도 시(松戶市)에서 만났던 스물한 살의 젊은 여성 두 명은, '신주쿠(新宿)'라는 한자를 자필로 쓰지 못했다고 한다. 하라다 요헤이의 말에 따르면, 그 여성들은 마쓰도에서만 생활하고 있었다. 또 그녀들은 어쩌다 한 번씩 도쿄에 가더라도 조반 선(常磐線: 도쿄 닛포리 역에서 지바 현 북서부, 이바라키 현과 후쿠시마 현이 위치한 태평양 연안을 경유해 미야기 현의 이와누마 역을 잇는 JR히가시니혼의 철도 노선이다. ─ 옮긴이)이 정차하는 닛포리(日暮里)나 우에노(上野)까지 가는 데에 그쳤다. 말하자면, 신주쿠는 그녀들에게 있어 아무런 인연도, 연고도 없는 생소한 지역이라는 것이다.

그리고 이보다 더 놀라운 언급이 이어졌다. 그 여성들이 가 보

고 싶다고 꼽은 장소는 다름 아닌 '오다이바(お台場: 도쿄 도에 위치한 지역으로, 최근 젊은이들에게 인기가 있는 장소다. 드라마에도 자주 등장한다. ─옮긴이)'였다. 왜냐하면, "오다이바가 앞으로 1년 뒤에 없어지기 때문"이라는 이유에서다. 아무래도 이 여성들은 어딘가에서 잘못된 정보를 접한 것으로 보이는데, 마쓰도에 사는 이들에게 '오다이바'는 실생활과 동떨어진 그다지 현실성이 없는 장소인 듯했다.

나는 마쓰도 시가 하라다 요헤이가 묘사한 것처럼 정녕 한적한 지역인지 궁금해졌다. 그래서 나는 마쓰도 시의 젊은이들을 직접 만나 보기 위해 어느 일요일 오후에 그곳으로 향했다.[145] 먼저, 마쓰도 역 앞에 위치한 게임 센터에 있던 커플과 인터뷰를 나눠 보았다. 우라야스(浦安)에 사는 다이스케(24세, 남자)와 마쓰도에 사는 히카리(25세, 여자)는 중학교 동창이었다. 서로 사귀기 시작한 지 이제 막 1년이 됐다고 했다.

이 커플에게 데이트할 때 자주 가는 지역을 물어보니, "자주 찾아가 노는 곳은 마쓰도, 아니면 우라야스입니다."라는 대답이 돌아왔다. 주로 마쓰도에서 지낸다는 말이다. 역시 현지화가 진행되고 있다는 것이 분명한 듯싶었다. 좀 더 자세한 확인을 위해 그들에게 도쿄에도 가는지 물어봤는데, "네, 자주 갑니다. 가까우니까요."라고 대답했다. '그래?'

"시부야(渋谷)나 신주쿠, 우에노에 자주 가고, 곧잘 이세탄(伊勢丹), 마루이(丸井), 다카시마야(高島屋) 등의 백화점에서 쇼핑해요. 마쓰도에 있는 가게들은 좀 젊은이 취향이 아니라서 그러고 있어요. 영화를 보거나 가볍게 쇼핑하는 정도라면 마쓰도에서도 충분하지만, 뭐랄까 마쓰도와 우라야스에서 즐긴다고 하기에는 좀……."

그렇다고 한다. 게다가 인터뷰에 응해 준 다이스케는 직장이 도쿄 시나가와(品川)에 있다고 하니까, 사실 도쿄를 거의 매일 오가는 셈이다.

좀 더 지역성이 강한 젊은이를 만나 보고 싶어졌다.[146] 그래서 근처 공원에 있던 고등학생인 히로아키(17세, 남자)와 대학생인 다카시(19세, 남자)를 만나 이야기를 나눠 보았다. 이들은 마쓰도에 있는 카드게임 가게에서 만나 반 년 전부터 알고 지낸 '유희왕 카드 동료'라고 했다. 다이에 쇼핑몰에는 카드게임 시합을 하기 위해 왔다고 했다.

두 사람 모두 가족과 함께 생활하고 있으며, 집을 떠나고 싶지 않다고 이야기했다. 내년에 취업하는 히로아키는 "친하게 지내는 친구들이 많은 이곳에 죽 살고 싶다."라고 했고, 다카시 역시 "마쓰도에서 사는 것에 만족한다."라고 답했다. 그리고 도쿄는 생각날 때마다 가끔 다녀오고 있으며, 특히 다카시는 아키하바라(秋葉原)에 자주 간다고 했다. '음, 과연 이것을 지역화, 현지화라고 말할 수 있을까?'

일단 마쓰도에서는 열세 명의 젊은이들(17세에서부터 32세까지)과 만나 그들의 이야기를 들어 봤다. 이들 거의 모두가 마쓰도 주변에 살고 있었지만, 도쿄에도 자주 간다고 대답했다. 도쿄에 가는 빈도가 가장 낮았던 젊은이(18세, 여자, 대학생)는 "아직 도쿄에 대해 잘 모르기 때문에, 그리 자주 가지는 않습니다. 한 달에 한 번이나 두 번 정도 갑니다."라고 대답했다. 안타깝게도, 나는 하라다 요헤이가 인터뷰했던 두 여성과 같은 부류의 젊은이들을 만나 볼 수 없었다. 차라리 여기에 나온 통계 자료를 찾아 살펴보는 편이 나을 듯하다.

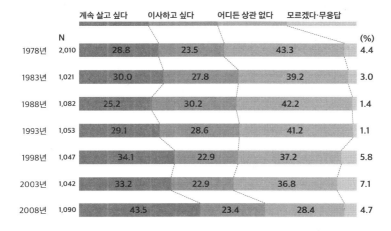

	N	계속 살고 싶다	이사하고 싶다	어디든 상관 없다	모르겠다·무응답	(%)
1978년	2,010	28.8	23.5	43.3		4.4
1983년	1,021	30.0	27.8	39.2		3.0
1988년	1,082	25.2	30.2	42.2		1.4
1993년	1,053	29.1	28.6	41.2		1.1
1998년	1,047	34.1	22.9	37.2		5.8
2003년	1,042	33.2	22.9	36.8		7.1
2008년	1,090	43.5	23.4	28.4		4.7

그림 9 「세계 청년 의식 조사」, 지역에 대한 영주(永住) 의식

장기적으로 볼 때 지역화가 맞지만……

18세에서부터 24세까지의 젊은이를 대상으로 한 「세계 청년 의식 조사」에는 "현재 거주하고 있는 지역(市町村)에서 앞으로 계속 살고 싶습니까?"라는 설문 항목이 있다. 이 조사에서 '계속 살고 싶다.'라고 대답한 젊은이의 수는, 아래 그림 9를 살펴보면 알 수 있듯이 증가 추세에 있다.

특히 2007년에 실시된 '8회 조사'(2008년 발표) 결과에 따르면, '계속 살고 싶다.'라고 응답한 젊은이의 수가 2003년도(33.2%) 대비 약 10%나 상승했다는 점을 알 수 있다. 분명 의식적인 측면에서는 (젊은이들의) 현지를 지향하는 경향이 진전되고 있는 것으로 보인다.[147]

그러면 실제로 인구 이동은 어떤 양상을 보이고 있을까?

「학교 기본 조사(學校基本調査)」에 따르면, 고등학교를 졸업하고

2장 작은 공동체 안으로 모이는 젊은이들

동일한 도도부현(都道府縣)의 대학으로 진학한 학생의 비율은 상승하고 있다. 1990년에는 35.5%였고 2000년에는 38.8%였으나, 2010년에는 42.0%까지 상승했다. 이런 결과를 보면, 해당 지역의 현지 대학으로 진학하는 젊은이의 수가 증가하고 있다는 점은 분명해 보인다.[148]

고등학교를 졸업하고 취업한 학생 중에서, 거주하는 현(縣) 내부에서 취직한 학생의 비율은 2010년도에 80.4%였다.[149] 최근 10년 동안의 통계 자료를 살펴보면, 현 내부로의 취직률이 가장 높았을 때(현지 지향)의 수치는 2004년도의 82.5%였다. 그리고 현 내부로의 취직률이 가장 낮았을 때(현지를 지향하지 않음)의 수치는 2009년도의 78.1%였다. 최근 몇 년 사이에 현지(거주지)를 지향하는 경향이 높아졌다고 말할 수는 없지만, 지금으로부터 40년 전인 1970년에 현 내부로의 취직률이 68.7%였던 점을 상기해 보면, 장기적인 시각에서 현 외부로 취직한 고등학교 졸업자의 수는 확실히 감소했다.[150]

모든 연령대를 대상으로 '3대 대도시권(도쿄 권, 오사카 권, 나고야 권)'으로 유입된 인구를 살펴보면, 장기적으로 감소 추세에 있음을 알 수 있다. 1960년대에는 전입 초과 인구가 60만 명을 넘어섰지만, 거품경제가 붕괴한 1990년대 전반에는 오히려 전출자의 수가 증가했다. 최근 '3대 대도시권'의 전입자 수를 들여다보면, 2001년에는 93만 명이었던 전입자가 2010년에는 79만 명으로까지 감소했다.[151]

이처럼 장기적인 관점에서 볼 때, 시기별로 다르게 나타난 '현지 지향 경향'은 사실로 판단된다. 그러나 이것은 어디까지나 고도성장기와 비교했을 때 그렇다는 이야기다. 당시만 해도 농촌의 인구가 많아서, 태어나 살던 지역에서 마땅히 일자리를 찾지 못한 '자녀들'을 도시로 내보낼 수밖에 없었다. 이른바 '황금알을 낳아 줄 거위'를 도시로 떠나보냈던 것이다.

농가에서는 일거리가 없는 자녀들을 도시로 보냈고, 도시의 기업들은 저렴한 임금의 노동력인 농촌 출신의 젊은이들을 필요로 했다.[152] 이러한 이해관계가 일치하면서 인구 이동이 현저해졌고, 이것은 '현지 지향'과 같은 심정적인 문제와는 다른 것이었다.[153] 한편 당시에 현지 지역의 고용 기회를 늘려 달라고 요구하는 농가가 실제로 있었다는 자료도 남아 있다. 이를테면, 모두가 도시로 나가고 싶어 했던 것은 아니었다는 말이다.

오늘날에는 지방 도시도 제법 발달해서 대학이나 직장도 없는 '시골 중의 시골'은 줄어들었고, 이른바 '중소 도시'가 증가했다. 이러한 환경 변화야말로 젊은이들로 하여금 자신이 태어나고 자란 도도부현 내부에서 계속 살아가게끔 만드는 요인 중 하나가 아닐까 한다. 한편 도쿄 대학교 입학자들의 출신 지역 가운데, 수도권과 지방의 비율은 1970년대부터 지금까지 크게 변하지 않았다.[154] 그러한 의미에서 '현지 지향'은 '어쨌든 여전히 중앙(수도권)을 지향하는 젊은이'와 '더 이상 중앙을 지향하지 않고 태어나 자란 고향에서 계속 살고자 하는 젊은이'로 양극화 되어 가는 징후가 아닐까 싶다.

4 소비하지 않는 젊은이들

'소비를 기피한다.'라는 주장이 사실일까?

최근 "젊은이들이 소비를 하지 않는다. 이대로라면 일본의 경제에는 미래가 없다."라는 기성세대의 비통한 외침을 자주 듣고 있다. 그런데 '소비'의 형태는 각양각색이다. "젊은이들이 소비를 하지 않는다."라고 말하는 논객들은, 도대체 무엇을 근거로 그런 탄식을 쏟아 내고 있는 것일까?

그럼 여기서 최근 '젊은이의 소비 기피 경향'을 분석해 크게 화제가 된 책으로, 마케터 마쓰다 히사카즈(松田久一, 53세, 효고 현)가 저술한 『'소비 기피' 세대 연구(「嫌消費」世代の研究)』를 살펴보도록 하겠다. 이 책에서 마쓰다 히사카즈는 물건을 사고 싶어 하지 않는 젊은이들을 가리켜 '혐(嫌)소비(소비 기피)' 세대라고 명명했다. 한편 이 책에서 눈길을 끄는 부분은 다름 아닌 책의 띠지다. 이 띠지에는 (요즘 젊은이가 그렇듯이 패기라고는 찾아볼 수 없는) 한 젊은 여성이 던지는 "자동차를 사다니 바보 아니야?"라는 말이 적혀 있다.

"자동차를 사다니 바보 아니야?"라는 말은 실제로 저자가 한 젊은이로부터 들은 말이라고 한다. 본문의 첫머리에서부터 "대형 텔레비전은 필요하지 않다. 휴대 전화 디엠비(DMB)로도 충분히 시청할 수 있다.", "일본어도 통하지 않는 해외여행은 재미가 없다." 등 온갖 젊은이들의 목소리에, 저자가 "내 귀를 의심했다."는 식의 에피소드가 나열되어 있다.

마쓰다 히사카즈는 보통 "이러니까 요즘 젊은이는……." 하는 수준에서 글을 마무리 짓고 있다. 그러나 그는 과연 마케팅을 본업으로 삼은 저자답게, 정확한 통계 수치를 집계하려고 자신이 대표로 있는 회사를 통해 2000명 규모의 인터넷 조사까지 실시했다.[155] 그리고 정확한 까닭은 알 수 없으나, 그는 딜타이나 만하임 등 기성 학자들이 내놓은 이론들을 참고해 가며 세대론의 유용성과 한계까지 논하고 있다. 마치 어려운 개념을 무턱대고 써 보고 싶어 하는 대학생의 리포트 같은 느낌이었다.[156]

마쓰다 히사카즈는 먼저 총무성 「가계 조사 연보(家計調査年報)」를 활용해, 두 명 이상으로 구성된 세대의 자동차와 텔레비전의 평균 구입 횟수의 추이를 확인했다. 20대의 자동차와 텔레비전 평균 구입 횟수는 확실히 감소하는 경향을 보이고 있었다.

그러고 나서 마쓰다 히사카즈는 젊은 세대, 특히 1979년부터 1983년 사이에 태어난 '거품경제 이후 세대'인 젊은이들에게서 '소비 기피' 경향이 강하게 드러난다는 점을, 저자 스스로 자랑스럽게 여기는 인터넷 조사 자료를 활용해 밝히고 있다. 이른바 '소비 기피'는 '개인의 수입이 증가했음에도 불구하고, 지출을 줄이고 싶어 하는 사람'을 가리킨다.[157]

시종일관 마쓰다 히사카즈의 책을 관통하는 가치관은 "젊은이가 자동차, 가전제품을 사고 싶어 하지 않는다. 해외여행도 가려고 하지 않는다. 큰일이다!"라는 것이다.

마쓰다 히사카즈가 참고한 자료에 근거해 다시 살펴보면, 가장 '소비 기피도'가 높아야 하는 '거품경제 이후 세대'가 다른 세대에 비해 패션·가구·인테리어·게임 등의 분야에서는 많은 돈을 지출하고 있었다. 요컨대 이들(거품경제 이후 세대) 세대의 소비 경향이 지닌 문제점은 해외여행을 떠난다거나 대형 텔레비전을 구입하는 쪽이 아니라, 자기 생활과 밀착된 '의·식·주 소비'에만 집중한다는 것이다.

저자가 '소비 기피 경향'이라고 해서 무언가 '엄청난' 소비 기피 현상이 일어나고 있는 줄 알았는데, 아무래도 그저 자동차·가전

제품·해외여행을 기피하는 수준의 소비 경향이었던 듯싶다.[158]

이런 지적에 대해서는 그다지 이의가 없다. 요즘 젊은이들 사이에서 '자동차 외면 현상'이 일어나고 있는 것은 분명한 사실이니까 말이다. 「전국 소비 실태 조사」를 통해 이 점을 확인할 수 있다. 30세 미만 젊은이의 '자동차 구입 비용'은 1989년에 6475엔이었는데, 1999년에는 4414엔으로, 2009년에는 3351엔까지 하락했다.[159]

또한 「승용차 시장 동향 조사」[160]를 살펴봐도, 주 운전자 중 30세 미만 젊은이의 비율은 1997년에 18%였는데, 2009년에는 8%까지 감소했다. 이것은 '자동차 운전면허' 취득이 가능한 18세부터 29세 사이의 인구 감소 속도보다도 더 급격한 감소다.

그리고 요즘 젊은이들이 '내구 소비재'를 그다지 구입하지 않는 점도 사실이다. 「전국 소비 실태 조사」에 따르면, 29세 미만 젊은이의 '가전제품' 등 '내구 소비재' 구입 비용과 소유 비율은 30세 이상의 대상자와 비교해 봤을 때 확실히 낮게 나타난다. 다만 고가의 가전제품이라고 할 수 있는 게임기, 개인용 컴퓨터 구입에 쓰는 비용은 다른 어떤 세대보다도 훨씬 높게 나타났다. 따라서 천편일률적으로 최근 젊은이들이 '가전제품'을 구입하지 않는다는 지적은 다소 지나친 발언이다.

'당신' 탓에 물건이 팔리지 않게 되었다

다른 조사 결과를 살펴봐도, 비슷한 경향을 확인할 수 있다. 2011년에 《닛케이유통신문(日經流通新聞)》이 실시한 조사에 따르면, 20대의 남성은 패션, 서적, 화장품, 게임 등에 지출하는 비용이 30대(단카이세대의 자녀들 세대)와 40대(거품경제 세대)보다도 더 많은 것으로 나타났다. 20대의 여성은 친구를 만날 때나 회사에서 사 먹는 음식비, 통신비 등에 많은 지출을 했다.[161] 또한 유나이티드 애로스부터 샤넬까지, 명품 브랜드를 구입하고자 하는 욕구도 30대·40대보다 20대가 훨씬 더 높은 것으로 드러났다.

게다가 단카이세대의 자녀 세대, 거품경제 세대보다도, 오히려 오늘날의 20대가 한 달 동안 자유롭게 사용할 수 있는 금액이 더 많았다. 20대가 자유롭게 사용할 수 있는 돈의 평균 액수는 5만 277엔이었는데, 10만 엔 이상이라고 대답한 젊은이도 13.2%나 됐다. '뭐야, 모두들 마음껏 돈을 쓰고 있잖아!' 사실 결혼하고 아이를 키우는 사람이 증가하는 30대나 40대보다, 독신 비율이 높은 20대에게 자유롭게 쓸 수 있는 돈이 더 많다는 것은 당연한 일이다.

요컨대 젊은이는 결코 소비를 하지 않는 것이 아니다. 다만 소비하는 물품과 규모가 변했을 뿐이다. 요즘 젊은이들은 예전만큼 자동차를 구입하지 않는다. 술도 많이 마시지 않는다. 해외여행도 그리 즐기지 않는다. 그러나 '의·식·주' 등 자기 생활과 관련된 물품이라면 구입하고 있으며, 통신비 등 인간관계를 유지하는 데 필요한 비용 또한 기꺼이 지불하고 있다.

이를테면 요즘 젊은이들은, 하쿠호도에서 발행하는 잡지의 카피를 인용하면 "과소비나 소비 확대를 원하지 않고, 지속 가능한 소비를 실천하는 젊은이들"인 것이다.[162] 따라서, 소비 경향에 대해서만큼은 분명 '내향적'이라고 말할 수도 있다.

단지 젊은이 인구의 감소 속도가 급격하게 나타나고 있기 때문에, "젊은이들이 자동차를 구입하지 않는다.", "해외여행을 가지 않는다." 등 몇 가지 사실들이 지나치게 부각돼 도드라져 보였을 뿐이

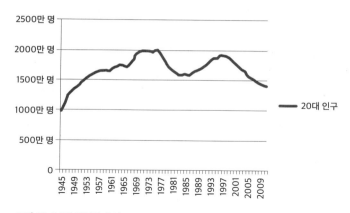

그림 10 20대 인구의 추이
(출처: 통계국이 발표한 「일본의 장기 통계 계열」을 바탕으로 작성[164])

다. 20대 인구는 15년 전인 1996년에 비해 26%, 10년 전인 2001년에 비하면 21%나 감소했다. 이렇듯 젊은이 인구가 급격히 감소하다 보니, 소비가 줄어든 것처럼 보이는 것도 당연하다.**그림 10**[163]

　그러므로 만약 "젊은이가 소비를 하지 않는다."라고 불평하고 싶다면, (젊은이들에게 불평을 늘어놓기 전에) 먼저 일본의 출생률을 이렇게까지 저하시킨 정책 담당자, 그리고 이런 정책을 지지한 당시의 국민들에게 책임을 따져 물어야 할 것이다. 다시 말해, 대부분의 경우에 일단 과거의 자신부터 탓해야 할 것이다.[165]

　그리고 앞서 1장에서 확인했듯이, '젊은이는 유행을 창출하는 트렌드세터'라는 발상 자체가 1980년대에 만들어진 허구다. 당시만 해도 '젊은이'는 인구 면에서 규모가 상당히 컸으며, '그들(젊은이)' 스스로 자신들이 유행의 발신지라는 자부심을 가지고 있었다.[166]

　다시 말해, 당시 순식간에 소비자들을 춤추게 만들었던 마케터나 광고 업체들이 일찍이 자신들이 만들어 낸 픽션에 스스로 고무되었다고 볼 수 있다. 이런 얄궂은 구도가 지금 나타나는 "요즘 젊은이는 소비를 하지 않는다."라는 주장의 진상이기도 하다.

젊은이를 둘러싼 '미묘한 느낌'

각종 자료를 살펴보면서 일본의 젊은이가 정말로 '내향적'이 되었는가 하는 부분에 대해 생각해 보았다. 그러다 보니, 왠지 모르게 불분명하고 모호한 분석이 되고 말았다. 온 세상에 떠들어 댈 만큼 (요즘 젊은이들이) '내향적'이 되었다고 말할 수 없지만, 그렇다고 '외향적'이라고 잘라 말할 수도 없다.

최근 젊은이들의 사회 공헌 의식이 고양되고 있지만, 실제로 사회 공헌에 적극적으로 참여하는 모습은 보여 주지 않고 있다. 또한 선거 때 투표하러 가는 젊은이의 수도 현저하게 줄어들고 있다. 한편 사회의 부조리를 바로잡으려는 대규모 시위가 빈번하게 일어나는 것도 아니다. 신문 사설에서는 초조함마저 느껴질 정도다.[167]

'유학생의 수'와 관련해서도 거품경제 시기에 비하면 '유학생의 수가 증가했다.'라고 할 수 있지만, 최근 몇 년 사이에 예상과 달리 그 수가 급격히 감소했다. 앞으로도 이러한 경향이 지속될 것으로 보인다. 워킹홀리데이 프로그램과 관련해서도, 참가자의 수는 그리 크게 변하지 않았지만 그저 현상을 유지하는 정도로, 증가의 기미는 보이지 않고 있다. 전체적으로 살펴봤을 때, 20대의 해외여행 출국자 수는 확실히 줄어들고 있다.

한편 예전보다 해외로 나가는 젊은이가 줄지 않았다고 해서, 그들이 '내향적이지 않다.'라고 단언할 수 없다. 유학생과 워킹홀리데이 프로그램에 참여하는 모든 젊은이들의 수를 합쳐도 10만 명에 못 미친다. 대략적으로 계산해 보면 200명에 한 명꼴이다.

태어난 지역에 애착을 느끼는 젊은이가 증가하고 있고, 대도시권으로 이동하는 인구의 수도 감소하고 있다. 그러나 일부 우수한 고등학교의 젊은이들은 여전히 대도시의 유명 대학교를 지망하고 있다. 그 때문에, 젊은이들 모두가 '현지화'를 추구한다고도 잘라 말할 수 없다.

소비와 관련해서도 자동차를 사지 않는 젊은이가 감소하고 있는 것은 확실하지만, 반면 자신이 필요하다고 여기는 부분에서는 과감하게 지출하고 있다. 어떤 면에서는 다른 세대보다 소비 욕구가 왕성하게 드러나는 부분도 있다. 굳이 요즘 젊은이들의 소비 경향이 '외향적'인 데서 '내향적'으로 바뀌었다고 지적하고자 한다면, 분명 그러한 경향이 있음을 무시할 수 없다.

뭐라고 하면 좋을까, 참으로 '미묘'하다. 자료를 해석하는 방법에 따라 '내향적'이라고도 할 수 있고, '내향적이 아니다.'라고도 말할 수 있기 때문이다. 틀림없이 이런 '미묘한 느낌'이야말로 오늘날의 '젊은이상'을 혼란스럽게 만드는 원인 중 하나일 것이다.

우선 여기에서는 '(요즘 젊은이들을 가리켜) 내향적이라고 할 수 있으나, 그 정도로 심하게 내향적이지는 않다. 또한 최근 몇 년 사이에 내향적으로 급격히 변한 것도 아니다.'라고, 다소 모호하게나마 입장을 정리해 볼 수 있겠다. 다음 절에서는, '자기 충족화'라는 보조선을 깔고, 좀 더 나은 논의가 이루어질 수 있도록 진행해 보겠다.

5 '행복한' 일본의 젊은이들

점점 높아지는 생활 만족도

2005년 무렵부터였다. 각종 미디어가 '불행한 젊은이' 혹은 '가련한 젊은이'를 부각해 다루는 일이 많아졌다. 줄지 않는 비정규직 고용, 저임금에 시달리며 일하는 워킹푸어, 점점 혹독해지는 취업 환경, 현대판 홈리스라고 볼 수 있는 인터넷카페(피시방) 난민들······.

그런데 이것을 보라. 요즘 젊은이들을 보면서 '불행한 젊은이'라고 생각하는 사람들에게 놀라움을 안겨 줄 만한 자료가 있다. 나 역시도 한 저서를 통해 알게 됐는데,[168] 사람들의 관심을 잡아끄는 힘이 너무나 커서 여러 사람들에게 자주 언급하곤 한다. 혼다 유키(당시 45세) 역시 놀라움을 금치 못했다.

그것은 바로 요즘 젊은이들은 스스로 '행복하다.'라고 느끼고 있다는 사실이다. 각종 여론 조사에 따르면, 대부분의 젊은이들은 현재의 생활에 만족하고 있다고 한다. 심지어 젊은 층이 아주 활기찼던 1970년대와 비교해 봐도, 신인류가 활보하던 1980년대와 비교해 봐도, 거품경제가 붕괴한 후에도 여전히 축제 분위기였던 1990년대와 비교해 보더라도, 요즘 젊은이들의 생활 만족도는 높게 나타났다.

내각부(內閣府)에서 발표한 「국민 생활에 관한 여론 조사(國民生活に関する世論調査)」에 의하면, 2010년도 시점에서 20대 남성의 65.9%, 20대 여성의 75.2%가 현재의 생활에 '만족하고 있다.'라고 대답했다.[169] '격차사회'라느니, '젊은이는 불행하다.'라느니 하는

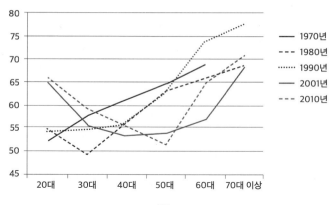

그림 11 연대별 생활 만족도 추이 (남성[170])

갖가지 언설이 범람하는 가운데도, 오늘날 20대의 약 70%는 지금 생활에 만족하고 있다는 것이다. 특히 20대 남성의 경우에는, 과거 40년 사이에 15%나 만족도가 상승하는 양상을 보이기까지 했다.**그림 11**

고도성장기가 아직 끝나지 않았던 1960년대 후반 20대의 '생활 만족도'는 60% 정도였다. 1970년대에는 50% 수준으로 하락한 적도 있었다. 그러던 것이 1990년대 후반부터는 70% 전후의 수치를 나타내기 시작했다. 현대의 젊은이들은 과거의 젊은이들보다 '자신이 행복하다.'라고 느끼고 있는 것이다.

이러한 경향은, 일본 NHK방송문화연구소에서 실시한 「일본인의 의식(日本人の意識)」 조사를 통해서도 확인할 수 있다. "지금 얼마나 행복한가?"라는 설문에 대해 '만족한다.'라고 대답한 사람은 1973년부터 2008년 사이에 무려 두 배로 증가했다. 「세계 청년 의식 조사」를 봐도, 「중학생·고등학생의 생활과 의식 조사」를 살펴봐

도, 2000년대에 가까워질수록 젊은이들의 행복도는 상승하고 있다.

한편 '생활 만족도'나 '행복도'를 세대별로 살펴보면, 40대부터 50대 사이인 '중년'의 경우에 그 수치가 더 낮다는 사실을 알 수 있다. '젊은이는 불행하다.'라고 걱정하는 어른들이, 오히려 젊은이들보다 훨씬 더 행복하지 않은 것이다.

불만은 없지만 불안감은 있다

그러나 "그래? 젊은이들은 행복하구나. 다행이네, 뭐!"라는 정도에서 이야기가 끝나는 것은 아니다. 젊은이들이 정말로 행복한지에 대해 의문을 갖게 만드는 자료도 있기 때문이다.

젊은이들의 생활 만족도를 알아보기 위해 참조했던「국민 생활에 관한 여론 조사」에는 "평소에 생활하면서 고민이나 불안을 느낀 적이 있는가?"라는 질문도 포함되어 있다. 2010년도의 조사 결과에 따르면, 20대의 63.1%가 '고민이나 불안을 느끼고 있다.'라고 응답했다고 한다.

위와 같은 설문지로 조사됐다고 확인된 1980년대 이후의 '불안도'의 추이를 살펴보면, '불안감이 있다.'라고 대답한 20대의 수치는 1980년대 후반부터 40%에 이르렀다. 이 수치는 거품경제가 붕괴한 1990년대 전반부터 상승하기 시작해 2008년도에는 67.3%에 달했다. 이것과 달리 '불안감이 없다.'라고 응답한 20대는 거품경제 붕괴 이후 계속 감소 추세에 있다.**그림 12**

절반 이상의 젊은이들이 스스로 '행복하다.'라고 느끼면서, 동시에 '불안하다.'라는 생각을 품고 있는 것이다. 이 사실은 도대체 무엇을 의미하는 것일까?

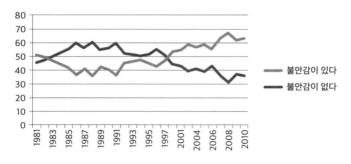

그림 12 20대의 불안도 추이

또한 무게감 있는 규모의 '거대 담론'에 대해 묻는 질문에서도, 젊은이들의 '불안감'은 확연히 드러났다. 일본청소년연구소가 2000년에 실시한 「국제 비교 조사」에 따르면, "21세기는 인류에게 희망으로 가득 찬 사회가 될 것이다."라는 언급에 대해 62.1%에 달하는 일본의 젊은이들은 '그렇게 생각하지 않는다.'라고 대답했다. 다른 국가들에 비해 상당히 절망적인 수치다.

그리고 젊은이들은 "자국 사회에 만족하고 있습니까?"처럼 '거대 담론'과 연관된 질문에 대해서도 비관적인 응답을 내놓았다. 생활 만족도라고 하는 '작은' 생각에 비해 훨씬 낮은 수치를 보여 주었다.

또 「세계 청년 의식 조사」를 살펴보면, 2008년도 시점에서 일본 젊은이들의 자국 사회에 대한 만족도는 43.9%, 불만족도는 54.1%로 올라갔다. 한편 미국의 만족도는 67.6%, 영국의 만족도는 61.2%였다. 일본은 비교 대상에 오른 5개국 중에서 하위 2위에 해당하는 만족도를 보였다.

일본 젊은이들의 사회에 대한 만족도는 거품경제가 붕괴하기 직전이었던 1988년도에 51.3%까지 오르며 절정을 찍었다. 한편 젊은이들의 사회 만족도는 마치 일본의 경제 성장과 궤도를 같이 하듯, 조사가 시작된 1972년도의 25.9%부터 1988년도까지 계속 상승했다. 그러던 것이 1993년 조사 때부터는 만족도가 감소하기 시작했다.

마치 조각 그림을 맞추는 퍼즐처럼 되어 버렸다. 혼란이 가중될 듯하니 다시 정리해 보도록 하겠다. 요즘 일본 젊은이들의 '생활 만족도'나 '행복도'는 근래 40년 동안 보여 준 수치 중 거의 최고치를 보이고 있다. '격차사회다.', '비정규직 고용이 증가했다.', '세대 간의 격차가 심하다.' 등과 같은 비관적인 이야기가 끊이지 않고 있음에도 불구하고, 정작 당사자인 젊은이들은 지금 '행복하다.'라고 느끼고 있는 것이다.

한편, 생활에 불안감을 느끼는 젊은이들의 수도 마찬가지로 높아지고 있다. 그리고 사회에 만족하거나 미래에 희망을 품는 젊은이의 비율은 낮게 나타나고 있다. 이와 같은 결과를 어떻게 해석해야 할까?

'행복한 젊은이들'의 정체

전 교토 대학교(京都大學) 교수인 오사와 마사치(大澤眞幸, 52세, 나가노 현)는 조사에 회답한 사람들의 마음을 다음과 같이 정리했다.[171] 인간은 어느 순간에 "지금 불행하다.", "지금 생활에 불만족을 느낀다."라고 대답하는 것일까? 오사와 마사치에 따르면, 그것은 "지금은 불행하지만, 장차 더 행복해질 수 있을 것이다."라고 생각할 때라고 한다.

2장 작은 공동체 안으로 모이는 젊은이들

미래의 '가능성'이 남아 있는 사람이나 장래의 인생에 '희망'이 있는 사람은 "지금 불행하다."라고 말하더라도 그것이 자신의 모든 것을 부정하는 일은 아니기 때문이다.

바꿔 말하자면, 이제 자신이 '이보다 더 행복해질 수 없을 것'이라는 생각이 들 때, 인간은 "지금 이 순간이 행복하다."라고 말할 수밖에 없는 것이다. 즉, 인간은 미래에 더 큰 희망을 걸지 않게 됐을 때, "지금 행복하다." 혹은 "지금의 생활에 만족한다."라고 대답하게 되는 것이다.

실제로 다양한 조사를 살펴보면, 공통적으로 고령자는 '행복도'나 '생활 만족도'에서 높은 수치를 나타낸다. 체력적으로 노쇠한 고령자가 아직 젊은 사람들보다도 '지금의 생활'에 만족하고 있다는 것은, 언뜻 봐서는 이해가 되지 않는다. 그런데 생각해 보면, 고령자는 이제 더 이상 '지금보다도 훨씬 행복한 미래'를 꿈꿀 수 없다. 따라서 고령자들은 '지금의 생활'에 만족한다고 대답할 수밖에는 다른 도리가 없는 것이다.

이런 오사와 마사치의 가설을 뒷받침이라도 하듯이, 20대의 '생활 만족도'가 상승하는 경우는 일반적으로 '불황'이라고 하는 '어두운 시대'일 때가 많다.**그림 13** 예컨대 1980년대 때 '생활 만족도'가 절정을 이룬 시기는 거품경제가 붕괴하기 직전인 1985년이었다. 1990년대의 절정은 거품경제가 붕괴하고, 옴진리교 사건과 한신·아와지 대지진이 발생한 이듬해인 1996년이었다. 2000년대의 절정기는 '격차사회론'이 빈번하게 논의됐던 2006년도였다.

"오늘보다 내일이 더 나아질 리 없다."라는 생각이 들 때, 인간은 "지금 행복하다."라고 생각한다. 이로써 고도성장기나 거품경

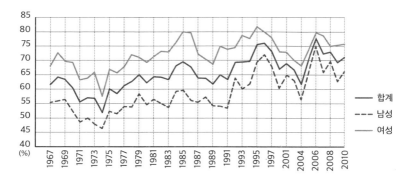

그림 13 20대의 생활 만족도 추이

제 시기에 젊은이들의 '생활 만족도'가 낮게 나타났던 이유가 설명된다. 말하자면, 그 시기의 젊은이들은 "오늘보다 내일이 더 나아질 것이다."라고 믿었다. 더불어 자신들의 생활도 점차 좋아질 것이라는 희망도 품고 있었다. 따라서 지금은 불행하지만, 언젠가 행복해질 것이라는 '희망'을 가질 수 있었던 것이다.

이를테면 1950년대에 집단 취직에 성공해 아키타 현(秋田縣)에서 도쿄로 상경한 한 젊은이(20세, 남성)가 있었다. 그는 자동차 정비 공장에서 매일 10시간 정도(실질 노동 시간) 일했다. 그 와중에 회사 선배들의 욕설과 따돌림, 비난은 일상다반사로 일어났다. 그는 자신의 아키타 사투리가 콤플렉스여서 휴일에도 거의 외출하지 않았다. 그래서 친구도 없었다. 하루하루가 '지옥'과 같은 나날이었지만, 그는 "이런 고생 끝에 분명 찬란한 미래가 있을 것이다."라는 신념을 버팀목으로 삼아 견뎠다.[172]

그러나 오늘날의 젊은이들은 소박하게 "오늘보다 내일이 더 나아질 것이다."라는 생각을 믿지 않는다. 그들의 눈앞에 펼쳐져 있는

　　　　　　　　　　　　　2장 작은 공동체 안으로 모이는 젊은이들

것은 그저 '끝나지 않는 일상'일 뿐이다. 그래서 "지금 행복하다."
라고 말할 수 있는 것이다. 다시 말해, 인간은 미래에 대한 '희망'을
잃었을 때 비로소 '행복'해질 수 있는 것이다.

자기 충족화하는 젊은이들

행복한 젊은이들의 정체는, '컨서머토리'라는 용어로도 설명이
가능하다. 컨서머토리란 자기 충족적이라는 의미로, '지금 여기'라
는 신변에서 가까운 행복을 소중히 여기는 감각을 말한다. 딱 이 정
도로 이해하면 좋을 듯싶다.

어떠한 목적을 달성하기 위해 매진하는 것이 아니라, 동료들과
어울려 여유롭게 자신의 생활을 즐기는 생활 방식이라고 바꿔 말해
도 좋을 듯하다.[173] 다시 말해, 미리 '더 행복한 미래'를 상정해 두고
그것을 위해 사는 것이 아니라, '지금 아주 행복하다.'라고 느끼면
서 사는 것이다. 이러한 생각을 지닌 젊은이들의 증가, 바로 여기에
'행복한 젊은이'의 정체가 담겨 있지 않을까 하는 생각이 든다.[174]

이것으로써 '생활 만족도'라는 '작은' 생각에 대해 질문했을 때
보다 '사회'라는 '큰' 생각에 대해 질문했을 때, 젊은이들의 만족도
가 하락하는 이유를 설명할 수 있다. 젊은이들은 '사회'라고 하는
'커다란 세계'에는 불만을 느끼지만, 자신들의 머물고 있는 '작은
세계'에 대해서는 만족하고 있는 것이다.

그러나 '컨서머토리화'는 최근에 갑자기 등장한 현상이 아니
다. 이러한 지적은 이미 수십 년 전부터, 수많은 연구자들에 의해
제기된 내용이다.

일본은 1970년대에 이르러 산업화가 진전되면서, 의식주라는

물질적인 욕구가 거의 충족되어 가고 있었다. 그러한 가운데, 사람들은 더 큰 경제적 풍요를 위해 '노동'이나 '절약'을 하는 것이 아니라, 돌연 자기 충족적인 가치를 추구하는 행동을 취하기 시작했다. 바로 이와 같은 지적을 한 연구자가 무라카미 야스스케(村上泰亮, 44세, 도쿄 도)였다.[175]

당시의 젊은 연구자들도 이것과 비슷한 발언을 내놓았다. 사회학자 하마시마 아키라(濱島朗, 47세)도, 풍요로운 사회가 "먼 미래보다 가까운 '지금과 여기'에 몸을 맡기는 젊은이들을 낳는다."라고 주장했다.[176] 바꿔 말하자면, 지금(하마시마 아키라가 위와 같은 주장을 내놓았던 그 시점)처럼 공통의 목표나 삶의 보람을 상실한 시대에 젊은이들은 정치에 대해서도 무력감과 무관심을 품게 되었고, 결국 "사생활에 파묻혀 버리는" 일이 벌어질 것이라는 말이다. 오늘날에도 여전히 세상에 대해 좀 안다고 하는 문화인들은 저와 유사한 지적을 내뱉고 있다.

거품경제의 붕괴 전야였던 1980년대에도 마찬가지였다. 지쿠시 데쓰야(筑紫哲也, 49세, 오이타 현)는 당시의 젊은이를 가리켜 '반경 2미터뿐인 시야'를 가진 '신변 제일주의'라고 평하면서, 그런 젊은이가 확산되고 있다고 지적했다.[177] 1장에서도 언급했지만, 1970년 전후에 벌써 오늘날까지 이어질 '젊은이에 대한 담론 패턴'이 거의 완성됐다는 점을 고려하면, 이와 같은 지적은 그리 이상한 일도 아니다.

아무튼 경제 발전이 지상 명제였던 고도성장기가 끝나고, 환경파괴 등 경제 성장의 부작용이 만천하에 드러났다. 또 오일쇼크로 인해 경제 성장이 마이너스로 돌아선 1973년 무렵부터 일본에 일종의 전환기가 도래했음은 분명해 보인다. 그러한 맥락에서, 일본 사회의 컨서머토리화(자기 충족화)는 1970년대부터 서서히 진행되어 왔다고 말할 수 있다.

그렇다고 1970년대와 2010년대가 아무런 변화도 없이 매끄럽게, 그저 무사하고 무난하게 이어져 왔다는 의미는 아니다. 1980년대에 절정기를 맞았던 '입시 전쟁'이 상징하듯이, 1970년대와 1980년대는 '좋은 학교, 좋은 회사, 좋은 인생'이라는 '중산층의 꿈'으로 일본 전체가 압도되어 있었다. 또한 그 시대는 메리토크라시(meritocracy)[178]와 조직화의 시대였다고 볼 수 있다. 그 당시에 아무리 컨서머토리한(자기 충족적인) 가치관을 지닌 젊은이라고 할지라도, 결국 '기업'에 들어가 '사축(社畜)'이 됨으로써 '젊은이'를 졸업해야 했다.

그러나 1990년대 이후, '중산층의 꿈'이 무너짐과 동시에 '기업'의 정식 구성원이 되지 못한 젊은이가 증가했다. 그런 와중에, 컨서머토리한 생활을 이어 갈 수 있는 젊은이가 지속적으로 증가했던 것이다. 더구나 '잃어버린 20년'이라고 불리는 1990년대 이후, 무슨 이유인지는 모르겠지만 갑자기 생활 만족도가 상승하고 있다.

여기서 현대의 젊은이가 행복을 느끼는 이유로 새로운 보조선 하나를 더 제시해 보려고 한다. 바로 '동료'다.

6 작은 공동체 안으로 모이는 젊은이들

동료가 있으면 천하무적이다

1990년대 이후 현저하게 눈에 띄는 점은 젊은이들에게 있어

'친구'나 '동료'의 존재감이 매우 커졌다는 사실이다. 내각부에서 실시하는 「국민 생활 선호도 조사(國民生活選好度調査)」를 보면, 설문지는 국민들에게 (10점 만점을 기준으로) '행복도'와 '행복도를 판단할 때 중시한 사항'에 대해 묻고 있다.[179] 이 중 15세부터 29세 사이의 젊은이들 가운데 60.4%에 이르는 젊은이가 '친구 관계'라고 답했다. 이 결과는 다른 세대와 비교해 봐도 월등히 높은 수치였다.[180]

'충족감이나 삶의 보람을 느낄 때는 언제인가?'라는 질문에 대해 '친구나 동료와 있을 때'라고 답하는 젊은이의 수도 계속 증가 추세다.[181] 1970년에 '친구나 동료와 있을 때' 충족감을 느끼는 사람은 38.8%였고 1980년에는 58.8%까지 상승했다. 여기에 그치지 않고 1990년에는 64.1%로 증가했고, 1998년 이후에는 약 74% 전후의 수치를 유지하고 있다. 이 수치는 국제적인 조사 결과와 대조해 봐도 높은 편이다.[182]

'친구'나 '동료'를 소중히 여기는 젊은이들을 생각하면, 2010년에 '유행어 대상'을 받은 단어가 떠오른다. 와세다 대학교 야구부 주장이었던 사이토 유키(齊藤佑樹, 22세, 군마 현)는 여섯 개 대학 야구 마지막 시즌에서 우승을 결정지었을 때, 다음과 같은 말을 남겼다.

많은 분들이 제게 무언가가 있다는 말을 자주 했습니다. 오늘 제가 가진 '그 무언가'가 어떤 것인지 확신할 수 있었습니다. ……바로 동료들입니다.

다소 긴 문장인 데다, 도대체 어디서부터 유행하기 시작한 것인지도 알 수 없지만, 오늘날의 젊은이를 상징하는 말로서 기록해 놓을 만하다. 그런 점에서 참으로 '유행어'에 걸맞은 말이다.[183] 표현만 좀 바꾸면, 마치 애니메이션 「원피스」에 나올 법한 말이기도 하다.

판매 부수 누계가 2억 부를 돌파한 현대판 성서 「원피스」에 흐르는 사고방식은 '동료를 위해서'로 요약될 수 있다.[184] 「원피스」의 인물들은 자기 이익을 추구하지 않고, 동료들에 대한 헌신을 최우선의 가치로 삼고 있다. 뚜렷한 적(敵)도 없고, 절대적인 악도 없는 그 세계에서, 루피(19세, 후샤 마을) 일행은 끝을 알 수 없는 '동료 찾기'를 이어 간다.

현실의 젊은이들도 사정은 (루피 일행과) 마찬가지다. 이제 딱히 '젊은이 문화'라고 지칭할 만한 공통성이 사라진 시대에, '나는 혼자가 아니다.'라는 확신을 갖기 위해서는 물리적으로 '동료'와 함께 지내는 것이 가장 빠른 길이다. 사회학자 야마다 마모루(山田眞茂留, 38세)도, 현대의 젊은이들이 자아 정체성의 근간을 가까운 인간관계 등 여러 가지 '관계' 혹은 '집단에의 참여 자체'에서 찾고 있다고 언급했다.[185]

이처럼 '동료'를 비롯한 가까운 관계를 소중히 여기는 자세는 해당 집단의 바깥에서 바라보면 '내향적'으로 보일 수도 있다. 실제로 야마다 마모루는 요즘 젊은이들의 관계성이 '폐쇄적인 공동체로 역주행'하게 되지 않을까 우려하고 있다. 사실 자신이 속한 공동체의 동료들을 소중히 여기는 젊은이들은 '마을 사회'의 주민과 비슷하다.

하지만 어느 누구도 사이토 유키나 「원피스」의 밀짚모자 해적단을 '내향적'이라고 평가하지 않는다. 이것은 모두가 사이토 유키나 밀짚모자 해적단의 활약상을 잘 알고 있기 때문이다. 미야다이

신지(35세, 미야기 현)가 일찍이 지적했듯이, 동료 집단이라고 하는 '섬 우주'는 다른 '섬 우주'에서는 뚜렷이 보이지 않는다.[186]

그러한 의미에서, 요즘 젊은이들을 가리켜 일방적으로 '내향적'이라고 단언해 버리는 것은 '젊은이'라는 '섬 우주'를 잘 알지 못하기 때문에 나오는 탄식이라고 말할 수 있다. 가령 이렇게 생각해 보자. 대학을 졸업하고 한 기업에서 일하면서 오로지 출세를 위한 경쟁에만 몰두해 온, 즉 취미라고는 골프나 마작 정도밖에 모르는 '아버지'들이야말로 우리들의 눈에는 더욱 '내향적'으로 보이지 않는가?

작은 공동체 안에 모여 있으면 행복하다

마치 한마을에 사는 주민들처럼 '동료'가 모인 '작은 세계'에서 일상을 보내는 젊은이들, 이것이야말로 오늘날을 살아가는 젊은이들이 행복한 이유의 본질이다.

사회학에는 '상대적 박탈'이라는 개념이 있는데, 말하자면 인간은 자신이 소속돼 있는 집단을 기준으로 행복을 가늠하는 경우가 많다는 말이다.

예컨대 편의점에서 '시급 900엔'의 아르바이트를 하는 사람이, 같은 직장의 다른 사람이 자신과 똑같은 일을 하는데도 시급 980엔을 받고 있다는 사실을 알게 되면, "뭐야, 저 사람은! 나랑 똑같은 일을 하는데, 어째서 시급을 80엔이나 더 받는 거야? 점장에게 특별 대우라도 받고 있는 거 아니야?" 하는 생각에 사로잡혀 마음이 편치 않을 것이다.

하지만 그 사람(아르바이트하는 사람)은 한 해에 수십억 엔이나 버는 부자를 동경하면서도, 막상 그런 부자들과 자신을 진지하게 비교해 보지는 않을 것이다. 왜냐하면, 편의점에서 일하는 그에게 있어 재벌은 '다른 세계에 사는 사람'이기 때문이다.

비슷한 이유에서, 경기가 불황일수록 생활 만족도는 상승하는 경향이 있다. 나라 전체가 불경기일 때는, 모두가 어려운 처지이기 때문에 박탈감을 느끼지는 않는다. 그러나 경기가 좋아지면, 행세 (行勢)깨나 하는 사람이 자기 주변에도 등장할 테고 미래에 대한 기대도 높아지기 때문에, 자신의 수입이 다소나마 올랐다고 해도 박탈감을 느끼게 되는 것이다.

따라서 젊은이들이 '지금 여기'에 있는 '작은 세계' 속에서 살게 된다면, 바깥세상에 아무리 빈곤 문제가 부상하고, 또 세대 간의 격차가 심각한 사회 문제로 떠오르더라도, 이들 젊은이의 행복에는 조금도 영향을 미치지 못할 것이다.

그리고 만약 이 젊은이들이 자신의 행복을 가늠하는 척도로서 자기와 같은 '작은 세계'에 속한 '동료'를 염두에 둔다면, '동료' 이외의 세계가 어떠한 상황에 처하든 그것은 그들과 상관없는 문제인 것이다.

그런 의미에서, 1990년대에 일어난 일련의 현상은 '섬 우주'의 출현이라기보다, '세상의 붕괴'라고 표현하는 편이 더 적절할 것이다. 사실 매스미디어가 보급되기 전까지만 해도, 사람들은 각자가 속한 작은 마을이라는 '섬 우주'에 갇혀 살아갈 수밖에 없었다.

굳이 1990년대 이후에 나타난 '섬 우주'에 특징이 있다고 한다면, 1970년대와 1980년대에 절정기를 맞았던 텔레비전 및 잡지가 주도해 만들어 낸 '일본이라는 공통된 세상'의 틀이 서서히 와해되기 시작했다는 점일 것이다.

'세상'이라는 준거 집단이 사라진 시대에는, '섬 우주'라는 '작은 세계'가 전부였다. '오늘보다도 내일이 나을 것이다.'라는 생각을 하지 않고, '지금 여기'에서 '동료'들과 더불어 살아가는 젊은이들. 다시 말해, 그들은 '작은 공동체 안에 모여' 있기 때문에 행복한 것이다.

작은 공동체 안에 모여 있다가 불끈하는 상황으로

젊은이들은 '동료'나 '친구'를 중요하게 여기고, '마을'처럼 작은 커뮤니티(공동체) 안에서 살아가고 있다. 하지만 그렇게 작은 공동체를 만들어 생활하는 일상은 그리 오래 지속되지 않는다.

일단 '동료'나 '친구'라는 존재는 '가족'이나 '회사'처럼 법률 등의 규칙으로 매개된 집단보다 훨씬 느슨한 관계다. 그러다 보니 아무래도 무너지기가 쉽다.

그리고 별다른 변화 없이 '동료'와 느긋하게 지내는 나날이 길어지면, 젊은이들은 분명 답답함을 느끼게 될 것이다. 야구로 일본에서 최고가 되겠다는 분명한 목표를 가진 사이토 유키나 매일 모험에 나서는 밀짚모자 해적단과 달리, 대부분의 사람들에게 있어 '동료'와 보내는 시간은 아무 일도 일어나지 않는, 지루해지기 쉬운 일상이기 때문이다. 그러한 젊은이들의 마음속 풍경을 잘 표현한 인물이 바로 가수 하마사키 아유미(浜崎あゆみ, 21세, 후쿠오카 현)다. 그녀가 부른 「SEASONS」라는 노래를 들어 보자.[187]

반복되는 일상에 조금씩 허전함을 느끼며
부자연스러운 시대를 탓하며 지레 포기했지

2장 작은 공동체 안으로 모이는 젊은이들

스무 살 전후의 젊은이들과 이야기를 나누다 보면, "무언가를 하고 싶다." 혹은 "이대로는 안 되는데."라는 말을 자주 접하게 된다.

2005년에 캄보디아를 지원하는 사회봉사 단체를 세운 이시마쓰 히로아키(石松宏章, 21세, 오이타 현)는 헌팅과 미팅을 반복하는 대학 생활에 공허함을 느꼈다고 한다.[188] 여학생들과 노는 일이 재미있긴 하지만, "무언가 허전하다."라는 기분을 떨칠 수 없었다고 한다. 아무리 리아주를 즐긴다고 하더라도, 의외로 그런 생활에는 지루함이 내재되어 있는 듯했다.

그런 가운데, 친구의 권유로 '캄보디아에 초등학교를 세우자!'라는 계획을 접하게 됐다고 한다. 이시마쓰 히로아키는 곧장 그 자리에서 "꼭 하겠다!"라고 대답했다. "이번에야말로 진정 나를 투신할 수 있는 일을 찾았다."라는 생각이 들었다고 한다.

이와 같은 이시마쓰 히로아키의 결단에, 요즘 젊은이들의 행동을 이해할 수 있는 열쇠가 있다. 왜 통계적으로는 사회 공헌을 희망하는 젊은이의 수가 증가 추세에 있음에도 불구하고, 실제로 활동에 참여하는 사람의 수는 그만큼 증가하지 않는 것일까? 왜 젊은이들의 투표율은 감소 추세에서 벗어나지 못하는 것일까?

아마도 이것은 일상의 답답함을 깨뜨려 줄 만한 매력적이고 쉽게 알아차릴 수 있는 '출구'를 좀처럼 찾을 수 없었기 때문일 것이다.[189]

'무언가를 하고 싶다. 이대로는 안 된다. 그렇지만, 어떻게 하면 좋을지 모르겠다.' 이런 생각을 품은 젊은이들이 모일 수 있는 간단명료한 '출구'가 있다면, 젊은이들은 기꺼이 그 문을 박차고 들어갈 것이다.

5장에서 자세히 기술하겠지만, 대지진이 발생했을 때 젊은이들이 보여 준 사회봉사 활동은 매우 상징적인 예다. 자신의 지루한 일상을 바꿔 줄 정도의 '비(非)일상'이 도래했고, '비일상'과 일상을 이어 주는 회로가 확보된다면, 그동안 '내향적'이라는 말을 들어 온 젊은이들도 움직이기 시작할 것이다.

그러한 의미에서, 이처럼 직접 행동하는 젊은이들을 가리켜 '불끈하는 젊은이들'이라고 부를 수 있을 것이다.[190] 젊은이들은 '무언가를 하고 싶다.'라는 '불끈불끈'하는 기분을 안고 있으면서도, 막상 현실에서는 늘 똑같은 친구들과 매번 비슷한 이야기를 반복하며 살고 있다. 즉 '끼리끼리 모여 무리를 만들어' 지내는 것이다. 그런데 '끼리끼리 지내는 생활'을 타개해 줄 '비일상'이 도래한다면, 그들은 '불끈'하여 '그곳(비일상)'으로 뛰어들 것이다.

하지만 '불끈불끈'하는 상태는 오래 지속되지 못한다. 어떠한 '비일상'도 결국 익숙해지고 나면 '일상'이 되어 버리기 때문이다.

'비일상'이라는 사건은 무리를 지어 생활하는 젊은이들에게 있어 마을 축제와도 같은 것이다. 다음 장에서는 4년에 한 번씩 열리는 지구촌 축제인 '월드컵'을 실마리로 무리를 지어 지내는 젊은이들에게 '일본'이라는 국가는 과연 어떤 존재인지, 그 관계에 대해 생각해 보고자 한다.

2장 작은 공동체 안으로 모이는 젊은이들

3장

붕괴하는
일본?

4년에 한 번 열리는 세계적인 축제. 바로 월드컵 경기가 열릴 때는 일본 어디에서나 히노마루(일장기)를 들고 거리를 내달리는 젊은이들을 만날 수 있다. 어른들이 '내셔널리즘'이라는 시각에서 우려를 표하기도 하는 극도의 흥분 상태가 연출되는 것이다. 이번 장에서는 월드컵에 열광하는 젊은이들을 실마리로 하여, 현재 우리가 살고 있는 '일본'이라는 국가의 내력과 '내셔널리즘'이라는 마법에 대해 살펴보고자 한다.

1 월드컵 '한정' 국가

시부야에서 월드컵을 느끼다

2010년 6월 24일 밤 11시. 시부야역 앞 사거리는 한동안 자동차 통행이 차단됐다. 늘 보던 시부야의 모습과는 달리 떠들썩한 분위기로 가득했다. 하치코(ハチ公) 동상 앞에는, 짙은 파란색 옷을 걸친 사람들이 잔뜩 모여 있었다. 히노마루 깃발을 들고, 플라스틱으로 만든 부부젤라를 불어 대는 무리도 눈에 띄었다.

본선 진출이 걸린 월드컵 '일본 대 덴마크 전'은 6월 24일 새벽 3시 30분부터 방송됐다. 사람들은 시부야에 모여들어 이 시합을 관전하면서 주변의 열광적인 분위기를 느껴 보려는 듯싶었다. 주위를 둘러보니, 대부분 대학생이거나 20대 전후의 젊은이들이었다.

나는 "선수가 심판에게 옐로카드를 받으면, 선수는 그 카드를 어디에 넣어 두는 거야?"라고 질문할 정도로 축구에는 문외한이

149

다.[191] 하지만 4년에 한 번씩 열리는 월드컵의 열광적인 분위기를 관찰하기 위해 시합 당일 밤에는 어슬렁어슬렁 시부야까지 산책을 나갔다.

임시로 자동차 통행을 차단한 사거리에서 우연히 대학교 친구들을 만났다. 그들은 게이오 대학교(慶應大學) 3학년 학생들이었는데, 시합을 관전하기 위해 스포츠바로 가는 중이라고 했다. 미치코(21세, 여성)는 "평소 축구에는 그리 흥미가 없어요. 축구 경기의 규칙도 잘 몰라요."라고 말했다. 하지만 그녀는 친구들을 따라온 김에, 오늘만큼은 그들과 함께 시합을 구경하기로 했다고 덧붙였다. 같은 캠퍼스에서 얼굴을 맞대고 생활하는 친구들끼리 삼삼오오 모여 시부야로 왔다고 한다.

미치코에게 월드컵 경기는 "소케이센(早慶戰: 우리나라의 고려대학교와 연세대학교가 맞붙는 스포츠 경기와 유사하다. 와세다 대학교와 게이오 대학교가 대결하는 스포츠 행사 — 옮긴이)과 똑같은 것"이라고 한다. 참고로 이튿날인 6월 25일 밤에는 소케이센 축구 경기가 개최되는데, 그때도 이 친구들과 함께 시합을 보러 갈 예정이라고 했다. 그녀는 월드컵과 소케이센, 이 두 경기 전부를 서로 비슷한 '파티 같은 것'으로 받아들이고 있는 듯했다. "모두가 함께 열광하면서 즐기는 그런 느낌" 말이다.

시부야 역 일대의 열광적인 분위기는 차량 통행을 제한한 사거리를 정점으로, 그곳에서 차차 멀어질수록 희미해져 갔다. 중심가 변두리에 일본 축구 국가 대표의 유니폼을 입은 젊은이들이 제법 모여 있기는 했지만, 시부야 역 앞에서처럼 힘껏 부부젤라를 불어대면서 주변 분위기를 고조시키지는 않았다.

한 스포츠바 입구를 보니, 사람들이 조용히 줄을 서 있었다. 나는 그곳에 서 있는 쇼타(25세, 남성)에게 말을 걸었다. 그는 그날 밤에 앞서 다른 시합이 벌어졌을 때 스포츠바에서 알게 된 다섯 명의 친구들과 함께 이번 경기도 관전하러 왔다고 했다. 그들은 모두 음식점에서 아르바이트하며 생활하고 있다고 했다.

주차장에 앉아 있던 일곱 명의 젊은이들과도 이야기를 나눠 보았다. 그들은 고마자와 대학교(駒澤大學)의 축구 동아리 동료들이라고 했다. 그중 두 명은 현재 대학생이고, 나머지 다섯 명은 이미 졸업한 사회인이었다. 이들은 그날의 축구 시합이 자신들에게 "동문회와 같은 것"이라고 했다. 바빠서 자주 만나지 못하는 동문들에게 월드컵 축구 시합은 서로 만날 수 있는 좋은 기회로 작용했던 것이다.

경기가 시작되면 시부야 곳곳에는 무리가 만들어진다. 시부야역 주변에는 관전용 대형 모니터가 설치되어 있지 않기 때문에, 스포츠바에 미리 자리를 잡지 못한 사람들은 선술집이 설치해 놓은 작은 텔레비전 모니터 주변으로 모여든다.

그러면 그곳에는 마치 옛날에 텔레비전을 보려고 길거리에 둘러앉아 구경하던 사람들과 같은, 모니터를 주시하는 사람들의 무리가 만들어진다. 선술집에 설치된 텔레비전의 화면은 너무 작아서, 사실 시합의 진행 상황을 제대로 볼 수 없다. 그래서 뒤편에 앉아 텔레비전을 보던 사람들은 저마다 자신들의 휴대 전화를 꺼내 들고 DMB 화면을 통해 축구 시합의 내용을 확인하기도 했다.

시합이 일본에게 유리하게 진행될 때마다 환호성이 터져 나왔고, 열광적인 분위기로 달아올랐다. 그날 처음 만난 사람들끼리도 어깨동무하면서 "일본, 일본!"을 소리 높여 외쳤다.

아무래도 클라이맥스는 일본이 승리한 순간이었다. 사람들은 일제히 중심가 사거리로 달려나갔다. 스포츠바에서 축구 시합을 관전하던 사람들까지 합류하면서, 교통이 통제된 사거리에는 엄청난 광풍이 휘몰아친다. 이들은 시부야 거리에서 아침 해가 떠오를 때까지 '일본'의 승리를 멈추지 않고 축하했다.

그날 일본의 승리를 축하한 사람들은 시부야에 모인 젊은이들뿐만이 아니었다. 한밤중에 열린 축구 시합이었음에도 불구하고, 후반전의 시청률은 무려 40.9%에 달했다고 한다. 일본인 중 절반에 가까운 숫자의 사람들이 다음 날이 평일이라는 사실에도 아랑곳하지 않고 월드컵 축구를 관전했던 것이다.

"아, 정말 기분 좋다!"

일본 축구 국가 대표 팀은, 이제 결승 토너먼트에 한 걸음 더 다가섰다. 6월 29일에 열린 시합의 상대는 파라과이였다. 경기 시간은 덴마크 전 때와 마찬가지로 한밤중이었다.[192] 여전히 축구 규칙조차 잘 모르는 나는 이번에도 어슬렁어슬렁 시부야로 발길을 옮겼다.

시부야 거리는 지난번보다 더 열광적인 분위기에 휩싸였다. 아직 경기가 시작되지도 않았는데, 교통이 통제된 사거리 중앙에서는 벌써 '하이파이브'와 '일본'을 외치는 응원이 시작되었다. 커다란 일장기를 들고 흔드는 무리도 많았다. 마침 이슬비가 내렸지만, 모두 열정적으로 응원에 나섰다.[193]

그런데 이처럼 열광적인 군중을 가만히 살펴보니, 실제로 분위기를 주도하는 무리는 그다지 많지 않았다. 먼저 관중의 중심에는 엄청 열광적으로 분위기를 이끄는 약 열다섯 명 정도의 '축제파' 젊은이들이 있었다. 그들은 시합 중에도 계속 분위기를 고조시켰다. 그러나 정작 그들은 (당연하겠지만) 경기를 조금도 관전하지 않았다. 아마 월드컵 응원과 관련해 텔레비전 방송에 자주 등장하는 사람들이 바로 이러한 '축제파들'일 것이다.

이런 사람들을 에워싸고 그 주변에 자리한 자들이 바로 보도진이다. 그리고 일부는 블로거 등의 '관찰파들'이었다. 이들은 "우와, 이건 정말 블로그에 올릴 만한 훌륭한 소재야!"라고 생각하면서 '축제파' 젊은이들의 모습을 휴대 전화의 카메라로 찍어 댔다. 실질적으로 '관찰파들'의 머릿수가 훨씬 많았다.

그리고 '관찰파들'의 바깥쪽에는 '관전파들'이 포진해 있다. 그들은 자신들의 휴대 전화를 들여다보며 경기의 진행 상황을 철저히 파악한다. 대학생인 가즈야(20세, 남성)도 '관전파'에 속한 한 사람이었다. 그는 "집에서 혼자 경기를 보면 그리 흥겹지 않아요. 함께 열광적으로 응원하면 좋겠어요."라는 생각을 품고 시부야로 나왔다.

교통이 통제된 사거리 건너편에 위치한 쓰타야 앞에는 '관전파'가 스무여 명 정도 모여 있었다. 기본적으로 그들은 혼자서 혹은 둘이서 휴대 전화를 들여다보고 있었다. 때때로 경기가 일본에게 유리하게 진행될 때마다 일제히 함성을 질렀다.

다이가(19세, 남성)와 준(20세, 남성)은 서로 붙어 앉아 같은 휴대 전화 화면을 들여다보면서 경기를 관전했다. 원래 그들은 '거리에 모여든 사람들을 구경'하려고 시부야에 나왔다고 했다. 하지만 "결국 그저 구경거리가 되고 말았네요."라고 말하면서 웃었다.

그러나 젊은이들의 DMB까지 동원한 필사적인 응원에도 불구하고, 일본은 파라과이에게 속절없이 패하고 말았다. 젊은이들은 참으로 열렬히 '일본'을 응원했다. 나는 '어쩌면 이들은 일본의 패배에 분노해 폭도로 돌변할지도 몰라.'라고 속으로 은근히 기대해 봤으나, 그러한 일은 전혀 발생하지 않았다.

일본 축구 국가 대표 팀이 패배했다는 사실을 알게 된 순간, 여기저기에서 들려온 소리는 "수고했어!"라는 (심지어 상쾌함이 묻어나는) 목소리였다. 뭐라고, "수고했다."라고?

시부야에 모인 젊은이들은 하나같이 "수고했어!", "아, 기분 좋다!", "4년 뒤에 또 만나자!"라고 이야기하며 하이파이브를 했고, 이내 작별 인사를 나누고 자리를 떠났다. '일본'이 졌다는 사실에 달리 속상해하는 일도 없었다. 오히려 한결 산뜻해진 얼굴로 인사를 나누는 사람들이 많았던 듯싶다. 마치 '무언가를 해냈다.'라는, 그런 느낌이었다고 할까?[194]

한정된 기간에 등장하는 국가

월드컵 경기 응원 현장에서 보여 준 젊은이들의 열정적인 분위기를 보고 있으니, 마치 '일본'은 월드컵 기간 동안에만, 게다가 일본 대표 팀이 경기를 뛸 때만, '이를테면 한정된 시기에만 등장하는 존재가 아닐까?' 하는 생각이 들었다. "4년 뒤에 또 만나자!"라고 말하는 젊은이들의 하이파이브가 그 점을 상징적으로 표현해 주고 있었다. 이러한 모습은 2006년 월드컵 경기 때도 마찬가지였다고 한다.

캄보디아에 학교를 세운 의대생 하다 고타(22세, 효고 현)는, 2006년 당시에 월드컵 기간에 맞춰 자선회 행사를 기획했다. 그는 행사장으로 향하는 전철 안에서 문득 이런 생각이 들었다고 한다.

"우리가 지금 응원하는 '일본'이라는 국가는 대체 무엇일까?"라는 의문 말이다.

자선 행사는 이런 고민을 한순간에 날려 버릴 정도로 떠들썩한 가운데 진행됐다. 하다 고타는 동료들과 함께 열렬히 '일본'을 응원했다. 잘 모르는 사람들과 손을 잡고 '일본'이라는 국가의 승리를 기원했다. 무조건 "일본, 일본!"을 소리 높여 외쳤다. 그리고 축구 경기가 끝나자, 행사장에 모여 있던 사람들은 각자 자신들의 집으로 발길을 돌려 귀가했다.

시부야로 가는 도중, 전철 속을 둘러보니 나와 마찬가지로 일본 축구 국가 대표 팀 유니폼을 몸에 걸친 젊은이들이 깔려 있었다. 나는 그 젊은이들의 뒷모습을 바라보면서, 일본에 대해 잠시 생각해 봤다. (……) 평소 우리들은 '일본'이라는 국가를 의식하지 않는다. 그런데 그날만큼은 "일본, 일본!"을 외쳤다. 과연 진심으로 일본이라는 국가를 사랑하기 때문에 응원하는 것일까?[195]

대학생다운 참신한 고민이다. 다시금 생각해 보니, 실제로 우리가 일상생활 속에서 '일본'이라는 국가를 의식할 기회는 거의 없다. 월드컵이나 올림픽을 제외하면 기껏해야 해외에 나갔을 때, 그리고 대지진 등의 재난을 당하였을 때(5장) 정도일 것이다.

인프라로서의 '일본'

우리는 '일본'이라는 대상을 '일본 이외의 것'이 등장하지 않는 한, 좀처럼 의식하지 못한다. 간과해 버리는 것이다.

어쩌면 대다수 일본인들에게 '현대 일본'이 인프라와 같은 대상인 탓에 그런 것일지도 모른다. 바꿔 말하면, 우리는 '일본'이라는 구조에 푹 젖어 생활하고 있기 때문에 여간해서는 그 존재를 알아차리기 어려운 것이다.

'일본'에 사는 대부분의 사람들은 태어나면서부터 '일본'에 있었다. 이 점이 다른 집단과 구별되는 국가만의 특성이다. 일반적으로 고등학교나 대학교 그리고 회사 등은 어떤 형태로든 시험을 거쳐야만 그 집단에 속할 수 있다. 그러나 '일본'에 속할지 말지에 관해서는 (대부분의 경우) 태어나기 전에 이미 정해진다.[196] 따라서 일본인들은 '일본'이라는 국가를 굳이 의식을 할 필요가 없는 너무나 당연한 것으로 여기게 된다.

한편 이것은 우리가 '일본'으로부터 자유롭지 못하다는 점을 의미하기도 한다. '인프라로서의 일본'은 우리의 생활을 공기처럼 감싸고 있다. 예컨대, 문자 그대로 인프라인 전기와 가스, 수도, 도로, 그리고 경찰에 의해 유지되는 치안, 공립학교가 제공하는 교육, 병을 앓거나 직장을 잃었을 때 도움을 주는 사회보장 등 우리는 유형무형의 다양한 서비스를 '일본'으로부터 제공받고 있다.

왜 '일본'은 우리에게 이렇듯 다종다양한 서비스를 제공해 주고 있는 것일까? 왜냐하면, 바로 우리가 '그 서비스'를 강제적으로 구입해야 하기 때문이다. 이를테면 소득세, 주민세, 소비세 등의 형태로 말이다. 우리는 '일본에 살면 향유하게 되는 서비스'를 사야 하는 것이다.

일반적으로 물건이나 서비스를 구입할 때는 여러 가지 선택지가 있게 마련이다. 가정 경비 서비스의 경우 세콤(SECOM)이나 알

소크(ALSOK) 같은 보안 경비 회사, 스포츠웨어의 경우에는 나이키나 아디다스와 같은 의류 업체 중에서 고를 수 있다. 그러나 '일본'에는 경쟁할 만한 다른 업체가 없다. 그러므로 우리는 '일본'에서 살아가는 한, 마치 당연하다는 듯이 '일본'이 제공하는 서비스를 '한 묶음 포장 상품' 형태로 구매하지 않을 수 없다.[197]

더구나 대부분의 일본인들은 자신들이 그런 서비스를 구입하고 있다는 사실조차 거의 의식하지 못하고 있다. 왜냐하면, '일본에 거주함으로써 얻게 되는 한 묶음 서비스의 대가'(세금)는 소리 소문도 없이 급여에서 공제되어 버리는 경우가 대부분이기 때문이다. 일본인의 대부분을 차지하는 급여 소득자의 세금은, 이미 원천 징수되고 있는 것이다. 한편 현행 제도에서 '일하는 학생'의 경우, 부모의 부양을 받더라도 연간 103만 엔까지의 수입은 납세 의무가 없다. 따라서 이때 실질적으로 지불하는 것은 소비세 정도다.

'일본'이라는 마법 속에서

앞서 '일본'을 도쿄가스나 도쿄전력처럼 단순한 인프라 제공 회사로 묘사한 점이 없지 않다. 분명 '일본'은 그저 그런 인프라가 아니다. 훨씬 더 중요한 인프라다.

2010년 월드컵 때, 혼다 게이스케(本田圭佑, 24세, 오사카 부)라는 선수가 일약 일본의 국가적인 영웅으로 떠올랐다. 축구에 대해 그리 관심이 없는 나조차도 혼다 게이스케라는 축구 선수의 이름을 알 정도였다. 그런데 왜 우리는 혼다 게이스케 선수를 응원하는 데 주저하지 않았던 것일까?

혼다 게이스케 선수를 지지했던 많은 사람들과 혼다 게이스케

사이에 어떤 혈연관계가 있는 것도 아니었다. 또 그들은 직접 이야기를 나눠 본 적도 없는 사이였다. 즉, 혼다 게이스케를 응원한 사람과 혼다 게이스케 선수 사이에는 그저 같은 '일본인'이라는 공통점만이 있을 뿐이었다.

분명 여러분들은 '구태여 당연한 것을 왜 이렇게 글로 표현했을까?'라는 의문이 들 것이다. 하지만 곰곰이 생각해 보면, 좀 이상하지 않은가? 왜 우리는 한 번도 직접 만나 본 적이 없는 사람들을 응원할 수 있는 것일까?

만약 혼다 게이스케를 싫어하는 사람이라면 자신이 좋아하는 다른 선수의 얼굴을 떠올려도 상관없다. 월드컵에서 일본을 응원한 '당신'에게 묻고 싶다. '일본 축구 국가 대표 팀 선수 중에 단 한 명이라도 실제로 만나 이야기를 나눠 본 경험이 있는가?' 가족, 연인, 옛 친구(소꿉친구, 같은 반 친구) 등 어느 한 가지라도 연관된 사람이 있는가? 아마 모르면 몰라도, 대부분 그렇지 않을 것이다.

그렇다면 국가 대표 팀 선수 중에 아는 사람이 아무도 없음에도, 어째서 '당신'은 일본 국가 대표 팀을 응원할 수 있었을까?

다른 예를 생각해 보자. 이를테면 가나가와 현에 한 대학생이 살고 있다. 그는 뉴스 사이트에서, 지금 JR시코쿠(JR四國)에서 발생한 열차 사고에 관한 기사를 보고 있다. 그는 기사를 읽고 마음이 아프다. 피해자를 생각하면 가엾다는 생각도 든다. 그런데 이 사고는 '그와 관련된' 사건일까? 그의 고향은 시코쿠가 아니고, 시코쿠에 가 본 적도 없다. 그리고 피해자랑 아는 사이도 아니다.

또 선술집에 가 보면 '일본이 응당 가져야 할 자세'나 '일본 경제의 부활'에 대해 토론하는 술 취한 샐러리맨들이 있다. 이들은 디플레이션이나 엔고 현상에 대해, 최근 텔레비전이나 잡지에서 주워들은 정보를 근거로 정치며 경제며, 이러쿵저러쿵 열띤 대화를 나눈다. 그러나 이들은 정치가도 아니고 정부 관료도 아니다. 환율 개입과 관련된 일을 하고 있는 것도 아니다. 오늘 밤 이들이 무슨 이야기를 나누든, 당장 내일 '일본 경제'에 이렇다 할 변화가 생길 리도 없다.

어째서 만난 적도 없는 사람들, 즉 국가 대표 팀을 그토록 열심히 응원할 수 있는 것일까? 어째서 가나가와현에 사는 그 대학생이 시코쿠에서 발생한 사건으로 인해 가슴이 아파야 하는 것일까? 어째서 정치가도 정부 관료도 아닌 샐러리맨들이 '일본의 경제'를 걱정하는 것일까? 그 이유는 그들에게 아니, 우리들에게 어떤 마법이 작동하고 있기 때문이다.

한 번도 만난 적 없는 사람을 '일본인'이라고 생각하게 하고, 한 번도 가 본 적 없는 장소를 '일본'이라고 생각하게 만드는 마법. '일본'이 메이지 시대 이래, 140여 년 동안 끊임없이 작동시켜 온 마법. 바로 그 마법은 '내셔널리즘'이라고 불리는 마법이다.

2 내셔널리즘이라는 마법

평화롭고 안정적이었던 에도 시대

내셔널리즘은 최근 수백 년 동안 인류가 발명해 낸 최대의 시스템 중 하나라고 말할 수 있다. 내셔널리즘이라는 마법 덕분에, '일본'이라는 국가는 교육 수준을 높일 수 있었고 산업화를 진전시

켰으며, 또한 쾌적한 인프라를 정비할 수 있었다. 또 거기에 그치지 않고 수많은 생명을 잃기도 했다.

내셔널리즘이 얼마나 엄청난 힘을 지닌 마법인지, '메이지 이후 시대'와 '에도 시대'를 비교해 보면서 확인해 보자.[198]

"어째서 '젊은이'를 주제로 한 책에서 내셔널리즘에 대해 이야기할까?"라는 의문이 들지도 모르겠다. 하지만 '일본의 젊은이'에 대해 고찰하기 위해서는 바로 그들이 살아가는 '일본'이라는 나라에 대해 개관해 둘 필요가 있다. 이제 인프라, 마치 공기 같은 존재가 되어 버린 '일본'이지만, 그렇기 때문에 평소 살아가면서 전혀 알아차릴 수 없는 구조와 메커니즘이 '일본' 내부에 감춰져 있다.

예컨대 '일본'은 섬나라라는 특징 때문인지 몰라도, 어쨌든 우리들은 이 나라가 수천 년 전, 아니 수만 년 전부터 존재했을 것이라고 생각하는 경향이 있다. 그러나 일본의 역사를 살펴보면, 대부분의 사람들은 에도 시대에 이르기까지 '일본'이라는 단일한 개념으로 무언가를 생각해 본 경험이 없었다. 과거에 '구니(國, 나라)'라고 하면, 한(藩)이나 무라(村)를 의미했다. 또한 자신이 태어난 지역을 벗어나는 일이 거의 없었고, 일생을 한곳에서 보내는 사람들도 많았다.[199]

그리고 신분 제도가 존재했기 때문에, 단지 '일본'에서 태어났다고 해서 누구나 '일본인'이 될 수 있었던 것은 아니었다. 기본적으로 농민의 아들은 농민이 되어야 했고, 상인의 아들은 상인이 되어야 했다. 무사 신분의 사람들은 농민을 자신들과 같은 '일본인'이라고 여기지도 않았다.

바꿔 말하면, 에도 시대까지 '일본인'은 존재하지 않았다고 해도 과언이 아니다. 물론 오늘날의 시각에서 에도 시대를 들여다보면, 에도의 조닌(町人: 상공업에 종사하는 사람 — 옮긴이)도, 사카이(堺)의 상인도, 기슈(紀州)의 농민도 모두 '일본인'으로 생각되지만, 당시 이들이 자신들을 (동일한 의미의) '일본인'으로 인식하고 있었는지는 매우 의문스럽다.[200] 공통된 매스미디어나 교육 제도가 없는 이상 자신들을 '일본인'이라고 가르쳐 주는 사람도 없는데, 굳이 스스로 '일본인'이라고 생각할 필요가 없었기 때문이다.

에도 시대는 매우 안정된 시기였다. 왜냐하면, 인간의 일생이 태어난 곳과 부모의 신분에 따라 모두 결정되었기 때문이다. 일단 농촌에서 농민으로 태어나면, 고향에서 농민으로 살아가는 것 이외에는 다른 선택의 여지가 거의 없었다. 애초에 다른 선택의 여지가 있다는 사실조차 알지 못한 채, 그들은 일생을 마쳤을 것이다. '자신'을 찾기 위한 고민 따위는 하지 않아도 됐을 것이다. 경쟁도 그다지 필요하지 않았을 것이다. 충돌도 그리 많지 않았을 것이다. 빈부의 차이도 이미 고정되어 있었을 것이다.

위정자(에도바쿠후)의 입장에서도 이처럼 다스리기 편한 구조는 없을 것이다. 선거도 없고, 탄핵도 없었을 것이다. 대부분의 사람들은 나라나 정치에 대해 아무것도 몰랐을 것이다. 그러기 때문에, 소수의 지배자가 그들 마음대로 다수를 지배할 수 있었던 것이다.

하지만 에도바쿠후가 아주 고약한 정치를 일삼았던 것은 아니다.[201] 특히 바쿠후 말기에는 경제가 순조롭게 발전했으며, 그것과 더불어 생활 수준도 계속 향상되었다.

그런데 무엇이 문제였던 것일까? 평화롭고 안정된 사회였다면, 그것으로 충분하지 않은가? 오늘날에도 "에도 시대는 좋은 시대였다."라고, 그 시대를 살아 본 적도 없으면서 그렇게 말하는 사람들까지 있으니 말이다.

에도 시대의 약점

그러나 '문제'는, 그처럼 '안정'된 사회가 '외부'의 자극으로 인해 흔들리게 되었을 때 겉으로 드러나기 마련이다. 에도 시대처럼 지역 차이와 신분의 차이가 존재하는 사회는 전쟁에 취약하다.

예를 들면, 미국·유럽 연합 함대와 조슈한(長州藩) 사이에서 일어난 시모노세키 전쟁(下關戰爭)에서도, 농민이나 조민(町民)이 전쟁에 적극 협력하거나 발 벗고 나서서 싸우는 일은 없었다.[202] 또 대외 전쟁이 아닌 대내 전쟁이었던 보신 전쟁(戊辰戰爭) 때도, 이제 곧 전쟁터로 변할 아이즈 성(會津城) 밑에서 가게를 운영하던 상인과 직인(職人), 각지의 민중들은 재빠르게 자리를 접고 전장에서 도망했다고 한다.

에도바쿠후 말기는 서구 열강으로부터 언제 침략당할지 알 수 없는 시대였다. 전쟁이 일어났을 때, 무사들만 참전한다는 것은 매우 불안한 요소를 안고 있다. 이를테면, 에도 말기 일본의 인구는 3300만 명 정도였는데, 그 가운데 무사의 수는 그들의 가족까지 포함해도 10% 이하였다. 즉, 대외 전쟁이 벌어졌을 때 동원할 수 있는 병력이 300만 명밖에 되지 않는다는 이야기다.

더구나 민중을 무지한 상태로 방치해 두고, 일부 위정자만 권력을 독점하는 구조는 '폐쇄적인 세계'일 때만 지속될 수 있다. 2011년 초에 이집트에서는 무바라크 독재 정권에 저항하는 대규모 시위가 일어났다. 그때 직간접적인 계기를 마련한 것이 인터넷의 존재였다고 한다.(4장) 일반인들도 손쉽게 외국의 정보를 입수할 수 있는 시대에, 독재 정권을 유지한다는 것은 매우 어려운 일이다.

일본이 개국의 압박을 당했던 19세기 역시, 이러한 상황과 다소 비슷하다고 할 수 있다. 같은 시기 서구는 '교역'과 각종 '혁신'을 통해 당시로서는 유례를 찾아볼 수 없는 풍요를 누리고 있었다.

증기선을 통해 수송량이 증가하면서 사람과 물자, 금을 그 이전과는 비교할 수 없는 속도로 국경을 가로질러 주고받는 시대를 맞이하게 되었다. 1858년에는 대서양을 횡단하는 해저 케이블이 설치되면서, 미국과 유럽 사이에 통신 채널이 열리게 되었다. 그 후 해저 케이블은 한층 정비됐고, 바야흐로 세계는 '19세기 판 월드와이드웹'을 통해 하나가 되어 가고 있었다.[203] 유럽과 미국은 '교역'과 '혁신'을 통해 고양된 국력을 바탕으로, 아시아와 아프리카 국가들을 차례로 식민지화했다.

그리고 마침내 일본에도 흑선(黑船)이 찾아왔다. '에도 시대형 사회 구조'를 그대로 유지하는 한, 대외 전쟁의 패배는 불 보듯 뻔했다. 어쩌면 일본은 서구 열강의 식민지로 전락해 버렸을지도 모른다. 당시 엘리트들 사이에는 이런 위기의식이 만연해 있었다. 그리하여 일본은 서구 열강을 모방하기 시작했다. 강력한 중앙 집권 정부 아래, 경제 성장과 침략을 단행하여 '근대 국민국가'의 길을 선택했던 것이다.

메이지 정부가 '일본'과 '일본인'을 만들었다

메이지 정부의 방침을 가장 잘 나타낸 당시 교부성(教部省) 간부의 말이 남아 있다.[204]

지금까지는 하위 계층의 사람들을 무시하면서 정치를 해 왔으나, 이제부터 그들에게 학문을 가르치고 똑똑하게 만들어 다스려야 한다. 앞으로 농업이나 상업 종사자들도 무사 계층과 같은 형태를 갖추게 될 테니, 기뻐할 일이다.

요컨대 에도 시대까지는 일부 지배 계급이 국가를 운용하더라도 크게 문제될 것이 없었다. 그러나 이제부터는 농민까지 포함해 '모두'를 교육하고, 그들 '모두'가 운용해 나가는 국가를 만들어야 한다는 것이다. '모두'가 국가를 운용하기 위해서는 반드시 폐지해야 하는 것이 있다. 우선 '지역 차이'와 '신분 차이'다. 에도 시대는 지역에 따라, 언어에서부터 식생활까지 크게 차이가 났다. 그리고 태어나면서 주어진 신분은 한 사람의 인생에 결정적인 영향을 끼쳤다. 이대로 지역 차이와 신분 차이를 방치한다면, 사람들은 '같은 국민'이라는 의식을 가질 수 없다. 모두가 '같은 국민'이라는 의식을 갖지 못한다면, 전쟁이 일어났을 때 아무도 '일본'을 위해 싸우려고 하지 않을 것이다.

그러한 까닭에, 메이지 정부는 각 신분에 따라 작성되던 종문인별장(宗門人別帳)을 폐지하고, 전 국민을 호적으로 일괄 정리해 나갔다. 일부 특권 계층은 그대로 명맥을 유지했으나, 표면적으로나마 '사민(四民) 평등' 정책을 실시했다.

이것은 에도 시대의 시각에서 바라보면, 그야말로 엄청난 규모의 대대적인 변화였다. 왜냐하면, 출생지와 신분에 따라 일생의 거의 모든 부분이 정해지던 에도 시대와 달리, 이제는 어떤 마을, 어느 부모 밑에 태어나더라도 (가능성의 측면만 놓고 보면) 누구나 총리

대신이 될 수 있었기 때문이다.[205]

균등하다는 의미의 '모두'는, 전 국민을 대상으로 하는 의무 교육을 통해 형성된다. 기본적으로 어느 도시, 어떤 시골에서라도 국민 '모두'가 같은 교육을 받을 수 있게 되었다. 더 나아가 미디어의 발달은 '모두'에게 같은 정보를 제공할 수 있게끔 만들었다.[206]

먼저 '일본인'으로서의 '모두'를 교육하기 위해서는 '일본어'와 '일본 문화'가 필요하다. 에도 시대까지 언어에는 철저한 지역 차이와 신분 차이가 존재했다. 물론, 지배 계급은 에도와 지방을 자주 왕래할 수 있었기 때문에, 공용어로 쓰이는 언어가 있었을 것이다. 또 한자(漢字)라는 동아시아 공통의 언어로 표기된 문자를 자유자재로 구사할 수 있었을 것이다.

그러나 일반 서민의 경우, 이동이 엄격하게 제한된 탓에 각 지방마다 독특한 방언이 발달했다. 그 때문에, 지역이 다른 사람들끼리는 거의 대화가 통하지 않았을 것이다.[207] 그런 조건에서는 균등한 '일본인'을 형성할 수 없다. 그래서 메이지 정부는 공용어로서의 '일본어'를 고안해 낸 것이며, 이것을 전국의 모든 학교에서 가르치도록 했던 것이다.[208]

만들어진 이야기

'모두'가 자신을 '일본인'이라고 인식하기 위해서는 서로 공유할 수 있는 이야기가 필요하다. 그래서 먼저 '일본의 역사'가 만들어진 것이다.

우리는 학교에서 '일본의 역사'로서, 2000년 전에 사가 현(佐賀縣)에 있었던 비교적 큰 규모의 마을(吉野ヶ里遺跡, 요시노가리 유적)에 대해, 1300년 전에 나라 현(奈良縣)에서 일어난 형제들의 다툼(壬申の亂, 진신의 난)에 대해, 400년 전에 부하에게 배신을 당한 한 아저씨의 이야기(本能寺の變, 혼노지의 변)에 대해 배웠다. 각기 다른 지역, 서로 다른 신분에서 발생한 사건을 메이지 시대의 일본 영토를 기준으로 삼아, 무모하게 한 묶음으로 엮어 낸 것이다.

이것과 더불어 '일본 문화'도 만들어 내야 했다. 현대의 우리는 『고킨와카슈(古今和歌集)』도 '노(能)'도 '가부키(歌舞伎)'도 당연히 '일본 문화'라고 생각하고 있다. 그러나 『고킨와카슈』는 일본 왕가의 사적인 시문집이며, 노는 무로마치 시대(室町時代)의 무사 문화이고, 가부키는 근세의 서민 문화다. 이렇듯 '일본 문화'는 역사 속에 나타난 각양각색의 문화 양상들을 한데 묶어 재편집한 것이다.

하지만 일반 서민을 교육한다는 것은 지배층에게 위협이 될 수도 있다. 지혜를 갖게 된 민중들이 반란을 일으킬지도 모르기 때문이다. 그래서 민중 '모두'에게 '일본'이라는 국가에 대해 충성심을 품도록 교육시킬 필요가 있었던 것이다.

그래서 '수신(修身)'이라는 교과목을 의무 교육으로 설정해, '모두'에게 "우리는 훌륭한 일본인이다!", "일본인으로서 천황을 위해, 국가를 위해 힘쓰자!"라는 생각을 세뇌시켰던 것이다. 천황의 행차까지도 이런 교육과 함께 위력을 발휘했다. 당시 천황은 전국 방방곡곡을 순회했는데, 사람들은 그런 모습을 보는 것만으로도 자신들이 천황의 '신민(臣民)'이라는 점을 의식하기에 이르렀다.[209]

근사하게 말하면 '상상의 공동체'

어느 지방에서 태어났든, 어떤 가정에서 자랐든 간에, 학교에서는 '일본의 역사'나 '일본의 문화'를 '일본어'로 가르친다. 이러한 교육은 메이지 시대 때부터 일본 전역에서 시행됐다. 가장 큰 비율을 차지하는, 아니 '일본인'의 거의 대부분이라고 할 수 있는 사람들의 선조는 농민이었다. 하지만 그런 출신 성분과는 무관하게 '모두'가 같은 '일본인'이라는 의식을 갖도록 장치를 마련한 것은 메이지 정부였다.

사회학에서는 이런 경우에, 좀 근사한 표현을 빌려 '상상의 공동체'라는 용어를 사용한다. 평생 한 번도 만난 적이 없는데도 단지 '일본인'이라는 이유만으로 동료라는 의식을 가질 수 있다. 또한 단 한 번도 가 본 적이 없는 곳인데도 '일본'이라는 이유만으로 자신의 나라라고 생각하게 된다. '일본'이나 '일본인'이라는 의식은 모두가 '우리 일본인'이라고 상상함으로써 성립하는 것이다.[210]

'상상의 공동체'가 그 위력을 발휘하는 것은 역시 전쟁이 일어났을 때다. 아직 어린 초등학생이 군인에게 "나라를 위해 목숨을 바치세요!"라는 말하고, 또 어머니가 전쟁터로 향하는 아들에게 "나라를 위해 부끄럽지 않게 죽는 거야."라는 격려의 말을 한다. 개인의 목숨이나 가족의 존속보다도, '일본'이라는 국가의 미래를 중요하게 여기는 시대가 도래한 것이다.

그렇다고 해서, '일본인'이 하루아침에 탄생한 것은 아니다. 수천만 명이나 되는 사람들의 사상에서부터 생활 습관까지, 그런 모든 것들을 순식간에 바꾸기란 불가능하다. 이를테면 걸음걸이 한 가지를 교정하는 데도 상당한 시간과 노력이 필요하며, 고생을 감내해야 한다.

현대의 거의 모든 일본인들은 달리 큰 문제없이 등을 쫙 펴고 똑바로 걸을 수 있다. 그러나 메이지 시대의 사람들로서는 그렇게 걷는 것이 여간 어려운 일이 아니었다. 그런데 다른 한편으로 생각해 보니, 오늘날의 우리들 역시 초등학교에서 행진을 연습해 본 적이 없으니 똑바로 등을 펴고 걸을 수 있을지 의문스럽다.

에도 시대에는 '다이묘(大名) 행렬'에서조차 다들 적당히 걸음을 옮겼다고 한다. 팔을 흔들면서 걷는 습관도 없었으며, 오른쪽 발과 함께 오른편 어깨가 앞으로 나가는 걸음걸이가 일반적이었다고 한다.[211] 1880년대부터 초등학교에 '대열 운동' 따위가 도입되면서 등을 꼿꼿이 세워 걷는 자세를 교육하기에 이른다. 하지만 1920년대에 들어서도, 정확하게 직선 보행을 하는 사람을 찾아볼 수 없다고 한탄한 육군학교의 푸념이 기록으로 남아 있다.[212]

의외로 진척되지 않는 '황민화'

그리고 중요한 사실은 모든 사람들로 하여금 "천황을 위해, 나라를 위해 힘쓰게 하자."라는 계획 역시 실현되기까지 상당히 오랜 시간이 걸렸다는 것이다.

학생들이 '교육칙어(敎育勅語)'를 암송하는 모습은 '전전의 고약한 풍경'으로 자주 묘사된다. 그런데 실제로 '교육칙어' 암송이 교육 현장에서 널리 강요된 시기는 쇼와(昭和) 초기(1920년대 말)였으며, 모든 학교에 천황의 '진영(眞影)'을 내거는 과정도 그리 원활하게 진행되지 않았다.

1873년(메이지 6년)에 징병제가 시행되었으나, 초기만 해도 갖가지 면제 조항이 있어 실제로 입대한 병사는 해당자 가운데 3.5%에 불과했다. 청일전쟁 때(1894년~1895년)도 전체 대상자 중 5% 정도만, 메이지 말기부터 다이쇼 시기(1912년~1926년)에 걸쳐서도 약 20% 정도가 입대했을 뿐이었다. 모든 이들이 군대에 앞다투어 입대한 것은 아니었다.[213]

더구나 일단 입대했다고 해도 그 병사(젊은이)가 어느 정도까지 '천황'이나 '국가'에 충성을 맹세했을지도 의문스럽다. 예컨대 러일전쟁(1904년~1905년)에 참전했던 병사들이 (다른 상대까지는 아니더라도) 자신들의 가족과 주고받은 사적인 편지를 살펴보니, '천황'이나 '국가'라는 말이 등장하지 않았다는 연구 보고도 있다. 이런 점으로 미뤄 보아, 과연 천황제가 어느 정도로 말단까지 영향을 미쳤는지에 대해서는 의문의 여지가 있다.

또한, 일반 서민들이 '일본'이라는 국가가 자행한 전쟁을 얼마나 이해하고 있었는지에 대해서도 불분명한 점이 많다. 1939년, 아오모리 현(靑森縣) 미나미쓰가루 군(南津輕郡)에 살던 한 할머니가 "전쟁은 몇 시에 끝나나요?", "대체 어디에서 전쟁을 하는 거요?"라고 근처 초등학교 교장 선생님에게 물어보러 찾아왔다는 기록이 남아 있다.[214] 메이지유신이 있은 지 71년 후. 하지만 여전히 '일본인' 모두가 '국민' 의식을 가진 것은 아니었던 것으로 보인다.

그러나 착실하게, 확실하게, 그리고 실질적으로 '일본'이라는 국가를 위해 힘쓰는 사람의 수는 증가해 갔다. 특히 중일전쟁이 발발한 1930년대 후반부터는 좀처럼 징병 유예도 받을 수 없게 됐다. 그렇게 일본에 살던 사람들은 점차 '일본'이라는 나라가 싸우는 전쟁에 휘말려 들기 시작했다.

내셔널리즘 2.0

메이지유신 때부터 1930년대까지를 '내셔널리즘 1.0'이라고 한다면, 1940년대 전후 시대부터 '내셔널리즘 2.0'이라고 칭할 수 있는 현상이 나타나기 시작했다.

먼저, 라디오라는 새로운 미디어의 본격적인 보급을 들 수 있다. 라디오 방송은 1925년부터 시작됐다. 1936년에 도시 지역의 라디오 보급률은 벌써 40%를 넘어섰지만, 시골이라고 할 수 있는 농촌 지역의 보급률은 아직 10% 정도에 머물러 있었다. 그러다가 1941년에는 도시 지역의 보급률이 60%를 넘었고, 농촌에서도 30%를 넘어섰다. 도시와 농촌의 정보 격차는 이 시기에 어느 정도 해소됐다고 볼 수 있다.[215]

라디오를 통해 일본에 사는 모든 사람들이 1941년 12월 8일에 행해진 '진주만 공격'을 거의 실시간으로 알게 되었다. 신문만 발행되던 시절에는 상상할 수도 없는 일이었다. 라디오는 날마다 일본의 승리 소식을 전해 주었다. 이런 소식에 대부분의 국민들은 환희에 부풀었다. 전쟁은 월드컵 축구 경기가 없던 시대만 해도, 최대의 오락거리(엔터테인먼트)였던 것이다. 태평양전쟁 동안에 일본의 라디오 보급률은 지속적으로 상승했다.

흔히 전쟁이라고 하면, 모든 것을 국가가 통제하고 물품 배급제로 인해 사람들 모두가 굶주리는 '암흑의 시대'를 머릿속에 떠올릴 테지만, 그것은 주로 전황(戰況)이 악화된 1944년 이후의 풍경이었다. 전쟁 초기의 일본은 경제적으로 호황을 누렸으며, 사람들은 해수욕을 즐기거나 국내 관광도 다녔다. 오히려 전쟁은 밝고 풍요로운 생활에 대한 높은 기대감을 가져다주었다.[216]

이 시기에 현재까지 존속하는 다양한 시스템이 고안되기도 했다. 예컨대 종업원의 공동 이익을 우선시하는 '일본형 기업'은 1938년의 '국가총동원법'에 따라 주주의 권리가 제약을 받았기 때문에 보급될 수 있었던 구조다. 또한 금융 시스템도 전쟁 때부터 군사 산업에 대한 경사 배분(傾斜配分)을 목적으로 간접 금융이 중심으로 떠올랐다. 그리고 비슷한 시기에 관료 제도의 성격에도 변화가 일어나면서, 관료에 의한 경제 통제가 본격화되었다.[217]

당시에 산업이라고 해 봤자 1차 산업과 경공업밖에 없던 수많은 농촌과 어촌도, 본격적으로 국가의 하청 기관으로 변모해 갔다. 일부 촌락의 경공업은 군수 산업으로 바뀌어 갔고, 다른 촌락은 전력을 생산하기 위해 석탄 채굴을 담당하게 됐다. 대부분의 촌락은 전쟁을 지원하는 '후방'으로서, 식량과 노동력의 공급원이 되어야 했다. 도시와 달리, 전쟁으로 큰 피해를 입지 않았던 농촌이나 어촌 사람들은 의식의 측면에서도 자신들이 '중앙에 도움이 되는 존재'라는 점을 자각해 갔다.[218]

이러한 시스템들은 국가 전체가 하나로 뭉쳐 '전쟁에서 이기는 것'을 지상 명제로 삼은 총력전을 위해 반드시 필요한 것이었다. 메이지 시기(1868년~1912년)부터 시작된 '일본'이라는 국가를 만드는 프로젝트는, 비로소 하나의 도달점을 맞이한 것이다. 온 나라 안의 모든 요소, 모든 사람이 '전쟁을 수행한다.'라는 단 하나의 목적을 위해 재편성되었다.

사실 이와 같은 '1940년 체제'는 전후에도 그대로 유지되었다. 그래서 일본은 '이것'을 바탕으로 전후에 유례를 찾아볼 수 없는 경제 성장을 이룩했다. '전쟁에서 이기겠다.'라는 목표를 '경제 대국

이 되자.'라는 목적으로 바꿔 놓으면, 총력전 체제는 경제 전쟁에서
도 효율적인 시스템으로 작동할 수 있다.[219]

'일등 국가 일본(에즈라 보걸, 『Japan as Number One』)'과 일본의 경
제적인 풍요로움에 도취된 사람들이 만약 전쟁 중에 태어났더라면,
분명 일본의 거침없는 진격을 크게 기뻐했을 것이다.

이것이야말로 내셔널리즘이라는 마법의 위력인 것이다.

3 '일본' 따위는 필요 없다

그리고 마법이 풀리기 시작했다

일본이 백 년 이상 품어 온 내셔널리즘이라는 마법. 그러나 이
제 그것의 효력이 서서히 약해지고 있는 듯하다.

예컨대 기업의 경우, 국가라는 의미가 점점 퇴색해 가고 있다.
당연한 일이겠지만, 도요타나 소니 등 다국적 기업에게 중요한 것은
일본의 국익이 아니라 기업체로서 자신들의 이익이다. 일본의 법인
세율은 기본적으로 40% 정도이지만, 가령 소니처럼 해외 법인에 이
익을 분산한 기업의 경우에는 실질적인 법인세율이 10% 정도다.[220]

한편, 일본에 설립된 기업이라도 사업 가능성이 있다고 하
면 해외에 진출할 수도 있다. 이를테면 일본의 아이돌그룹 '윈즈
(w-inds.)'는 중국과 대만 시장에서 크게 활약하고 있다. 2010년 가
을에 개최된 윈즈의 상하이(上海) 라이브 콘서트의 입장료(대공연장
좌석 기준)는 1600위안(元)이라는 어마어마한 가격으로 책정되었다.
1600위안이면 일본 엔으로 약 2만 엔 정도다. 이것은 상하이의 대

학 졸업자 초임 월급과 맞먹는 액수다.

　마찬가지로 아무리 일본의 기업이라고 해도 채산성이 맞지 않으면 일본 시장을 떠나기도 한다. 예를 들어, 게임 업체인 코나미는 '제반 사정'으로 인해 호러 게임 「사일런트 힐: 홈커밍」을 일본 시장에서 발매 중지했다.

　여기서 언급한 '제반 사정'이라는 것이, 해당 게임에 포함된 폭력적인 표현을 가리키는 것인지, 법적 권리의 문제인지는 정확히 알 수 없다. 그러나 어느 쪽이든, 즉 폭력적인 표현이 문제라면 수정하면 될 것이고, 구미(歐美) 지역에서 발매하게 된 이상 법적인 문제도 분명 해결할 수 있을 것이다. 요컨대 굳이 일본 시장에서 힘들여 발매할 만큼 메리트가 없다는 이야기일 것이다. 이런 이유로 코나미는 시장 규모가 크고 게임 유통과 규제 측면에서도 조건이 더 좋은 구미 지역에서 우선적으로 상품을 판매하기로 결정한 것이다.[221]

　법인체를 사원의 것도, 회사가 위치한 지역 주민들의 것도 아닌 투자가의 몫으로 간주하는 입장에서 보면, 코나미의 처사는 당연한 결정이다.

　물론, 자본이 국경을 넘어 이익을 쫓는 방식은 비단 현대에 들어와 시작된 양상이 아니다. 또 '글로벌라이제이션'이나 세계의 '균질화'도 20세기 말의 '통신·수송혁명'을 통해 단숨에 등장한 것이 아니다. 그것의 역사는 인류의 역사만큼 오래되었다.[222]

　다만, 국경을 넘을 때 예전보다 통과해야 하는 장애물이 많이 낮아진 것은 사실이다. 중국과 러시아를 비롯해, 여러 국가의 경제 수준이 올라갔다는 점은 비슷한 욕망을 지닌 소비자가 증가했다는 것을 의미한다. 국경을 초월함으로써 얻게 되는 시장의 규모는 더욱 확대되고 있다. 이것을 위한 비용 역시 낮아진 장애물만큼이나 한층 감소해 가는 추세다.

1929년에 발생한 세계 공황 이후, 각국은 보호주의를 내세웠다. 이로 인해 세계에는 블록경제가 대두하기 시작했다. 여기서 파생한 긴장 관계로 말미암아 1차 세계대전이 발발했다는 반성을 통해, 전후(1차 세계대전 후)에는 자유주의를 표방하는 다국적 경제 관계가 적극적으로 구축되었다. 역사의 흐름 속에서 지속적으로 진행되어 온 '글로벌라이제이션'을, 국민국가는 일단 '국경'이라는 영역으로 분할하려고 시도했다. 그러나 어쩌면 이것은 20세기 말에 이르러 국민국가의 한계가 본격적으로 드러나기 시작했음을 보여 주는 증거일지도 모른다.

현대를 '새로운 중세'라고 부르는 정치학자도 있다.[223] 이제 국제 정치에서 주권 국가뿐 아니라, 다국적 기업, 대부호, 국제 NGO, 테러리스트 등 '기술'이나 '돈'을 거머쥔 다양한 활동가들이 나서 적극적으로 외교를 전개하는 시대인 것이다.[224]

전 세계 어디에서든 '고향'과 함께

개인의 경우라도 일정한 조건만 충족되면, 이제 국경은 더 이상 큰 의미가 없다고 봐도 무방할 것이다. 신용카드와 여권, 스마트폰만 있으면, 전 세계 어느 나라, 특히 도시라면 어디든 달리 곤란하지 않을 것이다.

지피에스(GPS)가 내장된 스마트폰만 있으면, 더 이상 길을 잃을 일도 거의 없다. 패킷 요금의 문제만 해결된다면, 외국 현지에서 직접 여행안내 애플리케이션을 다운로드해 가이드 받을 수도 있을 것이다.

유학이나 해외 취업과 관련해서도 장애물이 많이 제거되었다. 인터넷을 이용하면 사전에 관련 정보를 매우 쉽게 입수할 수 있는데다, 하나에서 열까지 모든 정보를 제공해 주는 중개업자도 많이 증가했다. 그리고 외국에 나갔을 때도 인터넷만 잘 정비되어 있으면 일본의 뉴스를 확인하는 것은 물론, 거의 무료로 전 세계의 누구와도 화상 통화할 수 있다.

바꿔 말하자면, 이것은 전 세계 어디에 있더라도 '고향'과 함께 살아갈 수 있다는 것을 의미한다. 나는 2005년부터 2006년까지 1년에 걸쳐 노르웨이에서 유학한 적이 있다. 그 당시에 나는 일본과 관련된 정보를 거의 실시간으로 확보할 수 있었다.

브라우저를 열면, 일본과 전혀 다르지 않은 'Yahoo! JAPAN' 검색 화면이 모니터에 나타났다. 동영상 공유 사이트에 들어가면, 바로 전날 방송된 일본의 드라마를 시청할 수도 있었다. 일본에서 보낸 화물도 국제빠른우편(EMS)을 통해 3일이면 노르웨이에 도착했다. 집 안 컴퓨터 앞에 앉아 있기만 한다면, 그리고 창밖의 얼어붙은 차가운 설경만 아니라면, '그곳'은 '일본'과 어느 하나 다를 것이 없었다.

5년 전에, 게다가 유럽의 중심부에서 다소 벗어난 나라에서 이정도의 환경을 경험했다. 올해 초(2011년 1월)에, 상하이에서 유학 중인 친구를 만나기 위해 해당 지역을 방문했었다. 그때 트위터를 통해 일본에서 가져다줬으면 하는 물품을 물어봤는데, "특별히 가져올 것 없다."라는 대답이 돌아왔다. "이곳에서도 무엇이든 손에 넣을 수 있으니까, 괜찮아."하는 것이었다.[225]

세계 어디에 있더라도, '일본'에서 생활하듯 살아갈 수 있다는 것은 새로운 내셔널리즘의 출현이기도 하다. 해외에 나가서도 모국을 생각하고, 모국의 일원이라는 정체성을 잃지 않으려고 하는 것을 '원격지 내셔널리즘'이라고도 부른다.[226]

절세 대책의 일환으로 평생 동안 여행자로 사는 '퍼머넌트 트래블러' 역시, 부유층을 중심으로 주목을 끌고 있다. 국내에 주소지나 부양가족이 없고, 체재 일수를 줄이는 등 일정한 조건만 충족시키면 '비거주자'가 된다. 따라서 국외 소득에 대한 과세나 상속세 등을 회피할 수 있다. 즉, 세금 징수를 피하려는 의도에서 나온 아이디어다.

세계 여러 나라를 전전함으로써 어느 국가에서나 '비거주자'로 있을 수 있다. 그중에는 모든 과세로부터 도망치려는 수완가도 있으며, 홍콩이나 싱가포르 등 비교적 세율이 낮은 나라에 살며 일본에서 부과하는 고액의 과세를 회피하려는 자산가도 있다.[227]

이제, 국가는 필요 없다?

최근 경제인들의 입을 통해 '국가는 필요 없다.'라는 소리를 자주 듣게 된다. 예를 들어, 아예 제목부터 『이제 더 이상, 국가에 의존하지 않는다』라는 책을 쓴 선술집 체인점 '와타미(ワタミ)'의 최고 경영자인 와타나베 미키(渡邊美樹, 47세, 가나가와 현)는 "민간(기업)에서 할 수 없는 일은 하나도 없다."라고 잘라 말했다.[228] 그리고 그는 (민간 기업의 입장에서) 교육, 의료, 복지, 재택 간병, 농업, 환경 등의 '공공' 분야에 자기와 같은 민간 기업이 진출하고 있다는 점을 자랑한 다음, 이제 예전처럼 '관공의 논리'만 따른다면 이 나라에는 미래가 없다고 주장했다.

그렇다면 어떻게 하라는 것일까? 와타나베 미키는 공공 서비스도 시장 논리에 맡겨 자유 경쟁 체제로 가야 한다고 주장했다. 또 그는 현재 수많은 공공 기관들이 그저 자기 이권을 보존하기 위한 단체에 머물고 있다고 지적했다. 이런 문제점을 재조정하기 위해서는 교육이나 의료 등의 '공공' 분야까지도, 마치 '고객'을 바라보는 시선으로 인식하는 시스템을 도입해야 한다고 힘주어 강조했다. 다시 말해, 국가도 민간 기업처럼 '경영'되어야 한다는 것이다. 이것이 와타나베 미키의 아이디어다.

그러나 그는 이런 주장과 함께 자신은 "시장 원리주의자가 아니다."라고 몇 번이나 변명을 했다. 이를테면 시장주의가 지나쳐 시장이라는 플랫폼 자체를 파괴하지 않도록 하기 위한 구조 정비나, 시장에 불공정한 부분이 없는지 살피는 감시 체계, 그리고 자유 경쟁에서 탈락한 사람들을 돕기 위한 안전망 구축은 국가에서 추진해야 할 일이라고 말했던 것이다.

이것과 비슷한 언급을 호리에 다카후미(堀江貴文, 38세, 후쿠오카현)도 한 적이 있다. 호리에 다카후미는 '라이브도어 사건(증권거래법 위반 혐의)'으로 수감되기 전에, '베이직 인컴(기본 소득)'의 도입을 곳곳에서 호소했다. 베이직 인컴이라는 것은 남녀노소, 재산 수준, 직업의 유무 따위에 상관없이, 누구에게나 정해진 일정 금액을 일괄 지급하는 구조를 말한다. 원래는 생존권 보장, 빈곤 대책을 위해 고안된 아이디어로, 최근에는 노동으로부터의 해방이라는 관점에서 베이직 인컴을 평가하는 논자도 많다.[229]

그러나 호리에 다카후미는 다르다. 그가 베이직 인컴을 찬성하는 이유는 '낭비'가 줄어들기 때문이다. 호리에 다카후미(별명: 호리에몬)의 구상에 따르면, 국가는 소비세 징수만 특화된 기관으로 만들면 된다. 그리고 국가가 징수한 소비세는 그대로 베이직 인컴의 재원으로 확보된다. 그 밖의 고용, 복지와 관련해서는 민간이 어떻게든 하면 된다는 것이다. 호리에 다카후미가 구상한 '베이직 인컴'의 근저에는 "국가 따위는 없어져도 된다."라는 신념이 흐르고 있다.[230]

강자의 아나키즘

와타나베 미키나 호리에 다카후미가 말하듯이, '안전망'이나 '베이직 인컴'으로 "최소한의 복지는 확보해 뒀습니다."라고 배려하는 태도가 요즘 유행하는 표현 방식이기는 하지만, 정부의 역할을 전부 민간 기업에게 맡긴다는 발상은 무정부주의적 자본주의에 가깝다.[231]

"국가가 하지 않으면, 내가 한다."라는 것이 와타나베 미키의 주장이고[232], "국가가 없어도 달리 불편할 것이 없다."라는 말은 호리에 다카후미의 주장이다. 어쨌든 양쪽 모두에게, 지나치게 비대해진 '일본'의 갖가지 제도와 각종 기관에 대한 불신감이 깊이 드리워져 있다.

그러나 "국가는 필요 없다."라는 주장은 다소 '강자를 위한 의견이 아닐까?' 하는 생각이 든다. '무엇이든 스스로 할 수 있는 사람'에게 국가는 그다지 필요 없는 존재일지도 모른다. 하지만 '스스로 살아갈 수 없는 사람'에게 '안전망'이나 '베이직 인컴'은 상황에 따라 편의적인 변명거리로 작용할 위험성이 있다.

다시 말해 "베이직 인컴이 있으니 괜찮아."라는 이유로 모든 고용 규제가 철폐되고, 그 밖의 모든 복지 및 보장 제도가 폐지되어 버릴 우려도 있다. 또 호리에몬의 구상을 채택하면, 분명 누구나 '최저 생활'을 누리게 될 테지만, 국가는 부의 재분배 기능을 방기하게 될 것이다. 즉, 엄청난 격차사회가 탄생할 가능성도 있다.

전 세계를 자유롭게 이동할 수 있는 것도, 사실 한정된 사람에게만 가능한 일이다. 2장에서 확인했듯이, 일본인의 해외 유학생 수는 불과 7만 명 이하다. 대략 200명에 한 사람꼴도 안 된다는 말이다. 사실 이렇게 된 데는, 일본인들 스스로 세계 공통 언어인 영어를 능숙하게 구사하지 못한다는 뿌리 깊은 의식에 사로잡힌 탓도 있다. 국제 유학 심사 기준으로 활용되는 토플(TOEFL)의 점수 등급을 보면, 일본은 67점으로 아시아에서 밑에서 두 번째다. 전 세계를 살펴봐도, 일본보다 점수가 낮은 국가는 손에 꼽을 정도다.[233] 다시 말해, 대부분의 일본인은 물리적으로도 '일본'에서 크게 벗어나지 않고 있으며, 인터넷에서조차 주로 일본어로 소통하고 있으리라 예상된다.

그러나 인터넷에서는 '강자'와는 다른 입장에서 '일본'이라는 색채가 점점 엷어질 것이다. 특히 이런 현상은 젊은 층에서 현저하게 나타날 것으로 보인다.

아래로부터 시작된 '일본' 붕괴

'젊은이들의 텔레비전 외면'을 예로 들 수 있다. NHK에서 실시한 「국민 생활시간 조사(國民生活時間調査)」에 따르면, 텔레비전을 보지 않는 젊은이의 수가 지속적으로 증가하고 있다.[234] 일요일에 텔레비전을 보지 않는 10대 남성의 비율은 1980년에는 고작 4%였으나, 2010년에는 20%까지 증가했다. 20대 남성도 6%에서 31%까지 증가했다. 10대 여성의 비율도 1980년에는 5%였으나 2010년에는 19%

로 상승했고, 20대 여성의 경우도 6%에서 23%까지 증가했다.[235]

문화청(文化廳)에서 실시한 조사를 살펴봐도, "하루하루 필요한 정보를 무엇을 통해 얻는가?"라는 설문에 대해 '텔레비전'과 '신문'이라고 답한 젊은 층의 비율은 감소했다. 한편 인터넷이라고 응답한 사람의 비율은 증가했다. 20대의 경우, 2001년만 해도 '텔레비전이 정보원이다.'라고 대답한 사람의 비율이 93.9%였으나 2008년에는 81.0%까지 하락했다.[236]

그러나 이런 결과를 확대 해석할 필요는 없다. 아무리 이렇다저렇다 해도 젊은이의 80%는 여전히 텔레비전을 보고 있는 데다 심지어 그것을 정보원이라고까지 대답했다. '매스미디어의 붕괴' 혹은 '텔레비전의 소멸'이라는 주장은 지나친 생각이다. 텔레비전이나 신문이 당장 내일 사라져 버리는 것은 아니다. 특히 동일본 대지진 때는 매스미디어의 영향력이 아직 건재하다는 사실을 분명히 알 수 있었다.(5장)

그럼에도 이러한 경향은 전후 일본에 새로운 시대를 열어젖힐 전환점이 될 가능성이 크다. 일본은 1960년대부터 전 세계에 견주어 봐도 비정상적인 속도로 텔레비전이 보급되었다. 그뿐만 아니라, 일본인들의 텔레비전 시청 시간은 외국과 비교해 훨씬 길었다.

이렇게 일본과 함께해 온 텔레비전은 전후 '일본'을 만들어 낸 주역이라고 해도 과언이 아니다. 당시 몇 군데밖에 없던 방송국에서 제작한 프로그램이 전국적으로 전파를 탔다. 물론 당연한 일이겠지만, 그것을 통해 문화와 유행이 과거에는 상상조차 할 수 없던 속도로 일본 전역으로 확산되었을 테다.

(만약 메이지 정부가 1960년 이후의 일본을 봤다면) 이것은 메이지 정

부조차 깜짝 놀랄 만한 '텔레비전 내셔널리즘'이라고 할 수 있다. 텔레비전은 문화적인 계층 차이와 세대 차이를 넘어, 공통된 방송 프로그램을 전국으로 송출했다. 누구나 텔레비전을 보는 것만으로도, 최소한의 교양과 '일본인 의식'을 저절로 체득할 수 있었다. 이를테면 텔레비전은 일본인의 '1억 명 모두의 박학다식화'를 독려하는 교양 안전망이었던 것이다.[237]

인터넷이 사회를 바꾼다고 생각하고 싶은 사람들

인터넷을 활용하면 설령 텔레비전이나 신문을 보지 않더라도 웬만한 매스컴 이상의 정보를 얻을 수 있다. 일본 미디어가 보도하지 않는 해외 뉴스를 외국어로 직접 시청하거나, 여러 정보 소스를 비교하고 검토하면서 연구자 못지않은 보고서를 블로그에 발표하는 사람도 있다.

하지만 이처럼 정보에 정통한 사람은 안타깝게도 생각만큼 그리 많지 않다. 텔레비전과 달리 인터넷은 사용자가 어떤 사이트를 보느냐에 따라서, 또는 인터넷을 활용하는 능력에 따라서 얻을 수 있는 정보가 완전히 달라지기 때문이다.

텔레비전은 전원만 켜면 화면이 나타나고, 방송 채널의 수도 한정되어 있다. 따라서 텔레비전 정보는 기본적으로 누구나 유사한 방식으로 접하게 된다. 그런 반면 인터넷은 선택의 여지가 무궁무진한 매체다. 시사 뉴스를 파헤쳐도 되고, 고전 애니메이션 「도라에몽」에 관한 이야기를 서로 주고받아도 된다.

이것이 '시민이 사회를 바꿀 수 있는 꿈의 매체'로 회자되던 인터넷이다.[238] 사실 인터넷이라는 미디어는 '일본'을 위에서, 혹은 아래에서부터 상대화시킬 수 있는 매체다.

예를 들어, 지난 30년 간 이집트를 독재해 온 무바라크 대통령이 사임하던 이튿날(일본 시간 기준), 즉 2011년 2월 12일의 뉴스를 각 매체 별로 살펴보자.

무바라크 대통령이 사임을 공표하고, 모든 권력을 군 최고 평의회에 이양했다는 뉴스가 전 세계로 전파된 때는 일본 시간으로 2011년 2월 12일 오전 1시였다. 인터넷 상의 뉴스 관련 사이트에서는 속보에 가까운 형태로 '무바라크 정권 붕괴'라는 뉴스를 보도하였다. 이와 동시에, 트위터나 페이스북 등 정보에 민감한 사람들이 다수 포진해 있는 미디어에서는 이집트 관련 뉴스에 대해 뜨거운 반응을 나타냈다.

이들 미디어에서는 일본의 텔레비전 방송을 비판하는 내용이 잇달아 올라왔다. CNN이나 BBC 등 각국 외신이 '특보(Breaking News)'로 무바라크 정권의 붕괴를 보도한 데 반해, 일본의 텔레비전 방송국은 평소와 다름없이 정규 프로그램을 내보내고 있었기 때문이다.[239]

역시 인터넷이었다. 시민의 미디어다운 보도 자세다. 국경을 초월하여 전 세계의 '시민'을 하나로 이어 줄 수 있는 매체인 것이다.

먼 나라의 혁명보다도 계란덮밥

그러나 이것은 인터넷이 지닌 극히 작은 한 단면에 불과하다. 국내 최대의 소셜네트워크서비스(SNS) 사이트인 '믹시(mixi)'를 살펴봤다. 그러자 '가장 많이 읽은 뉴스' 종합 랭킹에는 '쩝쩝 소리를 내면서 식사하는 사람에게 주의를 주는 방법', '계란덮밥에 더하고 싶은 식재료', '아이들에게도 보여 주고 싶은 명작 애니메이션' 등 일상적이고 친근한 기사들만이 순위에 올라 있었다.[240] 이집트 대통령의 사임에 관한 뉴스는 '상위 20위' 안에도 오르지 못했다.

다만 '믹시뉴스'를 바탕으로 작성된 '일기 게시물 수'를 보여 주는 '종합 일기 랭킹'에는 '무바라크 이집트 대통령 사임'이라는 항목이 보란 듯이 '상위 10위'에 랭크되어 있었다. 일기에는 "무바라크, 푹 쉬세요."라든가 "무바라크 씨, 안녕.", "수고했습니다. 잘했어요." 등 잔잔한 웃음을 자아내는 글들이 이어졌다.[241]

또 '아메바뉴스'에서 '가장 많이 읽은 종합 뉴스' 랭킹을 보니 '여자 친구가 없는 사람의 성향', '여성의 패션에서 이해할 수 없는 스타일과 아이템 랭킹', '남성이 꿈에 그리는 밸런타인데이 고백의 패턴' 등 역시 일상적인 내용들이 상위를 차지하고 있었다. 상위 50위까지의 항목을 살펴봐도, 역시 이집트 관련 뉴스는 순위에 올라와 있지 않았다.[242]

'아메바뉴스'는 매우 특이한 성향을 지닌 곳인데, '뉴스 보도' 라고 할 만한 모든 이슈가 거의 랭크에 오르지 않는다. 그나마 겨우 올라오는 뉴스라면, '마나카나, 15년 지기 이치로와 식사', '마스와카 쓰바키(益若つばき), 어두웠던 스무 살 무렵의 사진을 공개하다!' 와 같은 연예계 정보가 고작이다.[243]

이것이 물론 '믹시 이용자나 아메바뉴스 독자가 일반 뉴스에 관심이 없다.'라는 점을 의미하지는 않는다. 두 사이트 모두 '실시간 급상승 뉴스'의 방식으로 톱뉴스가 표시되기 때문에, 필연적으로 인기 뉴스의 클릭 수가 더욱 증가하는 것은 당연한 일이다.[244]

하지만 만약 텔레비전이나 신문을 보지 않고 믹시뉴스나 아메바뉴스만을 살피는 사람이 있다면, 그 사람은 먼 나라의 혁명은 물론이고 신문 1면에 실릴 법한 살인 사건 등에 대해서도 전혀 모른 채 하루하루 일상을 보낼 것이다.

동일한 일본에 살고 같은 인터넷으로 연결되어 있는데도, 한쪽은 해외 뉴스를 보면서 '일본'을 객관적인(상대적인) 시각에서 받아들이는가 하면, 다른 한쪽은 아메바뉴스만 읽으며 해외 뉴스는 말할 것도 없고 심지어 '일본'에서 일어난 사건에 대해서조차 무관심으로 일관할 수도 있다.[245] 우와, 아무래도 이것은 좀 그렇다.

그렇다고 개탄하는 것은 아니다. 단지 일본에 산다고 해서 아는 사람이 단 한 사람도 등장하지 않는 '일본 뉴스'를 반드시 알아야 할 필요는 없다. 오히려 일본과 관련된 내용뿐 아니라, 세계 규모의 정치나 경제 상황에 대해 생각해 보고 싶은 사람이 있다면 얼마든지 그래도 된다. 메이지 정부가 무리하게 설정한 '일본'이라는 국경이, 현재 지속적으로 무너지고 있다는 점을 이야기하고 싶었을 따름이다.

일본을 좋아하지만

다소 흥분한 탓에 거창하게 기술한 것 같다. 텔레비전이나 인터넷의 사례만 들어 '일본'이 붕괴하고 있다고 논하는 데는 약간 무리가 있다.

이제부터는 보다 진지한 통계 자료를 살펴보면서, 다시 젊은이들의 애국심에 대해 이야기해 보도록 하겠다. 「사회의식에 관한 여론 조사」를 들여다보면, '나라를 사랑하는 마음'을 표하는 20대의 수치가 최근 10년 동안 꾸준히 상승하고 있음을 알 수 있다.그림1 한때 '나라를 사랑하는 마음'이 '강하다.'라고 응답한 젊은이의 비율

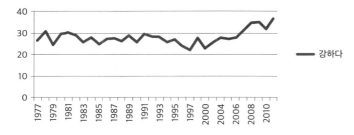

그림 1 「사회의식에 관한 여론 조사」, '나라를 사랑하는 마음'의 추이 (20대)

이 22%까지 내려갔으나, 최근 몇 년 사이에 30%를 넘어섰다. 특히 2011년의 37.0%라는 수치는, 과거 대비 가장 높은 수치였다.[246]

그리고 '일본에 태어나서 다행이다.'라고 생각하는 젊은이의 비율도 증가하고 있다. 특히 20세부터 24세에 한정해 결과를 살펴보면, 1973년에 82%였던 해당 수치는 1983년에 93%로 상승했고 2008년에는 무려 98%까지 달했다. 또한 '나름대로 일본에 도움이 되고 싶다.'라고 응답한 젊은이의 수도 마찬가지로 증가했다. 이러쿵저러쿵 말은 많지만, 모두 일본을 '아주' 좋아하고 있는 것이다.

이 정도면 월드컵 시합 때마다 그토록 일본에 열광하는 젊은이들의 모습이 납득될 것이다. 이렇게까지 좋아하는 '일본'의 축구 국가 대표 팀을 응원하는 것은 너무나도 당연한 일이기 때문이다.

월드컵 경기 때 젊은이들이 보여 준 열광에 대해, 정신과 전문의인 가야마 리카(香山リカ, 42세, 홋카이도)는 '프티 내셔널리즘'이라고 우려를 표명한 적이 있다. 그녀의 말을 요약하자면, 거리낌 없는 애국주의가 결국에는 배타적인 국가주의로 변질되는 것이 아니냐는 걱정이었다.[247]

하지만 히노마루를 휘두르며, 큰 소리로 '일본'을 응원하는 젊은이들의 모습에 '내셔널리즘'이라는 용어를 들이대며 분석하는 것은 그다지 의미 없는 일이다. 왜냐하면, 그들은 조직화되지 않은 무리에 불과한 군중이라는 (혹은 그런 범주에서 크게 벗어나지 않는다는) 점에서 이렇다 할 위험성을 지니고 있지 않기 때문이다.[248]

미우라 아쓰시(三浦展, 52세, 니가타 현)도 지적했듯이, 요즘 젊은이들의 '일본 지향'이나 '애국 지향'은 정치적인 내셔널리즘과 다른 맥락에서 생각해 봐야 한다.[249]

모두 '일본'을 좋아하지만, 그렇다고 오직 '일본'만 좋아하는 것은 아니다. 새해에 신사(神社)를 찾아가 기원을 올리고, 유카타도 즐겨 입으며, 천년 고도 교토도 좋아한다. 하지만 애플의 제품도 좋아하고, H&M에 가서 옷도 사 입으며, 여윳돈이 있고 함께 갈 친구만 있다면 해외여행도 다닌다.

이것은 내셔널리즘이라기보다, 그저 '일본 붐'에 가깝다. 메이지 정부가 내건 내셔널리즘이라는 마법과는 다른 종류의 흐름이라고 말할 수 있다.

전쟁이 일어난다면, 물론 몸을 피할 것입니다

이런 현상이 걱정할 만한 '내셔널리즘'이 아니라, 단순한 '일본 붐'에 가깝다는 것을 상징적으로 보여 주는 자료가 있다.

2005년에 실시된 「세계 가치관 조사」에 따르면, "만약 전쟁이 일어나면, 국가를 위해 싸우겠는가?"라는 설문에 '그렇다.'라고 대답한 일본인의 비율은 15.1%였다.[250] 일본은 조사 대상국인 스물네 곳의 국가 중에서도 최저 수치를 보였다. 참고로 스웨덴은 80.1%,

중국은 75.5%, 미국은 63.2%였다. 얼마나 일본의 방위 의식이 낮은지 알 수 있다.

특히 젊은 층일수록 '나라를 지키겠다.'라는 의식이 낮았다. 50세 이상의 일본인 중 21.1%가 '나라를 위해 싸우겠다.'라고 대답한 데 반해, 15세부터 29세까지의 젊은이들 중 고작 7.7%만 그러겠다고 답했다.[251] 몇몇 외국과 비교해 보더라도, 일본의 국방 의식은 현저히 낮았다.

'전쟁이 일어나면 몸을 피하겠다.'라는 생각은 에도바쿠후 말기 때 조슈한에 살던 민중들과 별반 다르지 않은 생각이다. 후쿠자와 유키치(福澤諭吉, 45세, 오사카)는 에도 시대의 민중을 살피면서 "(국가에) 목숨을 바치는 일을 지나치다고 여기며 도망치는 자가 많다."라고 비관했다. 그래서 그는 사람들을 교육시켜야 하며, 모든 민중들을 '국민'으로 만들어야 한다고 주장했던 것이다.[252]

그러나 후쿠자와 유키치가 이런 주장을 편 지 벌써 130년이나 흘렀다. 현재 그의 주장은 공허하게 남아 있으며, 에도 시대와 비교해도 그리 큰 변화를 체감할 수 없는 것이 지금의 상황이다.

그러고 보니 젊은이들은 월드컵을 응원할 때도 자기가 직접 경기를 뛴 것도 아닌데, 모두 '수고했어!' 또는 '아, 기분 좋다!'라는 말을 주고받았다. 마치 손님으로 참석한 기분이랄까, 그저 일본을 빌미로 한바탕 요란하게 즐긴 데 지나지 않았던 것이다. 월드컵 시합 때마다 등장하는 '일본'이라는 존재는 한순간에 소비되는 상품과 전혀 다르지 않은 것이었다.

후쿠자와 유키치에게는 죄송하지만, 나는 이런 분위기야말로 오히려 환영을 받아야 할 상황이라고 생각한다.

역사상 최대의 살인 사건

일본 역사상 최대의 살인 사건은 무엇일까? '쓰야마(津山) 사건'
이 아니다. '옴진리교(オウム眞理教) 사건'도 아니다. 사망자의 수, 사
건이 이뤄진 기간, 규모 등을 놓고 볼 때 모든 면에서 일본 최대의
살인 사건은 바로 아시아·태평양전쟁이다. 피고는 '일본'이다. 과거
의 명칭을 사용하자면, '대일본제국'이라고 불러도 무방하다.

아시아·태평양전쟁은 일본에서만 약 310만 명의 희생자를 발
생시킨 대규모 살인 사건이었다. 2차 세계대전의 희생자는 세계 각
국의 통계를 모두 합치면 무려 5000만 명을 넘는다고 한다. 그 수치
만 봐도, 개별 살인 사건에 비할 바가 아니다.[253]

무의미할지도 모르지만 자세한 피해자 수를 적시해 보면 다음
과 같다. '옴진리교 사건'으로 희생당한 일련의 사망자는 27명, '쓰
야마 사건'의 피해자 수는 30명, 또 2010년에 타살로 사망한 사람
의 수는 모두 합쳐 465명이었다.[254]

'일본'은 일본 역사에 이름을 남긴 그 어떤 살인자보다도 많은
사람들을 (결과적으로) 살해한 것이다. 오다 노부나가(織田信長)는 그
발끝에도 못 미친다. 미디어를 시끄럽게 달구는 '이해하기 어려운'
소년 범죄나 '괴이한' 엽기 살인보다도, 국가 간의 전쟁은 가장 고
약한 악질이다.[255]

이것은 일본만의 이야기가 아니다. 어느 근대국가를 살펴보더
라도 20세기만큼 사람들이 국가를 위해 싸우고, 또 국가를 위해 목
숨을 잃은 시대는 없었다.

18세기까지 유럽에서조차 인류 최대의 위협은 홍수 등의 자연
재해였다. 그러나 전쟁이 왕들 사이의 싸움이었던 시대가 끝나고

국가 간의 다툼으로 바뀌면서, 역사는 20세기에 벌어진 두 차례의 총력전, 즉 세계대전으로 귀결되었다. 한때 각각의 왕들에게 고용된 병사(용병)들만이 전쟁에 참가했지만, 근대 국민국가에 이르러서는 힘의 논리에 따라 모든 국민들이 전쟁에 휘말려 드는 양상으로 변하고 말았다.[256] 이 점은 내셔널리즘이라는 마법이 갖는 가장 큰 결점이다. 아니, 치명적인 결함이다.

근대 국민국가와 내셔널리즘의 결합은 '부국강병을 이루어 전쟁에서 이기겠다.' 혹은 '경제 성장을 달성해 세계에서 가장 풍요로운 나라로 만들겠다.'라는, 명확하게 이해하기 쉬운 목표를 세울 수 있는 시대에는 효과적으로 기능한다. 그 덕분에 일본의 인프라가 정비되었고, 지금 정도로 생활 수준이 향상되었다. 환상적인 공동 작업(collaboration)이었다. 그러나 이것에는 수많은 희생이 뒤따른다.

정녕 그렇다면, 아무래도 그런 '마법'은 사라지는 편이 좋지 않을까? 물론, '일본'이라는 국가는 사라지지 않을 것이다. 적어도 인프라 공급원으로서 계속 살아남을 것이다. 이로써 일본은 결과적으로 폭력의 독점과 징세 기능이라는 국민국가의 역할을 계승하게 된다.

아무리 요즘 젊은이들이 월드컵 시합 때 큰 목소리로 일본을 응원한다고 해도, 그들은 경기가 끝나는 순간 곧바로 "수고했어!"라고 인사를 건네며 방금 전의 열광을 잊는다. 또 아메바뉴스에서 '이성에게 궁금한 점'이라는 게시물을 읽으며 친구와 어울리는 그들은, 만약 전쟁이 일어나면 즉각 자기 몸부터 피할 것이다. 이러한 젊은이들이 차츰 늘어난다면, 적어도 '태도'라는 측면에서 매우 바람직한 '태도'가 아닐까 싶다. 국제적인 전쟁이 발생할 가능성이 조금이나마 감소할 것이라는 의미에서 말이다.

4장

일본을 위해
일어서는 젊은이들

　3장에서는 일찍이 '내셔널리즘'이라고 불리던 구조가 이완되어 가는 양상에 대해 살펴보았다. 그러나 지금 이 순간에도 일장기를 내걸고 '일본'에 대한 사랑을 외치는 젊은이들 또한 여전히 존재한다. 이번 장에서는 먼저 '일본'을 위해 일어선 젊은이들의 모습을 들여다보겠다. 그리고 그들이 시위를 하는 의미와 젊은이들에게 있어 '사회를 바꾼다.'라는 말이 어떠한 의미를 갖는지 생각해 보도록 하겠다.

1 군중 속에 내걸리는 일장기

아오야마 공원에 출현한 일장기

맑게 갠 가을날의 어느 토요일. 그날을 일기 예보처럼 표현하면, "오늘은 야외 활동하기에 좋은 날입니다."였다. 그렇게 온화한 날, 정오가 조금 지났을 무렵의 롯폰기(六本木)였다. 지하철 치요다 선(千代田線) 노기자카 역(乃木坂驛)을 빠져나오니, 아오야마 공원 쪽에서 색다른 환호성이 들려왔다. 그리고 그곳 주변에서는 수많은 일장기가 펄럭이고 있었다.

2010년 10월 16일, '힘내라, 일본! 전국 행동 위원회' 등이 주최한 중국 정부 항의 집회가 열리고 있었다. '힘내라, 일본! 전국 행동 위원회'는, 2010년 2월에 발족한 단체로 다모가미 도시오(田母神俊雄, 63세, 후쿠시마 현)가 회장을 맡고 있는 보수 계열의 시민 단체다.[257]

"풀뿌리 민초로서, 그리고 땅을 딛고 선 생활 속에서 지금 국가 붕괴와 망국의 위기에 빠진 일본과 일본인을 직시하고 생각하면서 전진하고자 한다."라는 것이 그 단체의 설립 취지다. 이들은 요시다 쇼인(吉田松陰, 당시 28세, 조슈한)이 주장한 '초망굴기(草莽崛起: 일반 대중이여, 일어나라!)'와 자신들의 의지를 동일시했다.[258]

기본적으로는 '외국인 참정권 법안' 등에 반대하는 단체이지만, 센카쿠 제도 문제가 발생하고부터는 중국에 대해 '소극적 외교'를 유지하고 있는 민주당 정권을 비판해 오고 있다. 이날 시위 참가자의 수는 (경시청의 발표에 따르면) 2800명 정도였다.[259] 같은 단체인 '힘내라, 일본! 전국 행동 위원회' 등이 10월 2일에 시부야에서 개최한 '중국의 센카쿠 제도 침략 규탄! 전국 국민 통일 행동'에 동원된 인원수가 2600명이었다고 하니, 거의 비슷한 규모의 시위였던 것이다.

당시 아오야마 공원 주변은 마치 축제라도 열린 것처럼 번잡한 분위기였다. 안타깝게도 노점상들은 전혀 보이지 않았다. 그러나 마치 학교 운영 위원회에서 바자를 준비하는 듯한 분위기의 아주머니가 《사쿠라신문(櫻新聞)》이라고 하는, 즉 '힘내라, 일본! 전국 행동 위원회'가 발행하는 신문을 배포하고 있었다. 1면에는 '센카쿠 제도가 중국에 점령될 위기에 있다.'라는 기사가 게재되어 있었고, 2면에는 '겁쟁이 민주당 정권'을 비판하는 내용이 실려 있었다. "정부가 하지 못하면, 국민이 국방의 의무를 다하겠다."라는 주장도 포함되어 있었다.[260]

초보자도 안심!

참가자의 연령층은 고루 분포되어 있었다. 아직 10대인 고등학생에서부터 연로한 노인들까지, 나는 그곳에서 폭넓은 세대의 사람들이 동원됐다는 인상을 받았다. 집회에서는 다양한 강연이 진행됐는데, 앞줄에 서서 듣는 사람들은 대부분 연배가 있는 사람들이었고, 젊은이들은 중심에서 멀리 떨어져 친구들과 이야기를 나누고 있었다.

나는 거대한 일장기를 들고 있던 메구미(27세, 회사원, 여성)에게 말을 걸어 봤다. 일장기가 무거워 보여 걱정스러웠는데, 그녀는 흔쾌히 인터뷰에 응해 주었다. 메구미는 자신이 '중도 보수'라는 점을 계속 강조했다.

그녀는 이날의 행사에 대해 믹시의 한 커뮤니티, 즉 '누구냐, 민주당에 투표한 사람은?'을 통해 알게 됐다고 한다. 또한 메구미는 최근에 직접 '보수 계열 남자×보수 계열 여자'라는 커뮤니티를 만들었다고 한다.[261] 메구미의 이야기에 따르면, '보수 계열의 젊은이들'에게는 "'좌익에 속한 젊은이들'처럼 달리 모일 수 있는 장소가 없다." 그래서 "노래방이나 꽃구경과 같은 방법을 통해 자연스럽게 친해지면서, 보수의 외연을 넓혀가고 싶다."라고 덧붙였다.[262]

그때 모인 젊은이들은 대체로 시위를 처음 경험해 보는 사람이거나 시부야에서 열렸던 시위에 이어 두 번째 참석한 사람이 많은 것 같았다. 상대의 호감을 의식하면서 여러 젊은이들과 재미있게 이야기를 나누고 있던 남자[263], 즉 게이지(29세, 회사원, 남성)에게 말을 걸어 봤다. 그는 이런 시위랄까, 사회 운동에 참가한 일은 오늘이 처음이라고 했다.

그는 이번 시위에 대한 정보를 'my 일본'이라는 보수계 SNS를 통해 알았다고 한다. 시위 분위기는 '상상했던 대로'라고 했다. 그리고 게이지는 "군복을 입은 사람도 없고요."라고 말했는데, 이미 '오늘 시위에는 강경해 보이는 사람은 없다.'라는 정보가 돈 것으로 보인다.

또한 그는 "물론 우익에 속한 사람도, 사상이라는 면에서 보면 있을 수 있다고 생각한다."라면서, "(그들은) 나와는 다르지만, 굳이 경쟁하지 않고 공존하며 받아들이려고 한다."라고 덧붙였다. 그러나 그는 '우익 성향'의 시위에는 "참가하지 않는다."라고 힘주어 말했다. 아무래도 그에게 이 시위는 '우익 성향'의 활동이 아닌 듯싶었다.

이 행사에 참가한 젊은이들 중에는 자신을 진보적이라고 주장하는 이도 있었다. 게이타(35세, 교사, 남성)는 "중국과 한국 사람들이 행복해졌으면 좋겠다."라고 했다. 그는 마치 밴드에서 베이스 기타를 연주하는 사람처럼 긴 머리카락에 우수에 찬 모습을 하고 있었다.

그가 현재 문제라고 생각하는 점은 바로 일본 매스미디어의 '편파 보도'라고 한다. 게이타는 "중국을 어떻게 하겠다, 민주당을 어떻게 하겠다, 하는 것보다 다른 일본인들에게도 편파 보도 현상에 대해 알리고 싶다."라는 생각에서 이번 시위에 참가하게 됐다고 한다. "매스미디어는 이런 시위도 모두 '인터넷우익'으로 싸잡아서 매도하고 있다. 무슨 발언을 하더라도, 어떤 주장을 펴더라도 '인터넷우익'으로 몰아가 버린다."라고 말하며 불만을 표출했다.

참고로 게이타는 '의료용 대마 합법화 운동'에도 참여하고 있다. '대마 합법화'라고 하면 보통 좌익 계열의 주장이라는 인상이 있는데, 그에게 이 두 가지 노선은 큰 구분 없이 받아들여지고 있는 듯싶었다. 이것은 그가 '일본의 미디어는 이상하다.'라는 관점을 갖고, 시위에 참석했기 때문일 것이다.

계기는 아사다 마오

다른 젊은이들 네 명과 담소를 나누고 있던 대학생 에리(20세, 여성)에게도 말을 걸어 보았다. 나는 그녀에게 이들 네 명과 어떤 사이냐고 물어봤다. 그러자 에리는 "이전부터 알고 지내던 사이가 아니라, 이 자리에 와서 처음 만났다."라고 대답했다. 그들은 '민주당 정권의 무능함'에 대해 열띤 토론을 벌이고 있었다.

조금 마른, 약간 아마미야 가린(雨宮處凜)과 닮은 외모의 에리가 보수 계열 운동에 관심을 갖게 된 계기는 '아사다 마오(淺田眞央)'라고 한다.

피겨 스케이팅 선수에 관한 매스컴의 보도에서 "필요 이상으로 김연아에 대해 보도하고 있어 놀랐으며, 그래서 여러 가지 (인터넷으로) 정보를 조사해 봤다."라고 했다. 그 결과, '덴쓰(電通)와 김연아의 관계' 등 매스컴에 보도되지 않은 수많은 정보들을 입수하게 되었다는 것이다. 그리고 거기서부터 출발해 온갖 사이트를 뒤져 가다 보니, '힘내라, 일본! 전국 행동 위원회' 등 보수 운동의 존재를 알게 되었다고 한다.

에리는 '힘내라, 일본! 전국 행동 위원회'의 전단을 배포하는 일에도 참여하고 있었다. "'힘내라, 일본! 전국 행동 위원회'에는 이미 많은 여성들이 참여하고 있어서 함께하는 데 그리 어렵지 않았다. 그다지 무섭지도 않았다."라는 것이다. 에리도 커다란 일장기

4장 일본을 위해 일어서는 젊은이들

를 들고 있었다. 그녀는 그 일장기를, 그날 시위에 앞서 "예전부터가 보고 싶었던" 야스쿠니신사에서 사 왔다고 했다.

정치에 관심을 갖게 된 계기에 대해 물어보면, 많은 사람들이 인터넷이라고 대답했다. 예를 들어, 스스무(20세, 제조업, 남성)는 니코니코동영상에서 '우익' 혹은 '보수'라는 존재를 알게 되었다고 했다. 현재 아오모리 현에 사는 그는 "지금 사는 곳 주변에 있는 친구들 중에는 이런 (정치적) 사안에 관심이 있는 사람이 없다."라고 말했다.

스스무는 지금 모터바이크를 타고 홀로 간토(關東) 지역을 여행하는 중이라고 했다. 그리고 이번 시부야 시위를 통해 처음으로 실제의 시위를 경험하게 됐다고 했다. "니코니코동영상만으로는 알 수 없던 정보가 많다."라고 했다. 그는 인터넷으로는 느낄 수 없는 현장의 열기에 대해 "긴장감이 느껴진다."라고 말하면서, 표정은 만족스러워 보였다.

센카쿠 제도가 뭐예요?

다섯 열로 줄을 서라는 진행 요원의 지시를 받은 뒤부터, 시위는 질서 정연하게 정해진 경로를 따라 이루어졌다. 이들 시위대가 내건 구호는 "센카쿠 제도는 일본의 영토다."에서부터 "중국(류샤오보)의 노벨 평화상 수상을 축하합니다!", "중국의 노동자를 해방하라."까지 다양했다.

분명 센카쿠 제도 문제와 관련한 '중국 항의 시위'라고 생각했는데, 이들 시위대가 부르짖는 주장은 딱히 통일되어 있지 않았다. 또 야외 활동하기에 좋은 날이어서 그랬는지, 유모차를 끌며 가족과 함께 참가한 사람들도 있었다.

휴일의 롯폰기를 (질서 있게) 행진하는 시위였다. 이따금 시위를 목격한 행인들은 갑자기 나타난 일장기와 가두시위 인파를 발견하고는 다소 놀라는 기색이었다. "이 시위에 공감하는 사람은 지금이라도 좋으니 동참해 주세요!"라고 호소하는 진행 요원도 있었다.

한편, 다른 사람들에게 이 시위는 어떻게 받아들여졌을까? 롯폰기 거리에 위치한 '클럽 alife' 앞에 줄을 서 있던 마코토(20세, 남성)는 "달리 특별한 관심이 없다."라고 냉담한 반응을 보였다. 마코토는 "그냥 시끄러운데요, 근데 이 사람들, 뭐하는 사람들인가요?"라고 내게 되물었고, 그래서 간단하게 설명해 주었다. 그러자 그는 "센카쿠 제도요? 그게 뭐예요?"라고 또 질문을 던졌다. 그와 함께 줄을 서 있던 유지(21세, 남성)도 "무슨 말인지 모르겠어요. 너무 어렵게 들려요."라고 대답했다.

이 시위행진의 목적지는 중국대사관이었다. 그러나 롯폰기의 도로는 의외로 기복이 심한 편이어서, 한참을 걷자 모두들 기운이 빠지고 말았다. 또 시위대는 스크럼을 짜고 있는 것도 아니어서, 몇몇은 행진 도중에 잠시 편의점에 들르기도 했다. 하지만 시위대의 행진은 계속됐다.

마침내 그들은 중국대사관에 도착했다. 그러나 "에워싸자!"라는 외침이 무색하게, 이제 시위대는 더 이상 중국대사관을 둘러쌀 만한 인원이 아니었다. 아무래도 경찰로부터 미리 '중국대사관 앞에는 한 번에 다섯 명 이상 서 있을 수 없다.'라는 법규를 통보 받은 듯했다.

따라서 시위대는 다섯 명씩 순서대로 '중국에 대한 항의' 따위를 저마다 주장한 다음, 기념 촬영을 하더니 돌아가 버렸다. 이번 시위를 견학하러 왔다는 료스케(25세, 회사원, 남성)는 "무슨 수로 다섯 명이서 중국대사관을 에워싼다는 말입니까?"라고 냉소하며, 현재 상황을 트위터에 올렸다.

중국대사관을 경비하는 경찰관도 "오늘은 토요일이라, 대사관에 근무하는 사람도 많지 않잖아요? 그러니 이런 시위는 차라리 매스컴을 의식한 행동이 아닐까요? 요즘 시위는 참 점잖아요. 경비를 보는 일도 편해졌어요."라고 말하며, 미소를 띤 얼굴로 시위대를 바라봤다. 이제 곧 해가 질 것이다. 화창한 가을날의 하루도 이렇게 끝나 가고 있었다.

2 축제를 즐기는 기분으로 참여하는 시위

기모노를 입은 '보통 시민'

수많은 일장기가 펄럭인다. 그중에는 군복을 차려입은 사람도 있다. 무언가에 대해 과격한 말을 큰 소리로 외치고 있다. 아마도 이런 시위는 많은 사람들의 눈에 '이상한 존재'로 비칠 것이다. 쇼핑하러 나온 휴일, 평온하던 거리에 평소 볼 수 없었던 낯선 집단이 갑자기 나타났으니 말이다.

그러나 앞서 대략 살펴봤듯이, 요즘 이루어지고 있는 가두시위나 사회 운동이라는 것은 '우익'이나 '좌익'에 상관없이, 적어도 참가자들의 의식 수준에서 보면 일상적이고 가벼운 마음으로 전개되는 경우가 적잖았다. 여기서 또 다른 보수 단체에서 개최한 시위를 들여다보자. 해당 보수 단체가 주최한 시위의 이름은 '산들바람 시위'였다. 참으로 산뜻한 느낌을 주는 이름이다.

2010년 5월 22일, 요요기(代々木) 공원과 시부야에 걸쳐 보수 계열 여성 단체인 '일본 여성의 모임, 산들바람'이 주최하는 정치 퍼레이드 '산들바람 시위, 3탄! 이대로라면 일본은 망한다!'가 진행됐다. 약속된 집합 시간인 오후 1시까지, 150명 정도의 사람들이 모였다.[264] 시위행진이 시작되기 전, 사전 집회에서 확인해 본 바로는 20대부터 30대까지 젊은 층이 참가자의 약 30% 정도를 차지하고 있었다. 그리고 40대와 50대 사이의 중년층이 약 40% 정도, 60대 이상의 고령자 층도 약 30% 정도였던 것으로 기억한다.

비록 여성 단체가 주최한 시위였으나, 남녀의 비율은 7 대 3 정도였다. 재특회 회원을 비롯해, 여러 보수 단체에 소속된 사람들이 함께 자리했기 때문이다. 그들이 주장하는 내용이나 첫눈에 느껴지는 외양에서 과격한 경우도 적잖았다. 그러나 시위 분위기만큼은 축제를 방불케 했다. 심각한 표정을 짓고 있는 사람은 거의 찾아볼 수 없었다. 그럼에도 불구하고, '산들바람'이라는 이름의 단체가 주장하는 내용은 언뜻 봐도 온건한 내용이 아니었다.

이를테면 시위 전에 진행된 마이크 릴레이에서는 '외국인 참정권 반대', '아동 수당 분쇄', '부부 별성(別姓) 반대' 등의 주장을 모두가 소리 높여 외쳐 댔다. 또한, 그 시위 행렬 곳곳에서는 '외국인 참정권 반대'라고 적힌 깃발과 일장기가 펄럭이고 있었다. 가두 선전차는 없었지만, 한눈에 봐도 건장한 남성들이 경호원 대신에 집회를 에워싸고 있었다.

그러나 시위에 참가한 사람들은 하나같이 (스스로) '보통 시민'

이라는 점을 강조했다. 리카(20대 후반, 회사원, 여성)는 '산들바람' 회원인데, 이런 행사에 참여한 것은 이번이 두 번째라고 했다. 그리고 그녀는 2009년 여름에 치러진 중의원 선거에서 (자민당에서 민주당으로) 정권 교체가 이루어진 사건과 전 자민당 소속 정치가 나카가와 쇼이치(中川昭一)의 죽음을 계기로 이와 같은 활동에 참여하게 됐다고 덧붙였다.

"그 당시까지만 해도 내가 직접 나서지 않아도 자민당에게 맡겨 두면 됐는데, 나카가와 쇼이치 씨가 사망하고 나서는 '일본이 위험하다.'라는 생각이 들어" 활동에 참가하게 됐다는 것이다. "일반 시민으로서, 그리고 할 수 있는 범위에서 열심히 활동하려고 한다." 라고 자신의 입장을 밝힌 리카는 '산들바람'에 대해 "모두 보통 분들이에요. '우익'처럼 남들에게 폐를 끼치지도 않고요."라고 이야기했다.

어디까지나 자신들은 '보통 시민'이라고 정의했다. 또한 그들은 '우익'과 자신들을 구분하고 있었다. 참고로 리카는 이날 기모노를 입고 참가했다. 그녀는 경축일이면 언제나 기모노를 입고 외출한다고 했다. 최근에는 좀처럼 찾아보기 힘든 '보통' 사람의 모습이었다.

"이대로라면 일본이 위험하다"

부부가 함께 찾아온 시게루(36세, 전기 관련 업계 종사, 남성) 역시, 정권 교체가 이루어지고부터 이러한 행사에 참여하게 됐다고 한다. 그는 자기 부모님이 정치 운동을 하고 있어서, 본래 '정치 관련' 일들에 관심이 있었다고 했다. 특정 정치 활동에 참여한 적은 없으나,

2009년 가을 무렵부터 '민주당은 위험하다.'라는 생각에서, '무엇인가 해야 한다.'라는 의식이 생겼다는 것이다. 그래서 시위나 집회에 참가하기 시작했다고 한다.

시게루의 아내 유카리(32세, 전업주부, 여성)는 시위에 참석한 것은 "이번이 처음"이라고 했다. 시게루에게 "과격한 분위기가 아니라는 말을 듣고 와 보고 싶었다."라고 덧붙였다. 그녀 역시 "정권교체가 이루어지고 나서 민주당 정권은 위험하다."라는 의식을 갖기 시작했다고 답했다.

같은 시위 참가자 중에는 보수적인 주장에 관심이 없는 사람도 있었다. 다이치(19세, 대학생, 남성)는 텔레비전을 보다가 구제역 문제를 알게 됐다고 한다. 일본의 위기관리 체계에 만연한 불감증을 뼈저리게 느끼고 '무엇인가 해야 한다.'라는 생각이 들어, 오늘 이 시위에 와 봤다는 것이다. 당시에 마침 미야자키(宮崎) 지역의 구제역 문제가 논란의 중심에 서 있었다. 그 때문에, 민주당의 느슨한 구제역 대응을 규탄하는 것이 그날 시위의 주제 중 하나였다.[265]

젊은 시위 참가자들에게 자주 들은 말은 "이대로라면 일본이 위험하다."라는 위기의식의 표현이었다. 이제껏 자신들이 자명하다고 믿었던 자민당 정권이 붕괴하고, 일본의 모든 제도가 변하기 시작했다. 따라서 지금까지 자민당 정권에 무임승차해 묻어가면 그만이었던 자신들이 마침내 '무언가'를 하지 않으면 안 된다는 생각을 하게 되었다는 것이다. 그 '무언가'가 바로 이번과 같은 시위에 참가하는 일이었다.

자신들 스스로 '보통' 시민이라는 점을 강조하는 모습에서, 나는 '새로운 역사 교과서를 만드는 모임'이라는 단체를 떠올렸다.[266]

4장 일본을 위해 일어서는 젊은이들

오구마 에이지(小熊英二) 등 몇몇 연구자들이 내놓은 자료에 따르면, '새로운 역사 교과서를 만드는 모임'에 관여한 사람들은 개인주의적 성향이 강한 사람들이어서 "'소극적인 일본'을 비웃는 정도의 일을 제외하면, 이들 사이에 공통적으로 공감할 수 있는 코드가 없다."라는 것이다. 다시 말해, 이들은 자신들이 상정한 '좌익'이라는 '보통 시민이 아닌 사람'을 배제함으로써 비로소 성립하는 위약한 결합체라는 것이다.[267]

'새로운 역사 교과서를 만드는 모임'이 '좌익'이라고 부르는 '보통 시민이 아닌 사람'을 기피함으로써 성립했듯이, '산들바람'이 주최한 시위의 참가자들을 이어 주었던 것 역시, '보통 시민'인 '자신들'이 '민주당'이라는 '위험한 존재'를 극복해야 한다는 의식이었다.[268] 결국 '산들바람'이 주최한 시위의 참가자들이 자주 입에 올린 '이대로라면 위험하다.'라는 문제의식은 확실히 다양한 주의와 주장을 연대하게 만드는 힘을 지니고 있었다.

'우익'에 빠지는 젊은이들

그러나 이들 중에 '보통 시민'으로 활동하면서, 우익 계열 운동에도 깊이 관여하는 젊은이들이 등장하기 시작했다. 군복을 입고 거대한 일장기를 든 신고(24세, 자유업, 남성)는 우익 계열 운동에 참여하게 된 지 벌써 7년 가까이 되었다고 말했다. 그는 대학에서 정치학을 전공하며, 헌법과 미국의 '하와이 병합'에 관한 연구를 해 왔다고 한다. 또 신고는 중학교 때부터 보수 계열 사상에 관심이 있었지만, 지방에 살았기 때문에 "뜻을 같이하는 동료를 찾을 수 없었다."라고 이야기했다. 그러나 도쿄에 있는 대학에 다니게 되면서부터 정치 활동에 본격적으로 뛰어들게 되었다고 한다.

그는 이날 시위에 참가한 사람 중 절반 정도는 이미 만난 적이 있는 사람들이라고 말했다. 그리고 현재 자신이 알고 지내는 친구의 대부분은 어떤 형태로든 보수 계열 운동에 동참하는 사람들이라고 덧붙였다. 그에게 이런 활동에 지속적으로 참여하는 까닭을 묻자, "내가 하고 싶으니까 한다."라고 딱 잘라 대답했다.

신고는 회의나 시위 등, 그 수가 많을 때는 거의 매일 정치 활동에 참여했다. 그런데 그는 "(정치 활동은) 영화를 보러 가는 것과 다르지 않다. 그 정도로 특별한 의식을 갖고 있지는 않다."라고 말했다. 그는 스스로 자유업에 종사한다고 했지만, 실상 그가 하는 일의 대부분은 우익 단체의 기관지나 깃발을 만드는 작업이었다. 그는 "워킹푸어가 되기 일보직전이에요."라고 이야기하면서 웃었다.

아이치 현(愛知縣)에서 온 고스케(32세, 무직, 남성)는 『반일 매스컴의 진실(反日マスコミの眞實)』이라는 책을 읽고, '일본이 위험하다.'라는 사실을 깨닫게 되었다고 한다. 그가 두려워하는 것은 "일본이 중국과 한국에게 침탈당하는 것은 아닐까?" 하는 우려였다. "만약 중국이 (일본을) 침략해 오면, 그들은 재일 한국인과 손을 잡고 일본을 빼앗을 것이다. (……) 만약 일본이 그들에게 점령되면, 티베트나 위구르와 같은 처지에 놓이게 될 것이다. 일본인을 상대로 한 학살이 자행될 가능성이 있다."라는 것이 그의 의견이었다.

현재 그는 무직이었지만, '좌익'이 주장하는 '격차사회 비판', '비정규직 비판' 등에는 관심이 없다고 말했다. 고스케는 일본의 기업이 프리터나 계약직과 같은 비정규직 노동자에 의지해 유지되어 온 점을 긍정적으로 평가했다. 따라서 그는 '좌익'의 주장에 무관심

　　　　　　　　　　4장 일본을 위해 일어서는 젊은이들

했던 것이다. 그리고 그는 "그것들은, 그 나름대로 기업의 생산성을 유지하기 위해 필요하다."라는 말까지 덧붙였다. 이런 말을 들은 경영자, 재계 인사들은 기뻐서 눈물을 흘릴 테고, 혼다 유키는 분통을 터뜨릴 것이다.

고스케는 현재 생활에 "그런대로 재미가 있다. 보람도 느낀다."라고 말했다. 그런데 그 이유로 "민주당이 매일매일 비판거리를 던져 주기 때문이다."라고 답했다. 그는 니코니코동영상의 골수팬인데, '구제역 문제'나 '미군 기지 이전 문제' 등 '기삿거리'가 끊이지 않는 현재 상황이 '즐겁다.'라고 말하며 웃었다. 그렇다. 그들은 도무지 해소할 수 없는 불만을, 비단 민주당을 향해 표출하고 있는 것만은 아니었다.

신고는 보수 계열 단체에서 직접 활동하고, 고스케는 '니코니코동영상' 등 인터넷을 경유해 활동한다는 점에서 서로 차이가 있지만, '우익 계통'의 주장과 공간이 그들에게 '마음 둘 곳'으로 작용하고 있음을 알 수 있다.

한편, 신고는 자신의 보수 계열 활동을 영화 감상에 비교했고, 고스케는 민주당의 정책을 '비판거리'로 삼아 즐기고 있었다. 다시 말해, 그들의 정치 활동은 진지하면서도, 동시에 실질적인 (정치 활동의) 대상으로부터 일정한 거리를 두고 있음을 발견할 수 있다.

인터넷이 이어 주는 '시민들'

'센카쿠 제도 문제' 때와 마찬가지로, 필자가 인터뷰한 젊은이들은 이번 시위에 대해서도 인터넷을 통해 알게 되었다고 했다. 수많은 사람들이 '재특회' 등 대규모 보수 단체의 홈페이지 공지는 물론, 최근 속속 개설되고 있는 보수 계열 SNS 'Free Japan'이나 'my 일본'의 소식을 보고 각종 행사(시위, 사회 운동 등) 정보를 얻을 수 있었다고 응답했다.

리카(20대 후반, 회사원, 여성)는 신문이나 텔레비전은 보지 않지만, 'my 일본'만큼은 빼놓지 않고 확인한다고 했다. 그것(SNS)은 '그다지 시간이 많지 않은' 그녀에게 '지금 당장 무엇이 위험한지 알려 주는' 미디어이기 때문이다. 그녀는 '친구'로 등록된 어떤 사람의 게시물을 보고, 이번 시위도 알게 되었다고 했다.

시위에 참가하면서도, 특정 단체에 소속되지 않은 사람들이 해당 정보를 접한 출처 역시 인터넷이었다. 그중에는 고스케처럼 텔레비전이나 신문을 보지 않는 사람도 많았다. 왜냐하면 텔레비전도, 신문도 "신뢰할 수 없고, 거짓말뿐"이기 때문이다.

그는 텔레비전 프로그램 「있다 있어 대사전(あるある大事典)」에서 불거진 '실험 결과 날조 사건'을 예로 들면서, 매스미디어가 얼마나 신뢰할 수 없는 것인지 일러 주었다. 그가 '신뢰'하는 것은, 최근 적극적으로 유튜브에 프로그램을 올리고 있는 '채널 사쿠라(櫻)', '재일 특권 혹은 반일 계열' 사이트, 'my 일본' 등의 SNS, 저널리스트 아오야마 시게하루(青山繁晴, 57세, 효고 현)의 주장 따위라고 한다.

시게루(36세, 전기 관련 업계 종사, 남성) 역시, 매스미디어가 보도하는 내용과 거리를 두고 있었다. 텔레비전 방송은 '모두 편파적'이라고 하면서, "(매스미디어가) 얼마나 이상한지 확인하기 위해 보고 있다."라고 이야기했다. 또 신문도 거의 읽지 않는다고 했다. 그가 정보를 수집하기 위해 활용하는 수단은 역시 'Free Japan'이라는

4장 일본을 위해 일어서는 젊은이들

SNS였다. 이 SNS에서 화제가 된 아오야마 시게하루와 사쿠라이 요시코(櫻井よしこ)의 책을 자주 읽는다고 했다.

이번에 직접 살펴본 '산들바람 주최 시위'는 인터넷 시대가 가능하게 한 정치 활동이었다. 여러 단체의 회원, 나아가 어느 곳에도 소속되지 않은 사람들, 지방에서 올라온 참가자들은 웹사이트의 공지나 SNS의 입소문을 전해 듣고 모일 수 있었던 것이다.

그들 중에는 인터넷우익도 있었고, 막연히 '민주당은 위험하다.'라는 생각에서 참가한 사람도 있었다. 또 '구제역 사태'에 위기감을 느껴 참석한 사람도 있었으며, 평소에도 열심히 참여하는 활동가도 있었다. '시위행진'이라는 성격 탓인지도 모르겠지만, 이 네트워크는 매우 온건하고 개방적이었다.[269]

그들은 '부부 별성'에 반대했으며, '가족 해체'를 저지하고자 했다. 그러나 신고는 보수 계열 단체를 '마음 둘 곳'으로 여겼으며, 다른 시위 참가자들도 '민주당'이라는 '위험한 존재'에 대한 불만을 '일시적인 공통성' 속에서 벌충하려고 했다. 마치 이들은 실제와 유사한 '새로운 가족' 혹은 '새로운 지역(고향)'을 시위 활동 내부에 조성하려는 듯이 보였다. 그러한 의미에서, 이들은 '가족 해체'에 공헌하고 있는 것처럼 보이기까지 했다.

마치 '좌익'처럼

'새로운 역사 교과서를 만드는 모임'은 사람들의 호응을 끌어모으기 위해 '역사'나 '일본'이라는 재료를 사용하지 않을 수 없었다. 그러나 '산들바람 주최 시위'에서 참가자들의 공통성을 담보하는 것은, '민주당'이라는 '위험한 존재'에 대한 각양각색의 불만이나 불안이었다. 바로 그런 이유에서, 다양한 단체 혹은 사람들이 해당 시위에 가벼운 마음으로 참여하고, 또 응하면서 연대할 수 있었던 것이다.

또한 센카쿠 제도 관련 시위는, 언뜻 봐선 중국에 대한 항의 운동이라는 명확한 목적이 있었음에도 불구하고, 참가자의 의식과 구체적인 행동은 다양했다. 그중에는 '의료용 대마 규제'를 반대하는 사람도 있었다. 심지어 어떤 '마음씨 고운' 젊은이는 "일본이 제공한 돈으로 (중국이) 화학 무기를 만들지 않았으면 좋겠다."라고 답하기도 했다.

물론, 모든 보수 계열의 운동이 전부 이러하다고 말할 수 없지만, 그들의 행동은 이전까지 '좌익'이라고 불리던 사람들의 사회 운동 방식과 비슷해 보인다. 예컨대 센카쿠 제도 관련 시위나 '산들바람 주최 시위'에서 심심찮게 찾아볼 수 있는 '느슨한 연대'는 예전에 '베트남에 평화를! 모두의 연합(ベ平連)'이 꿈꾸던 평등한 사회 운동이 실현된 것처럼 보인다. 그리고 정권 비판은 그동안 '좌익' 운동이 취했던 독특한 활동 방식이라고 볼 수 있다.

'산들바람'이 운영하는 웹사이트에 따르면, '각자의 특색을 살려, 할 수 있는 것부터'가 이 모임의 모토라고 한다. 해당 모임에는 '발언하고 싶은 사람, 발언하고 싶지 않은 사람, 조심스럽게 활동하고 싶은 사람, 전면에 나서 활동하고 싶은 사람' 등 다양한 사람이 있기 때문에, 특정 행동을 강요하는 일은 삼간다고 기재되어 있었다. 이 모임에 참여하는 사람들이 중요하게 여기는 점은, '가정생활'이자 '일상생활'인 것이다.

또한 인터넷을 통한 활동은 느슨하고 평등한 연대를 가능하게

4장 일본을 위해 일어서는 젊은이들

한다. SNS에 등록되어 있으면, (단체 혹은 사람들과) 접촉을 유지하는 일이 간단해진다. 최근에는 매주 관련 단체에서 행사를 개최하고 있으므로 지인을 만드는 것도 어렵지 않다.

인터넷이 광범위하게 보급되면서, 언제 어디에서 어떠한 행사가 열리는지에 대해 아주 쉽게 파악할 수 있게 되었다. 이처럼 젊은 이들은 '새로운' 도구를 구사하면서 '새로운' 사회 운동이라고 할 수 있는 형식으로 일본을 '보수(保守)'하려고 하는 것이다.

3 우리는 언제 일어설 것인가?

우익도 좌익도 아닌 시대

내셔널리즘이 완전히 이완된 시대에 '일본'을 위해 일어서는 젊은이들의 모습을 살펴봤다. 젊은이들은 다른 나라가 일본의 권리를 침해하려고 하면 일장기를 들고 그런 움직임을 비판해 댔다. 그리고 일본에 대한 사랑을 외쳤다.

보통 이러한 사람들은 가리켜 '우익'이라고 부르는 경우가 많다. 그러나 '일본'을 위해 행동하는 데 있어 사실 '우익'이든 '좌익'이든 상관없다. 예컨대 오늘날 일본에서 '좌익'으로 분류되는 사람이라도, 대부분 국가 해체를 주장하지는 않는다. 또한, 사회주의 혁명을 목표로 삼고 있지도 않다. '좌익'도 '일본'을 더 좋은 나라로 만들기 위해 노력한다는 점에서 '우익'과 별반 차이가 없다.

하지만 일본의 불행은 어느 순간부터 '나라를 개선한다.' 혹은 '나라를 위해서'라는 구호가 '우익'의 전매특허처럼 되어 버렸다는 사실이다. 어쩐지 일본에서는 '일본을 위해서'라고 말하면, 즉각 '내셔널리즘'이라고 지목을 당한다.[270] 그래서 '좌익'은 '더 좋은 사회를 만들기 위해서'라는 둥 모호한 단어를 사용해 가며 '국가'라는 말을 회피하고, 또 얼버무린다.[271]

어쩌면 이처럼 '우익' 혹은 '좌익'에 집착하는 것 자체가 이미 과거의 일이 되어 버렸는지도 모른다.[272] 특히 젊은이들에게 물어보면 '이제 더 이상 '우익'과 '좌익'의 무의미한 대립은 없다.'라고 생각하는 경우가 많았다.

예컨대 피스보트에 승선했던 젊은이들을 조사하던 때의 일이다.[273] 피스보트는 쓰지모토 기요미(辻元淸美)가 시작한 엔지오(NGO) 활동으로, 세계 평화와 호헌(護憲)을 호소하며 전 세계를 순항(巡港)하는 일을 주요 사업으로 한다. 이 단체에는 자주 '좌익'이라는 꼬리표가 붙었다.

내가 피스보트에 승선했던 때에는 '9조 댄스'라는 것도 있었다. 그 춤은 '헌법 9조(평화주의)'의 이념을 힙합 리듬에 맞춰 표현한 참신한 율동이었다. 그런데 '9조 댄스'를 추던 젊은이들에게 물어보니, 모두 하나같이 '일본 국민으로서 자부심' 혹은 '선조에 대한 감사'를 느낀다고 답했다.

아무래도 '애국심이 있다.'라든가 '일장기를 흔든다.'라는 표면적인 특징만으로 '우익'이나 '좌익'으로 분류하는 것은 매우 어려운 일인 듯하다. 더구나 민주당으로 정권이 교체되면서, '우익'의 행동이 오히려 한결 '좌익적'으로 보이는 기현상이 일어나고 있다.

'아름다운 좌익'은 국가를 사랑하기 때문에 국가를 비판한다. 그리고 '센카쿠 제도 분쟁'과 관련된 시위에서 일장기를 흔들면서도, "중국인들이 행복해졌으면 좋겠다."라고 발언하는 게이타 같은 젊은이도 있었다.

그러므로 여기에서는 '우익이냐, 좌익이냐?' 하는 문제를 보류하도록 하겠다. [274] 이제 생각해 보고 싶은 것은, 젊은이들이 과연 '어느 시점에 행동하게 되는가?' 하는 점이다.

불만이 있다고 해서, 모든 사람이 봉기하지는 않는다

사람들은 어떤 때에 봉기하는가? 어느 시점에서 사회 운동을 시작하는가? 이러한 문제에 대해 지속적으로 고찰해 온 학문이 '사회 운동론'이다.[275]

초기의 사회 운동론은 '집합 행동론'이라고 해서, 자본주의 사회의 모순을 통해 사회 운동의 메커니즘을 설명해 왔다. 다시 말해, 사회 변동을 초래하는 구조적인 긴장 혹은 불만이 사람들로 하여금 행동에 나서게 만든다는 것이다.

그러나 오늘날의 일본만 봐도 알 수 있듯이, 사람은 불만을 품는다고 해서 반드시 어떤 행동으로 옮긴다거나, 사회 운동과 같은 직접적인 활동으로 이어 가지는 않는다. 물론, '불만'은 사람들이 사회 운동과 같은 직접적인 활동을 도모하는 데 중요하게 작용하는 요소 중 하나다. 하지만 그것만으로는 사회 운동이 일어나지 않는다.[276]

그래서 '집합 행동론'을 계승한 '자원 동원론'은 사람, 자금, 네트워크 같은 '자원(resource)'을 중시했다. '자원 동원론'에 따르면, 사회 운동은 이용 가능한 자원이 확보되는 순간 비로소 발생한다.

이를테면, 사회에 불만을 품은 사람이 있다고 가정해 보자. 그 사람에게 있어 가장 기쁜 일은 누군가가 사회를 변화시킬 때, 그런 흐름에 '무임승차'하는 것이다. 그러면 자신이 직접 어떤 행동에 나설 필요도 없이 좋은 사회에서 살 수 있게 된다. '자원 동원론'은 이렇듯 '합리적인' 사람들을 상정해 놓는다.

어떻게 하면 모든 사람을 참여시킬 수 있을까?

하지만 모두가 '누군가가 사회를 변화시켜 줄 것'이라 믿고 마냥 기다리기만 한다면, 아무리 오랜 시간이 흘러도 사회는 변하지 않는다. 그래서 '자원 동원론'은 '전략'을 중시했다.

특정 사회 운동을 준비하면서 자원을 획득하고자 할 때 중요하게 작용하는 요소는 그 구상(framing)이 얼마나 훌륭한가 하는 점이다. 다시 말해, 어떤 프레젠테이션(presentation)이나 브랜딩(branding)을 할 수 있는가에 따라, 그 사회 운동의 성공 여부가 결정되는 것이다.

이것의 성공적인 예는 미국의 '공민권운동'이다. 본래 흑인이 주도했던 공민권 쟁취 투쟁은 '권리와 기회의 평등'이라는 다각적인 구상을 내세웠기 때문에, 여성과 장애인, 아메리카 원주민, 노인 등 다양한 소수자(minority)를 해당 사회 운동의 테두리 안으로 유도할 수 있었다.

그러나 이 '공민권운동'에도 한계가 있었다. 그것은 바로 이 사회 운동이 대체로 '당사자'만을 대상으로 삼았다는 점이다. 그 때문에, 최근의 사회 운동은 꼭 당사자가 아니더라도 다양한 대상을 포괄하는 새로운 방향으로 전개되고 있다. 실제로 오늘날의 사회 운동은 점차 그러한 움직임을 보이고 있다. 따라서 최근의 사회 운동

4장 일본을 위해 일어서는 젊은이들

은 심각한 얼굴로 '지구의 환경을 보호하자!'라고 외치는 대신, 마치 축제에 참가하는 기분으로 즐길 수 있도록 다양한 장치를 마련해 놓기도 한다.

예컨대 '지구의 날(earth day) 행사'가 있다.[277] 이 행사는 "사람들이 환경 문제에 관심을 갖도록 유도하자!"라는 취지에서 마련된 이벤트다. 그런데 해마다 도쿄에서 개최되고 있는 '지구의 날 행사'를 살펴보면 '페스티벌'이나 '경축일'이라는 단어가 더 잘 어울릴 정도다.

이 행사에는 라이브 콘서트 무대가 설치되어 있고, 토크쇼도 열리며 '자연 발효 일본 술 만들기 도전'과 같은 이벤트까지 열린다. 이처럼 참가자들에게 '진심으로 환경 문제에 관심이 있는지' 여부를 묻지 않고, 우선 '축제'에 참가하도록 유도하는 '사회 운동 모델'이 최근 유행하고 있다.[278]

이러한 양상의 사회 운동에서 '당사자 여부' 따위는 그리 중요하지 않다. 오히려 참가자들이 '즐거워'하는지, '친구들을 만날 수 있다.'라는 마음을 갖는지 하는, 동기부여의 측면이 더 중요하다. 즉, 사람들이 사회 운동에 참여할 수 있도록 독려하는 것이다. 최근 '사회 운동' 연구는 '합리적인' 참가자들을 전제로 하는 '자원 동원론'보다, 이처럼 참가자의 '즐거움'과 '문화적인 측면'을 중시하는 새로운 방향으로 흐르고 있다.[279] 한편 이와 같은 사회 운동 양상을 '새로운 사회 운동' 혹은 '네트워크 조직'이라고 부르기도 한다.

라이벌은 디즈니랜드

'우선 모두가 참여할 수 있도록 하자.'라는 구호는, 동원 효과

면에서 그리 잘못된 점은 없다. 공식 발표에 따르면, 2010년에 요요기 공원에서 진행된 지구의 날 행사 '사랑과 평화의 지구 축제'에는 13만 5000명이나 되는 사람들이 운집했다고 한다.

우리는 사회 상황을 객관적으로 인식한 다음에, 그런 분석을 바탕으로 사회 운동에 나서지는 않는다. 사실 환경 문제는 일본에 사는 사람들의 입장에서 보자면 다소 '거리가 먼' 문제일 수 있다. 지구 온난화가 진행된다고 해도, 당장 하루 사이에 일본 열도가 가라앉는 것은 아니다. 환경호르몬의 위험성이 아무리 심각하다고 해도, 곧장 모든 생물의 암수 구별이 사라지는 것도 아니다.

환경 문제로 인해 격심한 피해를 입는 쪽은 우리가 아니다. 앞으로 약 100년 정도 후에 이 땅에서 살아갈 미래의 후손들이다. 차라리 동시대적인 관점에서 볼 때, 남북문제(북반구와 남반구 사이의 경제 격차 문제 — 옮긴이)가 훨씬 중대한 문제라고 보는 논자도 있다. 다시 말해, 오늘날 일본에서 살고 있는 우리들이 과연 환경 문제의 직접적인 '당사자'인지는 다소 의문스럽다.[280]

어쨌든 '지구의 날 행사'에 13만 명이 넘는 인파가 운집했다는 사실은 다양한 사람들이 가벼운 마음으로, 게다가 즐겁게 참여할 수 있는 분위기가 조성됐다는 점을 알려 준다. 휴일에 요요기 공원에서 진행된 축제, 게다가 유익한 일을 해냈다는 뿌듯한 기분까지 얻을 수 있는 것이다. 참으로 문턱이 낮은 행사다.

바꿔 말하면, 이처럼 문턱을 낮추고 엔터테인먼트 요소를 강화하지 않으면 사회 운동(이제 '지구의 날 행사'를 '사회 운동'이라고 불러도 될지 잘 모르겠지만)에 많은 사람들을 동원하기 어려워질 것이다.

아무래도 현대 사회 곳곳에 즐길 만한 오락거리가 넘쳐나고 있기 때문이다. 집에서 게임을 해도 좋고, 친구들과 코스트코나 아울 렛에 놀러 가도 좋고, 연인과 극장이나 디즈니랜드에 가도 좋다. 이처럼 무수히 많은 선택지 중에서 얼마나 많은 사람들이 '사회 운동'을 선택하게 될까? 역시 의문이다.[281] 사람들을 끌어모으기 위해서는 '지구의 날 행사'처럼 편안하고 가벼운 분위기를 만들지 않으면 안 되는 것이다.

그렇다면, 지금보다 오락거리가 적었던 시대의 사람들은 기꺼이 사회 운동에 참여했을까? 글쎄, 전혀 아니다.

모럴 이코노미

어느 시대든 지식인과 민중 사이에는 커다란 격차가 있었다. 예를 들어 1925년에 시행된 '치안유지법'을 떠올릴 경우, 목덜미가 서늘할 정도로 두려운 이미지를 갖고 있는 사람도 많을 것이다. 그런데 이 치안유지법은 과연 어느 정도로 일반 대중에게 실질적인 파장을 미친 법률이었을까?[282]

1925년 2월 11일, 도쿄의 시바(芝)와 아리마가하라(有馬が原)에서는 일본노동총동맹 등 서른다섯 개 단체가 치안유지법 반대 집회를 개최했다. 당시 참가자는 불과 3000명 정도였다고 한다.[283] 일본 전체가 치안유지법에 반대한 것은 아니라는 사실을 보여 준다.

마침 1920년대는 도쿄를 중심으로 대중소비사회가 꽃피운 시기였다. 당시 긴자에는 모던걸, 모던보이가 활보하고 있었다.[284] 치안유지법 반대 집회가 열리기 이틀 전인 2월 9일, 신주쿠엔(新宿園)에서 열린 '아사히그래프데이(アサヒグラフデー)'라는 행사(영화배우 촬영 행사)에는 3만 명의 인파가 몰렸다고 한다.[285] 대부분의 사람들

은 소비문화와 여가 생활에 심취해 있었고, 치안유지법 따위는 안중에도 없었다.

민중사 연구에 따르면, 보통 민중 봉기는 그들이 가진 독자적인 규칙을 침해당했을 때 발생한다고 한다.[286] 민중은 '모럴 이코노미(moral economy)'라고 불리는 독자적인 규범을 갖고 있다. 일본에서는 우치코와시(打ち壊し: 에도 시대에 흉년이 들거나 기근이 일어났을 때, 빈민들이 관아나 부잣집으로 쳐들어가 마구 파괴하고 약탈하던 행위 ― 옮긴이)나 쌀 소동(米騷動: 1918년에 갑자기 쌀값이 폭등하면서 발생한 소동 ― 옮긴이)을 그 전형적인 예로 들 수 있다. 즉 '독점적 선점에 따른 가격 인상' 등 '모럴 이코노미'를 침해당했을 때, 민중은 분노를 표출하게 된다는 것이다.

여기에는 '축제'에 가까운 흥분이 도사리고 있다. 1918년에 발생한 '쌀 소동'에 참여했던 한 사람의 육성이 남아 있는데, "반은 재미 삼아 소동을 피웠다."라든가 "아무 생각 없이 아는 사람을 따라 참가했다."라든가, "축제 행렬에 섞여 있던 사람이 그대로 쌀 소동에 휩쓸렸다."라는 등, 어딘가 모르게 당시 상황을 즐기고 있는 듯한 분위기가 감지됐다.[287]

'모럴 이코노미'라는 개념은 오늘날에도 유효한 사고방식이라고 생각한다. 갑자기 국적도 시대도 훌쩍 뛰어넘는 이야기이긴 하지만, 2010년 가을에 중국의 인권 운동가 류샤오보(劉曉波)의 노벨 평화상 수상 소식이 발표되면서 전 세계적으로 화제가 되었다. 이 당시에 특히 주목을 끈 부분은 중국정부의 언론 통제 상황에 관한 내용이었다. 류샤오보의 수상 소식은 중국 텔레비전 뉴스에 보도되지 않았으며, 심지어 인터넷에서는 '류샤오보'라는 키워드로는 검색조차 할 수 없었다. 이런 중국의 언론 상황을 보고 일본의 지식인들까지 분개했다.

그러나 정작 당시 중국의 인터넷에서 화제가 된 일은 (일부 지식인과 언론인을 제외하고) '나의 아버지는 리캉(李剛)이다!'라는 사건이었다.[288] 이 사건은 중국 경찰 간부의 어리석고 방탕한 아들이 저지른 어처구니없는 사건이다.

음주운전으로 사망 사고를 일으킨 가해자가 현장에 모여든 사람들에게 "나의 아버지가 누군지 알아? 내 아버지가 바로 리캉이다!"라고 호통을 친 것이다. '리캉'이라는 인물은, 그 지역에서는 꽤 유명한 경찰 간부였다고 한다.

이 사건은 곧장 인터넷에 공개 고발됐고, 눈 깜짝할 사이에 중국 전역으로 퍼져 나갔다. 가해자의 신상이 잇달아 폭로되면서, 마침내 그의 부친인 리캉이 나서 기자 회견을 열고 사죄하기에 이르렀다. 이렇게까지 이 사건이 커진 것은 중국 민중의 '모럴 이코노미'에 저촉되는 부분이 있었기 때문이라고 생각된다.

컨서머토리한 상황에서도 일어서다

사람들이 행동을 시작하고, 그것이 대규모 운동으로 이어지는 계기. 바로 그들이 지닌 가치관이나 규범의식이 침해당했을 때라고 볼 수 있다.[289]

그러나 앞서 2장에서 서술했듯이, 젊은이들의 가치관은 더욱 컨서머토리화하고 있다. 무언가 높은 대상을 향해 분발하는 것이 아니라, 친구 관계 등 자신과 가까운 세계를 중요하게 여기는 의식이 젊은 층을 중심으로 확산되고 있다.

그렇게 되면 아무리 '격차사회'라든가 '블랙 기업'이라고 시끄럽게 떠들어 대도, 젊은이들 스스로 아무런 문제도 없다고 생각하는 한 대규모 시위 따위는 발생할 가능성이 희박하다. 그러나 바꿔 말하면, '자신들의 사회'가 침해되거나 '자기가 당연하다고 여기는 세계'가 지적을 당했을 때는 어떤 움직임이 일어날 가능성이 높아진다.[290]

실제로 지난 2010년에 발생했던 '비실재청소년(非實在靑少年) 문제'에 대한 반대 움직임을 살펴보도록 하겠다.

도쿄 도(東京都)는 '청소년 건전육성조례 개정안'에 '만화 혹은 애니메이션의 캐릭터'라고 해도 (설정상) 나이가 18세 미만인 경우, 이것을 규제할 수 있는 조항을 넣으려고 했다. 아동 포르노와 달리 (만화나 애니메이션에는) 실재하는 피해자가 있는 것이 아니기 때문에, '비실재청소년'이라 명명했다고 한다. 도쿄 도가 만들어 낸 '비실재청소년'이라는 획기적인 명칭과 함께, 조례 개정안은 트위터 등을 통해 널리 알려졌다.

그러자 민주당 도쿄 도 총지부 연합회 간부의 사무실로 전화가 빗발쳤다. 하루에 약 700통의 메일이 날아든 적도 있었다고 했다. 도쿄 도의회 사무국에도 5000건 이상의 반대 의견이 도착했다.[291] '도쿄 도 청소년 건전육성조례 개정을 생각하는 모임'이 지난 5월부터 받기 시작한 반대 서명에는, 한 달 만에 약 2만 명의 사람들이 참여했다.[292] 그 결과, 개정안은 조문을 바꿔 12월에 이르러서야 겨우 가결됐다. 하지만 반대 운동은 1년 가까이 지속됐다.

'내 주변 세계가 변할지도 모른다.'라는 위기감이 사회적인 행동으로 분출한 것이다. 결과적으로 '도쿄 도 조례 개정을 저지하겠다.', '표현의 자유를 지키겠다.'라는 공공성을 띠게 된 것이다. 한 개인 주변의 친근한 영역도 충분히 '공적' 영역으로 이어질 수 있는 가능성을 품고 있다.

만남을 원하는 사람들

사회학자 아사노 도모히코(淺野智彦, 46세, 미야기 현)는 젊은이들 사이에 '거리감에 대한 갈망'이 확산되고 있다고 지적했다.[293]

아사노 도모히코가 이런 주장의 예로 든 것은 '만남을 원하는 사람들(会いたい系)'로 불리는 일종의 '붐'이다. '만남을 원하는 사람들'이라는 것은 '누군가를 만나고 싶은데 만날 수 없다.'라는 생각을 노래로 풀어낸 일련의 제이팝(J-POP)을 총칭하는 용어다.[294]

가수 니시노 가나(西野カナ, 22세, 미에 현)는 '만남을 원하는 사람들'의 여왕으로 대접받고 있다. '만나고 싶고 또 만나고 싶어서 온몸이 떨릴 정도'라는 참신한 가사로 이루어진 노래 「만나고 싶어서 만나고 싶어서(会いたくて 会いたくて)」는 휴대 전화 벨소리 '연간 다운로드 랭킹'에서 1위(2010년)를 기록했고, 인터넷에서도 화제가 되었다.

아사노 도모히코는 이처럼 니시노 카나의 노래가 수많은 젊은 이들의 공감을 불러일으킨 데는 현대 사회에서 '(누군가를) 만나고 싶은데 만날 수 없다.'라는 상황이 실제로 일어나기 어렵기 때문이라고 분석했다. 휴대 전화만 있으면 연인이든 친구든 언제 어디서나 연락을 취할 수 있다. 이런 시대에 '만나고 싶어도 만날 수 없다.'라는 애틋한 상황이 있을 수 없다는 말이다.[295]

'만나고 싶어도 만날 수 없다.'라는 것은, 이를테면 현대적인 낭만이다. 가까운 데서 친밀하게 이루어지는 관계로부터 충족감을 느끼는 젊은이들. 그 때문에 '공공'이라든가 '사회'라든가 하는 '규모가 큰 것'에 대한 갈망이 생겨나는 것이다. 이 책에서 자주 사용한 표현을 거듭 언급하자면, 젊은이들은 컨서머토리(자기 충족)하면서 '사회를 지향'하는 '작은 공동체 안'으로 모여들고 있다.

친밀권과 공공권을 잇다

바로 여기에 젊은이들의 관심을 '공공'이나 '사회' 혹은 '정치'로 돌릴 수 있는 단서가 숨어 있다.

여론 조사를 보면, '사회'에 관심이 있는 젊은이가 꾸준히 증가하는데도 어째서 실제로 행동하는 젊은이는 적었던 것일까? 왜냐하면, 그들과 '사회'를 이어 주는 회로가 마련되어 있지 않았기 때문이었다.

아무리 '사회를 위해 무엇인가를 하고 싶다.'라고 생각하더라도, 바쁘게 지나가는 일상생활 속에서 실제로 무엇을 하면 좋을지 제대로 알 수가 없다. 도대체 무슨 일을 해야 '사회'에 도움이 될지 알 수 없었던 것이다. 사회봉사 활동? 그들은 자신에게 맞는 봉사 활동이 무엇이고, 또 그것을 어떻게 찾아야 할지조차 모른다. 설령 적당한 활동을 찾게 되더라도 높은 문턱을 마주하게 된다. 선거? 투표하러 가야겠는데 도대체 누구를 뽑아야 할지, 하기야 누구를 선택하든 무언가가 바뀔 것 같지도 않다.

그래서 젊은이들이 살고 있는 가깝고 친밀한 세계(친밀권)와 '사회'라는 커다란 세계(공공권)를 제대로 이어 줄 필요가 있다. '공민권운동'처럼 훌륭한 구상을 제시해도 좋고, '지구의 날 행사'처럼 이벤트 참가를 권유함으로써 (결과적으로) 친밀권과 공공권이라는 두 세계를 이어 줘도 좋을 것이다.

어느 정도 사람들이 모여 활발히 활동하는 사회 운동이나 사회 봉사 활동 단체들을 살펴보면, 친밀권과 공공권을 이어 주는 방식이 훌륭하다. 다시 말해, 두 영역을 잇는 촉진 매개체가 정교하다면 현대 사회에서도 충분히 젊은이들을 사회 활동에 동원할 수 있을 것이다.

기술적으로도 젊은이들이 살아가는 친근한 세계(친밀권)와 '사회'라는 커다란 세계(공공권)를 잇는 일은 생각보다 간단해지고 있다. 이를테면 대부분의 사람들은 느닷없이 '중국 공장에서 발생한 농민공(農民工) 착취'라는 사회 문제를 접하더라도, 아무런 관심을 갖지 않을 것이다. 그러나 스마트폰(iPhone) 사용자에게 "지금 당신이 사용하는 스마트폰을 제조한 공장에서 노동자가 연속 자살을 하고 있어 사회 문제가 되고 있다."라는 방식으로 정보를 제공한다면, 과연 어떤 반응을 보일까?[296]

더 나아가 스마트폰 사용자의 연령에 맞춰 "어제 그 공장에서 사망한 사람은 당신과 같은 나이인 19세 젊은이였다."라고 보다 구체적인 정보를 사진과 함께 제공한다면, 과연 (상대 젊은이는) 어떤 반응을 보이게 될까? 잠시간일지언정 다른 나라의, 더구나 만난 적도 없는 노동자의 고통에 대해 상상하게 될지도 모른다.

이처럼 사용자의 속성에 따라 '당신이 관심을 가질 만한 뉴스', '당신이 알아야 하는 뉴스'를 추천해 주는 것은 웹사이트의 장점이기도 하다.[297]

4 혁명으로는 바뀌지 않는 사회

공공적 태도는 좋은 것인가?

그러나 여기에 의문이 남는다. 과연 '공공적' 혹은 '사회적' 태도를 무작정 예찬해도 괜찮을까? 정말 모두가 '공공적'이고 '사회적'으로 되어야 하는 것일까?

나는 '모두가 사회에 관심을 가져야 한다.'라고 소박하게 일갈할 수 없다. 우선 '모두'라는 부분을 생각해 보자. 당연한 말이겠지만, '모두'가 사회에 관심을 갖고 열심히 고심한다고 해서 그저 자동적으로 '좋은 사회'가 완성되는 것은 아니다.

예컨대 문부과학성이 실시한 '숙의(熟議) 교섭'이라는 프로젝트가 있다.[298] 아무래도 '숙의'라는 것은, 다수의 당사자가 모여 '숙려'와 '토의'를 거듭하면서 정책을 만들어 가는 과정인 듯하다.

'숙의 교섭' 관련 웹사이트에는, 문부과학부대신(文部科學副大臣)인 스즈키 간(鈴木寬, 47세, 효고 현)의 이름으로 '국립대학법인을 둘러싼 과제와 그 개선 방안' 혹은 '구직 문제를 해결하기 위해서는' 등의 표제들이 게재되어 있다. 그리고 누구나 이곳에 등록만 하면 자유롭게 숙의에 참여할 수 있도록 해 놓았다.

마치 학급회의와 유사한 구조로, '모두'가 자기 마음대로 하고 싶은 말을 발언할 수 있다. 하지만 그런다고 해서 '전문가도 생각지 못한 획기적인 아이디어'가 나오는 것은 아니다. '숙의 교섭'이 내세운 '이야기를 나누면 알 수 있다.'라는 식의 대응 방식은 오히려 대화하는 법(그런 데에 참가하는 방법)을 잘 모르는 사람의 참여를 원천 봉쇄하는 부작용을 일으킬 수도 있다.[299] 사람들에게 지나칠 정도로 높은 수준을 요구한 것이다. 적어도 내가 볼 때 지금의 '숙의 교섭'은 논의하기를 좋아하는 사람들의 '자기표현의 장'으로밖에 보이지 않는다.[300]

그리고 한층 더 어렵게 느껴지는 것은 '공공성'이나 '사회성'이라는 것이 도대체 무엇인가 하는 이야기다. 예컨대 인터넷우익이나 재특회 등 '지나치게 타자에게 배타적인 사람들을 어떻게 생각해야 하는가?' 하는 문제 말이다. 이들은 "'센카쿠 제도 문제'라는 것이 도대체 무엇인가요?"라고 묻던 롯폰기의 젊은이보다도, 훨씬 '공공적'이고 '사회적'인 영역에 관심을 가지고 있다. 하지만 그들(인터넷우익, 재특회 등)이 생각하는 '공공적'이고 '사회적'인 태도는 누군가에게 상처를 주거나 위해를 가할 수 있다는 위험성까지 내포하고 있다.[301]

인터넷우익이나 재특회 정도라면 그래도 낫다. 아직 그들은 실질적인 위해를 일으키지 않았다. 그러나 옴진리교의 경우 어떠했는가? 그들은 '세계의 마지막 전쟁'을 기다리며, 자기들 나름대로 혁명을 도모했다. 옴진리교 또한 그들만의 '공공성'과 '사회성'을 갖고 있었던 것이다.[302]

물론, 재특회나 옴진리교가 내세운 '공공성'과 '사회성'을 가리켜 "'진정한 공공성'이 아니다, '좋은 사회성'이 아니다."라고 규탄하는 일은 간단하다. 그러나 '진정성' 혹은 '좋다.'라는 판단을, 어느 누가 어떻게 정할 수 있다는 말인가? 분명 마이클 샌델(58세, 미네소타 주) 교수를 매번 초빙해, 하나하나 묻고 대답을 들어야 하는 그런 문제는 아닐 것이다.

'마음 둘 곳'으로서의 사회 운동

'옴진리교 사건'은 상징적인 사례이기는 하지만, 그런 집단을 보편적인 존재로 간주하기는 어렵다. 내가 생각하기에 대부분의 집단은 옴진리교처럼 폭주하지 않는다면, 그저 '마음 둘 곳'일 뿐이다.

야스다 고이치(安田浩一, 46세, 시즈오카 현)의 르포르타주에 따르면, 재특회에 참여하는 젊은이들과 이번 장에서 살펴본 보수 계열 단체 사이에는 큰 차이가 없는 것처럼 보인다.[303] 그들은 일상생활에서 답답함과 위화감을 느끼고 있었다. 바로 그런 순간에, 재특회가 보낸 동영상을 접했다고 한다. 그렇게 '재일의 정체'를 알게 됐고, 그런 진실을 모두에게 전해야 한다는 사명감을 갖게 되었다고 한다.

최근 재특회와 거리를 두기 시작했다는 호시 에리야스(24세)는 이란인과 일본인 사이에서 태어난 혼혈 젊은이다. 그는 이렇게 말했다. "재특회의 멤버 대부분은, 친구가 그다지 없는 사람들이었다."라고 말이다.[304] 한편, 야스다 고이치는 한 재특회 여성 회원에게 '재특회에 가입하면 어떤 점이 좋은가?'라고 물었는데, 상대는 "지금 정말 재미있어요. 이제야 진정한 동료를 만났다는 느낌이 들어요."라고 대답했다고 한다. 결국 그들은 '친구' 혹은 '동료'가 생겼다는 사실에 만족하는 듯했다.

정치적 입장이 (재특회와) 전혀 다른 단체의 경우도 마찬가지다. 한 텔레비전 방송국의 프로듀서인 다나카 료스케(田中良介, 35세, 도쿄 도)는, 한때 과격파·중핵파의 최대 거점이라고 볼 수 있는 '젠신샤(前進社)'를 취재한 바 있다.[305] 젠신샤에 속한 약 100명의 사람들은 공동생활을 하고 있었는데, 그중 '학생 룸'이라고 불리는 곳에는 열세 명의 젊은이들이 모여 지냈다. 이들은 "인류 역사가 우리에게 혁명을 약속했다."라고 선언이라도 할 듯한, 높은 의식 수준을 지닌 젊은이들이었다.

그러나 다나카 료스케가 그들에게 '젠신샤의 매력이 무엇'인지 묻자, 대답은 한결같이 "이곳은 내가 마음을 둘 만한 곳이다.", "단결하면 싸울 수 있다.", "동료 이외에는 잃을 것이 없다."라는 식이었다. '혁명'을 갈망하는 젊은이들도 '누군가'와의 연계를 무척이나 원하고 있었다.[306]

이보다 더 온건한 노동 운동에서도 '마음 둘 곳'은 역시 키워드였다.[307] 더구나 노동 운동에 참여하게 된 계기를 들여다보니, 재특회와 별반 다르지 않았다.

'자유와 생존의 메이데이 운동'을 전개하는 '프리터 전반(全般) 노동조합'에 참여한 한 여성(30세)은, 처음 '메이데이 운동'을 권유받아 보러 갔을 때만 해도 "무서웠고, 인상도 좋지 않았다."라고 했다. 그러나 점차 '모두 함께 시위를 준비해 가는' 과정에서 직접적인 즐거움을 느끼게 되자, 공동체의 한 일원으로서 가져야 할 방식에도 관심을 갖게 되었다고 한다. 그러한 가운데, 평소 회사와 노동 현장에서 느끼던 불만을 더 이상 외면하지 않아도 된다는 생각을 품게 되었다고 한다.

다른 참여자들도 "내 마음을 둘 곳으로 이러한 곳을 찾고 있었다.", "동료는 동료잖아요."라면서 이 노동 운동을 통해 알게 된 '마음 둘 곳'이나 '동료'를 곧잘 칭찬했다. 노동 문제라는 '사회성'이 함축된 활동에 참여하는 사람들에게조차 정작 중요한 것은 무엇보다도 '마음 둘 곳'이나 '상호 승인'인 것으로 보인다.

예전에 나는 피스보트에 승선하는 젊은이들을 대상으로 한 연구에서, '공통성'이 '목적성'을 '냉각'시킨다고 결론지었다.[308] 말하자면, 특정 집단의 일원으로서 어떤 목적을 위해 열심히 활동하는 (혹은 참여하고 있는 것처럼 보이는) 사람들도, 결국 그 집단을 '마음 둘 곳'으로 여기게 되면서 당초의 목적을 포기하게 되지 않을까 하는 생각 말이다.

아무리 과격해 보이는 집단이라도, 일단 그곳이 '마음 둘 곳'이 되어 버리면 최초의 과격한 목적성은 '냉각'된다. 설령 '마음 둘 곳'을 찾지 못했다고 하더라도, 어쨌든 순간의 '축제'를 반복하는 행동일 뿐이므로 그것은 사회에 큰 위협이 되지 않을 것이다.

도대체 사회를 바꾼다는 것이 뭐야?

'사회를 바꾼다.'라고 표현하면, 아무래도 혁명이나 대규모 시위 따위를 상상하게 된다. 예를 들어, 2010년부터 2011년까지 전개된 '아랍혁명'은 한눈에 봐도 '사회가 매우 분명하게 바뀌었다.'라는 점을 잘 보여 준 사건이었다.

그 혁명의 계기는 2010년 12월 17일, 튀니지에서 스물여섯 살의 한 젊은이가 분신자살한 사건이었다.[309] 폭력 경찰에 항거하는 한 방법으로, 그는 도청 청사 앞에서 자신의 몸에 불을 붙였다. 이 젊은이는 가난한 노점상 모하메드 부아지지(Mohamed Bouazizi)였다. 그의 죽음은 수도 튀니스에서 민중 봉기로 발전했고, 결국 23년 동안 독재 정권을 장악해 온 벤 알리 대통령은 해외로 도주했다. 2011년 1월 14일, 사실상 독재 정권은 붕괴되었다. 불과 몇 주 만에 일어난 혁명이었다.

4장 일본을 위해 일어서는 젊은이들

튀니지에서 발생한 '재스민 혁명'은 다른 아랍 여러 국가로도 확산되었다. 요르단, 이집트, 리비아 등지에서도 잇달아 반정부 시위가 일어났다. 특히 이집트에서는 같은 해 1월부터 2월까지 '이집트 혁명'이 발생했는데, 일본에도 크게 보도되었다. 2월 11일에 일어난 한 시위에는 이집트 전국에서 약 100만 명 규모의 시민들이 집결했다고 한다. 이집트도 튀니지와 마찬가지로, 30여 년 동안 이어진 무바라크의 독재 정권이 민중 봉기에 의해 무너졌다.

그러나 일본에서 '재스민 혁명'과 같은 커다란 변화가 일어날 가능성은 전혀 없다고 해도 과언이 아니다. 튀니지와 이집트에는 '혁명'이 발생할 만한 무대 장치와 등장인물이 마련되어 있었다.

독재 정권이라고 하는 분명하게 파악하기 쉬운 적은, 언론 통제에서부터 고문까지 물불을 가리지 않고 폭력을 휘둘렀다. 게다가 그곳의 물가는 계속 치솟는 상황이었고, 높은 실업률까지 겹치면서 말 그대로 먹고살 수 없는 상태였다. 해당 지역의 젊은이들은 그런 현실을 살아가고 있었던 것이다.[310] 마치 결말을 빤히 예상할 수 있는 B급 영화처럼 말이다.

한편 일본에는 무바라크처럼 명확하고 분명하게 알아차릴 수 있는 악당이 없다. 동일본 대지진의 복구, 정치인의 뇌물 수수 사건, 관료가 뒤얽힌 이권 사업, 경찰의 월권행위, 젊은이의 고용 문제, 줄어들지 않는 자살자, 저출산·고령화 문제 등 단숨에 나열해 본 것만으로도 아찔할 정도의 '사회 문제'가 산적해 있다. 하지만 손쉽게 '악'이라고 가리킬 수 있는 언론 통제라든가 민간인 고문 등의 문제는 발견되지 않는다. 또한 당장 내일부터 먹을 것이 없어 굶어 죽는 사람도 거의 찾아볼 수 없다.

'사회'는 극적으로 변하지 않는다

어떤 측면에서 보면, (젊은이들을 포함해) 평균에 속하는 평범한 일본인들은 과거 프랑스의 루이 14세보다도 더 풍요로운 생활을 하고 있다.[311] 전속 요리사를 거느릴 정도는 아니더라도, 집 근처의 레스토랑에서 전 세계의 요리를 맛볼 수 있다. 또 전용 마차는 없지만, 저가 항공이나 피스보트를 타고 전 세계를 여행 다닐 수도 있다.

심지어 살인을 저지르고 신분을 숨긴 젊은이라도, 이 나라에서는 살아갈 수 있다. 이를테면 지바 현의 한 영어 학원에서 근무하던 여성 강사를 살해한 혐의로 전국에 지명 수배된 이치하시 다쓰야(市橋達也, 28세, 기후 현)가 그러했다. 그는 무가지나 공공 도서관의 컴퓨터를 이용해 구인 광고를 찾았고, 건설 현장 등지에서 일하며 생계를 유지했다. 게다가 그는 2년 7개월 동안 도피 생활을 하는 와중에, 100만 엔에 가까운 돈을 저축했다고 한다.[312]

이토록 '풍족한' 사회에서 사람들이 공통적으로 안고 있고, 게다가 금방 알아차릴 수 있는 고충을 찾아내는 일은 결코 쉽지 않다.

젊은이들은 실상 고용 문제나 세대 간 격차 등 상대적으로 가장 큰 고충을 겪고 있을 텐데도, 정작 당사자인 '젊은이들'은 자신들이 행복하다고 이야기한다. 한편 저출산으로 인해 '젊은이들'의 절대적인 수치도 감소하고 있다. 더구나 요즘 젊은이들은 단순히 '젊은이'라는 범주로 묶일 수 없을 만큼 다양하다.(6장)

그런데 중동의 몇몇 국가처럼 극적인 '혁명'이 일어난다고 해서, 일본 사회가 한순간에 전부 변할 리도 없다. 기능이 마비된 국가 구조, 경제 불안, 젊은 층의 실업률 문제는 단지 정권이 바뀐다고 금방 해결될 수 있는 문제가 아니다. 각각의 제도를 차근차근 바꿔 나가야 하는, 착실하게 노력을 기울여야만 해결할 수 있는 문제인 것이다.

한편 다른 국가의 상황을 보면, 정권이 교체된 후에도 시위나 총격전이 계속되어 많은 사상자를 발생시키고 있다. 치안 사정이 불안해지면 경제가 더욱 악화될 우려도 있다. '혁명'은 '사회를 바꾸기' 위한 기점으로 작용하지만, 이것은 어디까지나 '기점'에 불과하다.

그러나 '사회'는 바뀔 수 있다

사회적인 임팩트를 주는 것이 목적이라면, 반드시 시위나 퍼레이드와 같은 가두행렬의 형식을 취할 필요는 없다. 예컨대 일찍이 무라카미 류(村上龍, 48세, 나가사키 현)는 『희망의 나라로 엑소더스(希望の国のエクソダス)』라는 소설에서 '지금 당장이라도 가능한 교육 개혁'을 제시한 적이 있다. 바로 '80만 명의 중학생이 집단으로 등교하지 않는다.'라는 방법을 제안한 것이다.[313]

이 소설의 줄거리는 사회에 절망한 중학생들이 어떤 사건을 계기로 동시다발적 등교 거부를 시도하면서 어른들을 당황하게 만드는 내용이다. 그리고 이 소설 속에는 실질적으로 일본으로부터 독립한 '희망의 나라'가 성립할 때까지의 모습이 그려진다. 어쨌든 그런 극단적인 상황(일본에 새로운 국가가 건국하는 일)까지 가지 않더라도, 즉 대규모의 집단 등교 거부 사태가 발생했다는 사실만으로도 사회는 커다란 충격에 빠질 것이다.

실제로 일본에서 등교 거부 중인 학생의 수는 약 13만 명 정도다.[314] 등교를 거부하는 학생들은 '재일 특권을 허락하지 않는 시민의 모임(재특회)'처럼 거리로 나가 자신들의 주장을 큰소리로 부르 짖거나 달리 행동하지 않는다. 그러나 '등교 거부'라는 움직임은 이미 사회 전반에 널리 알려졌으며, 더불어 교육 정책에도 적잖은 임팩트를 던지고 있다.

현대 일본에서는 모든 사람이 공감하는 '좋은 사회상'이나, 모두가 증오하는 '나쁜 사람'은 좀처럼 눈에 띄지 않는다. 거꾸로 말하면, 이것은 '사회를 바꾸기' 위한 방책에 여러 가지 형태가 있을 수 있음을 의미하는 것이다.[315]

시의회 의원이 되어 시의 조례를 바꿔도 되고, 사회적 기업을 설립해 사회에 공헌해도 좋다. 또 관료가 되어 문제점으로 가득한 현행 법률을 개정하는 데 일생을 걸어도 좋고, 정치판에 입김을 불어넣을 수 있는 대자본가를 목표로 삼아도 좋다. 혹은 NGO 같은 비정부 주체의 일원으로서 국제 조약을 구성할 수도 있다. 이런 일들이 더 이상 꿈에 그칠 일이 아닌 시대다.[316]

그러하다면, 시위는 별 소용없는 행위라는 말인가? 아니, 그렇지 않다. 사실 시위 참여자 개개인이 사회에 던지는 임팩트는 기업가들에 비하면 거의 없는 것과 마찬가지다. 그럼에도 불구하고 시위자들 스스로 자신들의 행동에 조금이라도 행복감을 느낀다면, 우리는 그러한 행위를 따뜻한 시선으로 바라봐 주는 것만으로도 충분하지 않을까 싶다.[317]

이번 장에서는 '일본'을 바꾸기 위해 곳곳에서 끊임없이 활동하고 있는 젊은이들을 살펴봤다. 그들의 사회 활동은 답답함을 달래기 위한 표현이기도 했고, 타자의 승인을 얻기 위한, 즉 '마음 둘 곳'을 찾으려는 색채를 강하게 드러내기도 했다.

그것으로 충분하다. 집에 틀어박혀 있는 것보다, 태양이 내리쬐는 거리를 활보하는 편이 건강에도 훨씬 유익하다. 게다가 공통의 관심거리를 나눌 수 있는 친구까지 만날 수 있다면, 그것이야말로 일석이조가 아니겠는가?

다만 좀 더 건설적인 방법이 있지 않을까 하는 생각이 든다. 이 사회에는 보다 즐겁게 참여할 수 있는 일이 얼마든지 있을 테니까 말이다.

5장

동일본 대지진과
젊은이들의 예상된 행보

2011년 3월 11일, 오후 2시 46분. 일본 도호쿠 (東北)와 간토 지방을 엄습한 동일본 대지진. '매그니튜드 9'라는 엄청난 지진 규모에, 쓰나미(津波, 지진해일)까지 일어나 많은 도시를 덮쳤다. 심지어 원자력 발전소에도 사고가 발생했고, 아직도 그 피해의 전모가 밝혀지지 않고 있다. 이러한 '예상 밖'의 대지진 앞에서, 젊은이들은 어떠한 행동을 취했을까?

1 일본 붐

세계로 확산된 모금 활동

대지진 발생 직후, 널리 확산된 움직임 중 수많은 모금 활동이 있다. 구호 활동과 사회봉사자들을 받아들이는 데 아직 준비가 이뤄지지 않은 가운데, '우선 무슨 일이든지 하고 싶다.'라고 생각한 젊은이들이 모금 활동부터 시작했던 것이다.

3월 13일, 도쿄 신주쿠 역 앞에서는 방글라데시를 지원하는 학생 단체 'GCMP'와 뜻을 함께하는 약 50여 명이 젊은이들이 모여 지나가는 사람들에게 모금을 호소했다. 물론 대지진이 발생하고 시간이 지남에 따라 '모금 러시'라고 부를 만한 대규모 활동이 이뤄졌지만,[318] 이처럼 재해가 닥친 지 이틀 만에 큰 모금 활동이 일어난 것은 좀처럼 찾아보기 드문 경우였다.[319]

이런 모금 활동의 계기는 방글라데시 측의 제안이었다고 한다.

'일본을 좋아한다. 일본에게 은혜를 갚고 싶다.'라는 의견이 방글라데시 쪽 젊은이들에게서 나왔으며, 이 내용이 일본 측에 전달된 것은 3월 12일 밤이었다. 그러고 나서 바로 핵심 멤버들의 주최로 스카이프 미팅이 열렸다.

학생 단체 GCMP는 평소엔 빈곤층을 대상으로 무담보 융자를 실시하는 '그라민은행'과 함께 활동하는 단체다. "세계를 더욱 재미있게 만들 수 있는 큰일을 하고 싶다."라고 생각한 대학생들이, 그라민은행의 존재를 알게 되면서부터 시작된 프로젝트다. 이들의 웹사이트에는 "같은 시대를 사는 젊은이들이 커다란 꿈을 펼치고 비상할 수 있도록, 이 땅을 활주로로 만들고 싶다."라는 열의에 찬 생각이 실려 있다.[320]

그들은 주로 학술 여행이나 조사 연구 등의 활동만 하기 때문에, 모금 운동은 그야말로 처음 해 보는 일이었다. 일본 측 책임자인 미야지마 아카네(宮島あかね, 21세, 여성)는 "같은 일본인으로서 그냥 보고 있을 수만 없었다. 한때 피해 지역으로 직접 가 보려고 했으나, 지금 단계에서는 아무래도 안 될 것 같았다. 어쨌든 지금 할 수 있는 것이 무엇인지 생각해 봤다."라고 했다. 그 결과, 일본과 방글라데시에서 동시적으로 모금 활동을 시작하기로 결정했다고 한다.

보통 트위터나 페이스북을 통해 원조를 호소한 모금 활동의 경우, 수많은 젊은이들로부터 반향을 불러일으켰다. 친구에게 소식을 듣고 참여했다는 대학생 히로카즈(21세, 남성)의 이야기를 들어 보니 "일본에 공헌할 수 있어서 좋았다."라고 받아넘겼다. 그리고 "이번 지진을 통해 일본을 좋아하고 있다는 사실을 재확인했다."라고 열정적인 어조로 말을 이어 갔다.

또 그는 모금 활동을 처음 해 봤지만, "전혀 부끄럽지 않았다." 라고 했다. "언뜻 보기에 날라리 같은 사람인 줄 알았는데, 그가 모금에 참여해 줘서 기뻤다. 하지만 의외로 관심이 없는 사람도 많았다. 그래서 좀 슬펐다."라고 그날의 느낌도 털어놓았다. 그의 표정에서 성취감을 읽을 수 있었다.

프리터인 렌(21세, 남성)은 친구와 함께 '부모님과의 불화로 가정을 상실한 10대의 모습을 그린 영화'를 제작하는 프로젝트를 진행하고 있었다. 그런 와중에 대지진이 발생했고, 그는 "모든 예정을 변경했다."

"너무나 피해가 크다. 피해를 입은 현지 사람들이 자신들의 손으로 무언가를 할 수 있는 수준을 넘어 버렸다."라고 그는 대지진에 대한 본인의 느낌을 말해 주었다. 그는 "사실 방사능을 뒤집어쓰더라도 피해 지역으로 달려가고 싶었다."라고 했다. 그러나 "지금은 돈을 모아야 할 때다."라고 생각을 고쳐먹게 됐고, 그래서 모금 활동에 참여하게 되었다는 것이다. 실제로 그는 매주 모금 활동에 지속적으로 참여했다.

불과 두 시간 남짓 되는 모금 활동이었지만, 신주쿠에서는 약 40만 엔, 방글라데시에서는 1만 5000타카(약 1만 8000엔 정도)가량의 의연금을 모을 수 있었다. 그들은 모금 활동을 마무리하면서 모두 함께 기념 촬영을 했다.[321] 그리고 이들은 뒤풀이도 없이 곧바로 해산했다.

"이것을 통해 일본은 하나가 될 수 있습니다!"

모금 활동은 지진 피해가 없는 지역으로도 확산됐다. 후쿠오카

(福岡)의 학생 단체 '소울워크스(Soul Works)'[322]가 주축이 되어 실시한 하카타 역(博多驛) 앞 모금 활동에서는, 3월 12일부터 3월 16일까지 단 닷새 만에 700만 엔의 의연금이 모였다.

이들은 본래 '후쿠오카의 학생들을 단결시키기' 위해 모인 동아리였다. 후쿠오카에는 수많은 학생 단체가 있지만, 서로 충분히 교류하고 있는 것은 아니었다. 그래서 학생 단체끼리 연대할 수 있는 '장'을 마련하고자 했다는 것이다. 즉 "공동체를 만들고자 했고, 공통된 언어를 만들어 내고자 했다."라는 뜻이다.

이 단체의 대표인 사가라 신지(相良眞史, 21세, 남성)는 "지금 할 수 있는 일부터 하루빨리 하자."라고 대지진 발생 직후 모금 활동을 호소했다. 그는 "모금 활동을 통해 후쿠오카를 하나로 만들고 싶다. 일본을 하나로 만들고 싶다."라고 말했다. "지금까지 후쿠오카에도, 일본에도 하나로 뭉칠 만한 이유가 없었다. 하지만 지금, 모두가 하나로 될 수 있는 이유가 생겼다."라는 것이다.

후쿠오카의 학생들을 하나로 연결하고 싶어 하던 그들에게, 대지진은 '눈에 보이는 목표'였다. 이 모임에서 사가라 신지가 "지금은 모두가 하나로 되어야 할 때!"라고 호소하자, 동아리의 구성원들은 크게 수긍했다.

"무언가 새로운 일을 시작하는 것이 좋다."라고 말한 유코(20세, 여성)는 모금 활동 정보를 믹시를 통해 알게 되었다고 했다. 한편 그녀는 "텔레비전 뉴스를 보면 온통 전문 용어만 나와서 도무지 무슨 말인지 모르겠다."라고 했다. 그래서 "자신이 할 수 있는 일을 무엇이든 하지 않으면 안 될 것 같다."라는 데까지 생각이 미쳤다고 한다.

"그것을 위해서라면 아무것도 두렵지 않다."

이들에게서 자주 들은 이야기 중 하나가 "어쨌든 무슨 일이든 하고 싶었다."라는 목소리였다.

다카아키(21세, 남성)는 "텔레비전 뉴스를 보는 것만으로는 부족했다. 무언가 행동해야겠다는 생각이 들었다. 내가 움직이지 않고서는 만족할 수 없었다."라고 모금 활동에 참여한 이유를 들려주었다. 그는 현재 한창 일자리를 구하는 중이라고 했다. 그럼에도 틈틈이 짬을 내서 모금 활동에 참여했다고 한다. 그리고 다카아키는 "정말로 성의를 갖고 활동한다면, 베푼 마음이 되돌아온다는 것을 모금 활동을 통해 배웠다."라고 했다. 또 그는 "우리의 노력을 인정받을 수 있었다. 만족감이 있다."라고 기쁨에 차서 말을 이어 갔다.[323]

마찬가지로 구직 중인 시호(21세, 여성)는 "자신을 변화시키고 싶다."라는 마음에서 모금 활동에 참여했다고 한다. 그녀가 말하길 어느 회사 설명회에 갔을 때, 주변 학생들은 질의응답 시간을 빌려 적극적으로 발언하는 데 반해 자신만 손을 들고 말할 수 없었다고 한다. 그러나 이 모금 활동을 통해 "여러 사람들의 생각을 듣고, 타인과 만나는 일이 즐거워졌다. 취업하는 데도 긍정적으로 임해야겠다."라는 생각을 품게 되었다고 한다.[324]

모금 활동 후, 그들은 자기 사무실에서 회의를 열었다. 사무실은 '공창(共創)', '공생(共生)', '공육(共育)' 등의 문구가 적힌 색종이로 장식되어 있었다. 대표가 긴 인사말을 마치자, 한 사람 한 사람씩 '자신이 겪은 변화'와 '지금 생각하고 있는 점'에 대해 발표하고 공유하기 시작했다.

다이시(20세, 남성)는 "'대체 뭐하는 거야?' 하는 시선으로 자신

5장 동일본 대지진과 젊은이들의 예상된 행보

을 바라보는 어른들에게 보여 주고 싶었다. 그것을 위해서라면 아무것도 두렵지 않았다."라고 이야기했다.

한편 JR 니시니혼(JR西日本) 측이 하카타 역 앞에서 모금하는 것을 허가해 주지 않아서, 활동을 시작하기까지 문제도 있었다고 했다. 그의 발언으로 몇몇 학생들은 눈물을 글썽거렸고, 그날의 회의는 그렇게 마무리됐다.

피해 지역으로 달려가는 젊은이들

이제 피해 지역이 사회봉사 참여자를 맞을 준비가 되자, 젊은이들을 포함한 수많은 사람들이 그곳으로 달려갔다.

전국사회복지협의회에 따르면, 대지진 발생하고 4월 말부터 5월 초의 황금연휴 전까지 도호쿠 지역 세 군데 현을 찾은 봉사활동 참여자의 수는 17만 5000명에 이르렀다고 한다. 그리고 황금연휴가 시작된 4월 20일부터 5월 3일까지, 4만 3000명의 봉사자가 더 참여했다고 한다.[325]

한신·아와지 대지진 때의 경험 탓인지, 여러 엔피오(NPO, 민간비영리 단체)나 NGO 등의 단체들도 발 빠르게 재해 지역에서 봉사활동을 개시했다. 예를 들어, 국제 NGO 피스보트는 3월 15일부터 선발대를 피해 지역으로 파견해 구호물자를 나눠 주었다. 더불어 재해 상황에 대한 정보를 수집하고, 지원 활동을 파악하기 시작했다.

3월 25일부터는 일반인들 중에서도 봉사 활동 희망자들을 모아 미야기 현(宮城縣) 이시마키 시(石卷市)로 파견했다. 피스보트의 봉사 활동 시스템이 지닌 특징은 특별한 지식이나 경험이 없어도 누구든지 실전에 투입할 수 있는 구조를 구축하고 있다는 점이다. 밥을 지어 돌리거나 식사를 배달하거나, 진흙을 제거하는 일 등이 주요 작업인데, 개인에게 할당되는 작업을 보면 누가 해도 크게 다르지 않을 정도로 세분화되어 있다.

단 특별한 능력은 필요 없지만, '봉사 활동을 하려는 의지'만큼은 반드시 필요하다. 파견될 때는 일주일분의 식수와 음식을 봉사 활동 참가자가 직접 챙겨 가야 한다. 또 텐트와 침낭도 할당된 그룹 내부에서 스스로 준비해야 한다. 현지로 이동하는 데 필요한 교통비도 자부담이다. 그럼에도 불구하고, 약 1개월 동안 1500명(4월 말 현재)의 봉사자가 참여했다고 한다.

5월 초순부터 피스보트의 봉사 활동에 참가한 대학생 사리(21세, 여성)는, 이것에 참여하는 이유에 대해 "피해 지역을 직접 보고 싶었다. 호기심이라는 말이 부적당한 표현일지도 모르겠지만, 텔레비전을 통해 보는 영상이 아니라 화면에서는 볼 수 없는 현장의 광경을 보고 싶었다."라고 말했다.

사리는 본래 국제 공헌에 관심이 있었고, 대학에서도 평화학을 전공하고 있다고 했다. 그리고 그녀는 피스보트가 주최한 '세계 일주 크루즈'에 승선한 경험도 있다. 사리는 "지금까지 일본은 난민이라는 존재와 거리가 먼 나라였다. 하지만 이젠 지원이 충분하지 않아 피해 지역이 곤란을 겪는 위기 상황"이라고 말했다.

"일손이 부족하다는 말을 듣고, 내가 할 수 있는 일이 있다면 무엇이든지 하고 싶었다."라는 것이, 대지진 지역에서 봉사 활동을 하는 젊은이들의 참여 이유였다.

주체적으로 피해 지역으로 들어가, 조직을 구축하다

한때 피스보트에 승선한 경험이 있고, 지금은 대학원에서 '안 전 보장'에 관해 공부하고 있는 나나미(26세, 사이타마 현)는 '쓰나프 로(つなプロ)'라는 프로젝트를 통해 미나미산리쿠(南三陸)로 향했다. '쓰나프로'는 일본재단을 비롯해 NPO 에틱(ETIC) 등이 중심이 되 어 결성한 단체로, 재해 지역에서 주민들의 이야기를 듣고 그들의 요구 사항을 조사하여, 다양한 전문 NPO와 연결시켜 주는 중개자 역할을 목적으로 하는 프로젝트다.[326]

역시 나나미도 "어떤 상황인지 걱정되고, 직접 가서 보고 싶 다."라는 이유에서 봉사 활동에 참여했다고 한다. 그리고 하루 동안 다섯 곳의 대피소를 돌아봐야 했기 때문에, "바빠서 이것저것 생각 할 틈이 없었다."라고 했다. 한편 사리는 자신이 참여한 봉사 활동 을 되돌아보면서 "피해 지역에 가서 직접 볼 수 있어 다행이었다. 매우 인상 깊은 경험이었다."라고 소감을 요약했다.

젊은이들 스스로 직접 결성한 봉사 활동 단체도 있었다.

도쿄의 대학생들이 '재해 지역의 주민들에게 힘이 되고 싶다.' 라는 취지로 만든 단체가 바로 '학생긴급사태대책본부', 즉 '세트 (SET)'다.[327] 대지진 발생 직후인 3월 12일 밤에 뜻을 함께하는 사람 들끼리 회의를 열었다. 이어서 3월 13일에 이 단체가 설립되었다. 이들은 '젊은이들의 생각과 힘을, 재해 지역 주민들의 희망으로 바 꿔 가고자 한다.'라고 단체의 설립 동기를 밝혔다.

이들 활동의 중심에 서 있는 인물은, 방글라데시와 국제 교류를 하는 학생 단체 '스위치(SWITCH)'를 조직하고, '지구를 더더욱 건 강하게'라는 강령을 내건 '학생 유신'이라는 단체와도 연관된 요시다 유스케(吉田勇祐, 21세, 도쿄 도)다.

3월에는 후방에서 구호물자를 지원하면서 학술 모임에 전념했고, 4월부터는 리쿠젠타카타 시(陸前高田市)로 직접 들어가 현지 NPO와 함께 시행착오를 겪으면서 봉사 활동과 이재민 요구 사항 파악에 앞장섰다.

실제로 피해 현장을 방문했을 때, 요시다 유스케는 "같은 일본이라고 생각할 수 없는 광경"에 놀랐다고 한다. 이들 세트는 자신들의 활동 목적으로 "일본을 짊어지고 갈 우리 젊은 세대"가 "리쿠젠타카타 시를 제2의 고향으로 삼아, 복구가 끝난 후에도 계속 인연을 이어 갈 것이다."라는 점을 강조했다. 그리고 앞으로도 지속적으로 이런 활동을 전개할 것이라고 했다.

캄보디아에서 도호쿠로

학생 봉사 활동 단체 그래픽스(GRAPHIS)를 조직했고(2장), 지금은 수련의로서 도쿄의 한 대학 병원에서 근무 중인 이시마쓰 히로아키(石松宏章, 27세, 오이타 현)는 4월 말 즈음에 게센누마(氣仙沼)로 향했다. 사실 그는 대지진 발생 직후부터 재해 지역으로 들어가려고 했으나, 하루하루 의사로서 해야 할 일이 있었기 때문에 "환자를 방치하면서까지 바로 행동으로 옮길 수가 없었다."라고 이야기했다.

마침내 시간을 낼 수 있게 된 이시마쓰 히로아키는 재해 지역을 방문하자마자 "말문이 막혔다." 그는 그 당시의 심정을 자신의 블로그에 남겼다. "여기가 정말 일본이라는 말인가, 캄보디아가 아니고?" 그는 그곳에서 처음 캄보디아를 방문하였을 때 느꼈던 무력감을 경험했다고 한다.

하지만 이시마쓰 히로아키는 무력감에 굴하지 않고, 자신이 할 수 있는 일을 찾기 시작했다. 지역구 의원의 안내를 받아 찾아간 '오시마(大島) 부흥 대책 위원회'에서 현지 주민들로부터 "일하고 싶은데 방법이 없다.", "일당이 6000엔이라도 좋고, 5000엔이라도 좋다."라는 목소리를 듣게 되었다.

그래서 그가 생각해 낸 것이 '외딴섬 오시마 스터디 투어'라는 프로젝트다. 전국적으로 학생을 모집한 스터디 투어를 통해 모인 학생들은 현지 섬 주민의 안내를 받으며 현장 연구에 나섰다. 그리고 참가비 중 일부를 가이드에게 지불했다. 이시마쓰 히로아키는 그래픽스를 통해 캄보디아에서 시행했던 '스터디 투어'의 경험을 오시마에서도 활용했다.

그는 캄보디아에 대한 국제 지원과 마찬가지로, "모든 것은 눈으로 직접 목격하게 될 때 시작된다."라고 말했다. 한편 참가자에게는 "어떤 형태로든 성취감이 필요하다."라는 배려도 잊지 않았다. '오시마 스터디 투어'에는 환경성(環境省)에서 선정한 '쾌적한 해수욕장 100선'에도 포함된 오시마의 해변을 정비하는 일이 반영되었다.

"막연히 하는 붕괴 건물 잔해 제거와는 달리, 해변을 정리하는 작업은 가시적인 성과를 내기 쉽다."라는 점이 그가 이 일을 선택한 이유였다. 또 여가 시간에는 바비큐를 즐기거나 밤하늘의 별을 감상하는 등 스터디 투어를 '단순한 봉사 활동'으로 만들지 않기 위해 고심한 흔적도 찾아볼 수 있었다.

대망의 '비일상'

마치 월드컵 때의 분위기가 지속되고 있는 듯하다고 말하면 '신중하지 못한 지적'이라고 분노할지도 모르겠지만, 동일본 대지진 발생 후에 나타난 현상은 바로 '일본 붐'이었다. '일본은 강한 나라'라든가 '일본의 힘을 믿는다.'라는 둥 '일본은 하나의 팀이다.'라는 둥 마구잡이로 일본을 응원하고 위로하는 공공 기관의 홍보 영상이 한동안 난무했었다.

또 이번 장에서 살펴보았듯이, "일본은 대지진을 통해 하나가 될 수 있다."라고 말하거나 모금 활동에 참여하면서 "일본을 좋아한다는 사실을 재확인했다."라고 언급한 젊은이도 많았다.

아무 일 없이 평온하게 생활하는 한, '일본'이 '일본답지 않은 요소'를 통해 전면적으로 부각되지 않는 이상, 그것(일본이라는 국가)은 좀처럼 의식의 수면 위로 떠오르지 않는다.(3장) 그러한 의미에서 대지진이라는 천재지변은 평소와 다른, 즉 '일본'이라는 존재의 바깥쪽에서 날아든 것이다.

해외 봉사 활동을 해 오던 학생 단체나 젊은이들이 이번 대지진 때 즉각적으로 반응을 보인 것은 매우 상징적인 일이다. 그래픽스와 스위치의 창설자들은 그 설립 목적으로 일상생활 속의 답답함을 들었다. 그런 시점에서 이들이 발견한 것이 캄보디아 혹은 방글라데시라는 무대였다. 이 젊은이들의 답답함을 타개하기 위해서는, 분명 그 정도로 강도 높은 비일상이 필요했을 것이다

마찬가지로 동일본 대지진은 도호쿠 지방을 한순간에 '비일상'으로 바꿔 놓았다. 이시마쓰 히로아키가 "여기가 정말 일본이란 말인가, 캄보디아가 아니고?"라고 솔직하게 표현했듯이, 이제 '재난

피해 지역'은 기능적으로 캄보디아와 비슷한 '비일상'의 대상이 된
것이다.

대지진 복구 작업에 수많은 젊은이들이 소매를 걷어붙이고 나
선 일은 조금도 이상한 사건이 아니다. 이 책을 죽 읽어 온 사람이
라면, 젊은이들의 이런 행동이 '예상대로' 진행된 양상이라는 점을
직감했을 테다.

2장에서 살펴보았듯이, 오늘날의 젊은이들은 '지금 여기'에서
살아가는 생활에 만족한다. 동시에 아무런 변화도 없이 매일 반복
되는 생활에 답답함을 느끼고 있다. 어디에선가 그 탈출구를 찾고
있다. 무언가를 하고 싶다고 '불끈' 치솟는 기분이 젊은이들을 봉사
활동 등에 나서도록 만든다.

그런데 문제는 요즘 젊은이들이 관여하고자 하는 목표가 잘 보
이지 않는다는 것이다. 다시 말해, 그들과 '사회' 사이에 어떤 구체
적인 회로가 마련되어 있지 않다는 뜻이다. 그 때문에 개인보다 '국
가'나 '사회'를 더 중요하게 생각하는 젊은이가 많은데도, 그들은
어떠한 행동도 선뜻 취하지 못하고 있다.

하지만 대지진이 발생하자 '재난 피해 지역 지원', 즉 참여해야
할 대상이 알아보기 쉬운 형태로 출현했다. 이런 표현이 다소 거칠
기는 하지만, 어쩌면 동일본 대지진이야말로 사회 지향적 성향을
지닌 젊은이들에게는 '기다리던 사건'이었다고 말할 수 있을 것이
다. 후쿠오카의 학생 단체가 "이제 모두가 하나가 될 이유가 생겼
다."라고 단도직입적으로 말했듯이 말이다.

그런 의미에서, 동일본 대지진 후에 등장한 '일본 붐'은 짐짓
'내셔널리즘'이라고 표현하기에는 상당히 부족한 현상일지도 모른

다. 이를테면, 젊은이들은 '도호쿠 지역'을 '캄보디아'의 대체물로 생각한 것은 아닐까? 만약 그렇다면, 그들이 아무리 '일본'을 강조하더라도 결국 그런 행동은 '자신들의' 문제가 아니라 '자신들 밖'의 문제일 뿐이다.[328]

2 '원자력 발전 반대'라는 축제 속에서

고엔지에 모인 1만 명의 사람들

4월 10일, 도쿄의 고엔지(高円寺)에서는 원자력 발전에 반대하는 '원자력 발전 중지 시위'가 있었다.[329] 이 시위를 주도적으로 이끈 '시로토노란(素人の乱)'이라는 단체는 고엔지 주변에서 재활용품점이나 중고 의류 가게를 운영하면서 때때로 실없는 이벤트나 진행해 온 그룹이었다.[330]

예컨대 이 그룹은 구의회 의원 선거에 출마했을 때, 가두연설이라는 명목으로 밴드와 디스크자키를 동원해 고엔지 역 앞에서 대대적으로 파티를 열기도 했다. 또한, 경찰에 '시위 허가 신청서'를 제출하고는 막상 플래카드도 없이 단 세 사람만 행진을 하기도 했다. 당연히 이들을 호위해 주는 경찰의 수가 훨씬 많았다.

고엔지의 '원자력 발전 중지 시위'도 '시로토노란'이 주최한 만큼 축제 같은 색채가 짙었다. 시위 당일 고엔지 역 남쪽 출구로 나와 집합 장소인 중앙공원에 들어서자 엄청난 인파가 모여 있었다.[331] 집합 장소 중심부에는 연설뿐만 아니라 밴드의 라이브 무대도 있었다. 앞서 4장에서도 언급했듯이, 이 집회는 '새로운 사회 운동'의 전형적인 예로 보이는 '축제'였다.

참가자들의 연령대는 젊은 층에서부터 고령자에 이르기까지 폭넓었으나, '원전 반대 운동 40년'과 같은 시위에 모이는 중년층은 그리 눈에 띄지 않았다. 전체적으로 보기에, 그들은 주오 선(中央線) 전철 주변에 거주하는 사람들처럼 특유의 편안한 복장을 하고 있었고, 유기농업에 관심이 있는 자연 친화적인 사람들이 많았다. 아이들과 함께 온 사람들도 많았다.

대지진 발생 전부터 원전 반대 운동에 참여해 온 요스케(22세, 남성)는 "지금까지 해 온 시위는 '원전 반대' 등의 구호를 외쳐 대서인지 아이들은 보이지 않았다. 그런데 오늘은 재미있다. 일본 같지 않다."라고 말했다. 그러고 보니 플래카드에도 '시금치를 먹고 싶다.' 혹은 '몸속을 발전시키는 시대' 등 모두 자유롭게 자신들의 주장을 내걸고 있었다.

다양한 입장을 지닌 참가자들이 모였다는 점도 이날 시위에 나타난 특징이었다. 예를 들어 료타(21세, 남성)는 대학에서 원자력 공학을 전공하고 있으며, 그중 증식로에 관한 연구를 진행 중이라고 했다. 그는 원자력 발전에 관해서라면 '(원자력 발전은) 없어지면 안 된다는 사명감'을 가진 '원자력 발전 추진파'였다. 그런데도 이날 시위를 찾은 것은 "여론이 어떻게 돌아가고 있는지 알고 싶어서"라고 했다.

그리고 나는 마침 주변을 지나가다가 시위 광경이 보고 싶어서 방문했다는 야스오(22세, 남성)와 노조미(24세, 여성)의 이야기를 들어 보았다. 야스오는 "전기를 많이 사용하고 있으므로 원전에 찬성"이라고 했다. "축제 같아서 재미있다. 진지한 시위는 설득력이 있긴 하지만, 가까이 다가가기는 어렵다."라고 이날 시위에 대한 소감을 말해 주었다.

노조미는 원자력 발전에 대해 딱히 이렇다 할 의견은 없지만, "당사자가 없는 편안한 시위군요. 즐거워 보여요."라고 말하며 중앙공원에 모인 사람들을 둘러보았다. 마을에서 주관하는 축제나 바자회 같은 분위기이기 때문에 정치적인 주의 주장이나 입장에 상관없이 누구나 가벼운 마음으로 구경할 수 있는 것이다.

어쨌든 그곳에 참가한 대다수 사람들의 입장은 '원전 반대'였을 것이다. 처음 시위에 참여해 봤다는 대학생 가즈야(22세, 남성)는 "이 느낌은 뭐랄까요?"라고 하며 축제 같은 분위기에 당혹스러워하면서도 "즐거운 축제군요."라고 반응했다.

이들보다 좀 더 진지한 사람들도 있었다. 회사원인 사유리(29세, 여성)는 대지진 발생 직후에 도쿄전력 앞에서 진행된 시위에도 참가했었다. 그녀는 그곳에서 알게 된 십여 명의 지인들과 함께 작은 단체를 만들었고, 이날의 시위에서도 '원전 반대'라는 플래카드를 들고 서 있었다. 사유리는 대지진이 발생하기 전까지만 해도 사회운동에 조금도 관심이 없었지만, "이제는 움직여야 한다. 지금은 화를 내야 할 때라고 생각했다."라고 말했다.

최근 이들은 퇴근하는 길에, 도쿄전력 앞에서 진행 중인 시위에 참여하고 있다고 한다. "젊은이들, 일반 시민들에게 이런 활동에 대해 더욱 알리고 싶다. 일본 전체가 연대하는, 최종적으로 100만 명이 함께하는 시위를 목표로 삼고 있다."라고 그녀는 열정적으로 이야기했다.[332]

탈원전이든 원전 추진이든 모두 마찬가지

'원전 중지 시위'가 축제로서 재미있다는 것은 알겠다. 하지만 그 시위가 과연 어느 정도의 사회적 파장을 불러일으킬 수 있을까?

나오야(26세, 남성)는 "무엇이 진실인지 알고 싶어서" 시위에 왔다고 한다. 그러나 '축제 같은' 광경을 목격하고, "도대체 시위에 무슨 의미가 있는 걸까?"라는 고민을 품게 되었다고 한다.

사실 이날의 시위가 어느 정도로 사회적 파장을 분출했는지는 불분명하다. 이를테면 시위가 진행된 4월 10일은 도쿄 도 도지사 선거일이었다. 그 선거에서 '원자력 발전의 존속 여부'는 하나의 쟁점으로 부각되어 있었고, 당시 도지사이자 원전 존속 추진 방침을 표명한 이시하라 신타로(78세, 효고 현)의 선거 결과가 주목을 받고 있었다. 왜냐하면, 다른 후보자들은 뉘앙스의 차이가 있기는 했지만, '탈 원자력 발전'을 공약으로 내세웠기 때문이다.

한편 이날 '원전 중지 시위'에 찾아올 정도로 사회적 참여 의식이 높은 사람들이라면 당연히 모두 투표를 하고 와서 고엔지 시위에 동참했으리라고 여겼다. 하지만 그렇지 않았다. 의회제 민주주의 국가에서는 시위보다 투표를 통한 정치적 의사 표현이 '탈 원전'에 더 가까워지는 방법일 텐데도 말이다.[333]

'원전 중지'라는 것은 언뜻 봐도 매우 알기 쉬운 메시지다. 후쿠시마 제1원자력 발전소가 사고를 일으켜 방사성 물질이 마구 유출된 상황에서, 아마 대부분의 사람들은 '원전 중지'를 외치는 주장에 공감할 것이다.

그러나 '원전 유지파'와 '원전 중지파'는 명확하게 대립각을 세우고 있지 않았다. 예를 들어, 재특회에서는 '일본의 전력을 지키

자! 원자력 발전의 불을 끄지 못하게 하는 시위행진!'이라는 슬로
건을 내걸고 4월 17일 시부야에서 시위를 진행했다.[334] 그들이 그곳
에서 내놓은 주장은 '원전 중지파'와 그다지 다르지 않았다.

재특회의 대표는 이런 연설을 했다. "나는 개인적으로 원자력
발전소가 없으면 없는 대로 괜찮다고 생각한다. 그러나 그것을 대
체할 만한 에너지가 없기 때문에 어쩔 수 없다."라는 것이다. '뭐?'
의외로 평범한 연설이었다. 뭐라고 표현하면 좋을까? 사실 그들의
논조 또한 '원전 중지 시위'에 참가한 사람들의 그것과 크게 다르지
않았다.

아마 '원전 중지'를 주장하는 사람일지라도, 지금 당장 일본의
모든 원전을 중지해야 한다고 주장하는 사람은 많지 않을 것이다.
바로 재특회가 주장하는 바와 마찬가지로, 현 단계에서는 효율적인
대체 에너지를 찾을 수 없기 때문이다.

그렇다면 '원전 중지파'에서 주장하는 것은 도대체 무엇일까?
물론 그들은 무슨 일이 있어도 원자력 발전소를 증설하고 싶어 하
는 '원전 적극 추진파'를 비판할 테지만, 그럼에도 현재로서는 원자
력 발전에 의존하지 않을 수 없다고 주장하는 '원전 유지파'와 별다
른 입장 차이가 없다.[335]

'원전 중지 시위'와 '원전의 불을 끄지 못하게 하는 시위'의 차
이점은 동원된 인원수 정도다. '원전의 불을 끄지 못하게 하는 시
위'의 참가자 수는 약 30명이었다. 재특회가 도쿄에서 개최한 시위
중에서 역대 최저 수준의 인원수가 참가한 것이었다.[336]

진지한 시위에 당황하다

고엔지의 '원전 중지 시위'는 지금껏 이루어진 그 어떤 원전 반대 활동보다도 다양한 사람들이 동원됐다. 하지만 참가자가 편중되어 있었다는 점을 부인할 수 없다.

하지만 5월 8일, 마찬가지로 '시로토노란'이 시부야에서 주최한 '원전 중지 시위'는 달랐다. 그곳에는 '좌익 운동 40년'과 인연이 깊어 보이는 아저씨, 아주머니까지 대거 참여했다.

이 시위에서는 수많은 전단지가 배포됐는데, '평화롭고 안전하게 생존할 권리를 보장하라!' 또는 '헤노코(辺野古)에 미군 기지를 만들지 못하게 하자!'라는 내용이 적혀 있었다. 그중에는 손으로 직접 쓴 듯한 소식지까지 있었다. 집합 장소인 요요기 공원 한가운데에서는 '시로토노란'이 주최한 라이브 공연이 진행되고 있었다. 그런 와중에 다른 한쪽에서는 좌익 계열 아저씨가 연설을 시작했고, 마치 여러 종류의 시위가 동시에 개최되는 듯한 분위기였다.

본인 손으로 만든 플래카드를 든 전직 엔지니어 준지(63세, 남성)는 인터넷을 통해 오늘 시위와 관련된 정보를 접했다고 했다. 지난번 고엔지에서 시위가 열렸을 때는 '장년층이 중심을 이룬 시위'에 참여했었으나, "오늘은 이 시위밖에 없었기 때문에" 시부야로 왔다고 했다.

코스튬플레이를 하고 시위에 참가한 겐타(29세, 남성)는 "오늘은 진지한 사람들이 많네요. 연령층도 높은 편이고요."라고 말하며, 고엔지 때와는 분위기가 달라서 당혹스러워했다. "고엔지 시위는 재밌었는데, 축제 때처럼."이라고 회상했다.

진지하게 원자력 발전의 위험성을 호소하는 아저씨나 아주머니의 입장에서 보면, 요란한 코스프레가 어딘가 어색하게 느껴질 수도 있다. 아무리 '원전 중지'라는 뜻이 일치하더라도, 연령과 계층이 다른 사람들끼리 연대하는 일은 그리 간단한 문제가 아닌 듯싶었다.

'원전 중지 시위'의 한계

'시위'는 참가자들의 것인 동시에, 공공장소(도로)를 가로질러 행진하는 이상 그것을 지켜보는 사람들의 것이기도 하다. 하지만 시부야 사거리와 오모테산도(表参道)를 돌며 행진한 '원전 중지 시위'가 과연 어느 정도로 그곳을 오가던 사람들에게 영향을 주었을까? 그 효과에 대해서라면 다소 의심스럽다.

휴일에 오모테산도에서 쇼핑을 즐기던 사람들은 시위행진에 잠깐 눈을 돌리기는 했다. 하지만 대부분 무관심했다. "또 시위야?", "여기서 시위한다고 무슨 의미가 있는 거야?"라는 목소리가 흘러나왔다.

하라주쿠에서 지진 피해 지역 복구를 위한 가두모금을 돕던 대학생 료(21세, 남성)는 눈앞을 스쳐 지나가는 시위에 대해 비판적인 시각을 보였다. "내가 이공 계통 학생이어서 그런지, 원전 반대를 주장하는 것은 지나치다고 생각한다. 갑자기 원자력 발전을 모두 중지하는 일은 불가능하다."라고 자신의 의견을 밝혔다. 또 그와 함께 모금 활동을 하던 유토(20세, 남성)도 "불만을 말하기 전에, 복구가 먼저다."라고 말했다. 이처럼 '원전 중지 시위'가 어떠한 효과를 일으키게 될지는 매우 불분명하다.[337]

지금까지 여전히 후쿠시마 원자력 발전소 사고가 해결되지 않은 탓인지, 원전 문제에 관심을 갖고 있는 사람이 많다. 그러나 '축제'는 오래 지속되지 않는다. 그리고 '축제'를 계속하기 위해 견고한 조직을 구축하는 순간, 그것은 별 볼 일 없는 행위가 되어 버리고 만다. 이러한 분위기 속에서 어떻게 '원전 중지'라는 운동을 이어 갈 수 있겠는가? 설령 그렇다고 해도, 대지진 발생 후에 휴일을 보내는 한 가지 방법으로서 시위에 참여해 보는 것도 나쁘지는 않다.

원자력 발전에 대해 위기감을 느낀 어떤 사람이 트위터에 올라온 시위 정보를 발견하고, 그 가두행진에 한 번 참여해 봤다고 하자. 분명 그 사람은 많은 이들이 시위에 참여하고 있다는 사실에 놀라며, 마치 축제를 즐기는 기분으로 고엔지 주변을 행진할 것이다. 그렇게 행진을 마치고 나면 꽤 피곤해질 것이다. 그리고 무언가 성취감을 얻고 돌아갈 것이다.

적어도 원자력 발전에 대한 불안감을 해소하는 '방법'은 되었을 것이다.

인터넷에서 확산되는 선의와 악의

나는 대지진 발생 직후부터 인터넷에서 수많은 '선의의 축제'를 목격해 왔다. 예컨대 대지진 발생 직후였던 3월 12일에는, 이른바 '야시마 작전'이라고 불린 절전을 호소하는 움직임이 확산되었다. 사람들은 전력 공급량이 부족할 우려가 있다는 도쿄전력의 발표를 듣고, 피크 시간대의 전력 사용을 자제하기 시작했다. 바로 인터넷에서 말이다.

'야시마 작전'이라는 이름은 애니메이션 「신세기 에반게리온」에서 빌린 것이다. 이 애니메이션의 한 에피소드에서, 적을 무너뜨리기 위해 일본 전 지역에서 전력을 끌어모으는 작전이 그려진다. 바로 거기에서 따온 것이다. 인터넷에서 이 작전의 구심점이 된 한 사람은 1990년에 태어난 대학생이다.[338] 이들이 전개한 '작전'을 통해 실제로 얼마만큼의 절전 효과가 있었는지는 알 수 없다. 하지만 적어도 트위터에서는 많은 사람들이 이 '야시마 작전'에 공감했음을 찾아볼 수 있었다.

그런데 인터넷에서 구체화된 '선의'가 폭주해 버리는 경우도 있다. 이를테면 "코스모 석유의 폭발로 인해 유해 물질이 대기에 퍼져, 비나 눈이 되어 함께 내린다."라는 체인 메일이 오갔다.[339] 트위터에서는 "개인적인 의견을 함부로 이야기하는 것은 적절하지 않다."라고 지적하며, '자숙'하지 않는 사람을 '불성실'하다고 규탄하는 상황까지 발생했다.

그리고 분명한 악의를 품고 "외국인이 지진이 불러온 혼란에 편승하여 범죄를 저질렀다."라고 거짓된 정보를 흘리는 사람도 있었다. 이러한 거짓 정보가 오가는 것을 보면, 우리는 약 90년 전에 발생했던 간토대지진(關東大地震) 때와 별반 달라진 점이 없다.

또 '실험'이라는 명목으로 "지진 때문에 건물에 갇혔는데, 구조해 줬으면 좋겠다."라는 메일을 트위터에 확산시킨 사람도 있었다. 그러나 대부분의 경우, 유언비어는 즉각 수정되었다. 그렇게 수정된 내용은 또 순식간에 인터넷을 통해 확산되었다. "불성실하다는 말을 확대 해석해서는 안 된다.", "제 나름대로 일상생활에 충실한 사람은 불성실하지 않다."라는 의견도 곧잘 발견할 수 있었다.

먼 나라의 혁명 사건에는 조금도 관심을 보이지 않던 믹시나 아메바(3장)도, 이번만큼은 지진 관련 뉴스로 가득 찼다. 평소에 시사 뉴스를 거부하는 아메바 뉴스까지도, "2차 피해를 방지하기 위해 적절한 지진 대책을 마련하라!"라는 진지한 기사를 톱뉴스로 게재했다.[340]

매스미디어가 더 낫다?

이번 대지진으로 분명해진 것은 '매스미디어의 위력은 여전히 크다.'라는 점과 '소셜 미디어의 유약함'이다.

아무리 '편집된 화면과 제공되는 정보가 자의적이다.'라는 비판을 받더라도, 방대한 인원을 투입해 실시간으로 현지 정보를 스물네 시간 내내 방영할 수 있는 것은 오직 매스미디어뿐이다.

한편, 인터넷의 다양한 정보는 그야말로 백화요란(百花燎亂) 상태다. 즉 인터넷은 무엇이 바른 정보이고 무엇이 잘못된 정보인지 '일반인'으로서는 도무지 판단하기 어렵고, 그런 한계를 더욱 두드러지게 보여 줄 따름이었다. 특히 '후쿠시마 원자력 제1발전소 사고'가 발생했을 때, 인터넷에 올라온 사고 관련 정보는 실로 엄청났다.

예컨대 '추천할 만한 레스토랑'의 경우, 그런 정보가 입소문을 타고 인터넷에 유포된다고 해서 크게 문제가 될 일은 없다. 최악의 봉변이라고 해 봤자 "비싸기만 하고 맛은 없다."라는 평판을 듣는 데 그칠 것이기 때문이다. 그러나 인터넷에 오르내리는 주제가 '방사성 물질의 위험성'이라고 한다면, 그건 그리 간단히 끝날 문제가 아니다. 게다가 '추천할 만한 레스토랑'을 판단하는 것보다, '방사성 물질의 위험성'을 파악하는 일이 훨씬 더 어렵다.

대학교수 등 훌륭한 전문가들이 등장해, 같은 주제를 놓고 각자 자신의 관점에서 서로 다르게 이야기한다. 게다가 "듣기에도 거창한 임원직을 맡은 사람들은 어용학자들이므로 믿지 말라."라는 정보까지 떠돈다. 그리고 정체가 불분명한 연구소에서 근무하는 전문가들, 도대체 무슨 연구를 하는지 알 수 없는 사람들까지 참석해 각자 독자적인 설을 펼쳐 놓는다.

사실 이러한 상황 자체는 그리 문제될 것이 없다. 인문학도 마찬가지이지만, 본래 과학이라는 학문은 '단 하나의 진실'을 가르치는 것이 아니기 때문이다. 아무리 과학자들이 실험을 통해 밝혀낸 이론이라 할지라도 "만약 틀린 이론이라면 그것은 다른 사람들이 반론을 제기할 수 있도록 자료를 첨부해 놓은 가설"에 불과하다. 즉 과학이란 서로가 상대의 가설을 비판하면서 '잘못된 부분이 더 적은 가설'을 만들어 가는 과정이다.

그런 의미에서, 인터넷에서는 '원자력과 방사능의 위험성을 둘러싼 대과학회의(大科學會議)'라는 민주적인 포럼이 열렸다. 참으로 대단한 일이다.

하지만 대다수 사람들이 바라는 것은 '잘못된 부분이 더 적은 가설'을 둘러싼 논쟁이 아니었다. 바로 '단 하나의 진실'이었다.

긴급할 때 미디어 해독 능력은 도움이 되지 않는다

그 결과, 커다란 혼란이 일어났다. 양심적인 과학자들은 좀처럼 '절대'라는 말을 사용하지 않는다. 반면, 과학자가 아닌 자칭 전문가들은 '절대'라는 말을 아주 쉽게 사용한다. 인터넷에는 "도쿄는 절대 안전하다." 혹은 "간토 지역은 이미 오염됐으므로, 서쪽으로 몸을 피하라."라는 식의 '단 하나의 진실'을 가장한 정보들이 넘쳐 난다. 게다가 우리들로서는 '불완전 정보 게임'을 할 수밖에 없다는 현실이 문제를 더욱 복잡하게 만든다.

전문가들은 공개된 정보를 전제로 논의를 진행했으나, 실상 아직 '감춰진' 정보가 더 있을 수도 있다. 이처럼 모든 정보가 공개되지 않은 상황 탓에, 평소 이성적이고 냉철하던 사람까지 의심의 눈초리를 거두지 못하고 있다.[341] 종종 돌이켜 보면, 올바르다고 생각했던 정보가 규탄("유언비어를 만들지 말라, 근거를 대라!")의 대상이 되기도 한다. 반드시 필요하고 중요한 순간에, 정작 '미디어 해독 능력'은 그다지 도움이 되지 않는다.

전문가들 사이에서조차 의견이 대립하는 정보를 제대로 취사선택하기란 매우 어려운 일이다. 또 그런 상황에서는 과연 누구를 '신뢰할 수 있는 전문가'로 여길지도 분명하지 않다. 더구나 '원자력 발전', '방사능', '지진'이라는 절체절명의 위기와 깊숙이 연관된 정보를 마냥 느긋하게 골라낼 여유도 없다.

현대 사회에 필요한 '미디어 해독 능력'이 무엇인지 부단히 고찰하고 있는 평론가 오기우에 치키(荻上チキ, 30세)는 대지진 발생 직후부터 떠돌기 시작한 유언비어를 자신의 블로그에 정리해 왔다. 그리고 그 내용을 차례로 검증했는데, 정작 모든 이들이 가장 걱정하는 원자력 발전 문제에 관해서는 거의 침묵하고 있었다.[342]

3 재해 디스토피아

3·11로 인해 세계는 변했는가?

언론인이나 지식인이라고 불리는 사람들은 빈번하게 외친다.

"3·11을 통해 세계는 변해 버렸다."라고. "이제 3·11 이전의 일본으로는 되돌아가지 못할 것"이라고.

아무래도 언젠가, 또 어디에선가 보고 들은 듯한 느낌을 떨칠 수 없는 그런 광경이다. 바로 2001년 9월 11일에 발생한 동시다발적인 미국 테러 이후, 당시 언론인들이 앞다퉈 내놓은 장황한 의견들도 이러한 느낌이었다. 그때도 지금처럼 모두가 강한 어조로 "9·11을 통해 세계가 변했다."라고 열의에 차서 외쳐 댔다.

하지만 어느 하루를 기점으로 불쑥 '세계가 변한다.'라는 것은 있을 수 없는 일이다. 물론 대지진 피해를 입은 사람들의 인생은, 실제로 '그날'을 경계로 해서 완전히 바뀌고 말았을 것이다. 일상적으로 일하고, 평범하게 가족을 돌보고, 별다를 것 없이 생활해 오던 수십만 명의 생활은 바로 '그날'의 대지진과 지진해일, 원자력 발전소 사고로 인해 송두리째 변하고 말았다.

또 '그날'의 재앙은 일본의 수도인 도쿄까지 방사성 물질이 유입될 가능성과 전기 공급량 부족이라는 문제까지 제공했다. 따라서 지금으로서는 대지진과 원자력 발전소 사고가 경제에 얼마나 큰 영향을 미치게 될지 명확하게 가늠해 볼 수 없다.

그러나 일본은 넓다. 대지진의 중심지인 이와테 현과 미야기 현, 후쿠시마 현의 인구는 약 571만 명이며, 도호쿠 지방 전체를 따지자면 약 930만 명이다. 즉, 일본 전체 인구의 약 7%이다.[343] 경제 규모 면에서 생각해 봐도, 이와테·미야기·후쿠시마 세 군데 현의 '지역 내 총생산'은 약 21조 엔으로 전국 대비 약 4% 정도이며, 도호쿠 전체에서도 7%에 불과하다. 제조품 출하 액수나 소매업 판매액 역시 전국 대비 7%에도 미치지 못한다.[344]

5장 동일본 대지진과 젊은이들의 예상된 행보

당연한 일일 테지만, 어떠한 잣대를 들이대도 일본 전체가 '재난 피해 지역'이 되어 버린 것은 아니라는 말이다.

결국 '끝나지 않는 일상'

나는 대지진이 발생하고 잠시 서일본 지역(규슈 지역)에 머물렀는데, 지역마다 대지진을 받아들이는 데 온도 차이가 있음을 알고 매우 놀랐다. 3월 14일, 아직 도쿄의 거리에는 애도 분위기가 감돌고 있었다. 하지만 서일본 지역은 동일본 대지진이 마치 저 먼 나라의 일인 양 인식하고 있었다.[345]

히로시마의 한 카페에서 현지 사람과 이야기를 나눴을 때도 물론 대지진을 주제로 몇 마디 주고받긴 했지만, 그것 역시 "먼 곳에 큰일이 일어났구나." 하는 정도의 관심이었다. 그런 와중에 어느 중년 아저씨가 진지한 얼굴로 질문을 건넸다. "지진이 일어나면, 건물이 흔들리는 것인가? 아니면 지면이 흔들리는 것인가?"라고 말이다. 대답은 간단했다. "네? 전부 흔들리는 것이 아닐까요?"

그곳에는 '일상'이 결코 끝나지 않으리라는 막연한 믿음, 그런 정서가 흐르고 있었다. 인간이 '끝나지 않는 일상'을 견딜 수 있을지 혹은 견딜 수 없을지에 대해 논쟁하는 학자들도 있지만(나 역시 그러고 있지만), 대부분의 보통 사람들이 이러한 문제에 직면하게 되는 경우는 거의 없다. 앞서 이야기한 내용 그대로, 나는 이 사실을 재확인했다.[346] 어쨌든, 대대수의 사람들은 각자 본인의 일상을 꾸려나가는 데 집중할 뿐이다.

그렇다면, 대지진의 여파로 사람들의 생활 양식은 얼마나 변했을까? '재난 피해자'나 '피난민'이라고 정의되는 십여만 명의 사람들을 제외하고, 다른 지역의 수많은 사람들은 대지진 발생 후 한 달여 만에 일상생활로 돌아가지 않았을까?

1995년의 재난으로 일본은 변했는가?

큰 재해나 대사건이 일어나면, 사회학자나 평론가들은 곧장 '사회가 변했다.'라고 떠들어 대기 시작한다. 예를 들어, '1995년'을 일본의 전환점이라고 말하는 사람이 적잖다.

사회학자인 나카니시 신타로(中西新太郎, 60세)는 "1995년은, 분명 일본 사회의 역사적 전환점이었다."라고 단언했다.[347] 나카니시 신타로의 주장에 따르면, 한신·아와지 대지진과 옴진리교 사건이라는 두 '악재'가 마침내 '전후 일본 사회'에 '종지부를 찍어야 할 시대'가 도래했음을 강하게 암시했다는 것이다. 또 그는 실제로 1995년 이후의 '구조 개혁'으로 인해 '격차·빈곤화' 시대가 시작되었다고 지적했다.

먼저 내가 2장에서 제시한 몇 가지 그래프 자료를 확인해 봐도 좋고, 인터넷에서 적당한 통계를 찾아봐도 좋다. 이렇듯 조금이라도 조사해 보면, 적어도 1995년을 경계로 젊은이들을 비롯한 수많은 일본인들의 의식이 단번에 변하지 않았음을, 또 그러하다고 여길 만한 증거를 제시하는 것이 상당히 곤란하다는 사실을 알아차리게 될 것이다.

오구마 에이지(48세, 도쿄 도)가 언급했듯이, 인간은 자기가 실시간으로 경험한 사건을 과대평가하는 경향이 있다.[348] 특히 로스트제너레이션(Lost Generation)에게 '1995년'은, 그들이 10대와 20대 때 경험한 사건인 탓에 매우 커다란 영향을 받았을 수도 있다. 하지만

　　　　　5장 동일본 대지진과 젊은이들의 예상된 행보

요즘 대학생들은 '1995년'에 대해 잘 모른다.

그럼 3·11로 인해 '사회가 전혀 변하지 않았는가?'라고 묻는다면, 또 그렇지도 않다. 학계를 포함한 언론계는 일본 전체에서 극히 일부분만 차지하는 아주 작은 세계에 불과하다. 활자로 된 책이 엄청난 베스트셀러가 된다고 해도 200만 부, 보통 수만 부만 팔려도 출판 관계자들의 어깨가 으쓱해지는 '대박'이다. 학술 서적의 경우, 발행 부수가 1000부 정도에 그치는 일도 드물지 않다. 이런 서적 판매량을 텔레비전 시청률에 비춰 보자면, 대다수 베스트셀러의 시청률은 2% 정도이고, 보통 잘 팔린 경우라도 시청률 0.1%에 미치지 못한다. 즉, 심야 프로그램의 시청률조차 나오지 않는 아주 작은 세계인 것이다.

따라서 언론계에서 활동하는 사람이 "3·11로 인해 사회가 변했다."라고 주장하고, 그런 언론계의 주장을 수용하는 수천 명, 수만 명의 사람들이 "3·11로 인해 사회가 변했다."라고 생각한다면, 그들 세계에서 만큼은 '3·11로 인해 사회가 변한 것'이 사실일 테다. 평론을 즐기는 사람들 사이에 "일본 사회는 1995년에 결정적으로 변했다."라는 주장이 마치 공통된 인식처럼 자리해 있듯이 말이다.

세카이 계(セカイ系: 정확하게 '무엇이다.'라는 정의는 없지만, 대체로 인터넷에서 사용되면서부터 확산된 용어다. 애니메이션·만화·게임·라이트노벨 등 일본 서브컬처 분야에서 형성된 문화 유형 가운데 하나다. —옮긴이)라고 불리는 소설이나 순정 만화, J-POP의 가사 등을 살펴보면 "자신의 의식이 변했다."라는 의미에서 "세계가 변했다."라고 표현하는 경우가 많다.

거대한 사회 동향이나 의식 경향이 아니라 개개인의 의식에 주목해서 본다면, 분명 3·11을 계기로 '세계가 변한' 사람도 많을 것이다. 그리고 그런 사람들은 평생 살아가면서 수차례에 걸쳐 '세계가 변하는' 경험을 하게 될 것이다.

물론 모든 면에서 한신·아와지 대지진 때보다, 동일본 대지진이 일본에 더 큰 충격을 안겨 줬다. 이제부터 실제로 사회가, 그리고 사람들의 의식이 어떻게 변해 갈지 주의 깊게 지켜보는 수밖에 없다.[349]

유감천만인 보수파 노인들

3·11을 계기로 일본이 얼마나 변했는지, 그리고 변할 것인지는 아직 알 수 없다. 하지만 적어도 9·11이 그러했듯이, '사건'은 한순간일지라도 세계에 강렬한 빛을 내뿜는다. 지금까지 많은 사람들이 보지 못했던 것, 좀체 보려고 하지 않았던 것을 백일하에 드러낸다. 그런 의미에서 3·11은, 그동안 일본 사회가 안고 있던 갖가지 다양한 문제들을 아주 알기 쉬운 형태로 우리 눈앞에 똑똑히 펼쳐 보였다.

리더의 부재, 부실한 위기관리 능력, 경직된 관료 조직의 폐해, 중앙과 지방의 관계, 청부 노동 등은 3월 11일에 갑자기 나타난 문제들이 아니었다. 예전부터 일본이 안고 있던 폭탄과도 같은 문제들이었다.

3·11을 통해 드러난 또 하나의 문제는, 보수파 노인들이 보여 준 유감천만인 태도였다. 그들은 평소에도 애국심과 공공심의 중요성을 강조해 왔기 때문에, 앞다투어 재해 지역으로 달려가 열렬한 지원을 아끼지 않을 것으로 생각되었다. 그런데 예상은 완전히 빗나갔다.

　5장 동일본 대지진과 젊은이들의 예상된 행보

소노 아야코(曽野綾子, 79세, 도쿄 도)는 이번 지진으로 "일본인이라는 민족에 대해 자부심과 존엄을 갖게 되었다."라고 말했다. 혼란이 한창이던 때, "침착, 양보, 절제, 인내는 참으로 대단"했기 때문이다.

하지만 젊은이는 예외였다고 한다. 소노 아야코의 주장에 따르면 "젊은 세대일수록 긴급 사태에 대응하는 능력이 떨어졌다."[350]라는 것이다. 젊은이들은 "우려스러울 정도로 본능적인 감각이 약해져 (……) 상황이 규칙에서 벗어나자, 어떻게 하면 좋을지 몰라 했다."라는 것이다.[351]

다만 소노 아야코가 내놓은 의견 가운데 획기적이라고 할 만한 것은, 후쿠시마 제1원자력 발전소의 사고를 처리하는 데 언제 사망할지 모르는 '노인 부대'를 조직해 투입해야 한다고 말한 점이다. "방사능에 피폭되더라도 전혀 상관이 없다니까요."라고 말하며, 소노 아야코 자신도 작업에 참여하고 싶다고 언급했다.[352]

그런데 그녀는 이런 의견을 내놓았으면서도, 정작 자신은 만반의 방재 대책을 갖춰 갔다. 소노 아야코는 대지진 발생 후, 항상 헬멧을 휴대하고 다녔으며 물도 400리터나 비축해 두었다고 한다. 과연 '겸손'을 미덕으로 여기고, 노인에게 '객사할 각오'를 하라고 한 『나이듦의 지혜(老いの才覚)』의 저자다운 행보다.[353]

이시하라 신타로(78세)는 늘 그러했듯이 변함없는 행보를 보였다. 대지진 발생 직후, 그는 국민 의식이 "금전욕, 물욕, 성욕 등의 '사욕'에 물들어 있다."라고 매번 하던 주장을 늘어놓은 다음에, "지진해일을 기회로 '사욕'을 한 번 씻어 낼 필요가 있다. 이것은 역시 천벌이었다."라고 '천벌'을 받을 만한 발언을 남겼다.[354]

이와 동시에 젊은이들에게는 재해 지역으로 달려가라고 훈계했다. 이시하라 신타로는 예전부터 "젊은이들이 자기중심주의로 기우는 것을 항상 우려"해 왔다고 하면서, "이번 지진을 계기로 젊은이들이 각성했으면 한다. 많은 이들이 재해 지역의 복구를 위해 땀을 흘려야 한다."라고 말했다.[355]

사실 이시하라 신타로처럼 '천벌 받을 발언'을 일삼는 보수 계열 노인의 수는 적잖다. 일본의 핵무장까지 주장했던 니시무라 신고(西村眞悟, 62세, 오사카 부)는 이번 대지진에 대해 "하늘의 법망은 넓고 성겨 보이지만, 악은 절대 놓아주지 않는다.(天網恢恢疎にして漏らさず)"라고 말한 바 있다.[356] 악행을 저지른 자는 기필코 '천벌'을 받는다는 의미다.

참고로 니시무라 신고는 대지진 발생 당시 오사카에 위치한 자택에 있었는데, 여진(餘震)을 도둑이 든 것으로 착각하고 소리를 내지르며 집 안 전체를 헤집어 놓았다고 한다. 오사카는 '진도 3' 정도였다고 하는데, 여간 당황한 모습이 아니다. 과연 일본의 핵무장을 주장하는 남자다운 행보다.

와타나베 쇼이치(渡部昇一, 80세, 야마가타 현)는 한신·아와지 대지진 때의 수상이 무라야마 도미이치(村山富市)였던 점을 근거로 삼아, 이번 대지진도 "좌익 정권에 대한 분노"라고 주장했다. 따라서 일본인은 이제부터라도 국기와 국가를 존중하고, 야스쿠니신사를 참배하는 정치가를 선출해야 한다고 덧붙였다.[357] 이런 내용을 게재한 잡지는 초자연 현상을 다루는 《무(MU)》가 아니라, 보수 계열의 잡지 《월(Will)》이었다. 뭐, 둘 다 크게 다를 바 없는 잡지일지도 모르겠다.

원자력 마을과 지역 공동체

재해 지역에 지역 공동체가 복원되기를 바라는 사람이 있다.[358] 그러나 '지역 공동체'를 무너뜨리고, 중앙 권력에 복종하는 '국민' 을 만들어 내는 것은 근대 국민국가 일본의 비원(悲願)이었다. 따라서 원자력 발전소의 건립을 받아들이고, 일본을 위해 그것과 함께 살아온 '원자력 마을'의 모습이야말로 '근대 국민국가'의 상징이다.

사회학자 가이누마 히로시(開沼博, 26세, 후쿠시마 현)는 원자력 발전소의 건립을 수용한 지방 자치 단체가 자발적으로 중앙에 '복종'하는 과정을 묘사한 바 있다.[359] 전후의 경제 성장기 때도 가난에서 벗어나지 못한 지방은, 중앙의 전유물이었던 '성장 신화'에 자신들을 대비시키면서 현지 경제계와 지역 매스컴을 규합해 원자력 발전소 유치에 적극 나섰다.

원자력 발전소를 유치한 마을은 점차 활성화되었다. 고용이 창출되면서 돈을 벌기 위해 굳이 먼 지역(고향 밖)으로 나갈 필요가 없어졌다. 커피숍이나 선술집, 하숙집 등이 생겨났고 마을은 활기를 띠기 시작했다. 또 전원삼법(電源三法) 교부금과 고정 자산세 등을 통해 마을에는 도서관과 복지시설 등 번듯한 건물들까지 들어섰다.

그러나 고정 자산세 상환 등의 문제가 불거지면서, 원자력 마을은 시간이 지날수록 재정이 악화되었다. 이제 막 완성된 원자력 발전소는 자산 평가도 높아, 지방 자치 단체에는 거액의 고정 자산세가 들어온다. 하지만 감가(減價) 상환에 따라서 원자력 발전소의 가치는 매년 하락하게 된다. 그러면 세수가 줄어들고, 곳곳에 새로 지은 건물의 유지조차 어려워진다. 그리고 마침내 스리마일 섬과 체르노빌의 사고 등을 통해 원자력 발전의 위험성이 세상에 알려지게 되었다.

그러나 이제 와서 다시 돌이킬 수 없게 되었다. 악화 일로인 원자력 마을의 재정 상황을 개선하기 위해 나온 해답, 그것은 말할 것도 없이 바로 새로운 원자력 발전소의 유치다. 가이누마 히로시의 말을 빌리면, 이것은 '자발적'이라기보다 '자동적'인 복종 시스템의 완성이다.

이것은 원자력 발전소 사고 정도로 흔들릴 단순한 시스템이 아니다. '원자력 발전소 반대 시위'가 열린 4월 10일은 '전국 통합 지방 선거일'이기도 했다. 그리고 그날, 원자력 발전소가 있는 지방 자치 단체의 '원전 추진파' 의원들이 당선되었다는 보도가 속속 들려왔다.

모든 미디어가 원자력 발전소 사고를 지속적으로 보도하는 가운데 치러진 선거였다. 그럼에도 불구하고 지방의 '여론'은 그리 간단하게 움직이지 않았다.

'후방'의 자동적 복종 시스템

또한, 3·11 이후에도 변하지 않는 '원자력 마을 사람들'이 있다. 대지진 발생 당일에도 후쿠시마 제1원전에서 작업하고 있던 30대의 한 직원은 "마침내 5월부터 그곳으로 돌아갈 수 있게 되었어요! 1F(후쿠시마 제1원전)의 복구 작업을 위해 회사에서 사택까지 준비해 주었습니다."라고 가이누마 히로시와의 인터뷰에서 대답했다. 즉, 원자력 발전을 중지하는 일은 원자력 마을 주민들의 생존 기반을 위협하는 일일 수도 있다는 뜻이다.

이렇듯 자발적이면서 자동적인 복종 메커니즘은 원자력 마을에 한정된 현상이 아니다. 차라리 도호쿠 지방에 만연한 현상이라고 해야 할 것이다. 왜냐하면, 그 지역은 전전부터 일관되게 전력, 식량, 노동력의 공급원으로서 일본의 '후방' 역할을 담당해 왔기 때문이다.

일본을 뒤에서 받쳐 주는, 즉 '후방'이라는 구조는 원칙적으로 진작 극복됐어야 하는 문제였다. 예를 들어, 다나카 가쿠에이(田中角榮, 54세, 니가타 현)는 1972년에 『일본열도 개조론(日本列島改造論)』을 발표해 '겉으로 드러나 보이는 일본'과 '실질적인 일본'의 격차를 해소하는 일과 지나친 수도권 집중, 지방의 급격한 인구 분산을 극복해야 할 과제로 삼았다.[360] 한편 정부는 지속적으로 '종합개발계획'을 수립해 왔고, 지방의 '균형 있는 발전'을 도모했다.

그 결과, 전국에 고속도로가 구축되었다. 그리고 대지진이 발생하고 다음 날인 2011년 3월 12일, 규슈 신칸센이 조용히 노선을 개통했다. 도호쿠와 규슈가 신칸센으로 연결된 것이다.[361] 그리고 일본 열도에 약 백여 곳에 이르는 지방 공항이 난립하기 시작했다.[362]

그러나 아무리 인프라를 정비해도 '균형 있는 지역 발전'은 이루어지지 않았다.[363] 도호쿠 지방은 '후방'으로서의 기능은 물론, '지역 공동체'로서의 기능까지 서서히 상실해 갔다. 그런 이유에서 새삼스럽게 '지역 공동체'의 부흥을 바란다고 하면, '대지진 이전부터 부흥할 만한 계기가 없었다.'라고 한탄하는 지역이 적잖다.

모두 기계적으로 '부흥'을 부르짖지만, 도호쿠의 진정한 '부흥'은 과연 무엇일까? 대지진이 발생하기 이전 상태로 되돌아가는 것? 주력 산업도 없고, 인구는 점차 줄어드는 마을 공동체를 '부흥'시킨다고 해도, 도호쿠의 앞날을 보장할 수는 없다. 지진의 잔해를 다

정리하고 나면 영락한 '후방'으로서의 '과거'는 남을지도 모르겠다. 하지만 거기에 '미래'가 있다고 볼 수는 없다.

어쩌면 원자력 발전소 문제 탓에 마을 공동체 단위로 주민 이주가 이루어지는(마을 공동체를 집약시키는) '적극적인 철수'가 필요할 가능성도 있다.[364] 한편 3·11과 비교적 무관한 다른 도호쿠 지방에서는 심각한 저출산, 고령화로 인해 인구 과소화(過疎化)가 현저해질 것으로 예측되고 있다.

글로벌 시대에 도호쿠 지방이 '후방'으로서의 역할을 담당할 이유는 이제 거의 없다고 볼 수 있다.[365]

'희망'을 말하는 사람들은 '부흥'에 대해 생각하고 있는 것일까?

'3·11 이후'의 세계에서 '희망'을 보기 시작한 사람이 있다. 예컨대 '일본인들 스스로 조국(일본)을 떠받치려고 노력하는 계기가 되지 않을까?' 하는 기대를 품고 있듯이 말이다.

아즈마 히로키(東浩紀, 39세, 도쿄 도)는 '일본인'이 "놀랍게도 일본인이라는 사실을 자랑스럽게 여기며 자신들의 국가와 정부를 떠받치려고 하는 현상"에서 '희망'을 찾고자 했다. 적어도 "공공적이고 애국적인 인격이 존재하고 있다는 것, 그 점을 발견했다는 경험만큼은 결코 사라지지 않을 것"이라고 했다.[366]

나카타 히데토시(中田英壽, 34세, 야마나시 현) 역시, '일본은 지금 선택의 기로에 서 있다.'라는 상황 인식을 표명한 다음에, 이번 대지진이 "근래 희박해진 인간적인 감정, 사람과 사람 사이의 소통을 다시 한 번 생각하게 만드는 기회"가 되었다고 평가했다.[367]

나는 이와 같은 이야기를 들으면 「도라에몽 노비타와 양철의

미궁(ドラえもん のび太とブリキの迷宮)」이라는 애니메이션의 마지막 장면이 떠오른다.

사회 운영을 전부 로봇에게 맡겨 버림으로써, 완전히 황폐해진 차모차 행성. 그리고 "모든 것을 잃었다. 이제 끝이구나!"라며 절망하는 국왕. 그런데 어느 백작이 국왕의 비관적인 태도에 반발하며 연설을 한다. "끝이 아닙니다. 시작입니다. (……) 다시 시작합시다. 기계에만 의존하지 말고, 인간이 인간답게 살아갈 수 있는 사회를 만듭시다."라고 말이다.

그 후, 차모차 행성이 어떻게 되었는지는 영화에 나오지 않는다. 하지만 마지막 장면을 음미해 볼 때, 분명 도라에몽이 어떤 도움을 주는 것 같다. 모르면 몰라도, 22세기 미래 과학의 힘을 빌려 차모차 행성을 부흥시켜 주었을 것이다.[368]

아직 도라에몽이 없는 이 나라에서, 그렇다면 일본은 어떨까?

이번 대지진은 '끝'이 아니라 '시작'이 될 수 있을까?

역사를 살펴보면, 구체제가 신체제로 전환될 때마다 '재해 유토피아'가 출현했다고 한다.[369] 대지진이 발생한 후, 많은 사람들이 봉사 활동을 하러 재해 지역으로 달려갔다. 마치 다양한 나라의 갖가지 사람들이 일본을 응원해 주었던 것처럼 말이다. 『이 폐허를 응시하라(災害ユートピア)』의 저자 레베카 솔닛(Rebecca Solnit)은 재해가 새로운 사회를 만들어 가는 데 중요한 계기가 된다고 주장했다.

하지만 정말 중요한 것은 신체제를 만들어 가는 과정이다. 여기에는 수많은 희생이 뒤따른다.[370] 나는 이처럼 장기화될 가능성이 높은 어려운 시기를 '희망'이라는 말로 얼버무려서는 안 된다고 생각한다. 왜냐하면, '부흥'이라는 것은 고작 1년이나 2년 사이에 성취될 문제가 아니기 때문이다. 대지진이 발생하고 불과 몇 개월 만에 봉사 활동 참여자 수는 급감하고 있다. 21세기 일본에는 아직 도라에몽이 없는데도 말이다.

뜬소문으로 인한 피해를 포함해, 일본은 잠시 동안 '후쿠시마(Fukushima)'를 둘러싼 도호쿠 지방의 일부를 잃어버리게 될지도 모른다. 국토도 비좁은 이 나라에서 말이다. 만일 내가 외국계 기업에서 일하는 사람이라면, 지역적 위험성만 점점 커지는 이 나라에서 철수, 혹은 사업 규모를 축소할 것이다. 매우 진지하게 말이다.

아무래도 '3·11 이후의 희망'을 부르짖는 사람들은 틀림없이 '일본인'으로서 그러한 발언을 하고 있는 것이리라. 설마 '도호쿠'나 '재해 지역'을 이용해 '자기실현을 하겠다.'라는 망상에 빠져 있을까? 또 유례를 찾아볼 수 없는 대지진, 즉 '역사적인 사건'을 직접 경험했다고 자아도취에 젖어 있는 것도 아닐 테다. 한편 '도호쿠의 부흥'과 '국가에 대한 논의'를 혼동하는 것도 아닐 것이다.[371] 그러므로 '3·11 이후의 희망'은 평론이나 분석이라기보다 선언과도 같은 것이다.

희망을 지닌 사람들('일본 희망론자')이 스스로 책임감을 갖고 이 나라의 '희망'을 만들어 간다면, 따뜻한 시선으로 지켜봐 주어야 할 것이다.

6장

절망의 나라에 사는
행복한 젊은이들

재정 적자, 저출산, 고령화 등 갖가지 문제가 산적해 있는 일본. 이런 사실만으로도 절망적인데, 느닷없이 엄청난 대지진까지 엄습했다. 그러나 의외로 젊은이들은 낙관적인 모양이다. 객관적으로 바라보면 분명 절망적인 상황인데, 어째서 젊은이들은 이처럼 행복하다고 느낄 수 있는 것일까? 마지막 장에서는 현재 젊은이들이 처해 있는 상황을 되짚어 본 다음, 우리들의 미래를 생각해 보고자 한다.

1 절망의 나라에서 산다는 것

세대 사이에 자리한 1억 엔의 격차

일본의 미래를 절망적으로 표현하는 것은 간단하다.[372] 왜냐하면, 이곳저곳에 불안한 요소가 넘쳐 나고 있기 때문이다. 여러 지표를 통해 드러난 최악의 재정 적자, 저출산과 고령화로 인한 사회보장비용의 증가, 경직된 기업 조직과 노동 시장이 초래한 폐해…….

이러한 문제는 젊은이들의 시각에서 보면 '세대 간 격차'라고 언급될 수도 있을 것이다. 미래의 사회보장 운영을 고려할 때, 가장 중요한 규정 요소는 인구 구성이다. 일본의 사회보장제도(연금, 의료, 간병)는 기본적으로 노동 시장에서 활동하는 현역 세대가 보험료와 세금을 납부함으로써 고령자를 부양하는 '부과 방식'을 채택하고 있다. 따라서 생산 연령 인구(15세부터 64세까지)에 해당하는 현역 세대와 고령자(65세 이상)의 비율을 살펴보면, 일본의 미래가 어

느 정도로 위태로운지 가늠할 수 있다.[373]

세계에서 가장 빠른 속도로 인구 감소가 진행되고 있는 일본은 이미 1995년에 8700만 명을 정점으로 '생산 연령 인구 감소 시대'에 돌입했다. 2030년에는 6700만 명, 2050년에는 4900만 명까지 감소할 것으로 예측되고 있다.

하지만 일본의 인구가 이런 예측대로 계속 감소한다고 해도, 사실 그리 문제될 일은 없다. 도쿄의 전철은 늘 지나칠 정도로 붐비고, 주택도 과도하게 많다. 사실 진짜 문제는 보험료와 세금을 납부해 줄 현역 세대의 감소가 아니라, 그러한 감소 속도에 맞춰 고령자가 줄어들지 않고 있다는 점이다.

1980년만 해도 7.5명의 현역 세대가 1명의 고령자를 부양했다. 그런데 2000년에는 4명의 현역 세대가 1명의 고령자를, 2008년에는 3명의 현역 세대가 1명의 고령자를 부양하게 됐다. 그럼에도 '현역 세대 대비 고령자의 비율'은 쉴 새 없이 상승해 버린 것이다. 심지어 2023년에는 2명의 현역 세대가 1명의 고령자를 부양하게 될 것이다.

장차 기적적으로 출산율이 급상승하거나 원인 불명의 고령자 대량 실종 사건이라도 발생하지 않으면, 2072년까지 현역 세대 대비 고령자의 비율은 계속 상승할 것이다.[374] 그렇게 된다면 과연 무슨 일이 벌어질까? 고령자들은 자신들이 젊었을 때 지불했던 금액의 몇 배나 되는 사회보장 급여를 받게 될 테지만, 반대로 젊은이들은 젊을수록 손해를 보는 사태를 겪게 될 것이다.

그럼 젊은이들은 어느 정도로 손해를 보게 될까? '그다지 큰 손해는 보지 않을 것 같은데? 할아버지, 할머니가 용돈을 주실 테니까.' 하지만 어느 한 예측에 따라 계산해 보면 연금과 의료 등 공적 부문에 대한 수익과 부담의 관계는, 60세 이상 세대는 약 6500만 엔가량 득을 보지만 20세 미만 세대는 약 5200만 엔 정도의 부담을 지게 된다. 손자 세대는 조부모 세대보다 적어도 1억 엔가량의 손해를 보고 있다는 말이다.[375] 아무리 생각해도 용돈 이상으로 손해를 보는 금액이다.

'정사원'이 되지 못하는 일본의 젊은이들

젊은이들이 손해를 보는 영역은 사회보장제도뿐만이 아니다. 조 시게유키(城繁幸, 37세, 야마구치 현)가 특별히 문제시하는 것은 일본의 고용 시스템이다.[376] 즉, 한번 '정사원'으로 고용하면 해고 절차가 매우 까다로운 종신 고용제와 젊고 직급이 낮은 시절에는 급여 이상으로 많은 일을 하지만, 어쨌든 미래의 풍족한 생활을 기대할 수 있는 연공 서열제가 그것이다.

이러한 '일본형 경영'이라고 불리는 고용 구조는 고도성장기 때처럼 회사가 계속 성장하고 매년 실적을 올릴 수 있는 시대에 효율적으로 기능했다. 그러나 거품경제의 붕괴 후 '일본형 경영'을 재검토하라는 요구가 거세졌다. 실적을 내지 못한 사원을 해고하려는 경향이 나타났고, 그저 회사에서 자리보전만 하고 있는 사람에게 좋은 직위와 높은 급료를 보장해 줄 여유 또한 사라졌다.

하지만 일단 정사원으로 고용된 사람들을 이제 와서 해고할 수는 없다.[377] 그래서 1990년대 이후부터 일본의 기업들은 신입 사원 채용을 축소하고, 부족한 노동력은 해고하기 쉬운 계약직 노동자나 파견 노동자로 충당해 왔다. 대기업에서도 젊은 사원의 승진은 예

6장 절망의 나라에 사는 행복한 젊은이들

전에 비해 훨씬 좁은 문이 되었다.[378]

거듭 언급하자면, 젊은이들은 세대 간 격차로 인해 노동과 관련해서도 불이익을 당하고 있다. 이때 조 시게유키는 '노동의 빅뱅', 즉 '고용 유동화'를 주장했다. 그는 정사원의 기득권만을 지킬 게 아니라, '정사원'과 '비정규직 사원'의 차이를 없앨 것을 제안했다.

이것은 유럽의 노동 구조를 참고한 것으로 보인다. 예컨대 덴마크 등지에서는 노동자 해고가 쉬운 대신에, 직업 훈련이나 실업 보험 시스템이 잘 정비되어 있다. 그것을 통해 노동 시장의 유연성을 확보하고, 사회보장제도까지 하나로 연계하여 제공한다.[379]

전반적으로 유럽의 국가들은 젊은이를 위한 충분한 대책을 마련해 두고 있다. 실업 및 고용 대책 등 젊은 층까지 고려하여 사회적 자원(안전망)을 재분배하고 있는 것이다.

현재 일본의 연금 보험과 의료 보험은 유럽에 비해 손색없는 수준에 도달해 있다. 그러나 고령화로 인해 연금과 의료비를 산출하는 대국민 소득 비율은 급격하게 증가하고 있다. 그럼에도 불구하고, 실업 대책과 주택 대책 등 현역 세대를 위한 생활 보장은 여전히 1970년대 수준에 머물러 있다.[380] 말하자면 고령자에게는 유럽 수준의 혜택, 현역 세대에게는 미비한 보장인 셈이다.

'젊은이 문화'가 있던 시대

사회보장 부문에서 젊은이보다 득을 보는 고령자. 그리고 그런 기득권에 안주한 고령자들의 외면. 이처럼 사회보장이나 고용 시스템을 '세대'라는 축에서 들여다보면, '고령자'가 얼마나 우대받아 왔고 '젊은이'가 냉대를 당했는지 확연히 알 수 있다.

세대 간 격차론자의 주장과 그들이 내놓은 처방전을 살펴보면, 분명 납득되는 부분도 있다. 그런데 '세대 간 격차론'이라는 문제 제기 방식이 과연 적절한 것일까?

나는 '젊은이 대 노인'이라는 구도가, 이론으로서도 사회 운동으로서도 널리 확산될 만한 요소를 갖췄다고는 생각지 않는다.

우선 1장에서도 언급했듯이, 이미 '젊은이'라는 범주가 지나치게 확장된 탓에 그것이 정치적 운동의 기초가 될 수 있을 것 같지 않다. 일찍이 고타니 사토시(55세)가 지적했듯이, 1960년대 후반에 일어난 전 세계 젊은이들의 '반란'은 베이비붐 세대라는 거대한 젊은 층이 존재했기 때문에 가능했다.[381]

그 당시의 젊은이들은 전쟁을 경험하지 않은 '전무파(戰無派)'로서, 기성세대와 자신들의 차이를 쉽게 발견할 수 있었다. 통설에 따르면, 1960년대 후반의 젊은 세대는 기성세대가 자의적으로 강요한 문화에는 관심조차 없었고, 따라서 대항성(對抗性)을 갖춘 독자적인 '젊은이 문화'를 형성할 수 있었다.[382] '우리 젊은이들'이라는 강력한 '세대 내적 연대감'을 가질 수 있었던 것이다.

우에노 지즈코가 트위터를 하는 시대

물론 그 당시 젊은이들이 어느 정도로 '우리 젊은이들'이라는 의식을 지니고 있었을지는 분명히 알 수 없다.[383] 어쨌든 오늘날의 젊은이들이 '우리 젊은이들'이라는 의식을 갖기 어려워진 것은 사실이다. 고학력 추세와 고용 유동화 탓에 청년기가 계속 연장되고 있다. 대학원에 가 보면, 30세 전후의 '학생들'을 어렵지 않게 만나 볼 수 있다.

6장 절망의 나라에 사는 행복한 젊은이들

또한 패션과 취미, 기호의 측면에서도 '젊은이 문화'라고 할 만한 것은 더 이상 없다. 예를 들어, '로리즈 팜(LOWRYS FARM)'이라는 여성복 브랜드[384]의 주요 타깃은 분명 20대부터 30대 사이의 여성으로 보이지만, 이곳의 옷을 입는 50대 여성들도 심심치 않게 찾아볼 수 있다.

어느새 만화와 애니메이션도 모든 세대가 향유하는 '일본 문화'가 되어 버렸다. 《소년 매거진(少年マガジン)》, 《소년 선데이(少年サンデー)》가 창간했을 때(1959년)만 해도 초등학생이었던 '단카이 세대'는 이제 60세를 넘어섰다. 요즘 아이들에게 "만화 좀 그만 봐라."라고 다그치는 부모는 「도라에몽」의 주인공 노비타(のび太)의 어머니(38세) 정도일 것이다.[385]

실제로 비슷한 연령일지라도 취미가 맞지 않는 사람보다 비록 나이는 다르지만 취미가 맞는 사람과 이야기를 나누는 편이 즐겁다. 그리고 인터넷의 발달은 취미가 맞는 사람들끼리 어울릴 수 있는 기회를 크게 넓혀 주었다. 우에노 지즈코(上野千鶴子, 63세, 도야마현)가 트위터를 통해 예전에 가르쳤던 제자들과 소통하는 시대인 것이다.

자료를 살펴봐도, 세대 간 의식 차이는 점점 사라지고 있다. 사회학자 미타 무네스케(見田宗介, 70세, 도쿄 도)는 「일본인의 의식 조사」를 바탕으로 '세대에 따른 의식의 차이'가 젊은 세대일수록 적어지고 있다는 점을 밝혀냈다.[386] 미타 무네스케에 따르면, 특히 1954년부터 1986년 사이에 태어난 '신인류' 세대 이후, 의식의 차이는 계속 줄어들고 있다고 한다.

세대 간 의식이 단절되지 않는 시대에 단지 나이만으로 '세대

의식'을 구분하고, 또 젊은이들이 특정한 의식을 공유하리라고 기대하는 것은 무리인 듯하다.

바꿔 말하면, 일본 국민 전체가 급속하게 '젊은이화'하고 있는 것이다. 우리는 '1억 명 모두가 젊은이가 되는 시대'를 살아가고 있다.

단카이세대가 되고 싶은가?

설령 어떤 기준에 따라 '젊은이'라는 카테고리를 억지로 설정한다고 해도, 정작 젊은이 당사자들이 세대 간 격차를 일종의 '문제'로 느낄지 여부는 알 수 없다.

이를테면 사회보장비용을 근거로 아무리 '젊은이들이 손해를 보고 있다.'라고 알려 주더라도, 그것은 어디까지나 금전적인 이야기다. 즉, 어느 정도의 '손해'가 있는지는 다소 주관적인 문제다. 현재 우리가 이용하고 있는 인프라와 테크놀로지는 대부분 이전 세대가 구축해 놓은 것이기 때문이다.

패전 직후의 일본은 말 그대로 불에 탄 허허벌판이었다. 이전 세대는 지금과 같은 부흥을 위해 자신들의 전 생애를 걸었다고 해도 과언이 아니다.[387] 이들의 노력 덕분인지, 마침 시대가 좋았던 까닭인지, 아니면 그저 행운이었을 뿐인지 모르겠지만, 현대 일본은 역사상 유례가 없는 '풍요'를 누렸다.

하지만 나는 아무리 '1억 엔의 득'을 본다고 해도, 단카이세대가 되고 싶지 않다. 옛날에는 지금보다 공해가 심각했고, 주사도 아프다고 들었으며 외제 초콜릿도 쉽게 사 먹을 수 없었다고 한다. 게다가 휴대 전화도 없었다. 아무리 '앞으로' 경제 성장이 보장되어 있다고 해도, 이왕이면 '지금' 풍요로운 편이 낫다.

한편 조 시게유키가 언급한 '고용 유동화 제안'은 훌륭한 생각이기는 하지만, 정말로 고용에 있어 '세대 간 격차'가 있는지는 의문스럽다. 예컨대 거품경제의 붕괴 전에도 복리 후생이 잘 갖춰진 대기업에 정사원으로 입사한 사람의 수는 극히 일부에 불과했다. 게다가 에비하라 쓰구오(海老原嗣生, 46세)가 지속적으로 지적했듯이, 1990년대 이후 '젊은이의 취업난'이 이토록 주목받게 된 데는 급상승한 대학 진학률이 자리하고 있다.[388]

그리고 에비하라 쓰구오의 언급처럼, 요즘 젊은이들이 이전 세대가 일으켜 세운 대기업에 무리해서라도 입사하는 것이 과연 옳은 일인지 생각해 봐야 한다. 유서 깊은 대기업일수록 연차 높은 사람이 다수 포진해 있을 테고, 젊은이가 그런 곳으로 비집고 들어가기 어려운 것은, 어떤 의미에서는 당연한 일이다.

도요타(1937년 설립)나 소니(1946년 설립)도 한때는 젊은 기업이었다. 에비하라 쓰구오는 이제 젊은이들이 자신들의 장래성을 걸고 라쿠텐(1997년 설립)이나 사이버에이전트(1998년 설립) 등 신생 기업에 들어가야 한다고, 그리고 대기업과 유명 브랜드만을 지향하는 경향도 멈춰야 한다고 제안했다.

다시 말해, 에비하라 쓰구오는 "이전 세대가 만든 대기업이나 '일본형 경영'이라고 불리는 구조에 들어가지 못하는 것이 과연 '세대 간 격차' 탓인가?"라고 되묻고 있는 것이다.

삼촌 세대가 젊은이를 응원?

사실 예전에 '일본형 경영'을 뒷받침하던 사람들이 과연 얼마나 행복했는지도 의문이다. 대기업에 입사하면 평생 동안 안정이 약속되던 시대. 당시 사람들은 그 굴레에 자리한 질식할 듯한 고통을 깊이 느끼고 있었다. 오늘날 동경의 대상인 '정사원'과 '전업주부' 커플은 실상 회사에 속박된 '사축'과 근대 가족이라는 울타리에 구속된 '가사 종사자'로 이루어진 최악의 조합이었다.

1970년대 이전만 해도 '주 5일 근무'라는 근무 형태는 거의 존재하지 않았다. 기본적인 근로 규정조차 마련되지 않은 시대의 노동 환경은 지금보다 혹독할 때도 있었다.[389] 수많은 '열혈 사원'과 '과로사'의 희생 위에 '일본형 경영'이 성립된 것이다.

그러한 의미에서 거품경제 붕괴 후의 젊은이들은 원하든 원하지 않든, 상대적으로 자유로운 인생을 보낼 수 있게 되었다.[390] 단순히 "옛날이 좋았고, 지금은 불행하다."라고 말하곤 하는데, 사실 그 말에는 어폐가 있는 것이다.

세대 간 격차에 분노하고, 그것을 바로잡아야 한다고 호소하는 사람들의 대부분은 40세 전후의 '삼촌들'이다. 예를 들어, 보수 계열에 속한 '삼촌들'이 주로 읽는 《보이스(Voice)》라는 잡지에는 '세대 간 격차' 특집이 잇달아 편성되고 있다. 그런 글을 쓰는 논자들 또한 40대 이상이 대다수다. 『디플레이션의 정체(デフレの正体)』를 통해 '고령자에서 젊은 층으로의 소득 이전'을 주장했던 모타니 고스케(藻谷浩介)도 그 책을 발간할 당시 나이가 46세였다.[391]

그리고 (다소 젊지만) 제목부터 『세대 간 격차란 무엇인가?(世代間格差ってなんだ?)』라는 책을 저술한 조 시게유키(37세), 오구로 가즈마사(小黑一正, 36세, 도쿄 도), 다카하시 료헤이(高橋亮平, 34세, 지바 현) 등도 충분히 '삼촌'이라고 부를 수 있는 나이다.

"삼촌들이 젊은이들을 걱정해 주고 있다!"라고 생각하니 순간

눈물이 날 뻔했지만, 어쩌면 삼촌들이 '세대 간 격차' 문제를 부추기고 있는 것은 아닐까? 그들이 그렇게 할수록 '세대 간 격차' 문제의 해결은 요원해질 것이다. 왜냐하면 의회제 민주주의를 채택한 일본에서 사회 문제를 세대 문제로 처리해 버리는 한, 젊은 층에게는 승산이 없기 때문이다.

일본 국민 중 40세 미만의 인구는 45%이지만, 그중 20세 미만은 참정권이 없으므로 유권자에 해당하는 20대와 30대가 차지하는 비율만 따져 보면 33%다. 그리고 20대의 비율만 보자면 14%다.[392] 한편, 상대적으로 젊은 층 인구가 높은 도시일수록 투표율이 낮게 나타났다.(2장) 가뜩이나 젊은 층 인구도 적은데, 선거 때 투표까지 마다하니 젊은이들이 정치적으로 무시당하는 것도 납득된다.

그래서 젊은이는 정치에 참여하지 않는다

젊은이가 선거 때 투표하지 않는 이유에는 여러 가지가 있을 것이다. 예컨대 대학생인 고스케(21세, 남성)는 "내가 선거에 투표하러 간다는 것 자체가 죄송스럽다."라고 말한다. 그가 생각하기에 선거는 자신과는 다른 세계, 즉 '높은 분들'이 그들 마음대로 진행하는 일이라고 여기고 있었다.

통계적으로 봐도, 일본은 다른 나라에 비해 정치적 무력감이 높다. 자신의 힘으로는 정부의 결정에 영향을 줄 수 없다고 생각하는 고등학생이 80%나 된다.[393] 무려 미국의 두 배다.

'사회를 바꾼다.'라는 주제에 관심을 갖는 젊은이는 많지만(2장, 5장), 유독 일본에서는 그러한 의지가 좀처럼 투표 행위나 정치 참여로 이어지지 않는다.

어쩌면 일본의 젊은이들에게는 지나친 사회 지향, 타인 지향의 경향이 있어서 진짜 '자신들'의 문제인 정치에는 관심이 없는 것인지도 모른다. 캄보디아에 학교를 만들고, 아프리카 원조에는 필사적으로 나서지만, 정작 '자신'이 소속된 지방자치단체에는 직접 참여하거나 어떤 행동도 취하지 않기 때문이다.[394]

참으로 착한 젊은이들이 아닌가!

또한 여론 조사를 통해 확인해 봐도, 20대가 정부에 요구한 건의 사항 중 58.3%가 '의료 및 연금 등 사회보장제도 정비'였다. 전 연령 평균치보다 비율이 낮긴 했지만, '고령화 사회 대책'을 요구하는 20대도 45.7%에 이르렀다.[395]

이러한 젊은이들의 정치적 영향력을 고려하면, 의회제 민주주의라는 틀 안에서 그들 스스로 세대 간 격차 문제를 시정할 가능성은 매우 낮아 보인다.

진정 '세대'의 문제일까?

그러나 '세대 간 격차'라는 문제가 지목하는 피해자는 사실 '젊은이'만이 아니다. 이를테면 젊은이에게 그다지 매력적이지 않은 고용 제도를 유지함으로써 가장 곤란해지는 쪽은 '젊은이'라기보다 오히려 기업이다. 세대 간 격차 문제를 다룬 《뉴욕 타임스》의 기사를 보면, 어느 유능한 자동차 엔지니어가 일본을 떠나 타이완에서 근무하는 모습을 확인할 수 있다.[396]

그 엔지니어는 일본의 자동차 회사에서 근무할 당시 회사로부터 높은 평가를 받고 있었음에도 계약직 신분으로 근무할 수밖에 없었고, 급여도 정사원의 절반 수준이었다고 했다. 이와 같은 인재

유출이 지금 당장 문제가 되지는 않겠지만, 분명 일본 기업의 성장력을 갉아먹는 요인으로 작용할 것이다.

또한 사회보장제도와 관련해서도 실업 및 고용 대책을 등한시하고, 아동과 가족을 위한 공적 지출까지 억제하면서 고령자 대상 복지에만 집중하게 된다면, 사실 곤란해지는 것은 '젊은이'가 아니라 오히려 일본이라는 국가 전체다.

저출산 현상이 지속될수록 노동 인구는 감소하게 될 테고, 당연히 일본은 노동력 부족 문제로 허덕이게 될 것이다. 더불어 세수입도 줄어들 것이다. 대다수 젊은이들이 계속 저임금 노동자에 머물게 된다면, 세수입 감소는 자명한 일이다. 실제로 이미 많은 젊은이들이 연금 제도에서 제각기 이탈하기 시작했다. 35세 이하의 젊은이 중 약 절반 정도가 국민연금 보험료를 납부하지 않고 있다.

한편 일본의 젊은이들은 "차분해서 폭동 따위는 일으키지 않는다."라는 말까지 듣지만, 끼니조차 제대로 챙길 수 없는 빈곤층이 증가한다면 치안 악화는 불 보듯 빠르다.[397]

마땅한 고용 대책과 합리적인 사회보장제도를 마련하는 일은 단지 '젊은이들'이 가엾기 때문에 필요한 것이 아니다. 일본을 위해서 필요한 일이다. 따라서 진정한 내셔널리스트라면, 고용 대책과 저출산 대책, 사회보장제도의 정비를 요구해야 할 것이다.[398]

사실 '고령자'가 걱정?

사실 '세대 간 격차' 문제에서 '적(敵)'으로 지명된 고령자들 모두가 풍족한 재산을 가진 자산가는 아니다. 잘 알려져 있다시피, 고령 세대일수록 세대 내 격차가 크다. 또한 빈곤층의 수도, 생활보호

대상자의 수도, 자살자의 수도, 비율로 따져 보면 고령자가 훨씬 현저하다.

일본의 생활보호대상자는 140만 명을 넘어섰는데, 그중 고령자 세대가 약 40%다.[399] 또한 2010년의 자살자 수는 3만 1390명이었는데, 그때 가장 많은 수를 차지한 연령대는 50대였고 전체의 18.8%였다. 그다음으로 큰 비중을 차지한 연령대는 60대였으며 전체의 18.6%였다.[400] 자살자 중 60대 이상의 비율이 무려 37.8%인 데 반해, 20대 이하의 비율은 전체의 11.9%였다.

왠지 '젊은이론'이 아니라 '고령자론'을 논해야 할 것 같은 느낌마저 든다. 어쨌든 젊은이들뿐만 아니라 다른 세대도 고통과 마주하고 있는 것이다. 어쩌면 '빈곤'과 '자살'이라는 한층 절실한 문제들과 직면한 세대는 오히려 '젊은이' 세대라기보다 '고령자' 세대가 아닐까 하는 생각이 든다. '세대'라는 변수로 사회를 바라보면, 얼마나 많은 것들을 간과하게 되는지 알 수 있다.[401]

일본이 아직 기업 사회로 진입하기 이전, 혹은 진입한 직후였던 1970년대만 해도 임금 격차도 없었고 인구 중 다수였던 젊은이들을 '젊은이'라고 부르는 데 나름대로 의미가 있었다. 그러나 지금 나이가 든 그들을 '고령자'라는 명칭으로 한데 묶어서 설명할 수 있을까? 아니, 그들은 아주 다양하다. 각자 살아온 길도 다르고, 자산의 정도도 다르다.

그래도 '고령자' 세대를 규탄의 대상으로 삼을 수는 있다. 일본은 국민 주권을 내세우는 의회제 민주주의 국가다. 즉, 작금의 이런 상황은 '고령자' 세대가 오랫동안 투표를 통해 만들어 놓은 결과인 것이다.

6장 절망의 나라에 사는 행복한 젊은이들

일찍이 1976년에 사카이야 다이치(堺屋太一, 41세, 오사카 부)가 예측하지 않았던가. 일본이 저출산 추세와 고령자를 위한 사회보장 제도로 인해 재정 문제에 직면하게 되리라고 말이다. 바로 '이렇게' 될 것을 이미 알고 있었던 것이다.[402]

특히 저출산 대책과 관련해서 일본은 다른 유럽 국가들에 비해 완전히 뒤져 있다. 물론 저출산의 원인과 대책을 확실하게 보여 주는 보편 이론은 존재하지 않지만,[403] 일본은 지나칠 정도로 아이들을 낳아 기르는 환경에 무신경하다.

육아와 일을 병행할 수 있는 직장도 적고, 보육원이나 유치원 시설도 부족하다. 보육 시설의 입소를 기다리는 아동 문제가 해결될 기미조차 보이지 않는 것을 보면, 행정부의 저출산에 대한 본심이 무엇인지 훤히 보인다. 고용 상황이 불안정한 가운데, 결혼과 출산에 두려움을 느끼는 젊은이가 많다. 적어도 단기적인 동향을 볼 때, 경기가 좋은 시대일수록 출산율이 상승하는 경향이 있다.

또한 일본 행정부에 저출산 문제를 진심으로 해결하려는 의지가 있다면, '혼외 자녀 차별'은 그야말로 언어도단이다.[404] 차라리 싱글맘을 장려해야 할 지경이다.[405] 일본의 혼외 자녀 비율은 불과 2% 정도인데, 스웨덴과 프랑스의 경우에는 그 비율이 50%를 넘어선다.[406] 어떠한 상황에서든 '아이를 낳기만 하면 살아갈 수 있는' 환경이 마련되어야 한다. 그것이 출산율 상승으로 이어지게 되리라는 점을 그리 어렵지 않게 유추해 볼 수 있다.

어쨌든 절망적인 미래

어쨌든 아이의 수는 당장 증가하지 않을 것이고, 아무리 과거의 정책을 비판하더라도 현재 일본의 상황이 하루아침에 바뀌지는 않을 것이다. 그리고 '세대 간 격차'가 여러 사회 문제들의 본질이 아닐지라도, 일본의 미래가 절망적이라는 사실은 변하지 않는다. 다만 분명한 사실은, 이렇듯 절망적인 미래를 더 오랫동안 살아가야 하는 쪽이 젊은이 혹은 아이들이라는 점이다.

2012년은 단카이세대가 연금 수급 연령인 65세가 되는 해다. 아직까지 시장(市場)이 '단카이세대를 노려라!'라고 크게 들썩이고 있어서 다행이다. 그러나 의료 기술의 극적인 발달이 없는 한, 그들 대부분은 20년 정도 지나면 소비 시장에서 퇴출될 것이다.

2030년에는 '로스트제너레이션'이라고 불리는 또 다른 세대가 60세를 맞이한다. 그때가 되면 '은둔형 외톨이'와 '니트(NEET: 공부, 자기 계발, 취직 의욕이 없는 젊은이들을 가리킨다. — 옮긴이)'는 '젊은이 문제'인 동시에, '고령자 문제'로 다뤄지게 될 것이다. 소비 욕구가 왕성한 단카이세대가 줄어들고, 늙어 버린 로스트제너레이션이 차츰 증가하는 사회를 과연 현역 세대가 부양할 수 있을까?

비참한 미래를 어리석게 상상해 봤다. 여하튼 2011년의 일본은 여전히 태평하게 시간을 보내고 있다.[407] 이처럼 절망적인 상황에서, 도대체 젊은이들은 어떻게 행복할 수 있는 것일까?

2 그럭저럭 행복한 사회

건강하고 문화적인 최소한도의 생활?

일본국 헌법 제25조는 "모든 국민은 건강하고 문화적인 최소한

도의 생활을 영위할 권리를 갖는다."라고 정해 놓았다. '건강하고 문화적인 최소한도의 생활'은 시대나 사회 상황에 따라 크게 달라지겠지만, 나는 'Wii를 함께 즐길 수 있는 연인이나 친구가 있는 생활' 혹은 '몬스터헌터를 즐길 수 있는 생활' 정도가 적당하다고 생각한다. Wii나 피에스피(PSP)를 구입할 수 있는 수준의 경제 상황, 또 이것을 함께 즐길 수 있는 사회관계적 자본(연계)을 갖고 있다면, 대개의 경우 사람들이 행복하다고 느끼지 않을까 하고 생각했던 것이다.

바꿔 말하면 나는 행복의 조건을 '경제적인 문제'와 '승인의 문제', 이 두 가지로 나누어 고찰했던 것이다. 이런 조건을 누린다는 것은 과연 어느 정도로 어려운 일일까? 먼저 경제적인 문제를 생각해 보자. 젊은이들이 힘든 사회적 상황 속에 놓여 있다는 점은 이미 여러 사람들이 심각한 얼굴로 지적해 온 탓에 모두 잘 알고 있다. 그러나 일본에서 아무리 젊은이의 빈곤 문제를 지적해도, 어딘가 모르게 현실감이 떨어진다.

그것은 '단번에 쉽게 가려낼 수 있는 빈곤자'가 좀처럼 눈에 띄지 않기 때문이다. 거리를 다녀 봐도, 젊은이들은 깔끔한 모습으로 거리를 활보하며 게다가 행복해 보인다. 결코 값싼 물건이라고 할 수 없는 스마트폰을 연예인은 물론이고 대학생, 그리고 도로에서 공사를 하는 젊은 인부까지 모두 손에 쥔 채 거리를 걷고 있다.

통계적으로도 젊은이의 '확연한 빈곤'을 발견해 내기란 어려운 일이다. 예를 들어, 일본의 아사자 수는 2009년에 1656명이었다. 그런데 이 가운데 20대는 4명, 30대는 15명 정도에 불과했다.[408] 아마도 '인터넷카페 난민(일종의 노숙자로 일정한 주거지 없이 인터넷카페를 전전하며 잠자리를 해결하는 사람들을 말한다. — 옮긴이)'은 '쉽게 알아볼 수 있는 빈곤'이었기 때문에, 실제 수치와 관계없이 미디어에서도 주목했을 것이다.

현재 우리가 사는 사회는 겉보기에 참으로 풍요로워 보인다. 그리고 젊은이들은 더없이 행복해 보인다.

오늘날의 젊은이들은 빈곤하지 않다

그러나 이와 같은 풍요로움과 행복이 얼마나 지속될지는 미지수다. 젊은이의 빈곤 문제가 잘 드러나지 않는 이유는, 바로 그것(빈곤)이 젊은이들에게 현재의 문제라기보다는 앞으로 나타나게 될 미래의 문제이기 때문이다.

젊은 층일수록 같은 세대에 속한 사람들 간의 격차는 적다.[409] 20대의 경우에는 정사원이든, 프리터이든, 급여 격차가 그리 크게 벌어지지 않기 때문이다. 아직도 연공서열, 종신 고용을 전제로 하는 급여 체계를 채택하고 있는 일본의 대기업에서는, 아무리 열심히 일한다고 해도 젊은 사원의 연봉은 규정된 범위를 벗어나지 못한다. 반면 아르바이트의 경우에는 근로하는 날짜와 시간대만 조정하면 같은 세대의 정사원 이상으로 수입을 올릴 수도 있다.

예컨대 선술집에서 아르바이트를 한다고 했을 때, 심야 근무까지 열심히 챙긴다면 한 달에 30만 엔에서 40만 엔 정도의 월수입을 어렵지 않게 올릴 수 있다. 종종 아르바이트에서 정사원으로 전환할 수 있는 길을 제도적으로 마련해 놓은 곳도 있다. 그러나 정작 젊은이들이 여기에 매력을 느끼지 못하는 경우가 많다. 대형 선술집에서 일하는 프리터 겐지(21세, 남성)는 "정해진 날에 출근하지 않으면 안 되고 급료도 낮다."라는 이유로 정사원이 되는 데 별 관심이 없다고 했다.

그러나 정사원과 아르바이트의 차이, 대기업 사원과 불안정한 근로 환경에 속한 사원의 차이는 그들에게 '무슨 일'이 발생했을 때 확연하게 드러난다. 이를테면 병에 걸렸을 때, 결혼이나 육아를 고려할 때, 부모의 간병이 필요할 때 말이다. 이럴 때 사회보험에 가입되어 있는지, 저축은 충분한지 등에 따라서 취할 수 있는 선택지가 달라진다.

'가족'이라는 최강의 인프라

일본에서 '젊은이 빈곤'이 크게 드러나지 않는 가장 큰 이유 중 하나로 '가족 복지'가 거론되고는 한다.[410] 젊은이들의 수입이 아무리 낮아도, 그들의 노동 형태가 아무리 불안정해도 일정 수준 이상의 부유한 부모와 함께 살면, 그들은 생활하는 데 있어 별다른 문제를 체감하지 못한다.

현재 20대, 30대 젊은이들의 부모는 대개 50대에서 60대의 연령이다.[411] 여전히 사회에서 현역으로 활동하고 있는 사람도 많고, 딱히 다른 사람의 도움이 필요한 나이도 아니다. 게다가 그들 대부분은 저축도 상당하고, 집까지 소유하고 있다. 세대주가 50대인 가정의 평균 저축액은 1593만 엔이고, 60대의 경우에는 1952만 엔에 이른다. 또한 평균 주택 보유율은 50대의 경우 86.7%이고, 60대의 경우에는 91.3%이다.[412]

지금까지 세대 간 격차에 대해 이야기해 왔는데, 요즘 젊은이들의 부모 세대는 그야말로 경제 고도성장기의 혜택을 듬뿍 받은 '승자'세대다. 따라서 거시적으로 바라본 세대 간 격차도 사실 미시적으로 들여다보면 격차가 아니라, 가족 내부에서 다양한 자원이 움직이고 있는 경우가 많을 것이다.[413]

예를 들어 18세부터 34세의 미혼인 젊은이들 가운데, 남성의 약 70%, 여성의 약 80%가 부모와 함께 살고 있다. 특히 '파트타임 아르바이트' 등 비정규직 고용 노동자들 사이에서 그 비율이 높게 나타났다.[414]

일하는 자녀가 집에 월급을 내놓는 경우도 있으나, 대부분의 경우 그 돈은 가족을 부양할 수 있을 정도의 금액이 아니었다. 그리고 가사를 거의 분담하지 않는 경우도 많았다.[415] 한편 부모와 함께 사는 미혼인 젊은이들의 생활 만족도가, 부모와 함께 살지 않는 젊은이들보다 높게 나타났다는 조사 결과도 있다.[416]

경제 고도성장기에는 일할 곳을 찾아서 도시로 나온 경우가 많았지만, 그 후 이루어진 지방 도시의 발전은 젊은이들의 '현지화'를 가능하게 했다.(2장) 젊은이들의 '현지화'를 달리 말하면, 일본의 경제 성장과 함께 부를 축적해 온 부모 세대에 기생하는 일이다.

하지만 아무리 (풍요로운 부모 세대의) '자녀'로서 가족 복지의 혜택을 받는 젊은이들일지라도, 20년 내지 30년 후부터는 부모 세대를 부양해야 하는 문제에 직면하게 될 것이다. 게다가 이 무렵에는 보유한 주택을 보수 관리해야 할 필요까지 생길 테다.

빈곤은 미래의 문제, 승인은 현재의 문제

도쿄에서 홀로 살고 있는 유지(22세, 계약직 사원, 남성)는 주민세와 국민 건강 보험료를 납부하지 않고 있다. 그런데 그 금액은 지불

6장 절망의 나라에 사는 행복한 젊은이들

할 수 없을 정도의 큰 액수가 아니다. 그는 좋아하는 가수의 콘서트에 가거나 친구들과 밤새 즐기기도 하면서 나름대로 즐거운 생활을 하고 있다. 그는 이러한 생활을 즐기기 위해서는 "세금이나 건강 보험료 같은 돈은 납부할 수 없다."라고 잘라 말한다.

아무래도 젊고 건강할 때는 크게 문제되지 않을 수도 있다. 하지만 인간은 나이가 들수록 병에 걸릴 확률이 높아진다. 일본 국민의 입원 횟수를 연령별로 살펴보면, 30대는 20대의 1.4배, 40대의 경우에는 2배까지 늘어난다. 외래로 병원을 찾는 횟수는 30대의 경우 20대의 1.3배, 40대에는 1.5배로 증가했다.[417]

'젊은이 빈곤'이 정말 심각한 문제로 나타나는 시기는 지금으로부터 10년 후 혹은 20년 후일 것이다. 젊은이가 더 이상 젊은이가 아니게 되었을 때 말이다.

몇몇 연구자들이 이렇게까지 '젊은이 빈곤' 문제를 걱정하며 소란을 피우는 까닭은 젊은이들이 최하층에 머무르게 될 것을 우려하기 때문이다.

이미 잘 알려져 있다시피 일본에서는 일단 '좋은 학교', '좋은 회사'라는 궤도에서 내려와 버리면, 다시 그곳으로 돌아가기가 굉장히 어려워진다. 아무리 위로 올라가려고 노력해도, 마땅한 학력이 없거나 오랫동안 프리터로 일해 온 사람에게는 좀처럼 '좋은 회사'에서 일할 기회가 주어지지 않는다.[418] 이른바 '경력 사다리 (career ladder: 경력을 높이기 위한 사다리 ― 옮긴이)'가 없는 것이다.

이러한 현재의 '젊은이 빈곤' 문제와 과거의 '젊은이 빈곤' 문제 사이에는 차이가 있다. 앞선 세대가 말하는 "우리가 젊었을 때는 이보다 훨씬 가난하게 생활했다." 혹은 "옛날부터 가난한 사람은 많았다."라는 지적은 결코 틀린 말이 아니다. 그러나 예전의 젊은이들에게는 빈곤에서 벗어날 수 있는 기회가 많았다.[419]

그러나 최근 프리터에서 벗어나는 일은 이중적인 의미에서 곤란한 일이 되어 버렸다. 먼저, 아직도 프리터 경력자를 정사원으로 채용하는 일에 주저하는 기업이 많다.[420] 그리고 젊은이들 스스로 반드시 정사원이 되고자 바라지도 않는다.[421]

프리터에 대한 사회적 시선이 제법 따뜻해진 데다, 군이 정사원이 되지 않더라도 어느 정도 풍요로운 생활을 영위할 수 있게 되었다. 따라서 그들은 젊은 동안에 무리해서 정사원이 될 필요성을 느끼지 못하는 것이다. 결국 이러한 이유에서 '젊은이 빈곤' 문제는 일본 사회에서 좀처럼 절실한 문제로 드러나지 않고 있다.

물론 모든 젊은이가 대기업의 정사원이 되려고 기를 쓸 필요는 없다. 과거에 '사축'이라고 불리던 신분에 애써 매달릴 필요도 없다. 다만 현재의 사회보장제도에 비춰 볼 때, 프리터로 생활하는 젊은이는 나이가 들수록 각종 위험에 노출될 가능성이 커진다.

이것이 '기업을 통한 복지'에 지나치게 의존하고 있는 일본의 사회보장제도를 '생활 보장'이라는 형태로 재편성해 나가야 하는 이유다. 이것의 필요성은 벌써 수많은 논자들이 지적한 부분이기도 하다.

연인이 있는 젊은이는 30%

대다수 젊은이에게 '미래의 문제'인 경제적인 빈곤과 달리, 승인과 관련된 문제는 비교적 '쉽게 알아볼 수 있는' 형태로 모습을 드러낸다. 수많은 젊은이들에게 미래의 '빈곤'보다 현재의 '외로움'

이 더 절실한 문제이기 때문이다.

승인 욕구를 가장 단순하게 충족시키기 위해서는 다른 무엇보다 '연인'이 있으면 된다. 전인격적 승인을 가져다주는 연애는 한 사람이 안고 있는 대부분의 문제를 (적어도) 일시적일지언정 해결해 준다. 왜냐하면, 단 한 사람으로부터 사랑을 받는 경험을 통해 누구나 '둘도 없는 존재'로 거듭날 수 있기 때문이다.

그러나 모두가 쉽게 연인을 만날 수 있는 것은 아니다. 국립사회보장인구문제연구소(國立社會保障人口問題硏究所)에서 실시한 조사에 따르면, 18세부터 34세의 미혼 남녀 가운데 '이성의 연인이 있는 비율'은 남성의 경우 27.2%, 여성의 경우 36.7%에 불과했다.[422]

또 이 조사는 놀랍게도 '이성과의 성교 경험 여부'까지 묻고 있다. 그 조사 결과에 따르면, 20세부터 24세까지의 남성 중 동정은 33.6%, 여성의 동정은 36.3%였다. 25세부터 29세까지의 남성 중 동정은 23.2%, 여성의 동정은 25.1%였다. 이성과 성교 경험이 없는 사람의 비율이 결코 적잖았다.

연인과 마찬가지로, 승인 문제를 고려할 때 없어서는 안 되는 존재가 바로 친구다. 2장에서 살펴보았듯이, 젊은이의 행복을 판단할 때 친구 관계의 중요성은 대단히 높다. 심지어 젊은이들을 대상으로 '내게 없으면 불행할 것 같은 대상'을 조사한 결과, 1위는 역시나 '친구'였다.[423]

이 조사를 살펴본 작가 쓰무라 기쿠코(津村記久子, 32세, 오사카 부)는 "얼굴이 못생겼다면 화장으로 고칠 수 있고, 일이 없으면 불경기라고 변명을 할 수도 있다. 하지만 친구가 없다는 사실만큼은 변명할 수가 없다. 친구가 없다면, 어려서부터 형성되어 온 모든 인격을 부정당하는 느낌을 받게 된다."라고 분석했다.

확실히 '애인이 없다.'라는 말은 웃으면서 이야기할 수 있지만, '친구가 없다.'라고는 좀처럼 넉살스레 말할 수가 없다. 그러나 현대 일본에는 애인이나 친구에 의존하지 않는 형태로, 우리들의 승인 욕구를 충족시켜 주는 자원이 무수히 준비되어 있다. 그런데 이것 또한 결과적으로는 넓은 의미의 '친구'를 확장하는 도구로서 활용된다.

손쉬운 승인 사회

아무리 유명하지 않은 사람도 트위터에 재미있는 글을 올리면 몇 백 명이나 되는 사람들이 리트윗해 준다. 흥미로운 글을 지속적으로 올리면 팔로우 수는 점점 늘어난다. 예전에는 작가나 유명인만이 맛볼 수 있던 쾌감, 즉 '수천 명, 수만 명이나 되는 사람들이 내가 쓴 글을 읽는다.'라는 느낌을 이젠 많은 사람들이 만끽할 수 있게 된 것이다.[424]

니코니코동영상도 승인의 훌륭한 공급원이다. 마음에 드는 동영상에 댓글을 달아 주는 것만으로 타자와 '이어져 있다.'라는 느낌을 얻을 수도 있겠지만, 스스로 동영상을 만들어 올림으로써 지금껏 무명이었던 사람에게 수천 명의 팬이 생기기도 한다.

니코니코동영상에는 다양한 장르의 영상이 올라온다. 예컨대 '댄싱' 장르에 포함된 게시물들을 보면 수많은 젊은이들이 음악에 맞춰 말 그대로 춤을 추고 있다. 프리터인 쓰바사(26세, 남성)는 2008년 무렵부터 '댄싱' 동영상을 올리기 시작했고, 친구들과 요요기 공원에서 이벤트를 개최하기도 했다고 한다. 그가 올린 동영상 중에는 '다시 보기' 횟수가 수만 건을 넘은 것도 있으며, 믹시에 개설된 팬 커뮤니티에는 벌써 수백 명이 참여하고 있다. 팬들의 댓글을 읽어 보면, 이미 그는 연예인과 같은 대접을 받고 있다.

사람들과 대화를 나누면서 게임을 하는 '게임 실황'이라는 장르도 인기다.[425] 다로친(25세, 남성)은 술에 취해 고주망태가 된 상태에서 게임을 하는 동영상을 올려 인기를 모았다. 다른 인기 '게임 실황' 연출자와 함께 찍은 동영상의 다시 보기 횟수는 무려 50만 건을 넘었다.

인터넷은 이처럼 '소소한 유명인'을 많이 양성해 내고 있다. 이제 일본인이라는 '대중'이 그다지 표면적으로 드러나지 않는 시대에, 인터넷은 작은 '대중'을 등장시키고 있다. 물론 '소소한 유명인'은 인터넷이 활성화되기 이전부터 숱하게 존재했다. 하지만 인터넷만큼 한층 손쉽게 '누구나 매스미디어의 주인공'이 될 수 있는 기회를 준 매체는 없었다.[426]

한편 나는 '기성세대를 위한 비즈니스 잡지'가 빈번하게 지적하고 있는 것처럼, 트위터 등의 소셜 미디어가 대규모 비즈니스의 수단이나 장사 도구로 기울고 있다고는 생각하지 않는다. 이를테면 약 20만 명의 팔로워를 거느린 트위터의 유명 인사가 이벤트를 주관한 적이 있는데, 그때 모인 사람은 고작 20명뿐이었다고 한다. 그런데 그 트위터 이용자는 당시 상황에 서운하기는커녕 "직접 찾아와 준 사람이 있다."라는 사실에 매우 기뻐했다.[427] 트위터의 반응과 현실적인 상황은 일치하는 것이 아니다.

마찬가지로 트위터나 소셜 미디어가 '사회를 바꾸는 도구'가 될 것이라고도 생각지 않는다. 그러한 것들이 개인의 승인 욕구를 충족시켜 주기 쉬운 매체라는 점을 생각하면, 오히려 그 기능은 '사회 변혁'과 반대다. 대다수의 사람들은 트위터에 마치 사회의식이 있는 것처럼 적당히 글을 올려 팔로워들의 칭찬을 유도하고, 많은 수의 리트윗에 만족한다. 사람들은 바로 그런 수준에 머물러 있는 것이다.

결국 트위터가 제공하는 '공동성'에 '사회를 바꾼다.'라는 목적이 흡수되어 버릴 것이라고 나는 생각한다.[428]

행복한 무연사회를 살다

빈곤은 미래의 문제이므로 잘 보이지 않는다. 승인 욕구를 충족시켜 주는 도구는 수없이 많이 준비되어 있다. 이렇게 보니 그토록 수많은 젊은이들이 자기 생활에 만족하는 것도 수긍이 간다. '행복도 연구'를 살펴보면, 행복을 느끼는 데 중요한 것은 실제 소득 수준보다도 사회문제를 '인식'하고 있는지 여부에 달려 있다. 따라서 '지금 여기'에 살고 있다고 생각하는 젊은이일수록 행복하다고 느끼는 것은 당연한 일이다.[429]

하지만 안타깝게도 현대 사회에서는 어떤 관계든, 아무리 안락한 곳일지라도 매우 깨지기 쉽다. 친구 관계나 연인 관계에 있어서도 어떤 제도적인 담보가 없으면, 깨질 때는 쉽사리 깨지고 만다. 기업체나 가족 등 사회 제도를 통해 맺어진 인간관계는 깨기 쉽지 않은 만큼 오랫동안 이어지지만, 그것 역시 절대적이지는 않다.

대지진의 영향으로 잠시 잊힌 듯하지만, 2010년과 2011년 사이에 일본에서는 '무연사회(無緣社會)' 붐이 일었다. '무연사회'라는 말은 '유대가 없는 사회'를 의미한다. "아무도 수습해 주지 않는

'무연고 죽음'이 매년 3만 2000명에 이르고 있다."라는 사실을 자극적으로 보도한 'NHK스페셜'을 통해 '무연'이라는 용어가 널리 유행하기 시작했다.

'무연사회'는 가족과의 연결 고리인 '혈연', 고향과의 연결 고리인 '지연', 회사와의 연결 고리인 '사연(社緣)'이 사라진 후에 등장한 사회로 그려진다.[430] 하지만 그 연결 고리들은 일찍이 '선택할 수 없는 인연'이라고 비판의 대상이 되었던 것들이다.

'근대화', 즉 인간의 개인화를 위한 프로젝트에서 저런 요소들은 극복해야 할 대상으로 강조되어 왔다. '가족'이나 '지연'이라는 것들은 숨 막히는 관계성의 상징이었던 것이다.

우에노 지즈코(45세)는 예전에 '선택할 수 없는 인연'을 비판하며 '선택할 수 있는 인연'으로서의 '무연'을 '선택연(選擇緣)'이라고 명명했다.[431] '무연사회'를 '선택연 사회'라고 바꿔 부르면 왠지 나쁜 이미지가 사라진 듯한 느낌이 든다.

최악의 경우, 우리들은 진짜 '무연'이 될 가능성도 있다. 하지만 자신이 만날 사람과 공동체를 자유롭게 선택할 수도 있다. 여러 개의 공동체에 중복으로 소속되어도 상관없고, 참여나 탈퇴도 자유롭다. 규칙이 없어도 지속될 수 있는 느슨한 관계 말이다.

이처럼 실리실익을 따지지 않는 공동체가 증가하면서, 승인 욕구를 채워 주는 것들이 분산되어 우리의 정체성을 보장해 주게 되었다.[432] 이런 공동체에서 제공받는 포근한 상호 승인 덕분에, 젊은 이들은 굳이 사회의 다양한 문제를 모두 해결하지 않아도 살아갈 수 있게 되었다.[433]

왜냐하면 아무리 혹독한 노동 환경에서 일하더라도, 그 어떤 불안감에 시달리더라도, 상호 승인을 나눌 수 있는 동료들이 있는 공동체로 돌아갈 수 있기 때문이다. 경제적인 불만, 막연한 미래가 주는 불안도 다양한 형태의 공동체를 통해 치유될 수 있는 것이다.

바로 이 점이 젊은이들이 반란을 일으키지 않는 이유 가운데 하나다.(4장) 그러나 다른 한편으로는 선택의 여지가 없으니 어쩔 수 없는 탓이기도 하다.

3 우리는 어디로 향하고 있는가?

중국이라는 '신분제 사회'

미시적인 관점에서 생각해 보면, 아무리 '세대 간 격차' 혹은 '세대 내 격차'가 심각한 사회라고 할지라도 그것이 꼭 '불행한' 사회를 의미하지는 않았다. 이 책에서 여러 차례 강조했듯이, 객관적으로는 절망적인 상황일지언정, 도리어 당사자들은 그래도 행복하다고 여기는 경우가 있을 수 있기 때문이다.

만약 일본이 지금보다 '더 심각한 격차사회(超格差社會)', 혹은 격차가 고정된 계급 사회가 되어 버리면, 오히려 행복하다고 느끼는 젊은이의 수가 더욱 증가할지도 모른다.

예컨대 중국은 격차사회, 아니 그것보다 훨씬 견고한 '도시 호적'과 '농민 호적'이라는 극복할 수 없는 신분의 벽이 존재하는 사회다. 중국은 도시 주민과 농촌 주민의 호적이 각기 다르기 때문에, 농촌에서 태어난 사람은 도시에서 마음대로 거주할 수 없다.

실제로 도시 지역에서는 '농민공'이라고 불리는 농촌 출신의 노동자가 상당수 일하고 있지만,[434] 사회보장의 혜택을 받을 수 없는 데다 자녀가 태어나도 공립학교에는 입학시킬 수 없는 경우가 부지기수다.

이제 중국은 농민공이 없으면 사회를 유지할 수 없게 되었다. 공장 노동자나 토목공은 물론, 레스토랑의 웨이터 등 온갖 영역에서 농민공들이 일하고 있기 때문이다.

도시 지역의 최저 시급은 해마다 올라가고 있지만, 상하이의 최저 시급은 11위엔 정도에 불과하다.[435] 중국은 높은 관세로 인해 해외 브랜드 상품의 가격이 일본보다도 높다. 20만 엔을 훌쩍 넘는 버버리 프로섬 코트가 날개 돋친 듯 팔리는 거리에, 불과 시급 140엔을 받고 일하는 농민공이 존재하는 것이다.

고용주는 농민공을 고용함으로써, 저렴한 임금에다가 사회보장과 관련된 비용까지 고려하지 않아도 된다. 게다가 그들은 고향(농촌)으로 되돌아가는 조건을 전제로 도시에서 일하는 것이기 때문에, 도시의 슬럼화 현상 또한 피할 수 있다. 이렇듯 도시의 입장에서는 농민공이야말로 최고의 노동력인 셈이다. 마치 현대판 노예와 다름없는 존재인 것이다.

만족도 80%의 '농민공', 만족도 1%의 '개미족'

이러한 실질적인 계급제도에 대해 당사자인 농민공들은 어떻게 생각하고 있을까? 돈을 벌기 위해서 '농촌에서 도시로 나온 노동자들'을 대상으로 실시한 어느 조사에 따르면, 그들의 생활 만족도는 무려 85.6%에 다다랐다. 열악한 노동 환경에 시달리고 있을 텐데도 도시 유입 인구의 무려 80%가 자신들의 생활에 만족하

고 있었다. 이것은 본래 도시 지역에 사는 사람들의 생활 만족도
(75.5%)보다 높은 수치다.[436]

이 결과가 보여 주듯, 아무리 사회 안전망이 부실하고 그 어떤
것도 갖춰지지 않은 생활일지라도 농촌의 생활 수준보다 도시의 상
황이 훨씬 나은 것이다. 지금도 중국의 일부 농촌에서는 돌이나 흙
벽돌로 지은 집에 살며, 대부분 가전제품도 제대로 갖추지 못한 채
생활하고 있는 경우가 적잖다.[437]

또한 '어차피 호적이 다르니까.'라는 자포자기의 심정이 그들의
생활 만족도를 상승시켰을 가능성도 있다. 앞서 2장에서 언급했듯
이, 사회학에서 말하는 '상대적 박탈' 개념을 생각해 보면 된다. 사
람은 자신이 속한 집단을 기준으로 행복을 판단한다. 말하자면, 농
민공들이 도시 지역에 사는 사람들의 화려한 생활을 '자신과 무관한
세계의 이야기'로 바라보는 한, 그것이 행복을 측정하는 기준으로
작용할 수 없는 것이다. 일본에서도 경제 발전이 하락세일 때 오히
려 생활 만족도는 상승했다. 두 경우 모두 비슷한 논리인 것이다.

이런 농민공과 대비되는 존재가 바로 '개미족(蟻族)'이라고 불
리는 중국판 '고학력 워킹푸어'다. 최근 중국은 교육 제도 개혁을
통해 대학 졸업 자격을 쉽게 취할 수 있도록 만들었지만, 덩달아 잘
못된 직업 선택으로 인한 부작용이 사회 문제로 떠오르고 있다. 중
국 정부는 지방의 공공사업 추진을 통해 대대적인 고용 창출을 이
루었으나, 정작 그 일은 '개미족'이 원하는 지적 노동이 아니었다.
"내가 대학까지 나와서 '블루칼라'의 일을 할 수는 없다."라는 것이
개미족들의 생각이다.

이들 가운데 자신의 생활에 만족하는 사람은 불과 1%뿐이었

고, 그들 중 84%가 자기 삶에 대해 어떤 형태로든 불만을 안고 있었다.[438] 아마도 이들의 상승 지향, 엘리트 지향이 자신 스스로를 불행하게 만들고 있을 것이다.

사실 개미족이라고 해도 스스로 만족할 수 있는 지적 노동이나 창조적인 작업을 할 수 있다면 더 바랄 것이 없겠지만, 이것은 단기적으로 실현될 수 있는 일이 아니다.

'농민공'이 되어 가는 일본의 젊은이들

중국에서 농민공의 생활 만족도가 높고 개미족의 생활 만족도는 낮다는 점을 통해, 나는 다소 안타까운 결론 하나를 도출하게 되었다. 만약 일본이 격차가 고정된 계급 사회, 또는 신분제 사회로 바뀐다면 '혹시 더 많은 사람들이 행복해지는 것은 아닐까' 하는 결론 말이다.

객관적으로 열악한 환경에서 살아가는 행복한 농민공과 자기실현 욕구, 상승 지향을 떨쳐 내지 못하는 탓에 불행한 개미족은 일본의 미래를 생각해 보는 현시점에 매우 상징적인 존재들이다. 20대 젊은이들의 생활 만족도가 지속적으로 상승하고 있다는 사실은, 어쩌면 벌써 일본의 젊은이들이 어느 정도 '농민공화'되었다는 점을 보여 주는 사례가 아닐까.

현대 일본의 젊은이들은 경제 성장의 혜택을 충분히 받은 이전 세대를 '자신들과는 다르다.'라는 시선으로 바라보고 있다. 그들은 자기 나름대로 주변에서 행복을 찾고 동료들과 함께 작은 공동체를 만들어 가며 지낸다. 이제 젊은이들은 무언가를 쟁취함으로써 자신을 돋보이게 만들 수 있던 시대와 선을 긋고, 작은 공동체 안에서 소소한 상호 승인을 누리며 살아가고 있는 것이다.

이것은 이 시대에 적합하고, 또 현명한 삶의 방식이다. 예를 들어, 지금과 같은 시대에 '부자'를 삶의 목표로 삼는다면 우리는 영영 그것을 이룰 수 없을지도 모른다. 고도화된 자본주의 사회에서 살 수 없는 것은 아무것도 없고, 따라서 '넘버원'을 목표로 하는 레이스는 고될 뿐이다. 그러니까 하루라도 빨리 그런 경주에서 내려와야 에너지를 절약할 수 있고, 또한 그것이 행복해지는 방법이기도 하다.

아무리 선량한 어른들이 '젊은이 빈곤'을 사회 문제로 다루고, '젊은이들이 가엾다.'라고 부르짖는다고 해도, 정작 젊은이들은 그런 '우려'에서 현실성을 느끼지 못한다. 이것은 어떤 지역에서 태어났든, 어떤 가정에서 성장했든, '넘버원'을 목표로 삼을 수 있었던 '근대'가 마침내 임계점(臨界點)에 도달했음을 보여 주는 상징적인 사건일지도 모른다.

우리는 '그때'의 우리에게 보복당하고 있다

근대화는 마을 밖 상황에 대해서는 상상조차 않고 일생을 마치던 '마을 사람들'을, '국민' 혹은 '개인'이라는 자립적인 존재로 끌어올리기 위해 추진된 프로젝트였다. 근대 이후 우리 사회는 신에게 의존하지 않고 전통에 지배당하지 않는, 즉 자신의 인생을 스스로 판단해서 결정할 수 있는 근대인을 만들어 내기 위해 노력해 왔다.(3장 참고)

일본은 계급제도를 철폐하고, 단계적으로 전 국민에게 참정권을 부여해 왔다. 근대인으로서의 국민이 주권을 갖는 민주주의 국가 '일본'이 탄생한 것이다.

그런데 어쩌면 일본은 민주주의라는 제도를 구축하는 데 실패한 것인지도 모른다. 일본의 근대화는 앞서 19세기 후반에 일어난 유럽의 산업혁명을 목격하고, 그것을 일본에 이식시키려고 하면서부터 시작되었다. 그러나 만약 일본의 메이지유신이 실제보다 50년 빠른 1810년 무렵에 시작되었다면, 과연 어떠한 (일본) 사회가 형성됐을까?[439]

19세기 초 영국이 '세계의 공장'으로 발전하기 전의 유럽은 여전히 시민혁명이 불러일으킨 폭풍의 한가운데에 서 있었다. 만약 이 무렵에 이와쿠라사절단(岩倉使節團)이 유럽을 방문했다면, '민주주의' 혹은 '자유 민권'을 핵심으로 국가를 구성하려고 하지 않았을까? 실제로 일본보다 근대화가 빨랐던 라틴아메리카의 여러 국가들은 민주주의를 지상 목표로 하는 국가를 건설하는 데 역점을 뒀다.

그 결과, 일본은 급속한 경제 발전을 이루었고 라틴아메리카는 그러지 못했다. 물론 그 이유가 민주주의 탓만은 아니겠지만, 산업혁명이 시민혁명보다 더 쉽게 먹혀들었을 것이다. 결국 일본은 민주주의적 가치를 가볍게 여김으로써, 민중을 이해하기는커녕 간단히 무시해 버렸고 그 덕에 국가의 경제 성장을 우선시할 수 있었다.

기본적으로 일본은 이러한 노선을 타고 지금까지 별일 없이 버틸 수 있었다. 이 아시아의 작은 나라는 여러 차례 전쟁을 벌이면서 세력을 확장했고, 한때는 동아시아 일대를 자신의 영토 혹은 식민지로 삼기도 했다. 태평양전쟁은 패배했지만, 무슨 행운이었는지 경제 전쟁에서는 승자가 될 수 있었다. '그 시대'는 국가 주도 아래 무엇이 되었든 경제만 잘 돌아가면 되는 그런 시대이기도 했다.

하지만 이와 같은 구조에도 그림자가 드리우기 시작했다. 이제 껏 일본은 경제 성장만 하면 어떻게든 된다는 생각으로 계속 달려 왔는데, 돌연 경제 성장이 멈춰 버린 것이다. 이런 상황에서 민주주 의 전통이 없는 일본은 모두가 망연자실한 상태로, 그렇게 우두커 니 서 있게 된 것이다. 나는 이런 인상을 지울 수 없다.

민주주의를 희생하면서 경제 성장을 선택한 일본, 어쨌든 세계 유수의 경제 대국으로 성장할 수 있었다. 어쩌면 지금의 우리는 '그 때' 잃어버린 것들을 벌충하고 있는 것인지도 모른다.

유럽과는 다른 '근대화'를 걸어온 일본이기에, 지금으로서는 당장 참고로 삼을 만한 나라가 어디에도 없다.

그리고 행복한 계급 사회로

근대 사회는 국민의 평등을 부르짖으면서도, 언제나 '이등 시 민'을 필요로 해 왔다. 예를 들어, 일본을 포함한 근대 국가는 '이 등 시민'의 역할을 계속 '여성'에게 부과해 왔다. 남성은 열심히 노 동하여 한 가정을 먹여 살리는 대들보가 되고, 여성은 육아와 간병 등 가사를 통해 남성을 돕는, 이른바 '브레드위너 모델(breadwinner model)'이 형성된 것이다.

그러나 남녀평등을 촉구하는 주장이 등장하고 노동력 부족 현 상이 현저하게 나타나면서, 유럽은 여성의 사회 진출을 적극적으로 지원하는 동시에, 값싼 노동력 확보를 위해 '이민'을 최대한 활용하 고 있다.[440]

그런데 이민 노동자의 수용을 지속적으로 거부해 온 일본은 '여성'에다가 '젊은이'까지 '이등 시민'으로 만들어 버릴 기세다.

이미 일본 젊은이의 '이등 시민화'는 진행되고 있다. '꿈' 혹은 '보람'이라는 말로 적당히 얼버무리면, 젊은이야말로 저렴하고 해고하기 쉬운 노동력이라는 점은 이미 다 알려진 사실이다.

이대로 간다면 일본은 '느슨한 계급 사회'로 탈바꿈하게 될 것이다. '일등 시민'과 '이등 시민'의 격차는 점진적으로 확대될 것이다. 일부 '일등 시민'은 국가와 기업의 의사를 결정하는 데 분주할 테지만, 다른 수많은 '이등 시민'은 태평하게 하루하루의 삶을 소일하는 그런 구도가 만들어질 것이다.

하지만 이것만으로 사람들이 불행한 사회라고 단정할 수는 없다. 예컨대 최저 시급이 300엔 정도로 낮아진다고 해도 '건강하고 문화적인 최소한의 생활'을 보증하는, 가령 Wii나 PSP를 사람들의 손에 쥐어 주기만 하면 폭동 따위는 일어나지 않을 것이다.

더불어 테크놀로지의 발전은 사회의 모습을 조금씩 바꿔 놓을 것이다. 이를테면 2011년 현재, 구글(Google)은 '구글에서 무엇을 검색하면 좋은지'까지 가르쳐 준다. 또 제시된 방대한 검색 결과 중에서 직접 '올바른' 정보를 골라내기까지 한다.

그런데 불쑥 구글의 검색창이 사라지는 날이 올 수도 있다. 사용자의 행동 이력을 바탕으로, 모든 정보를 추천받게 되는 것이다. 어쩌면 아마존(Amazon)은 특정한 책의 읽을 만한 부분까지 추천해 줄지도 모른다.

그때가 되면 '공중파 뉴스'도 대부분의 사람들에게는 무의미한 정보가 될지도 모른다. 일부 엘리트들이라면 난해한 NHK뉴스를 계속 시청할지도 모르지만, 대중은 추천받은 그대로 '소개팅에서 뚜렷한 인상을 남기는 자기소개 패턴' 등의 정보만을 보게 될 것이다. 만약 저런 상태에 이르게 된다면, 사실 에도 시대와 별반 다르지 않은 상황이라고 해도 좋을 것이다.[441]

1억 명 모두가 젊은이가 되는 시대

우리가 살고 있는 지금은 1억 명 모두가 젊은이가 된 시대다. 각 세대별 의식 차이가 점점 줄어들고, 앞으로 더 많은 젊은이들이 기성 사회가 대전제로 삼았던 '정사원' 혹은 '전업주부'로, 즉 '어른'으로 성장하지 못한다면 그들은 나이에 상관없이 '젊은이'로서 살아갈 수밖에 없다.

우리는 일본에 사는 모든 사람들이 연령에 관계없이 '젊은이가 되는 시대', 그 과도기에 살고 있다. 이 책도 '젊은이론'을 주장하면서, 결국에는 일본이 가진 갖가지 모습들의 편린을 묘사하는 데 그치고 말았다. 이것은 이제 '젊은이'가 연령에 관계없이 어디에나 존재하며, '젊은이 중의 젊은이'라고 할 수 있는 사람들이 존재하지 않기 때문이기도 하다.

그런 이유에서 이 연구는 '젊은이'를 적극적으로 정의하는 데 주저해 왔다. 1991년의 거품경제 붕괴 이후, 이를테면 모두가 주택을 보유하고 아버지는 회사에서 정년 때까지 일을 하고, 어머니는 전업주부로서 자녀들을 따뜻하게 돌보는 '중산층의 꿈'이 무너지는 시대가 도래했다. 그런 시류와 더불어 '젊은이'는 계속 증가하고 있다.

이 책은 이러한 의미의 '젊은이'의 특징을 주로 20대가 가장 잘 체현하고 있다는 전제에서 이야기를 전개해 왔다. 하지만 이것은 연령에 관계없이 '다른 젊은이들'에게도 공통된 이야기, 즉 이 나라

6장 절망의 나라에 사는 행복한 젊은이들

의 '이야기'였다. 그러면 수많은 '젊은이들'이 존재하는 이 나라는 앞으로 어디로 나아가게 될 것인가?

일단 분명한 점은 이제 우리에게 돌아가야 할 '그때'라는 것이 없다는 사실이다. 물자는 부족했지만 마음만큼은 풍요로웠던 전후로 되돌아가고 싶은가? 국가가 저지른 잘못으로 수백만 명이 목숨을 잃고, 모두가 누군가와 헤어지고, 빈곤과 범죄, 비위생적인 환경이 일본 전체에 만연했던 그 시대로 돌아가고 싶단 말인가?

아니면 세계 유수의 경제 대국으로 올라섰던 고도성장기의 일본으로 돌아가고 싶은가? 서민이 인플레이션에 시달리고, 공해는 심각해지고, 광화학스모그가 도시를 집어삼킨 그 시대로 말이다.

그것도 아니라면 일본이 까닭을 알 수 없는 축제 분위기에 취해 있던 거품경제 시기로 돌아가고 싶은가? 땅값과 물가가 고공 행진하는 가운데, 지금 생각해 보면 실망스럽기 짝이 없는 '시티호텔'에서 형편없는 '프랑스 요리'를 먹으면서 '트렌디'하다고 외쳐 대던 그 시대로?

하지만 아무리 '그때'로 돌아가고 싶다고 애원해도, 결코 '그때'는 되돌아오지 않는다. 전후 일본의 경제 성장은 이 나라를 민주주의 진영에 묶어 두려는 미국의 대일 정책, 풍부한 젊은 노동력을 활용할 수 있는 인구 증가, 그리고 패전으로 인한 초기화, 즉 다시 경제 후진국이 되었기 때문에 그저 다른 나라를 모델로 삼아 흉내 내기만 하면 별 문제가 없었던 점 등 다양한 행운이 겹친 덕에 가능했다.

한때 한 세대를 풍미했지만 지금은 완전히 잊혀 인기가 없는 5인조 댄스 그룹이 있다. 그들은 자신들의 전성기로부터 10년이 흐

른 시점에 다음과 같은 노래를 발표했다.[442]

생각해 보니, 그런 날은 다시 오지 않아.

그러니까 그때를 입에 올리는 사람은 지는 거야.

'그때'의 미래를 살고 있는 우리들

'그때'로는 되돌아갈 수 없다. 하지만 동시에 우리는 '그때'의 사람들이 동경하던 미래에 살고 있다.

예컨대 1960년대 학생들의 고민은 자기 인생의 일부, 혹은 전체를 일찍부터 내다볼 수 있었다는 것이었다. '취직하자마자, 자신의 퇴직금 액수까지 제법 정확하게 예측할 수 있다.'라는 사실이 그들의 고민거리였다.[443] 그러나 요즘은 퇴직금은커녕, 내년도 연봉조차 예측할 수 없는 시대다. 확실히 불안하기는 하지만, 앞이 보이지 않기 때문에 느낄 수 있는 즐거움이 있다.

1969년에 자주 묘사되었던 '장밋빛 미래 사회' 중 많은 부분이 실현되었다.[444] '도쿄 올림픽의 기록 사진이 문득 보고 싶을 때'는 중앙 컴퓨터를 이용하면 그만이고, 필요하다면 '(그 사진을) 단말기에 연결된 프린터로 출력하여 소장'할 수도 있다. '거실에 앉아 다른 나라의 텔레비전 프로그램을 볼 수도' 있고, 전화와 키보드만으로 자동차 속이 '이동 사무실'이 될 수도 있다. 당시 사람들은 이 모든 것을 '꿈같은 이야기'라고 여겼던 듯하지만, 지금은 태블릿 PC 한 대만 있으면 전 세계 어느 곳이든 '이동 사무실'로 탈바꿈시킬 수 있다.

1979년에 한 주부(당시 30세, 도쿄 도)가 그렇게 원하던 교육 환경이 오늘날에 와서는 현실이 되었다. 그때만 해도 과열된 입시 전쟁으로 인해 모두가 마음을 졸이며 살았다. 그런 상황 속에서 그 주부는 '거리에선 많은 아이들이 활기차게 맘껏 소리를 지르며 뛰놀고, 학교에서는 아이들 한 사람 한 사람마다 개성에 맞는 교육'이 이루어졌으면 하는 바람을 갖고 있었다.[445] 지금 거리를 보면, PSP나 디에스(DS)를 손에 든 아이들이 각기 어울려 게임을 맘껏 즐기고 있다. 입시 전쟁도 많이 완화되었다.

1991년 성인의 날, 한 신문은 젊은이들에게 "구두쇠가 되었으면 좋겠다."라는 내용의 사설을 게재했다.[446] 이 사설은 당시 사람들의 '졸업 기념 해외여행', '호화 결혼식', '수시로 발매되는 새로운 자동차나 전자 제품'을 정신없이 사들이는 모습에 대해 불쾌감을 표명했다. 그리고 "감수성이 풍부한 젊은이들이 낭비 대국 일본을 변혁할 수 있는 첨병이 되었으면 좋겠다."라고 바랐다.

지금 시대의 젊은이들은 해외여행이나 자동차 구입, 잦은 전자 제품 소비와 확실히 거리를 두기 시작했다. 20년 전에 이 사설을 썼던 사람은 필시 눈물을 흘리며 기뻐하고 있을 것이다.

재정 파탄? 침략을 당한다? 그래서 뭐!

일찍이 매스컴에서는 학력 저하를 문제시했으나, 이젠 학력은 물론, 인간력(人間力)이나 자립심 등 모든 것이 저하되고 있습니다. 곧이어 깨진 양동이에서 물이 새어 나오듯이, 문제가 잇달아 일어나기 시작할 것입니다. 이미 국가적으로 매우 심각한 사태입니다.[447]

교육 평론가 오기 나오키(尾木直樹, 64세, 시가 현)가 2011년에 「폭력적인 모습이 사라진 성인식」에 쓴 문장이다. 매년 '폭력적인 모습의 성인식'을 규탄해 왔던 어른들이었는데, 2011년의 성인식은 아무래도 전국적으로 평온하게 지나갔던 모양이다. 그래서 무엇이 잘못되었다는 것인지 모르겠지만, 기성세대는 젊은이들이 얌전해지니까 이제는 얌전해졌다고, 이를테면 '생동감'을 잃어버렸다고 비난을 하기 시작했다.

게다가 오기 나오키는 "일본은 이제 끝났습니다."라고까지 잘라 말하며 위기감을 부채질했다. 이 책을 죽 읽어 온 사람이라면, 오기 나오키의 망언에 대해 반론할 가치조차 없다는 사실을 알 수 있을 것이다. 비단 오기 나오키뿐만 아니라 어떤 사소한 조짐이라도 있으면, '일본은 끝났다.' 혹은 '일본은 무너지고 있다.'라는 말을 서슴지 않는 사람들이 있다.

그런데 과연 '일본이 끝났다.'라는 말은 어떠한 상태를 가리키는 것일까? 예컨대 국채 폭락 등의 계기로 일본이 경제 파탄에 이를 가능성이 제로라고 단언할 수는 없다.[448] 가령 일본이 IMF 관리 아래 들어가면, 사회보장비용이 크게 삭감되어 의료나 교육 등 공적 서비스의 질도 저하될 것이다. 기업의 도산이 이어지고, 실업률은 올라갈 것이다. 일본의 기업과 토지는 외국계 자본에 헐값으로 팔려 나갈지도 모른다.

그러나 설령 이러한 사태가 발생한다고 해도, 일본의 국민이 멸족당하는 것은 아니다. 오히려 지켜야 할 것이 거의 없는 '젊은이'에게는 이런 사태가 기회일지도 모른다. 경직된 고용 제도는 무너지고, 오직 '실력'으로 경쟁할 수 있는 시대가 열리는 것이다. 일찍이 지방에 사는 젊은이들이 꿈을 안고 상경했듯이, 요즘 젊은이들 또한 일확천금을 노리고 중국이나 인도로 '돈벌이'를 나서게 될지 누가 아는가.

그런 방향이 아닌 일본에서 그대로 살고자 한다면, 마치 중국의 농민공처럼 저임금에 만족하며 동료들과 일상을 즐기면서 살아가도 무방하다. 이 시대의 젊은이들은 돈이 없더라도 그럭저럭 즐거운 생활을 영위할 수 있는 지혜를 터득하고 있다.

외국에 의한 군사적 침략도 가능성 면에서라면 있을 수 있는 일이다. 나는 젊은이들이 '저항을 위한 폭력'을 방기한 일에 대해 자못 높게 평가했지만(3장), 한편 뮌헨의 교훈, 나치 독일 문제를 청산하는 데 있어 눈여겨볼 점, 즉 무력행사 이외에 다른 어떤 방책이 있는지 충분히 보여 주지는 못했다.[449]

아무리 '새로운 중세'가 도래하여 '국민국가'의 존재감이 저하됐다고는 하지만, 지금도 우리는 전쟁과 맞닿아 있는 근대적 국민국가, 앤서니 기든스(Anthony Giddens)가 언급한 '군사 사회'라는 시스템 속에서 살아가고 있다.[450]

사실 유엔헌장에도 '정당한 전쟁'은 존재한다. 유엔 안전보장이사회가 권한을 부여한 경우(제42조), 그리고 자위(自衛)를 위한 전쟁(제51조)인 경우에는 유엔헌장에 따라 합법적으로 전쟁을 치를 수 있다. 실제로 걸프전이나 유고 공습은 국제법상 '정당한 전쟁'으로 처리되었다. 아이슬란드와 코스타리카 등 일부 나라를 제외한 수많은 국가들은 군대를 보유하고 있다. 이것은 국제 관계론에서 현실주의("진정한 평화는 불가능하다.")가 여전히 안전 보장 체제에 현저한 영향을 주고 있다는 증거다.[451] 그러나 국민국가의 틀을 넘어선 테러나 분쟁이라는 '새로운 전쟁'도 세계 각지에서 빈발하고 있다.

지루한 '후기 근대'를 살아가는 우리의 발밑에는 지금도 전쟁과 잇닿아 있는 '근대'가 계속되고 있다. 그와 동시에 '근대'의 틀을 넘어선 '전쟁'의 위협도 끊임없이 확산되고 있다.

일본이 끝난다고 해도 괜찮다

그러나 정부가 '전쟁을 시작하겠다.'라고 선언해도, 만약 국민 모두가 도망쳐 버리면 전쟁은 시작되지 않는다.[452] 더 나아가 '일본' 이라는 나라가 전쟁에서 패배한다고 해도 본래 '일본'이었던 국토에 살던 사람들이 살아남을 수만 있다면, 나는 그것으로 괜찮다고 생각한다.

전쟁이란 본디 제노사이드(genocide)를 목적으로 하는 수단이 아니다. 가능한 한 인프라와 인명을 보존하면서 자기 피해를 최소화하는, 그러면서도 상대 통치 기구의 파괴를 목적으로 하는 외교 수단이다. 20세기에 벌어진 숱한 전쟁처럼 대규모 공습을 하지 않더라도, 전력이나 수도 차단, 통신망의 파괴 등을 통해 얼마든지 '일본'을 지배할 수 있다.

'일본'이 사라지더라도, 일찍이 '일본'이었던 나라에 살고 있던 사람들이 여전히 행복하게 살아갈 수 있다면, 무엇이 문제이겠는가? 국가의 존속보다도, 국가의 역사보다도, 국가의 명예보다도, 중요한 것은 '한 사람 한 사람이 어떻게 살아갈 수 있을까?' 하는 문제다.[453]

한 사람 한 사람이 더 행복하게 살아갈 수 있다면, (물론 '일본'은 지켜야 할 대상이지만) 굳이 '일본'에 구애될 필요는 없다. 따라서 나는 '일본이 끝장날지도 모른다.'라고 초조해하는 사람들의 마음을 이해할 수 없으며, '일본이 끝장날지도 모른다고? 그래서 뭐?'라는 생각만 든다. 역사가 가르쳐 주었듯이, 인간에게는 어떠한 상황 속에서도 의외로 당당히 살아남을 수 있는 힘이 있다.

어쨌든 하루아침에 당장 일본의 경제가 파탄 난다거나 다른 나라로부터 침략을 받을 가능성은 없다고 본다. 시간은 있다. 이 나라가 조금씩 침몰하고 있다는 것은 어차피 분명한 사실이다. 그럼에도 아직 장래의 일을 생각해 볼 시간 정도는 남아 있다. '기묘'하고 '뒤틀린' 행복은 당분간 지속될 것이다.

'일본'에 갇혀 있을 것인지, 전 세계 어디에서든 살아갈 수 있는 사람이 될 것인지, 아니면 일단 난해한 일은 접어 두고 하루하루를 살아갈 것인지……. 다행스럽게도 무수히 많은 선택지가 준비되어 있다. 일본에는 경제 대국으로서의 유산도 있고, 쇠락해 가는 국가라는 불투명한 미래도 있다. 그러나 역사적으로 봐도, 지금 시대의 일본은 그리 열악하지 않다.

돌아가야 할 '그때'도 없고, 눈앞에는 처리해야 할 문제가 산적해 있다. 게다가 미래에는 '희망'조차 없다. 하지만 현재 상황에 달리 불만이 있는 것도 아니다. 왠지 행복하고, 왠지 불안하다. 우리들은 바로 그러한 시대를 살아가고 있다.

절망의 나라에 사는 행복한 '젊은이'로서.

모든 젊은이들에게
바치는 응원

나는 그다지 상상력이 풍부한 사람이 아니다. 자신이 지닌 상상력의 한계를 아는 정도의 상상력은 있지만 말이다. 예를 들어, 저먼 나라에 끝나지 않는 분쟁으로 인해 고통받으며 사라져 가는 생명이 존재한다는 것이나 군사 훈련을 받은 소년병이 전쟁이 한창인 전선에서 소모품 같은 취급을 받으며 버려지고 있다는 사실 정도는 매스컴을 통해 알고 있다. 하지만 그러한 상황에 맞서 어떤 구체적인 대안을 실천하고 있지는 않다.

아프리카의 빈곤과 폭력을 그린 다큐멘터리 영화를 보면, 나 역시 대다수의 사람들처럼 가슴이 아프다. 관보(官報)에 게재된 행려병사자 명단과 그들의 소지품 사진을 들여다보면서 나는 한 사람의 일생을 상상해 본다. 그럴 때마다 뭐라고 형언할 수 없는 기분이 들기도 한다. 하지만 잠시 뒤에는 그런 일을 잊어버리고, 나는 다시 일상생활로 돌아간다. 마치 아무런 일도 없었다는 듯이.

솔직히 만난 적도 없는 사람, 가 본 적도 없는 장소, 본 적도 없는 물건을 보면 '나랑은 별 상관없다.'라는 생각을 한다. 이렇듯 나의 상상력이 미치는 범위는, 기껏해야 '나 자신'과 '나 자신의 주변' 정도다.

그렇지만 여기서 언급한 '나 자신'이라는 말은, 지금 에어컨이 잘 나오는 방에서 1990년대 J-POP을 들으며 이 '맺음말'을 쓰고 있는 '나'만을 의미하지는 않는다. 또 고민이라고 해 봐야 얼굴의 홍조와 2킬로그램 불어난 체중을 어떻게 뺄 것인가 하는 게 전부인 '나' 만을 의미하지도 않는다.

분명 이 세계에는 어느 누구도 알 수 없는 신비한 전환 장치가 무수히 장착되어 있다. 우리의 인생은 별것 아닌 계기를 통해 완전히 달라지기도 한다. 그리고 이 세계에는 한 번 일어난 일을 다시 돌이킬 수 없게 만드는 어떤 특수한 장치가 설치되어 있어서, 여간해서는 완벽히 뜯어고치거나 새판을 짤 수 없다. 어떤 인생을 선택한다고 해도, 어차피 난 사토 다케루(영화배우)가 될 수 없다. (당연하다.) 그러나 '내'가 이곳에 없었을 가능성은 있다.

고작 26년이라는 길지 않은 인생을 살았지만, 되돌아보니 거기에는 수많은 갈림길이 있었다. 고등학생 때 우연히 시 콩쿠르에서 상을 받았던 일, 그때의 수상 경력을 특기로 게이오 대학교 SFC(慶應大學SFC)에 AO(Admissions Office) 입시로 합격했던 일, 그리고 SFC에서 지금도 함께 일하고 있는 친구를 만난 일.

또 이수 선발에 탈락하면서 컴퓨터 그래픽 모델링 수업을 듣지 못하게 되었을 때, 마침 같은 시간에 개강한 사회학 수업을 이수한 일. 대학교 교환학생 프로그램을 통해 노르웨이에서 일 년간 유학했던 일. 노르웨이에서 했던 연구를 바탕으로 대학졸업논문을 북

유럽의 육아 정책에 관해 썼던 일. 도쿄 대학교 대학원에 들어갈 수 있도록 나를 추천해 줄 사람을 만난 일. 별 생각 없이 피스보트 프로그램에 참가해 세계 일주를 했던 일. 나의 연구를 흥미롭게 바라봐 주는 사람들을 만난 일. 이런 일들 중 어느 하나라도 없었다면, '나'는 이 자리에 없었을 것이다.

어쩌면 이곳에 없었을지도 모를 '나 자신'에 대해 생각해 본다. 무수히 반실가상(反實假想, '만약 ~다면'하고 생각하는 일)을 반복해도 여기에 없는 '나 자신'이 무엇을 하고 있을지 좀처럼 유추할 수 없다. 다만 아주 작은 차이로 인생이 바뀌었을 '나 자신'에게 동질감을 느낄 뿐이다.

'만약 내가' 지금보다 행복한 곳에 있다면 부러울 것이다. 그런데 '만약 내가' 지금보다 불행한 곳에 있다면? 아무래도 꺼림칙할 것 같다.

그 꺼림칙함은 다른 세계에 있었을지도 모를 '나'에 대해 느끼는 감정인 동시에, 이 세계에 있는 '누군가'에 대해서도 느끼는 감정이다. 즉, 다른 세계의 '내'가 받아들여야 했을지도 모를 역할(불행)을, 지금 이 세계의 '누군가'(그 사람은 한 사람일 수도 있고 여러 사람일 수도 있다.)가 받아들이고 있을 것이기 때문이다.

더욱 직접적으로 표현하면, 이 감정은 내가 이 세계에 있기 위해 '밀쳐 낸 사람들'에 대한 책임이라고 바꿔 말할 수 있다. 유명 연예인이 되는 일처럼 대단한 경로를 거친 것은 아니지만, 어쨌든 대학에도 합격자와 불합격자가 있고, 내가 의식하지도 않고 앉아 버린 어떤 자리에 다른 누군가는 앉지 못했다.

모르는 사람에게는 책임을 느끼지 않고 동정도 하지 않으며, 부러움을 느끼지도 않는다. 한편 그런 태도는 잘난 체하는 것처럼 보이기까지 한다. 하지만 '나 자신'이었을 수도 있다고 상상할 수 있는 범위에서라면 '나 자신'은 물론 '누군가'에 대해서도 책임과 동정, 부러움을 느끼게 된다. 내가 밀어낸 누군가에 대한 책임, 그곳에 있지 못한 자신에 대한 동정, 그리고 이곳보다 멋진 곳에 있을지도 모르는 자신에 대한 부러움. 아마 내가 '젊은이들'에게 관심을 가지는 것은 이러한 이유 때문일 것이다.

나는 이 책을 통해 동시대를 살아가는 사람들에 대해서, 그리고 우리가 사는 이 나라에 대해서 고찰해 보았다. 이 시도는 결코 사회 전체를 향한 계몽 의식, 그리고 이 나라를 조금이라도 더 나아지게 만들고 싶다는 시민 의식에서 출발한 것이 아니다. 단지 '나 자신'에 대해, '내 주변'에 대해 보다 제대로 알고 싶었을 뿐이다.

결과적으로 이 책이 '나 자신'과 '내 주변' 이외의 누군가에게 도움이 되었다면, 참으로 기쁜 일이다. 물론 매우 기쁜 일이지만, 내가 도움을 줄 수 있는 건 바로 거기까지다. 그것은 더 이상 '내' 문제일 수 없기 때문이다. 이제 내가 할 수 있는 것은 '이 책을 발판으로 삼아 새로운 무엇인가를 고심해 보면 즐겁지 않을까?' 하는 정도의 말뿐이다.

내가 이 책에서 다룬 소재 중에 '특별한 것'은 하나도 없다. 이를테면, 2장에서는 어른들이 득의양양한 얼굴로 말하는 '요즘 젊은이들은 내향적이다.'라는 주장을 몇 가지 각도에서 검증해 보았는데, 이때 활용한 자료라고는 도처에서 볼 수 있는 통계 자료(인터넷에도 올라와 있는 정부에서 실시한 여론 조사)가 대부분이며, 인터뷰와 관련해서도 거리에서 자연스럽게 만난 사람들과 나눈 이야기가 주를 이룬다.

인문학 연구의 좋은 점 중 하나는 반드시 '특별한' 연구 기기나 연구 자료를 활용하지 않아도 된다는 점이다. 책을 읽거나 다른 사람으로부터 이야기를 듣거나, 인터넷에서 통계 자료를 그러모아 열거하고 조합하면, 바로 '연구'로 이어질 수 있다.

게다가 '연구'는 즐겁다. 어디에나 있는 자료를 통해서 '상식'을 의심해 볼 수 있고, 여러 권의 책을 읽고 나서 지금까지 믿어 왔던 세계가 싹 바뀌는 일도 경험할 수 있다.

우리가 살고 있는 세계는 어느 누구도 그 전체상을 알 수 없을 정도로 광대하고 복잡하다. 하지만 그나마 다행스러운 것은 그런 거대한 모습을 '연구'를 통해 조금씩 밝혀 나갈 수 있다는 점이다. '나 자신'과 '내 주변' 세계를 밝혀 나가는 과정은 재미있다. 그런 즐거움을 나눌 수 있는 사람이 늘어난다면 그것만으로도 나는 기쁘다.

다른 세계에서 외친 응원의 함성은 들리지 않는다.

하지만 그 응원의 함성이 내뿜는 울림은 먼 곳까지 닿을 수도 있을 것이다.

감사의 말

  책을 쓰는 일은 홀로 견뎌야 하는 고독한 작업처럼 보이지만, 사실 많은 사람과 함께하는 작업이다. 여러 사람과 이야기를 나누고, 그들로부터 아이디어를 얻고, 또 숱한 탄식을 듣고 모은 결과가 바로 이 책이다.

  2010년 고마바 축제(駒場祭)에서 만난 오구마 에이지(49세)와 나눈 대담은 이 책의 곳곳에서 활용했다. 실제 내가 아는 대부분의 사회학적 지식은 학부 시절에 오구마 에이지 선생의 수업을 통해 배운 것들이다. 이 대담을 기획해 준 곤도 노부로(24세, 오사카 부)를 비롯해 도쿄 대학교 다치바나 다카시(立花隆) 연구실의 여러분에게도 감사를 드린다. 이런 기회가 아니었다면, 일을 시작하기도 전에 겁부터 집어먹고 오구마 에이지 선생과 이야기조차 나누지 못했을 것이다. 또 나의 지도 교수인 세치야마 가쿠(48세, 나라 현)의 다양한 조언과 세세한 지도에도 깊이 감사드린다. 담당 지도 교수가 아닌데도 상의하려고 찾아갔을 때마다 언제나 내 이야기를 경청해 주신

야마다 유키(46세, 도쿠시마 현) 선생에게 감사드린다. 그리고 바쁜 와중에도 이 책의 교정본을 읽고, 가슴 벅찬 추천사까지 써 준 우에노 지즈코(63세) 선생에게도 참으로 감사를 드린다.

오다 마나미(27세, 효고 현)는 늘 나와 함께 현장 연구에 동행해 주었다. 어떤 상대를 만나도 과감하게 이야기를 건네는 그녀의 모습에 항상 용기를 얻고 놀라움을 느꼈다. 하세가와 도오루(26세, 아이치 현) 역시 전혀 흥미가 없을 텐데도 각종 현장 연구에 동행해 주었다.

니지 다카아키(23세, 도쿠시마 현)는 예전부터 나의 두서없는 말을 잘 들어 주었다. 그러고 보니, "젊은이들은 의외로 행복하지 않을까?"라는 생각도 니지 다카아키와 대화를 나누던 도중에 처음 떠오른 것이었다. 그리고 마쓰무라 가즈시(23세, 도쿄 도)는 사회학과 관련된 갖가지 정보들을 내게 가르쳐 주었다. 나는 이제까지 마쓰무라 가즈시만큼 사회학을 사랑하는 인물을 만난 적이 없다.

나카자와 아키코(41세, 도쿄 도)는 초고 단계 때부터 내 글을 읽어 주면서, 여러 가지 소중한 코멘트를 아끼지 않았다. 그 덕분에 이 책은 조금 더 나은 결과를 얻게 됐다. 마루오 소이치로(21세, 오이타 현)는 이 책의 초고를 읽고 정성 어린 후기를 정리해 주었다. 나보다 다섯 살이나 어린데도 정말 대단하다.

매우 바쁜 가운데도 대담을 허락해 주신 사토 다케루(22세, 사이타마 현) 씨는 자연스럽고 명민한 사람이었다. 복잡한 상황을 마법처럼 조율해 주신 무라카미 노리요시(30세, 아이치 현) 씨에게도 깊은 감사를 드린다.

늘 내가 원하는 대로 할 수 있도록 배려해 준 마쓰시마 류타로

(28세, 지바 현)와 아오키 겐이치(40세, 효고 현) 씨에게도 물론 감사드린다.

그리고 다른 누구보다도 편집자인 이노우에 다케로(40세, 히로시마 현) 씨가 없었다면, 이 책은 세상에 나올 수 없었을 것이다. 이노우에 씨처럼 든든한 상담자가 있었기 때문에, 이 책을 쓸 때 혼자라는 생각은 조금도 들지 않았다.

감사의 말

옮긴이의 말

　　현실은 여러 가지 문제로 절망적이다. 그런데 요즘 젊은이들은
자신들이 행복하다고 말한다.
　　"왜?"

　　사소한 의문에서 저자의 사회 관찰이 시작된다. 의문을 쫓아 해
결의 실마리를 찾아가다 보면, 조금씩 드러나는 문제점들과 만나
게 된다. 그러면 다시 '왜'라는 질문을 던지고, 그 배경을 따라 파고
들면서 그 구조 속으로 침투해 들어간다. 그리하여 '그것'이 사회에
어떠한 변화를 주고, 어떻게 실천되는지 끊임없이 관찰하고, 또 관
심의 끈을 놓지 않는다. 저자는 그렇게 이 사회를 이해해 간다.
　　저자는 사회학 연구의 기본을 충실히 실행하면서, 동시대와 동
세대 읽기에 나선다. 그는 이 책에서 섬세한 관찰력을 가지고, 사회
학자로서 '젊은이'라는 주제를 다룬다. 저자는 해당 주제를 매개로
'젊은이들'의 말과 행동을 직·간접적으로 들여다봄으로써 현대 일

본 사회를 읽어 내려는 진지한 시도를 선보인다. 또 그는 자신이 속한, 그리고 일상을 보내고 있는 일본 사회를 독해하기 위해, 눈앞에 놓인 작은 사회의 틀을 넘어 그 관심의 대상을 세계 전체에 두고 있다. 비록 20대의 젊은 학자이지만, 단단한 기본기를 느낄 수 있었다.

요즘 젊은이에 대해 '이러쿵저러쿵' 말이 많다. '도대체 요즘 애들 왜 이래?' 이것은 역사와 전통을 자랑하는(?), 그리고 앞으로도 계속되리라 예상되는 '젊은이 비판' 혹은 '비난'의 전형적인 레퍼토리다.

저자에 따르면, (일본의 경우) 이러한 '젊은이 비판'은 이제 기성세대가 된 어른들이 자신이 젊었던 시절을 그리는 과거 회상이자, 현실성을 띠고 나타난 현재 인식이라고 한다. 더불어 이것은 (기성세대가) 미래에 대해 품고 있는 불안감의 한 단면이기도 하다. 그러니 어른들의 '젊은이 비판'은 그리 걱정할 문제가 아니라는 것이다.

현재 일본의 젊은이들은 자신들이 행복하다고 인지하고 있다. 저자는 그 이유를 찾아 나섰다. 기성세대가 고도의 경제 성장을 이루어 가던 젊은 시절에는 '오늘보다 내일이 더 나을 것'이라는 기대를 품고 미래를 꿈꿀 수 있었다. 그러나 요즘 젊은이들은 경제 침체라는 환경 속에서 '오늘보다 내일이 더 나을 것'이라는 기대를 가지지 않게 됐다고 한다. 그래서 '지금 여기', 즉 바로 이 순간에 더 집중하게 됐다는 것이다.

그리고 요즘 젊은이들은 거대 담론에 자신을 이입하기보다 '동료'가 있는 '작은 세계'에서 서로를 인정('승인')하며 일상을 보내고, 거기서 안도감을 느낀다고 한다. 과연 이러한 관계가 얼마나 오래 지속될 수 있을지 우려도 되지만, 한편 '지금 여기'에서 젊은이들은 행복하다고 대답한다.

　그동안 '경제 성장 일변도 정책'을 사회 구조에 강조해 온 일본은 우리나라와 별반 다르지 않다. 우리나라나 일본이나 모두 성장 위주의 사회 구조를 중시했기 때문에, 언제나 개인은 뒷전이었다. 그러한 가운데, 경제 성장기에 형성된 사회 구조 속으로 진입하지 못한 젊은이들은 만년 구직자, 비정규직 노동자, 아르바이트 노동자로 자신들의 삶을 책임지고 있다.

　젊은이들이 오늘날의 상황을 부정적으로 경험할 것인지, 아니면 불안과 불만은 있지만 지금의 상황을 긍정적으로 받아들일 것인지, 또는 그냥 제자리에 머물러 있을 것인지, 어렵지만 한 발 내디뎌 볼 것인지, 이 모든 것은 전부 '그들'의 선택에 달렸다. 젊은이들이 어느 쪽을 선택하든, (그 선택이) 그들을 행복하게 만들어 주는 방향이었으면 좋겠다.

　이미 오늘날의 사회 구조로는 그들의 선택을 시비의 시각으로 판단할 수 없다. 우리 주변에 산적해 있는 사회 문제들은 단시간에 해결될 수 없기 때문이다. 우리는 항상 더하기와 곱하기로만 실력 자랑을 해 왔다. 일단 이것을 잠시 접어 두고, 종종 빼기도 잘하고 나누기도 잘할 수 있는 실력을 키워 보는 것은 어떨까? 일종의 '시간 벌기'일지도 모르겠지만 말이다.

　오늘날 우리 한국 사회를 살아가는 젊은이들은, 과연 자신이 행복하다고 말할까?

2014년 12월

옮긴이 이언숙

1 한국의 독자들에게는 특별한 설명이 필요 없을지도 모르겠지만, EXO는 2012년에 데뷔한 SM엔터테인먼트 소속의 남성 아이돌 그룹이다. 현재 한국과 중국에서 활동하고 있지만, 아직 일본에서는 정식으로 데뷔하지 않았다. 그래서 일본의 EXO 팬들은 주로 인터넷을 통해 EXO 멤버들의 활동을 확인하고, 그들에게 열광하고 있다.

2 고지의 이러한 말을 듣다 보면, 그 역시 차별주의자라는 생각이 든다. 아베 신조(安部晋三, 59세, 야마구치 현)가 수상이 되었을 때, 한국에서 그(아베 총리)의 모형을 화형에 처한 사건이 발생한 것은 사실이다. 그러나 이것은 일부 사람들이 자행한 일에 지나지 않는다. 일본에서든 한국에서든, 옳은 판단력을 갖춘 사람이라면, 이처럼 극단적인 사례를 무리하게 보편화하려고 시도하지 않을 것이다.

3 이들은 언제나 한국 관련 뉴스를 확인하기 때문에, 어떤 의미에서 이들은 이제 '한국 팬'이 다 되었다고 봐도 무방할 정도다.

4 후루이치 노리토시(古市憲壽),『아무도 전쟁을 가르쳐 주지 않았다(誰も戰爭を教えてくれなかった)』, 고단샤(2013년) 각국이 '2차 세계대전'이라는 사건을 어떻게 기억하고 있는지, 세계 곳곳의 전쟁박물관을 둘러보며 고찰한 책이다. 나는 한국의 전쟁박물관과 독립기념관도 방문했다. 특히 이 시설들이 지닌 뛰어난 엔터테인먼트 성향에 놀랐다. 전쟁박물관 자체가 일종의 터부인 일본과

달리, 한국은 거대한 전쟁박물관을 여러 군데 조성해 놓았다는 사실만으로도 매우 흥미로웠다. 안타깝게도 이 책은 아직 한국어로 번역되지 않았다.

5 참고로 나의 경우에는, 한국인들의 응원 스타일에 시선을 빼앗겨, 정작 축구 경기는 거의 보지 못했다. 그랜드레벨의 좋은 좌석에 앉아 있었음에도 불구하고, 정신을 차려 보니 스코어가 바뀌어 있었고, 어느새 축구 경기마저 끝나 있었다.

6 어쩌면 읽지 않을 수도 있겠지만 말이다. 아마도 그럴 가능성이 더 높겠지.

7 NHK방송문화연구소 편저, 『NHK 중학생·고등학생의 생활과 의식 조사 2012(NHK中學生·高校生のと生活と意識調査 2012)』, NHK출판 (2013년)

8 당시 인터뷰 내용은 「In Japan, Young Face Generational Roadblocks」,《New York Times》(2011년 1월 28일)라는 제목으로 기사화됐다. 혼다 유키(本田由紀)나 호리에 다카후미(堀江貴文)를 인터뷰한 내용도 함께 게재했고, 일본의 세대 간 격차를 훌륭하게 정리해 작성한 기사였다.

9 모리오카 고지(森岡孝二), 『기업 중심 사회의 시간 구조 생활 마찰의 경제학(企業中心社會の時間構造 生活摩擦の經濟學)』(아오키쇼텐, 1999년) 당시만 해도 법정 노동 시간이 주 48시간이었으며, 주 5일제 근무 형태조차 보급되어 있지 않았다.

10 「금속 배트 살인, 이치류 노부야(一柳展也)에게 징역 13년」,《아사히신문(朝日新聞)》(1984년 4월 26일 조간) 또 다른 측면에서 입시 경쟁과 관련한 상징적인 사건은 바로 '뒷문 입학 소동'이다. 당시에는 입시 문제 유출 사건이 세간을 뜨겁게 달궜다.

11 「과학 박람회 견학에 나선 고등학생, 체벌로 인해 쇼크사」,《아사히신문》(1985년 5월 10일 조간)

12 어디까지 관리 교육이 원인으로 작용해 발생한 사건인지 단정할 수 없으나, 관리 교육 시행에 있어 선진적인 현으로 손꼽히던 아이치 현(愛知縣)은 1990년대 후반에 학대 사망 학생 수, 2000년대에는 왕따 사건 적발 수가 전국에서 톱클래스였다. 이 시기는 관리 교육이 한창 진행되었던 1980년 무렵에 중학교를 다녔던 사람들이 결혼해, 그 자녀들이 학교를 다니기 시작한 시기와 절묘하게 맞아 떨어진다. 가와모토 도시히로(河本敏浩), 『허울뿐인 대학생 일본형 교육 제도의 종언(名ばかり大学生日本型教育制度の終焉)』(고분샤, 2009년)

13 더구나 '물자가 풍족하지 않았기 때문에 행복하다.'라고 느꼈을지도 의구심이

든다. 이 조사에 따르면, 1년 전과 비교해 '생활이 나아졌다.'라고 대답한 젊은 이는 9.1%, '변화가 없다.'라고 대답한 젊은이는 57.3%, '나빠졌다.'라고 대답한 젊은이도 33.6%나 되었다. 또한 미래에 대한 희망이 있었는지도 의구심이 든다. 앞으로 1년 동안 '생활이 나아질 것이다.'라고 생각하는 젊은이는 불과 7.2%, '변화가 없을 것이다.'라고 대답한 젊은이가 49.2%, '나빠질 것이다.'라고 대답한 젊은이가 43.6%나 되었다. 응답자 모두는 부모님 슬하를 떠나 '하숙 및 원룸 아파트'에서 생활하는 30세 미만의 젊은이들이었다.

14　오늘날에는 태어나면서부터 이미 인터넷과 휴대 전화 사용을 당연하게 여기는 세대가 출현하고 있다. 지난번에는 한 고등학생으로부터 "휴대 전화와 이메일이 없던 시절에는 친구들과 어떻게 연락을 취했는가?"라는 질문을 받았다. '마침내 이런 질문을 하는 세대가 등장했구나!'라는 생각이 들면서 놀라웠다. 그런데 나 역시 당시에 친구들과 어떻게 연락을 취했는지 기억나지 않았다. '예전에는 사람들이 친구들과 어떻게 연락을 취했나요?'

15　버튼식 전화기는 1969년에 발매됐으나, 사용료가 다이얼식 전화기에 비해 비싼 편이었기 때문에 좀처럼 가정에 보급되지 않았다. 이후 사용료 인하 조치에 따라 1982년에 점차 전화 가입대수가 400만 대를 넘어섰다. 당시 신문에서는 '세련된 디자인의 미니 버튼식 전화기를 동경하는 여학생'이라든가 '검은색 전화기는 촌스럽다.'라고 말하는 '젊은이들'이 소개됐다. (「왜 인기일까? 버튼식 전화기(なぜ人気プッシュホン)」,《요미우리신문(讀賣新聞)》(1983년 2월 3일 조간)

16　연인과 화해하기 위해 연일 국제 전화로 통화를 해 수백만 엔이나 되는 요금 청구서를 받게 되었다는 이야기 등이 당시 신문에 소개됐다.《아사히신문》(1979년 1월 20일 조간)

17　도쿄 디즈니랜드는 1983년에 엄청난 관심을 받으며 개장했다. 그러나 개장 당시에는 아직 '일렉트릭컬 퍼레이드'도. '빅 샌더 마운틴'도 없었다.

18　다만,『닥터 슬럼프』는 1980년부터 연재되기 시작했으며,『캣츠 아이』도 1981년에 연재되기 시작했다.

19　'토끼집'이라는 표현은 1979년에 유럽공동체가 제출한 「대일(對日) 경제 전략 보고서」에서 언급된 내용이다. '토끼집'은 번역 과정에서 만들어진 표현이며, 일본을 모욕하려는 표현은 아니었다. 한편 당시의 여론 조사를 살펴보면, 일본인의 약 60%가 이 표현이 일본의 실상을 잘 반영한 표현이라고 생각했다.《아

사히신문》(1979년 6월 26일 조간)

20 당시만 해도 대부분 다다미방이 주류였으며, 신문에도 "'새 다다미로 단장해 새해를 준비한다.'라는 생활 감각은 예나 지금이나 변함이 없다."라고 당당하게 게재됐다. 《아사히신문》(1981년 10월 27일 조간)

21 「증가하는 원룸, 아파트 분쟁」, 《아사히신문》(1983년 9월 28일 조간)

22 《아에라(AERA)》(2010년 11월 1일호)

23 시마사와 마나부(島澤諭)·야마시타 쓰토무(山下努), 《손자는 조부보다 1억 엔의 손해를 본다: 세대 회계가 보여 주는 격차·일본(孫は祖父より 1 億円損をする: 世代会計が示す格差·日本)》, 아사히신쇼(2009년)

24 원자로 폐쇄 단계까지의 전망은 시험적 계산에 따라 크게 다르지만, 계획적으로 활동을 정지시킨 원자로의 경우라고 해도 30년 정도 걸린다는 시험적 계산이 가장 많이 나왔다. 나가사키 신야(長崎晋也)·나카야마 신이치(中山眞一) 편저, 《방사성 폐기물 공학(放射性廢棄物の工學)》, 오무샤(2011년)

25 이 책에 나온 인물들의 나이는 (그 책을) 출판할 당시, 인터뷰할 당시의 나이를 기준으로 삼았다. 잡지 등에 게재된 글이 크게 수정되지 않고 그대로인 경우, 최초 게재됐을 때의 연령으로 기재했다. 출생 연도가 불분명할 경우에는 인용 서적의 출판 시점에서 출생 연도를 유추해 나이를 계산했다. 기본적으로 모두 '당시'의 연령이지만, 이해하기 어려운 대목에서만 '당시'라는 말을 덧붙였다. 아주 면밀하게 연령을 계산한 것이 아니므로, 그저 '기준'으로 삼는 정도로 활용했으면 하는 바람이다.

26 출전 가운데 가장 오래된 예는, 1939년에 초판이 발행된 야나기다 구니오(柳田國男)의 『목면 이전의 일(木綿以前の事)』(이와나미쇼텐)이다. 이 책에는 '영국의 센스 노교수'로부터 들은 이야기가 나오는데, 이집트의 어느 고적에서 발견한 '중세 왕조 한 서기의 기록(中世王朝の一書役の手錄)'을 전한다. 거기에는 "요즘 젊은이들은 재주만 믿고 경박한 풍조를 즐기고", 그 점이 "개탄스럽다."라고 적혀 있었다. 즉, 누군가에게서 전해 들은 정보인 것이다. 영어권에서는 기원전 8세기 무렵에 활약한 고대 그리스의 철학자 헤시오도스가 말했다고 전해지는, "내가 젊었던 시절에는 깊이 삼가고 예의 바르게 행동하라는 가르침을 받았다. 그러나 오늘날의 젊은이들은 매우 약아빠지고 인내력이 없다."라는 말이 널리 퍼져 있다. 여러 논문에서 Pumpian-Mindlin, Eugene (1965) "Omnipotentiality, Youth, and Commitment", 《Journal of the American

Academy of Child Psychiatry》(4-1)을 참조하고 있는데, 이 논문에는 원전에 관한 정보가 기재되어 있지 않다.

27 Freschetti, Augusto(1997) "Roman Youth" Levi, Giovanni and Schmitt, Jean-Claude(eds) 『A History of Young People』(Cambridge, MA: Belknap Press)

28 『가게로닛키(蜻蛉日記)』에는 "내가 지금 나이가 들었더라도, 네가 젊은이를 얻고자 나와 의절해서는 안 된다.", 『사라시나닛키(更級日記)』에는 "나는 이미 젊은이에게 있어야 할 것이 없고(젊지 않고), 또한 어른이 될 만한 신망도 없다."라는 예가 나온다.

29 이 책의 지문에서는 '청년'이 아니라, '젊은이'라는 용어를 사용한다.

30 그다지 거슬러 올라가고 싶지 않지만, 거슬러 올라가 본다. 왜냐하면 기존의 '젊은이론'에 대해 검토하는 연구의 경우, 1960년대 이전에 관해서는 거의 무관심했기 때문이다. 그러한 의미에서 한정적이지만 태평양전쟁 이전의 '젊은이론'을 검토해 보는 데에 이번 장의 의미를 두고자 한다. 다만 '젊은이론'의 경계 설정이 가진 모호함, 그리고 자료를 수집하는 문제와 관련해서는 앞으로의 과제로 남겨 두겠다. 특히, 메이지(明治)와 다이쇼(大正) 시기의 내용 기술이 불충분한 경향이 있다.

31 기무라 나오에(木村直惠), 『'청년'의 탄생, 메이지 일본에서의 정치적 실천 전환('青年'の誕生 明治日本における政治的実践の転換)』, 신요샤(1998년) 다만 일반적으로 널리 사용하게 된 때는 1880년에 고자키 히로미치(小崎弘道)가 'youngman association'을 '청년회'라고 번역하면서부터라고 한다. 다니 데루히로(多仁照廣), 『청년의 세기(青年の世紀)』, 도세이샤(2003년)

32 흥미로운 점은, 이들이 구체적인 정치 운동과 관련이 없다는 것을 자랑스러워했다는 사실이다. 이들은 소설을 쓰고, 잡지에 의견을 게재하고, 취미를 공유하는 동아리도 만들어 활동했다. 그러나 실제로 정치 운동에 참여하는 젊은이들을 '소시(壮士)'라고 부르며 여전히 '구(舊)일본'에 집착하는 시대착오적이고 어리석은 자들이라고 멸시했다. 이것은 당시 메이지 정부(明治政府)가 만든 중앙집권국가가 이미 완성 단계였기 때문에 가능했다. 완성되어 가는 '국가'에 도전해 봤자 이제 소용이 없다는 것이다. 이른바 시라케세대(シラケ世代: 1970년대, 일본의 학생 운동이 약화되어 가던 시기에 성인이 된 데다 정치에 무관심한 세대 ── 옮긴이)와 비슷하다고 할까?

33 고마쓰 유타카(小松裕), 『일본의 역사 14, '생명'과 제국일본(日本の歷史14 'い

のち'と帝國日本)』, 쇼가쿠칸(2009년)

34 아카가와 마나부(赤川學),『섹슈얼리티의 역사사회학 (セクシュアリティの歷史社会學)』, 게이소쇼보(1999년)

35 이토 긴게쓰(伊藤銀月),『현대 청년론 (現代青年論)』, 게이카도쇼텐(1907년)

36 도쿠토미 소호(德富蘇峰),『다이쇼의 청년과 제국의 전도(大正の青年と帝國の前途)』, 민유샤(1916년) 청년과 국가를 동시에 논한 대작으로, 본문만 160장, 646쪽에 달하는 책이다.

37 미야다이 신지(宮臺眞司)·이시하라 히데키(石原英樹)·오쓰카 아키코(大塚明子),『증보 서브 컬처 신화 해체, 소녀·음악·만화·성의 변용과 현재 (增補 サブカルチャー神話解體 少女·音樂·マンガ·性の變容と現在)』, 지쿠마분코(2007년)

38 나가야마 야스오(長山靖生)는 도쿠토미 소호가 구분한 유형을 오늘날의 젊은 이에 적용해 보면, '안정 지향', '성공 지향', '은둔형 외톨이', '오타쿠', '프리 아르바이트생(프리터족)'과 유사하다고 지적했다.『대제역후(大帝役後)』, 신초신쇼(2007년)

39 요시노 사쿠조(吉野作造),「소호 선생의『다이쇼의 청년과 제국의 전도』를 읽다(蘇峰先生の『大正の青年と帝國の前途』を讀む」,《주오코론(中央公論)》(1917년 1월호)

40 시미즈 이쿠타로(清水幾太郎) 편저,『청년(青年)』, 유히카쿠(1959년)

41 전쟁이나 징병제가 평등을 가져다준다는 말은 어디까지나 국가나 체제 입장에서 내세우는 논리다. 실제로 전쟁, 혹은 징병제가 어떠한 '평등'을 실현했는지에 대해서는 다양한 검토가 이루어지고 있다. 다카다 리에코(高田里惠子),『학력·계급·군대, 고학력 병사들의 우울한 일상(學歷·階級·軍隊 高學歷兵士たちの憂鬱な日常)』, 주코신쇼(2008년)

42 1939년부터는 남성에 대한 의무 교육 기간이 연장되어, 형식상으로는 19세까지 학교에 다닐 수 있었다. 그 이전까지 의무 교육은 보통 소학교까지였기 때문에, 일찍 소학교를 졸업한 사람의 경우에는 10대 초반부터 노동 시장으로 나갈 수 있었다. 반대로, 제국대학에 진학하는 '엘리트'의 경우에는 20대까지 학생 신분을 유지하게 되므로, 한마디로 '젊은이'라고 잘라 말하기 곤란한 상황이 존재했음을 알 수 있다.

43 무로부세 고신(室伏高信),『전쟁과 청년(戰爭と青年)』, 니혼효론샤(1937년)

44 「시국만재(時局漫才)」는 닛폰 다로(日本太郎)와 아이쿄 하나코(愛鄉花子)가 다
음과 같은 만담을 나누는 형식으로 구성되어 있다. 하나코 왈 "당신처럼 안경
을 쓰면, 합격할 수 있을지 의문이네요." 다로 왈 "안경은 별문제 없어요. 갑종
합격이에요." 하나코 왈 "갑이라는 거죠?" 다로 왈 "네, 별갑(鼈甲) 안경인데
요."《다이니혼세이넨(大日本靑年)》(1939년 1월 1일 특대호)

45 《다이니혼세이넨》(1938년 5월 15일호)

46 《다이니혼세이넨》(1938년 10월 1일호)

47 《다이니혼세이넨》(1938년 9월 1일호)

48 《다이니혼세이넨》(1939년 1월 1일 특대호) 다만, 히시카리 다카시는 훗날 갑
자기 "일본 청년에게 부족한 것이 무엇인가 하면, 충분히 단련되어 있지 않다
는 점이다."라고 말하기 시작했는데, 아마도 그는 그저 분위기에 휩쓸려 말하
기 좋아하는 경박한 사람이었을지도 모르겠다.

49 일본전몰학생기념회 엮음, 『신판 들어라, 해신의 목소리: 일본 전몰 학생의 수
기(新版 きけわだつみのこえ: 日本戰没学生の手記)』, 이와나미분코(1995년)

50 「도를 넘은 학생사냥: 문부성에 보내는 항의(行過ぎた學生狩: 文部省が抗議)」,
《아사히신문》(1938년 6월 18일, 도쿄 석간)

51 「요점은 '학생을 위해서'(要は學生のために)」, 《아사히신문》(1938년 6월 22일,
도쿄 조간)

52 「독자의 눈: 불량 학생사냥(讀者眼: 不良學生狩り)」, 《요미우리신문》(1938년 2
월 19일, 조간)

53 다만, 미키 기요시의 명예를 위해 필히 언급해 두어야 할 부분이 있다. 그가 논
문에서 밝힌 의견은 단순히 학생 비판이라기보다, 교육 당국에 대한 비판이기
도 했다. 최근 교육 행정 당국은 비판 능력 양성을 게을리해, 관료주의적이고
시험 점수가 좋은 학생만을 육성하고 있다는 것이다.

54 오야 소이치(大宅壯一), 「유사 인텔리의 범람(類似インテリの氾濫)」, 《주오코
론》(1937년 3월호)

55 「좌담회: 젊은 인텔리가 말하다(座談會: 若きインテリは語る)」, 《니혼효론(日本
評論)》(1938년 9월호)

56 다케우치 요(竹内洋), 「'좌경 학생'의 군상(左傾学生の群像)」 다케우치 요·이
나가키 교코(稲垣恭子), 『불량·히어로·좌경(不良·ヒーロー·左傾)』, 진분쇼인
(2002년)

57 다카다 리에코(高田里惠子), 『학력·계급·군대: 고학력 병사들의 우울한 일상 (学歷·階級·軍隊: 高學歷兵士たちの憂鬱な日常)』, 주코신쇼(2008년)

58 다케우치 요(竹内洋), 『교양주의의 몰락: 변화하는 엘리트 학생 문화(教養主義の没落: 変わりゆくエリート学生文化)』, 주코신쇼(2003년)

59 《다이니혼세이넨》(1938년 5월 15일호)

60 기시다 구니오(岸田國士), 「풍속의 비도덕성(風俗の非道德性)」, 《분게이순주(文藝春秋)》(1940년 6월호)

61 「쾌도난마: 일본 교육기술학회 명예회장 노구치 요시히로, 학교가 가정을 약화시켰다(快刀乱麻: 日本教育技術学会名誉会長·野口芳宏 学校が家庭を弱くした)」, 《산케이신문(産經新聞)》(2007년 2월 17일 도쿄 조간)

62 스즈키 구라조(鈴木庫三), 『국방 국가와 청년의 진로 (國防國家と青年の進路)』, 대일본웅변회, 고단샤(1941년) 남성성을 과시하는 반라의 남자가 자신에 도취된 듯한 눈빛으로 먼 곳을 가리키고 있는 표지가 인상적인 책이다. 과연 '대일본제국'과 함께 전쟁을 부추기던 '고단샤(講談社)'의 책답다. 참고로 스즈키 구라조가 '언론 통제의 악인'으로 여겨지는 것은 전후에 형성된 이미지이며, 실제로는 교육에 열정을 지닌 사람이었다고 한다. 전후에는 구마모토(熊本)의 공민관 관장을 지냈다. 사토 다쿠미(佐藤卓己), 『언론 통제: 정보관 스즈키 구라조와 교육된 국방 국가(言論統制: 情報官·鈴木庫三と教育の國防國家)』, 주코신쇼(2004년)

63 후루이치 노리토시(古市憲壽), 「포스트 1991(ポスト1991)」, 《g2》(vol.6, 2010년)

64 사실 '아프레'는 단순히 젊은이 비난을 위한 용어만은 아니었다. 당시에 18세였던 한 소년은 "우리가 '아프레'일지도 모른다. 하지만 지금부터 세상을 짊어지고 가는 것 또한 바로 우리라고 생각한다."라고 선언했고, 또한 "나는 더 많이 공부하고 싶다. 진정한 '아프레'의 모습을 알기 위해서"라고 말했다. 《아사히신문》(1955년 1월 8일 도쿄 석간) 신문사에 투서를 보낼 정도로 교육 수준이 높고, 자의식도 강한 젊은이는 예전부터 '자기 찾기'를 했던 것으로 보인다.

65 아프레게르의 사회학, 세 가지의 현상을 진단하다(アプレゲールの社会学 3つの現象を診断する)」, 《요미우리신문》(1949년 12월 10일)

66 「아프레 범죄 백서(アプレ犯罪白書)」, 《요미우리신문》(1953년 8월 31일 조간)

67 간가 에루로(管賀江留郎), 『전전의 소년 범죄(戰前の少年犯罪)』, 쓰키지쇼칸(2007년) 오늘날과 비교해 전후에 소년의 흉악 범죄율이 높았던 것은 사실이

다. 1954년에는 '19세 이하의 소년 흉악범 검거 수'가 4367명, 살인 사건만 해도 404명을 검거했다. 소년 흉악 범죄가 가장 많았던 시기는 1960년대로, 그 이후부터 극도로 흉악한 소년 범죄는 감소해 갔다. 도이 다카요시(土井隆義), 『'비행 소년'의 소멸: 개성 신화와 소년 범죄('非行少年'の消滅: 個性神話と少年犯罪)』, 신잔샤(2003년) 2010년에 살인 사건으로 검거된 19세 이하의 범죄자는 46명이며, 10년 전인 2000년과 비교해도 절반 가까이 줄었다. 「2010년의 범죄 정세(平成二二年の犯罪情勢)」, 경시청

68 이보다 앞서 사회학자가 젊은이를 주제로 삼았던 논문은, 다케다 료조(武田良三)의 「'주변인'의 사회학: 청년과 문화의 문제('周邊人'の社會學: 青年と文化の問題)」(《리소(理想)》, 1947년)가 있다. 다케다 료조는 젊은이를 '주변인(marginal man)'이라고 규정하고, 일련의 분석을 시도했다. 하지만 다케다 료조의 논문은 '연구'라기보다 거의 '에세이'에 가까웠다.

69 예컨대 게이오 대학교(慶應大學) 도서관에서 찾은 우시지마 요시토모(牛島義友)의 『청년의 심리(靑年の心理)』(간쇼도, 1940년)를 읽어 보면, 그가 외국 심리학자의 연구를 참고해 가며 '자아의식의 발생'이나 '반항기' 등에 대해 '생리학적' 관점에서 담담하게 기술했음을 알 수 있다. 그는 일본의 사례도 언급하고 있는데, 정보 제공자는 저자가 근무하고 있던 쓰다주쿠 대학교(津田塾大學)의 여대생들뿐이다. 매우 편향된 '청년의 심리'라고 할 수 있다. 참고로 이 책의 대출 기록을 보니, 내가 빌리기 직전의 기록은 '1945년 1월 23일'에 대출됐다는 내용이었다. 이런 식이라면, 다음 대출 예정일은 2075년 무렵이 아닐까?

70 난바 고지(難波功士), 『족의 계보학: 유스 서브컬처의 전후사(族の系譜學: ユース·サブカルチャーズの戰後史)』, 세이큐샤(2007년)

71 「묵시록: 틴에이저(黙示錄: ティーン·エイジャー)」, 《요미우리신문》(1953년 10월 5일 조간)

72 내각부 통계국, 「쇼와 30년(1955년) 국세 조사(昭和30年國勢調査)」

73 「틴에이저를 위한 옷(ティーン·エイジャーのための服)」, 《요미우리신문》(1955년 11월 24일 조간) 이 기사를 살펴보면, 틴에이저가 성인과 동일한 수준의 완전한 소비 주체라기보다, '성인'과 '아이' 사이에 위치한 중간적 존재라는 점을 알 수 있다.

74 「젊은 일본: 견실해진 하이틴(若い日本: 堅實になったハイ·ティーン)」, 《요미우리신문》(1959년 3월 30일 석간)

75 존 다우어(John Dower) 저, 미우라 요이치(三浦陽一) 외 역,『증보판 패배를 껴안고: 2차 세계대전 후의 일본인(增補版 敗北を抱きしめて: 第二次世界大戰後 の日本人)』, 이와나미쇼텐(2004년)

76 교육 현장 및 가정에서도 혼란이 일어나, "엄마는 너무 고루해."라는 말을 들 으면 주춤거리거나 쩔쩔매는 어른들도 많았다고 한다. 예를 들어, 게이오 기주 쿠 중등부(慶應義塾中等部)가 엮은『남녀 공학과 지도 방법(男女共學とその導き 方)』(이와자키쇼텐, 1950년)에는, 아이들에게 "머리가 굳었다."라는 말을 들 었을 때 부모가 어떻게 대응하면 좋은가에 대한 방향이 제시되어 있다.

77 「긴급 직언: 부모의 죽음을 감추며 애도하지 않게 된 동물 이하의 일본인에게 처방하는 '극약'(緊急直言: 親の死を隱し弔うことをしなくなった動物以下の日 本人に処方する「劇藥」)」, 《SAPIO》(2010년 10월 13일호·20일호)

78 참고로, 이시하라 신타로(石原愼太郞)는 예전부터 불손한 사람이었다고 한다. 해당 신문은 당시 그의 '뻔뻔스러운 활약상'을 씁쓸한 문체로 묘사하고 있다. 촬영 장소 섭외부터 의상까지 전부 자신이 직접 관여했다. 혹여 누군가가 그 에게 열의를 갖고 분발하라고 말하면, 다음 장편소설을 쓰기 위한 휴식 중이 라고 도리어 큰소리를 쳤다고 한다.(《요미우리신문》, 1956년 7월 12일 석간)

79 '태양족(太陽族)'과 같은 시대에 청춘기를 보낸 한 신문 기자는 '태양족'이 "오 래된 도덕을 타파하고 어른들에 맞서는" 모습이 "멋졌고 신선함 그 자체로 느 껴졌었다."라고 회고했다.(「장난감 총(豆鉄砲)」, 《요미우리신문》, 1973년 8월 12일 조간)

80 「영화관에서 어린 여자아이를 덮치다(映画館で幼女を襲う)」, 《요미우리신문》 (1956년 8월 25일 조간)

81 「10대 태양족(10代 太陽族)」, 《아사히신문》(1956년 7월 27일 도쿄 석간)

82 「사자에상을 찾아서(サザエさんを探して)」, 《아사히신문》(2010년 2월 6일 조 간) 당시에 방영된 미유키족을 소재로 다룬 「사자에상」에는 "남성의 여성화" 라는 대사가 등장했다. 그러한 의미에서, '미유키족'은 '초식남'의 선구이기도 하다. 또한 같은 '미유키족'이라고 해도 그들의 패션은 매우 다양했으며, 모든 '미유키족'이 쌀 포대를 안고 다닌 것은 아니었다.(난바 고지(難波功士),『족의 계보학: 유스 서브컬처의 전후사(族の系譜學: ユース·サブカルチャーズの戰後 史)』, 세이큐샤, 2007년)

83 《아사히신문》(1964년 9월 13일 조간, 같은 신문 9월 20일 조간)

84 정확하게 말하자면, 1960년대부터 1970년대에 걸쳐 일본에서는 다시 '국가'의 역할이 크게 부각되었다. 종종 전전(戰前) 시대와의 연속성이 지적되는 '국민적 사업' 도쿄 올림픽과 오사카 만국 박람회는 1964년과 1970년에 각각 개최되었다. 또한 '애국심의 함양'이나 '나라를 지키는 기개'에 대한 논의가 활발히 진행된 때도 이 무렵이다. 1963년에는 하야시 후사오(林房雄)가 '대동아 전쟁 긍정론'을 잡지에 게재하기 시작했다. 앞으로 20년 정도 더 지나면, 전쟁에 대한 기억이 사라질지도 모른다.

85 조 가즈오(城一夫)·와타나베 나오키(渡辺直樹), 『일본의 패션: 메이지·다이쇼·쇼와·헤이세이(日本のファッション: 明治·大正·昭和·平成)』, 세이겐샤(2007년)

86 하시모토 겐지(橋本健二), 『'격차'의 전후사: 계급사회 일본의 이력서(「格差」の戰後史: 階級社会日本の履歴書)』, 가와데쇼보신샤(2009년)

87 「잘 팔리는 생활 지침서: 샐러리맨의 생활 문법(売れる生活指南書: サラィーマンの生活文法)」, 《요미우리신문》(1958년 2월 12일 석간) 젊은이론뿐 아니라, 비즈니스 관련 서적 역시 최근 50년 동안 크게 진화되지는 않은 듯하다.

88 예컨대, 1967년 무렵 농촌 지역에서의 전기냉장고 보급률은 58%였다. 그러나 농촌 지역의 텔레비전 보급률은 95%나 됐고, 이것은 전국 평균 96%와 그리 차이가 없는 수치였다.(내각부, 「산촌 지역 주민의 의식 조사(山村地域の住民の意識調査)」, 1967년) 농촌 지역의 생활 수준은 도시 지역과 다르지만, 텔레비전을 통해 전달받는 정보에 있어 서로 다르지 않은, 즉 지역 차가 현저하게 드러난 시대였다.

89 다만, 사회학자만이 잘 아는 잡지다.

90 총리부 청소년대책본부, 「우리나라의 젊은이 인격론(わが国の若者人格論)」 (1978년)

91 오코노기 게이고, 『모라토리엄 인간의 시대(モラトリアム人間の時代)』, 주오코론샤(1978년)

92 이노우에 슌(井上俊), 「청년 문화와 생활 의식(青年の文化と生活意識)」, 《사회학평론(社會學評論)》(22-2, 1971년) 이것보다 빠른 세대론 비판으로는 하야사카 다이지로(早坂泰次郎)가 엮은 『세대론, 왜곡된 인간 이해(世代論 歪められた人間の理解)』(일본YMCA연맹 출판부, 1967년)가 있다.

93 고타니 사토시(小谷敏), 『젊은이론을 읽다(若者論を読む)』, 세카이시소샤(1993년)

94 나카노 오사무(中野收), 「젊은이상의 변천(若者像の変遷)」 이노우에 슌(井上俊)

외 편저,『이와나미 강좌, 현대 사회학 9: 라이프코스의 사회학(岩波講座 現代社會學 9: ライフコースの社會學)』, 이와나미쇼텐(1996년)

95 '살림살이'에 대해 묻는 다섯 가지 선택지는 '상'·'중상'·'중중'·'중하'·'하'로 나뉘어 있었다. 이처럼 '중'이 세 가지로 세분되어 있으니, 비율 면에 있어 '중'이 많은 것은 당연하다. 설령 그렇더라도, 1970년대 전반 걸쳐 '중'이라고 대답하는 사람의 수가 늘어난 것 또한 사실이다. 그러한 경향은 다른 조사를 통해서도 확인할 수 있다. 당시의 사람들도 '인구 90%가 중산층'이라는 결과에 골치를 앓았으며, 일찍이 다양한 비판이 제기됐다.「국민 백서에 나타난 생활의식(國民白書に見る生活意識)」,《아사히신문》(1967년 7월 2일 도쿄 조간)

96 하시모토 겐지(橋本健二),『'격차'의 전후사: 계급사회 일본의 이력서(「格差」の戰後史: 階級社會日本の履歷書)』, 가와데쇼보신샤(2009년)

97 당시의 분위기를 다시금 살펴볼 수 있는 자료로, 아키모토 오사무(秋本治, 57세, 도쿄 도)의「어둠 속에 흐르는 소리(闇に流れる声)」,『여기는 가쓰시카 구 가메아리 공원 앞 파출소(こちら葛飾區龜有公園前派出所)』, 슈에이샤(172권, 2010년) 등이 있다.

98 이러한 논리로 2010년의 '축제'를 묘사한 논문으로는, 후루이치 노리토시(古市憲壽)의「TGC(도쿄걸스컬렉션, 東京ガールズコレクション)의 정체(TGCの正體)」,《g2》(vol.7, 2011년)가 있다. 세월이 35년이나 지나도, 사회학은 문체 정도에만 변화가 있는 것일까?

99 1970년대부터 1980년대의 젊은이론을 개관하고자 한다면, 고타니 사토시의『젊은이론을 읽다』(세카이시소샤, 1993년), 1990년대와 2000년대의 젊은이론을 살피고자 한다면, 아사노 도모히코(淺野智彦)의『젊은이와 아이덴티티(若者とアイデンティティ)』(니혼토쇼센터, 2009년)를 추천한다. 또한 전후의 젊은이 문화를 각각 살펴보고자 한다면, 난바 고지의『족의 계보학: 유스 서브컬처의 전후사(族の系譜學: ユース·サブカルチャーズの戰後史)』(세이큐샤, 2007년)에 자세하게 기록되어 있다. 이번 장도, 이상 세 권의 책을 참고해 작성한 글이다.

100 미야다이 신지,『제복 소녀들의 선택(制服少女たちの選択)』, 고단샤(1994년)

101 고타니 사토시,『젊은이론을 읽다』, 세카이시소샤(1993년)

102 미디어론과 관련해, 이 시기에 '아이의 소멸론'도 자주 등장했다. 텔레비전의 보급으로, 활자 미디어가 낳은 '어른'과 '아이'라는 구분이 해체됐다고 주장하

는 이론이다. 그런 맥락에서, 바로 이 시기에 '아이' 또한 '젊은이'의 일부로 귀속된 것인지도 모른다.

103 호리이 겐이치로(堀井憲一郎), 『젊은이를 죽이는 시대(若者殺しの時代)』, 고단샤겐다이신쇼(2006년)

104 고타니 사토시, 『젊은이론을 읽다』, 세카이시소샤(1993년)

105 미야다이 신지·이시하라 히데키, 『증보 서브컬처 신화 해체: 소녀·음악·만화·성의 변용과 현재』, 지쿠마분코(2007년, 초판 1993년)

106 난바 고지, 『족의 계보학: 유스 서브컬처의 전후사』, 세이큐샤(2007년) '족(族)'보다 '계(系)'가 좀 더 유연한 관계를 가리킨다.

107 야마다 마모루(山田眞茂留), 「젊은이 문화의 석출과 융해: 문화 지향의 종언과 관계 기호의 고양(若者文化の析出と融解: 文化志向の終焉と関係嗜好の高揚)」 미야지마 다카시(宮島喬) 편저, 『강좌 사회학 7: 문화(講座 社會學 7: 文化)』, 도쿄대학출판회(2000년)

108 좋은 예로 하라다 요헤이(原田曜平)의 『요즘 젊은이는 왜 소용이 없는가?: 휴대 전화 세대와 '새로운 마을 사회'(近頃の若者はなぜダメなのか: 携帯世代と '新村社会')』(고분샤신쇼, 2010년)가 있다.

109 기타다 아키히로(北田曉大) 저, 사토 도시키(佐藤俊樹) 해설, 『사회는 정보화의 꿈을 꾼다: 신세기판 노이만의 꿈 근대의 욕망(社會は情報化の夢を見る, 新世紀版: ノイマンの夢·近代の欲望)』, 가와데분코(2010년)

110 이해하기 어려워하는 사람도 많지만, 이렇게 생각하면 될 듯하다. 사실 사회과학자가 할 수 있는 것은 자세하고 세밀한 식견을 쌓아, 그것을 더욱 커다란 문맥 속에 자리매김할 수 있도록 노력하는 정도의 일이다. 현학적인 사고도 좋지만, 그런 생각을 하는 도중에 자꾸자꾸 (그 생각들을) 밖으로 꺼내 놓지 않으면, 아카데미한 영역과 현실 세계의 거리는 계속 벌어질 뿐이다.

111 일본정부통계국이 발표한 「인구 추계(人口推計)」(2011년 4월 결과)

112 「제 방을 모두에게 공개합니다!(お部屋をみんなに見せちゃうよ～)」, 《HR》(4호, 2010년)

113 「싱글 라이프 갤러리 (ひとり暮らしギャラリー)」, 《Tokyo Graffiti》(2010년 10월호)

114 실제로 '1억 명 모두가 중산층'이라고 회자되던 시대부터 경제 격차가 존재했고, 그런 격차가 확대되기 시작한 때는 1980년대부터다. 하시모토 겐지(橋本健

二), 『'격차'의 전후사: 계급사회 일본의 이력서(「格差」の戰後史: 階級社會日本の 履歷書)』, 가와데쇼보신샤(2009년)

115 우치다 다쓰루(內田樹), 『일본변경론(日本邊境論)』, 신초신쇼(2009년)

116 모타니 고스케, 『디플레이션의 정체: 경제는 '인구의 파도'로 움직인다(デフレの正體: 經濟は「人口の波」で動く)』, 가도가와one테마21(2010년) 그러나 실제로는 인구가 감소하는 폭보다 더 빠른 속도로 자동차의 판매 부진이 나타났다고 한다. 자세한 내용은 2장에서 검토하고자 한다.

117 테오도르 아도르노(Theodor Adorno) 저, 다나카 요시히사(田中義久) 외 옮김, 『권위주의적 퍼스널러티(權威主義的パーソナリティ)』, 아오키쇼텐(1980년) 다만 독일에서 발생한 제노사이드의 경우에는 '인종'과 '종교'라는 변수가 중요했다. 따라서 어디까지 일본의 '젊은이'와 같은 선상에서 논할지는 유보해둘 필요가 있다.

118 나이토 아사오(內藤朝雄), 「'구조': 사회 증오의 메커니즘(『構造』: 社會憎惡のメカニズム)」, 혼다 유키 외 편저, 『'니트'라고 부르지마!(「ニート」って言うな!)』, 고분샤신쇼(2006년)

119 마사타카 노부오(正高信男), 『휴대 전화를 든 원숭이: '인간다움'의 붕괴(ケータイを持ったサル: 「人間らしさ」の崩壊)』, 주코신쇼(2003년) 생각해 보니, 이 무렵부터 마사타카 노부오의 '학자다움'이 붕괴되기 시작했다.

120 모리 아키오(森昭雄), 『게임용 뇌의 공포(ゲーム腦の恐怖)』, 세이카쓰진신쇼(2002년) 예전에 '인베이더 게임'에 열중했던 세대도 이제는 50대다. 바야흐로 일본 전체가 게임용 뇌로 가득 차게 될 시기다.

121 이 부분은 사토 도시키(47세, 히로시마 현)의 '정보화 사회'에 관한 이론을 참조했다. 『사회는 정보화의 꿈을 꾼다(신세기판): 노이만의 꿈 근대의 욕망(社會は情報化の夢を見る(新世紀版): ノイマンの夢・近代の欲望)』, 가와데분코(2010년) 사토 도시키의 견해는 매우 이해하기 어려운데, 나 역시 절반도 이해하지 못했다. 그 때문에, 직접적으로 참고했다기보다는 발상을 위한 자료로 활용했다.

122 히라노 히데아키(平野秀秋)·나카노 오사무(中野收), 『카피 체험의 문화: 고독한 군상의 후예(コピー体験の文化: 孤独な群衆の後裔)』, 지지쓰신샤(1975년)

123 하야사카 다이지로(早坂泰次郎), 『세대론, 왜곡된 인간의 이해(世代論 歪められた人間の理解)』, 일본 YMCA동맹 출판부(1967년)

124 이때 반드시 '젊은이'가 주제일 필요는 없다. 이를테면, '출생률 저하'라는 논제가 대두된 지 꽤 오래됐다. 물론, '출산 가능 연령'을 고려한다면 이것은 분명 '젊은이'의 문제이기도 하다. 하지만 이때 "젊은이는 왜 아이를 낳으려고 하지 않는가?"라고 묻지 말고, "왜 일본의 출생률은 저하됐는가?"라고 생각하는 편이 낫다. 젊은이들의 심리적 변화뿐만 아니라, 사회 보장과 소득 격차의 변화 등 사회 구조를 문제의 요인으로 생각할 수 있기 때문이다. 실제로 출생률과 관련한 연구의 대부분이 그렇게 이루어지고 있다.

125 이노우에 슌(井上俊), 「청년 문화와 생활 의식(青年の文化と生活意識)」, 《샤카이기쿠효론(社會學評論)》(22-2, 1971년)

126 다만, 마케팅 도구로서의 젊은이론은 앞으로 더욱 의미를 잃게 될 것이다. 사실 인구 면에서도 젊은이의 규모는 작았으며, '젊은이가 유행의 최첨단에서 새로운 유행을 창출한다.'라고 생각하는 것 또한 '젊은이 고객론'이 만들어 낸 일종의 환상이다.

127 그리고 아사히신문, 요미우리신문, 산케이신문 등이 사카모토 료마(坂本龍馬)에 대해 다뤘다. 아마도 NHK가 2010년에 방영한 대하드라마 「료마전(龍馬傳)」의 영향일 것이다. 자체적으로 '베스트 사카모토 료마상'을 정하자, 아사히신문에서는 "구름은 언덕(坂) 위가 아니라, 인터넷 클라우드에"라고 한마디 하기도 했다.

128 요미우리신문에 따르면, 페이스북은 "세계 각지의 5억 명이 넘는 사람들이 참여해, 영어로 정보를 교환"한다고 한다. 그래서 "이러한 서비스를 이용하는 일본인은 그 수가 적다."라고 했다. 그런데 현재 페이스북은 다양한 언어로 서비스를 제공하고 있어 영어뿐 아니라, 전 세계의 수많은 언어로 정보 교환이 이루어지고 있다. 이와 같은 사실은 페이스북을 아주 잠깐이라도 사용해 보면 누구나 알 수 있다.

129 산케이신문의 사설에서 흥미로웠던 점은, "마음으로부터 메시지를 보내자."라고 하면서 각양각색의 자기주장을 펼친 다음에, "어른들의 염치없는 변명"이라면서 반성하는 부분이었다. 보수 계열의 신문을 대표한다고 자부한다면, 차라리 더 자신감을 보여 주는 편이 낫지 않았을까 싶다.

130 그 밖에도 연구자들이 자주 사용하는 방법은, 치밀한 '조사 설문지'를 활용해 채집한 자료를 바탕으로, 질문 항목마다 나타난 상관관계를 통계 소프트웨어를 통해 밝혀내는 작업이다.

131 최근의 자료는 인터넷에 공개되어 있다. 만약 조금이라도 자신이 낸 세금의 향방을 알고 싶다면, 이 인터넷 자료를 활용해 볼 만하다. 참고로 수십 년 동안 계속 같은 내용을 질문한다는 것은, 해당 조사의 수준이 수십 년 전의 단계에서 벗어나지 못하고 있음을 보여 준다. 당연하게도, 이 조사 결과에는 한계가 존재한다.

132 참고로 '2011년 조사'는 1월에 실시됐기 때문에, 그 조사의 결과에는 동일본 대지진의 영향이 미치지 않았다. 벌써부터 연구자들은 '2012년 조사'의 결과를 기다리고 있을 것이다.

133 하다 고타(葉田甲太), 『우리는 세계를 바꿀 수 없다(僕たちは世界を変えることができない。)』, 쇼가쿠칸(2010년) 하다 고타의 뒤를 이어 이 단체를 이끈 이시마쓰 히로아키(石松宏章)의 활약은 『정말로 진지한 봉사 활동(マジでガチなボランティア)』(고단샤분코, 2009년)을 통해 엿볼 수 있다.

134 학생 단체 'SWITCH'의 공식 블로그는 다음과 같다. http://ameblo.jp/switch012

135 「사회봉사 활동 70%가 처음: 한신 대지진 발생 이후 3개월(ボランティア7割が初めて: 阪神大震災発生から3ヶ月)」, 《아사히신문》(1995년 4월 17일 조간) 이것은 아사히신문이 1995년 3월 중순부터 하순에 걸쳐, 고베 시(神戸市)를 비롯한 지진 피해 지역에서 면접 방식으로 실시한 의식 조사다. 해당 조사에 응한 인원수는 709명이었다.

136 그런데 「세계 청년 의식 조사(世界青年意識調査)」(대상자 연령은 18세부터 24세까지다.)를 살펴보면, 2002년 조사 당시에 '현재 사회봉사 활동을 하고 있다.'라고 대답한 일본의 젊은이는 3.3%였다. 그 후 2007년에는 5.6%까지 증가했다. 또한 '이전에 사회봉사 활동에 참여한 적이 있다.'라고 응답한 젊은이는 2002년에 31.7%였으나, 2007년에는 43.9%까지 상승했다. 하지만 단 한 번뿐이라도 사회봉사 활동에 참여한 적이 있으면 '이전에 참여한 적이 있다.'라는 대답을 선택할 수 있기 때문에, 이 결과를 지나치게 긍정적으로 평가할 수는 없다. 다만, 사회봉사 활동을 경험한 적이 있는 젊은이가 꾸준히 늘고 있다는 사실만큼은 예상해 볼 수 있다.

137 문부과학성 발표 자료, 「'일본인의 해외 유학생 수'에 대해서(「日本人の海外留学者数」について)」(2010년 12월 22일)

138 유학생 비율을 고려해 볼 때, 거품경제가 한창이었던 1980년대 후반에는 약

0.1%, 1990년대 중반에는 약 0.3%였다. 그러다 2005년도 무렵에 이르러서야 0.5%를 넘어섰다. 아무리 젊은이 유학생의 비율이 과거 대비 최고 수준이라고는 하지만, 어쨌든 유학을 떠난 젊은이의 비율은 고작 200명에 한 명꼴이다. 따라서 이것을 단순히 '젊은이' 문제로 치부하는 데는 상당히 무리가 있다.

139 이 그래프는 블로그 '우리의 자유는 여기에 있다(僕らの自由はここにある)'를 참고해 만든 것이다. 이 블로그는 '젊은이들의 해외여행 기피', '젊은이들의 유학 기피'와 같은 논의와 관련해, 이 책보다도 훨씬 더 공들여 검증하고 있다. 따라서 관심이 있는 분이라면, 한 번 확인해 보기 바란다. http://wirfere. wordpress.com

140 '넓은 국제적 시야를 가진 청소년을 육성하고, 나아가 양국 간의 상호 이해와 우호 관계를 촉진할 목적'을 지니고 있다. 18세부터 25세까지(국가에 따라서는 30세까지)의 젊은이를 상대 국가에 파견해 일정한 범위의 취업을 인정하는 제도다. 최근에는 '라스트 리조트' 등의 중개 회사를 이용하면, 비자 수속에서부터 출국 및 현지 입국, 핫라인 확보 등 모든 업무를 처리해 준다.

141 TV도쿄 계열(テレビ東京系列)이다. 2008년 6월 1일 방송됐다.

142 「일본인의 '여행' 전격 해명(日本人の「旅」大解明)」,《주간 도요게이자이(週刊東洋経済)》(2009년 3월 28일호)

143 「학력이란 대체 무엇일까?(學力ってなんだろう)」,《아사히신문》(2010년 2월 19일 조간, 수도권 판)

144 하라다 요헤이, 『요즘 젊은이는 왜 소용없는가?』, 고분샤신쇼(2010년)

145 2010년 7월 18일. 이날 마쓰도(松戸)에서 인터뷰를 실시한 다음, 미나미후나바시(南船橋)에 위치한 IKEA와 라라포토(ららぽーと: 대형 복합 쇼핑센터 — 옮긴이)에서도 인터뷰 조사를 진행했다. 이런 행동 궤도는 일상적인 휴일 일정과 크게 다르지 않았다. 실제로 그저 여가 활동을 즐기는 것과 그리 다르지 않은 일과였다.

146 이 시점에서 벌써 선입관을 가지게 되기 때문에, 사회 조사로서는 실격이다. 애초에 '일요일 낮에 마쓰도에 있는 젊은이'에게 이야기를 들어 본다는 시점부터 표본은 이미 매우 편향적이다. 논리적으로 '현지화'하지 않은 젊은이는 마쓰도에 없을 것이기 때문이다. 그런데도 '현지화'한 젊은이를 만나지 못한 점은 참으로 유감스럽다.

147 그러나 다른 연령과 비교해 보면, 젊은이들이 도시에 더 매력을 느끼는 것으

로 보인다. 2010년에 내각부가 실시한 「대도시권에 관한 여론 조사(大都市圈に関する世論調査)」에 따르면, 20대의 76.8%가 '대도시권에 매력을 느낀다.'라고 대답했다. 모든 세대 평균인 59.4%보다도 훨씬 높은 수치다. 물론, '매력을 느낀다.'라는 것과 '실제로 산다.'라는 것은 다른 의미겠지만 말이다.

148 출신 고등학교의 소재지와 입학한 대학의 소재지가 같은 '도도부현(都道府縣) 학생'의 비율(문부과학성, 「학교 기본 조사」)이다. 참고로 1980년의 비율은 38.1%로 2000년과 크게 다르지 않은 수준이었다. 이때 이후로 '현내(縣內) 대학 진학률'이 가장 낮아진 것은 1992년도의 34.9%였다.

149 고등학교를 졸업하고 취직한 학생의 '현외(縣外) 취직률'(문부과학성, 「학교 기본 조사」)을 참고해 사용한 수치다.

150 고등학생의 '현내 취직률'은 1980년에 75.5%였고, 1990년에는 76.2%였다. 장기적인 관점에서 볼 때, 증가하는 경향을 보이고 있다.

151 총무성, 「주민기본대장 인구 이동 보고(住民基本臺帳人口移動報告)」(헤이세이 22년 기본 집계 결과) 참고로 2010년(헤이세이 22년)에 '도도부현 간의 이동'이 가장 많았던 연령대는 20대였다. 예컨대 도쿄도로 전입한 39만 명 가운데, 20대는 42.4%였다. 안타깝게도 '연령별 전입자·전출자의 수'가 공식적으로 발표된 것은 2010년부터이기 때문에, 과거의 자료와 비교해 볼 수 없다. 매우 유감스러운 일이다.

152 가세 가즈토시(加瀨和俊), 『집단 취업의 시대: 고도성장의 담당자들(集団就業の時代: 高度成長のにない手たち)』, 아오키쇼텐(1997년)

153 '현지화'라고 하면, 편의점 앞에 모인 젊은이들을 떠올리는 경우가 많다. 하지만 오늘날의 일본에도 여전히 편의점이 없는 '시골 중의 시골'이 많다. 그러한 지방에 사는 젊은이는 '현지화'라는 말조차 생소할 것이다.

154 「도쿄 대학교 학생 생활 실태 조사(東京大學學生生活實態調査)」에는 (도쿄대 재학생에게) 부모님이 사는 지역을 묻는 항목이 있는데, 지난 40년 동안 '도쿄도' 출신자는 계속 30% 정도였다. 참고로 간토(關東) 지역 출신자는 1970년대에 50% 정도였으나, 1980년대 후반부터 상승하기 시작해 2009년도의 조사에서는 59.5%로 나타났다. 그러나 최근 10년 동안의 동향을 살펴보면, 그리 큰 변화는 없다.

155 인터넷 조사의 문제점과 그 결과를 살펴볼 때 주의해야 할 점을 정리해 놓은 논문으로, 나가사키 다카히로(長崎貴裕)가 쓴 「인터넷 조사의 역사와 그 활용

(インターネット調査の歴史とその活用)」,『정보의 과학과 기술(情報の科學と技術)』(58-6, 2008년)을 참조했다. 인터넷을 이용하는 사람, 더구나 주로 리서치 회사에 모니터 요원으로 등록된 사람들만을 대상으로 조사했기 때문에, 그 결과가 편향될 우려가 크다는 것이 유의할 점 중 하나다.

156 모처럼 힘들게 고전까지 펼쳐 읽어 봤는데, 그 내용이 책 속에 녹아들지 못해 아쉽다.

157 1979년부터 1983년 사이에 출생한 사람은 이 조사를 실시할 당시의 나이로 헤아려 보면 25세부터 29세 사이의 젊은이들이다. 결혼이나 육아, 장래를 생각해 조금이라도 저축해 놓으려는 사람이 많은 것은, 지금에야 나타난 현상이 아니다. 하지만 이 조사에는 과거의 결과와 비교해 본 내용이 없기 때문에 알 수가 없다.

158 야마오카 다쿠(山岡拓)의『원하는 것이 없는 젊은이들(欲しがらない若者たち)』(니혼케이자이신분출판사, 2009년)에서도 주로 다루어지는 품목은 자동차, 주류 등이다. 왜 기성세대는 자동차를 좋아하는 것일까? 언젠가 '중년론'을 다루어 볼 기회가 생긴다면, 꼭 한번 고찰해 보고 싶은 테마다.

159 여기서는 독신 세대, 2인 가족 이상인 세대를 합친 '총 세대' 조사를 활용했다. 어디까지나 세대주의 연령을 기준으로 한 조사이기 때문에, 부모님과 함께 사는 젊은이의 동향까지는 확인할 수 없었다. 마쓰다 히사카즈가 활용한 「가계조사 연보(家計調査年報)」('가족이 2인 이상인 세대'로 한정한 조사)보다는 나을 듯하다. 또한 「전국 소비 실태 조사(全國消費實態調査)」가 표본의 수도 약 6만 세대(「가계 조사 연보」는 약 8000세대)여서 정밀도가 좀 더 높다.(수치는 평균 비용)

160 일본자동차공업회(日本自動車工業會), 「2009년도 승용차 시장 동향 조사(2009年度乘用車市場動向調査)」

161 《닛케이유통신문(日經流通新聞)》(2011년 1월 5일) 25세부터 49세까지의 남녀를 대상으로 실시한 인터넷 조사다. 각 세대의 표본 수는 약 1000명으로, 총 3242명으로부터 응답을 얻었다고 한다.

162 《고코쿠(廣告)》(2010년 10월호)

163 전후에 20대가 가장 많았던 시기는 단카이세대(団塊世代)가 성인이 되었을 무렵이다. 1976년에는 무려 2000만 명이나 되는 20대가 존재했다. 그다음으로 20대가 많았던 시기는 이른바 단카이세대의 자녀들이 성인이 됐을 무렵으로,

1996년에도 1913만 명이나 되는 20대가 있었다.

164 2010년도, 2011년도와 관련해서는 「인구 추이(人口推移)」를 참조했다.

165 참고로 20년 후의 20대 인구는 지금보다 20% 이상 감소할 것이다. 즉, 20대 인구가 약 1097만 명으로 줄어든다고 하니, 단단히 각오해야 할 것이다. 아차, 단단히 각오해 두어야 할 세대는 바로 우리 세대가 아닌가?

166 인구 규모 면에서 볼 때, 1980년대 전반에 20대의 수는 결코 많지 않았다. 따라서 정확하게 말하자면, 1970년대 후반부터 이어진 '젊은이 축제'의 영향이 큰 것으로 보인다.

167 참고로 젊은이들의 정치 외면에 대해 신문 사설이 나서 걱정하고, '시위를 하지 않는 젊은이들'이라는 특집까지 마련한 《마이니치신문》(2011년 3월 1일 석간)은, 실제로 고엔지(高円寺)에서 열린 1만 명 규모의 '원자력 발전소 반대 시위'에 대해서는 어떠한 보도도 하지 않았다.

168 도요이즈미 슈지(豊泉周治), 『젊은이를 위한 사회학: 희망의 발판을 마련하다(若者のための社会学: 希望の足場をかける)』, 세이운샤(2010년) 이번 장의 '행복도'에 관한 분석도, 이 책을 참고해 이뤄졌다. 본래 하버마스(J. Habermas)나 아렌트(H. Arendt)와 같은 사상가를 연구해 온 사람이 저술한 책이기 때문에, 다소 이해하기 어려운 부분이 몇 군데 있다. 그래도 전체적으로 보면, 최근에 나온 '젊은이 관련 책' 중에서는 상당한 역작이다.

169 '만족한다.'와 '그럭저럭 만족한다.'라는 대답을 합산한 수치다. 「일본인의 의식 조사(日本人の意識調査)」와 관련해서도, '만족'과 '다소 만족'을 합산한 수치를 본문에 제시한 것이다. 소극적인 의미의 '만족'을 선택한 수치의 추이만 살펴봐도, 역시 상승 경향을 확인할 수 있다.

170 1970년의 조사에는 '70대 이상'이라는 항목이 없었고, '60대 이상'이라는 항목만 있었다. 그 때문에, 그래프 안에 '60대'로 표시된 수치는 실제로 '60대 이상'을 포괄한다. 왜 그랬는지 이유는 모르겠지만, 「국민 생활에 관한 여론 조사」가 2000년도에는 실시되지 않았기 때문에, 2001년도의 조사 결과를 그래프에 표시했다.

171 오사와 마사치(大澤眞幸), 「가능한 혁명: 제1회 '행복하다.'라고 대답하는 젊은이들의 시대(可能なる革命: 第1回『幸福だ』と答える若者たちの時代)」, 《at플러스 07호(atプラス)》(오다출판, 2011년) 오사와 마사치 선생님은 '행복한 젊은이들'에게 너무 크게 놀라신 듯하다.

172 사사키 스스무(佐々木進), 『집단 취직 세대가 일본을 구했다!: 이류 인생은 지금 빛을 발하고 있다(集團就職世代が日本を救った！：二流人生は今輝いている)』, 도쿄도서출판회(2010년) 저자가 자비로 출판한 책이기 때문에, 문장이 다소 거칠다. 하지만 오히려 기교를 부리지 않은 문장이 감동을 준다.

173 원래는 탤컷 파슨스(Talcott Parsons)라는 과거의 사회학자가 내놓은 개념으로, '자기만족'에 가까운 의미로 사용됐다. 다케다 료조(武田良三) 감수 및 옮김, 『신판 사회 구조와 퍼스널리티(新版 社會構造とパーソナリティ)』, 신센샤(2001년) '컨서머토리화하는 젊은이'에 관해서는 도요이즈미 슈지가 쓴 『젊은이를 위한 사회학: 희망의 발판을 마련하다』(세이운샤, 2010년)에 가장 훌륭하게 정리되어 있다.

174 예컨대 2010년에 실시된 「일본인의 정보 행동 조사(日本人の情報行動調査)」에서도 '세상사보다, 자신의 신변에 더 관심이 있다.'라고 대답한 비율은 젊은 층일수록 높아, 10대에서 79.4%, 20대에서는 74.3%로 나타났다. 같은 항목에 대한 비율은 50대에서 57.5%, 60대에서는 50.6%였다. 하시모토 요시아키(橋元良明), 『미디어와 일본인: 변해 가는 일상(メディアと日本人: 変わりゆく日常)』, 이와나미신쇼(2011년) 한편 이러한 통계를 활용할 때 주의해야 할 점은, 바로 표현법이다. 「사회의식에 관한 여론 조사」에 따르면, 사회를 지향하는 젊은이들의 수가 증가한 것으로 나타났다. 그러나 이 조사 항목에 '세계나 사회에 관한 것보다도, 개인적인 일에 관심이 있다.'라는 질문이 포함됐다면, 어쩌면 결과가 크게 달라졌을 수도 있다. 요컨대 '세상'이라는 말은, '세계'나 '사회'에 비해 그리 주의를 끌지 못하기 때문이다.

175 무라카미 야스스케(村上泰亮), 『산업 사회의 병리(産業社會の病理)』, 주코크라식스(2010년) 초판은 1975년에 출간됐다.

176 하마시마 아키라(濱島朗), 「현대 사회와 청년층(現代社會と青年層)」, 하마시마 아키라 편저, 『현대 청년론(現代青年論)』, 유히카쿠(1973년) 이 책을 읽어 보면, 지난 40년 동안 '젊은이론' 분야에 별다른 진척이 없었다는 점을 알 수 있다.

177 지쿠시 데쓰야(筑紫哲也), 『젊은이들의 신들 1(若者たちの神々1)』, 신초분코(1987년) 초판은 1984년에 출간됐다.

178 메리토크라시(meritocracy)는 신분이나 가문뿐 아니라, '능력' 있는 사람이 사회를 지배하는 구조를 가리킨다. 일반적으로 일본어로는 업적주의라고 번역된다. 뉘앙스로 살펴보면, 학력 사회나 시험 경쟁 사회에 가까운 의미다.

179 내각부, 「국민 생활 선호도 조사(國民生活選好度調査)」(2010년)

180 전체 국민의 답변을 보면, '건강 상태'라고 응답한 사람이 69.7%로 가장 많았다. 한편 '친구 관계'는 38.5%로 여섯 번째로 중요한 기준이었다. 질문은 각기 다르지만, 1968년에 사회학자들이 실시한 '의식 조사'에서는, 15세부터 29세까지의 젊은이라고 해도 60% 이상이 '건강이 가장 중요하다.'라고 대답했다. 그 밖의 '사랑', '자유' 등과 비교해 봐도 훨씬 높은 비율이다. 미타 무네스케, 『현대의 청년상(現代の靑年像)』, 고단샤겐다이신쇼(1968년)

181 야마다 마모루(山田眞茂留), 「젊은이 문화의 석출과 융해: 문화 지향의 종언과 관계 기호의 고양(若者文化の析出と融解: 文化志向の終焉と關係嗜好の高揚)」, 미야지마 다카시(宮島喬) 편저, 『강좌 사회학 7: 문화(講座社會學 7: 文化)』, 도쿄대학출판회(2000년)

182 내각부, 「제8회 세계 청년 의식 조사(第八回世界靑年意識調査)」(2009년)

183 인터넷에서는 "네가 가진 것은 수건이잖아!"라는 야유가 떠돌기도 했다.

184 우치다 다쓰루, 「시중의 「원피스」론 1: '변화하는 것'에 대한 한결같은 신뢰(街場の『ONE PIECE』論 1: 『変動するもの』へのひたむきな信頼)」, 오다 에이이치로(尾田榮一郞), 『ONE PIECE STRONG WORDS』, 슈에이샤신쇼(2011년)

185 야마다 마모루, 「젊은이 문화의 석출과 융해: 문화 지향의 종언과 관계 기호의 고양」, 미야지마 다카시 편저, 『강좌 사회학 7: 문화』, 도쿄대학출판회(2000년) 다만, 현대의 젊은이들에게 의식으로서의 '세대 의식'이 없는가에 대한 분석은 미묘하게 표현되어 있다. '여유로운 세대'는 당사자들에게도 정체성의 준거점으로 활용되는 경우가 많은 듯 보인다. 하지만 그것조차 요즘 젊은이들에게는 여러 정체성을 이루는 발판 중 하나에 불과하다는 점이, 과거 '젊은이 문화'가 있었던 시대와는 다른 점일지도 모른다.

186 미야다이 신지, 『제복 소녀들의 선택: 10년 후(制服少女たちの選択: After 10 Years)』, 아사히분코(2006년) 초판은 1994년에 출간됐다. 최근에는 '섬 우주'와 비슷한 개념으로서 '클러스터(cluster)'라는 용어가 자주 쓰인다.

187 하마사키 아유미(浜崎あゆみ), 「SEASONS」(2000년) 하마사키 아유미가 부른 노래들의 흐름을 살펴보면, (매스미디어가 그려 온) 시대의 추세와 그 궤도를 같이한다. 그녀는 데뷔 당시에 '마음 둘 곳이 없다.'라든가, 일상의 답답함을 노래했었다. 그러다 2004년에는 신자유주의적 가치관을 소리 높여 노래했으며(「INSPIRE」), 급기야 마치 기업가처럼 창조적인 파괴를 가사에 담아내기

시작했다.(「talkin' 2 myself」, 2007년) 하지만 최근에는 결국 '사랑'에 대해 노래하고 있다.(「Virgin Road」, 2010년)

188 이시마쓰 히로아키, 『정말로 진지한 봉사 활동』, 고단샤분코(2009년)

189 2010년에 실시된 「일본인의 정보 행동 조사」에 따르면, '정치는 지나치게 어려워서 나는 잘 모르겠다.'라고 응답한 사람이 10대에서 71.4%였고, 20대에서는 65.3%였다. 하시모토 요시아키, 『미디어와 일본인: 변해 가는 일상』, 이와나미신쇼(2011년) 그렇다, 정치는 정말 어렵다. 도쿄전력 문제나 원자력 발전소 문제나, 세상에는 납득되지 않는 일들이 많다. 심지어 구체적으로 무엇을 하면 될지 짐작조차 가지 않는다.

190 후루이치 노리토시(古市憲壽), 『희망난민 일행 여러분: 피스보트와 '승인 공동체' 환상(希望の難民ご一行様: ピースボートと「承認の共同体」幻想)』, 고분샤신쇼(2010년) 이 책에서 가장 민 용어이지만, 진실로 아무도 화제로 삼아 주지 않았다. 이번 장은 이 용어를 강조하기 위해 집필했다고 해도 과언이 아니다.

191 아마도 잘 모르는 사람은 나뿐이겠지만, 말이 나온 김에 잠시 설명하고 넘어가겠다. 옐로카드는 심판이 카드를 들어 보여 주는 것일 뿐, 선수가 시합 중에 그것을 받아 직접 보관할 필요는 없는 것이다.

192 정확하게 말하면, '덴마크 전' 때보다 한층 애매한 시간이었다. '덴마크 전'은 새벽 3시에 시작됐기 때문에, 시합이 끝나는 시간은 전철의 첫차가 다니고 거리도 깨어날 무렵이었다. 그러나 '파라과이 전'은 밤 11시에 시작되었고, 시합이 끝나는 시간은 새벽 1시를 넘긴 심야였다. 이때가 되면, 마침 전철의 막차까지 떠나 버린다. 심야 2시에 시부야에서 어쩌라는 말인가?

193 친구가 '군중 속에 파라과이 국기를 던져 보면 어떨까?' 하는 흥미로운 실험 방안을 제안했으나, 안타깝게도 한밤중의 시부야에서는 파라과이 국기를 구할 수 없었다. 솔직히 나는 현대의 전위 예술 작가가 아닌 탓에, 실제로 그렇게까지는 못했다.

194 시합이 끝나고, 전철이 끊긴 시부야에서 택시를 잡는 일은 보통이 아니었다. 좀 걸어 나와 택시를 잡으려고 했으나 좀처럼 잡히지 않았다. 결국 에비스(恵比壽)까지 걸어가 겨우 택시를 잡을 수 있었다. 그러다 "수고했어!"라는 목소리를 듣는 순간, 나는 "자기들이 직접 시합을 뛴 것도 아닌데, 무슨 '수고'를 했다는 거야?"라며 그들의 발언을 무시했다. 그런데 생각해 보니 그들이 던진 "수고했어!"라는 말은, 시합이 끝난 뒤 택시를 잡지 못해 밤거리를 헤매야 했

던 나 자신에게 해 주는 말 같기도 했다.

195 하다 고타,『우리는 세계를 바꿀 수 없다』, 쇼가쿠칸(2010년) 2011년에 무카이 오사무(向井理)의 주연으로 영화화까지 된 책이다. 저자의 자의식이 전면에 부각되지 않고 적절하게 통제된 덕인지, 많은 사람들로부터 호감을 불러일으켰다. 부럽다. '캄보디아'에 학교를 세우는 단체가 '일본'을 응원하는 자선 이벤트를 통해 자금을 마련하는 모습을 보니, 매우 현대적이라는 생각이 들었다.

196 태어남과 동시에 '일본'에 소속되는 경우도 있지만, 5년 이상의 거주 경험 및 각종 수속을 위한 방대한 서류 준비 등 (신용 카드 신청과는 비교도 되지 않을 정도로) 까다로운 조건을 통과해야만 '일본인'으로서 인정되는 경우도 있다. 원래는 '일본인'이 아니었으나, 허가를 받아 '일본인'이 되는 사람은 매년 1만 5000명 전후다.

197 '강제적으로 구입해야 한다.'라는 것이 국가와 자본주의의 차이점이다. 즉 국가만이 독점적으로, 폭력과 징세를 행사할 수 있기 때문이다. 가야노 도시히토(萱野稔人)의 말을 빌리자면, "세금은 폭력단의 감독료와 본질적으로 같은 것"이다. 가야노 도시히토,『돈과 폭력의 계보학(カネと暴力の系譜学)』, 가와데쇼보신샤(2006년) 다만, 민주주의 국가 일본의 주권자는 곧 유권자이므로, 적어도 형식상으로는 이러한 구조를 지지하고 유지해 가는 주체다. 바로 '우리' 일본 국민인 것이다.

198 내셔널리즘에 관해서는 주로 오구마 에이지(小熊英二)가 쓴『일본이라는 나라(日本という国)』(리론샤, 2006년)를 참조했다. 중학생을 위한 책인 만큼, 아주 이해하기 쉽게 설명되어 있다. 게이오기슈쿠 대학교 SFC(慶應義塾大學SFC)에서 들었던 오구마 에이지의 수업(「근대사(近代史)」)과 비슷한 수준의 내용이다. '응?'

199 에도바쿠후는 「쇼호 일본도(正保日本圖)」 등의 지도를 편찬해, 일본(이라는 나라)의 모습을 파악하려고 했다. 이러한 지도를 손에 넣을 수 있었던 사람은 지배 계급이나 여유가 있는 조닌(町人) 등에 한정되었다.

200 다만, 18세기 이후에는 서구 열강들의 선박이 자주 일본 근해까지 들어오면서, 위정자나 지식인은 물론, 명사 계층의 농민들도 '일본의 위기'를 감지하게 됐다고 한다. 마키하라 노리오(牧原憲夫), 「일본은 언제 국가가 되었는가?(日本はいつネーションになったか)」, 오사와 마사치(大澤眞幸)·강상중(姜尙中) 편

저,『내셔널리즘론 입문(ナショナリズム論・入門)』, 유히카쿠(2009년)

201 일찍이 에도 시대의 사람들, 특히 당시 인구의 대부분을 차지했던 농민들은, 연공(年貢)과 온갖 의무를 부담하며 숱한 고통에 시달리는 피지배층으로 묘사되는 경우가 많았다. 예컨대 1947년에 초판이 발행된 고다마 고타(兒玉幸多)의 『근세 농민 생활사(近世農民生活史)』(요시카와코분칸, 2006년)를 살펴보면, 갖가지 규칙에 따라 엄격하게 통제된 농민들의 모습을 찾아볼 수 있다. 한편, 아미노 요시히코(網野善彦)의 연구를 비롯해, 에도 시대 사람들의 자율성과 다양성을 재조명하는 연구가 최근 30년 동안 붐을 이뤘다.

202 협력은커녕, "정말 많은 불편을 겪었습니다.", "호된 일을 당했습니다."라고 '피해자'의 입장에서 불만을 토로했다. 후루카와 가오루(古川薫),『막말 조슈한의 양이 전쟁: 구미 연합 함대의 공격(幕末長州藩の攘夷戰爭: 歐美連合艦隊の来襲)』, 주코신쇼(1996년) 어디까지나 전쟁은 '자신들의 일'이 아니라고 여겼던 것이다.

203 윌리엄 번스타인(William Burnstein)은, 1730년부터 1850년에 걸쳐 사회 전반에서 일어난 폭발적인 기술 혁신과 일반 민중의 생활 수준 향상을 발견하고, 그 이유를 재산권, 과학적 합리주의, 세련된 자본 시장, 수송과 통신 기술의 확대에서 찾았다. 자세한 내용은 윌리엄 번스타인(도쿠가 이에히로 옮김)이 쓴『'풍요'의 탄생: 성장과 발전의 문명사(「豊かさ」の誕生: 成長と発展の文明史)』(니혼케이자이신문사, 2006년)를 참조했다.

204 마키하라 노리오(牧原憲夫),『일본의 역사 13: 문명국을 향하여(日本の歷史13: 文明国をめざして)』, 쇼가쿠칸(2008년)

205 그러나 피선거권의 부여는 계급에 따라 이루어졌으며, 피선거권의 납세 조건이 철폐된 때는 1925년이었다. 한편, 여성의 피선거권이 인정된 시기는 1945년이었다. 그리고 빈곤층이 총리대신이 되는 일은, 현재로서도 거의 불가능한 일이라고 해도 과언이 아니다. 일단 정치가가 되기 위해서는 폭넓은 인적 네트워크와 풍부한 선거 자금 따위가 필요한데, 이것은 태어나고 자란 가정 환경의 영향을 크게 받기 때문이다.

206 특히 초등학교는 아동뿐만 아니라, 그 주변 사람들에게까지 '일본인'으로서의 인식을 갖게 만드는 중요 거점이었다. 마을 사람들이 모두 모여 참여하는 행사나 기념식이 개최되면서, 전근대적인 공동체가 재편되었던 것이다. 와타나베 히로시(渡辺裕),『노래하는 국민: 창가, 교가, 노랫소리(歌う国民: 唱歌, 校歌,

うたごえ)』, 주코신쇼(2010년)

207 또한, 오늘날에도 방언이 사라진 것은 아니다. 나는 지난번에 규슈(九州) 가고시마(鹿兒島)의 한 농촌을 방문했을 때, 어르신들끼리 나누는 대화의 90%를 전혀 이해하지 못했다. 그러나 그분들은 내가 하는 말은 알아들으셨다. 이것이 '근대화 140년'의 성과다.

208 통설에 따르면, 표준 일본어는 도쿄 야마노테 말씨(東京山の手言葉: 도쿄의 분쿄구·신주쿠구 일대의 고지대 야마노테 지역에서 쓰던 말 중에서도 에도 시대의 지식층이 사용하던 말 — 옮긴이)를 바탕으로 만들어졌다고 한다. 그러나 에도 시대 때는 이미 지배 계급이 사용하던 공통어가 있었으며, 그것이 도쿄 야마노테 말씨를 형성했다고 보는 역사학자도 있다. 노무라 다카시(野村剛史), 『구어체 말씨의 일본사(話し言葉の日本史)』, 요시카와코분칸(2011년)

209 하라 다케시(原武史), 『가시화된 제국: 근대 일본의 행행계(可視化された帝国: 近代日本の行幸啓)』, 미스즈쇼보(2001년)

210 오늘날의 경험에서 그 예를 생각해 보자. 예컨대 해외여행을 마치고 돌아와서 비행기가 나리타공항(成田空港)에 도착했을 때를 떠올려 보면 금방 이해가 갈 것이다. 대부분의 사람들은 "일본에 돌아왔구나."하고 생각할 것이다. 다소 안심하게 될 것이다. 장기간에 걸친 유학을 마치고 귀국하는 사람이라면, 혹여 눈물을 흘릴지도 모른다. 나리타가 고향인 사람이라면 더욱 그러하겠지만, 대부분의 사람들은 나리타와 특별한 인연이나 연고라고 할 것조차 없는데도, 아마 그런 느낌을 받을 것이다.

211 노무라 마사이치(野村雅一), 『몸동작과 자세의 인류학: 신체가 보여 주는 사회의 기억(身ぶりとしぐさの人類学: 身体がしめす社会の記憶)』, 주코신쇼(1996년)

212 오카 지카마쓰(岡千賀松), 『국가 및 국민의 체육 지도(國家及國民ノ體育指導)』, 육군 도야마학교 장교집회소(陸軍戶山學校將校集會所, 1922년) 구글 북스(Google Books)에서 전문을 읽어 볼 수 있다.

213 왜냐하면, 당시의 군대가 '소수정예주의'를 채택했기 때문이다. 가토 요코(加藤陽子), 『징병제와 근대 일본(徵兵制と近代日本)』, 요시카와코분칸(1996년) 더구나 젊은이가 입대해 병사로 복무하다가 다시 고향으로 귀환을 하더라도, 마을의 생활에 잘 적응하지 못해 골칫거리가 되는 예도 있었다고 한다.

214 당시는 중일전쟁이 한창이던 때였다. 전장에 보내는 위문지《후방 아오모리현을 말하다(銃後青森縣を語る)》(1939년)에 실린 간담회에는 이러한 이야기가

나온다. 이치노세 도시야(一ノ瀬俊也), 『고향은 왜 병사를 죽였는가(故郷はな ぜ兵士を殺したか)』, 가도카와센쇼(2010년)

215 오카도 마사카쓰(大門正克), 『일본의 역사 15: 전쟁과 전후를 살다(日本の歴史 15: 戰爭と戰後を生きる)』, 쇼가쿠칸(2009년) 참고로 당시의 사람들은 주변에 다 들릴 만큼 큰 소리로 라디오를 들었다고 한다. 그 때문에, 실제의 보급률 이 상으로 많은 사람들이 라디오를 들었을 것이다. 가토 요코(加藤陽子), 『그런데 도, 일본인은 '전쟁'을 선택했다(それでも, 日本人は「戦争」を選んだ)』, 아사히 출판사(2009년)

216 NHK취재반 편저, 『일본인은 왜 전쟁을 향해 발을 내디뎠는가? 하권(日本人は なぜ戦争へと向かったのか 下)』, NHK출판(2011년)

217 노구치 유키오(野口悠紀雄), 『증보판 1940년 체제: 안녕, 전시 경제(増補版 1940 年体制: さらば戰時経済)』, 도요게이자이신보사(2010년)

218 전후에도 대부분의 촌락은 농산물과 전력의 공급원으로서, 경제 전쟁에 출전 해 싸우는 일본의 '후방' 역할을 계속 담당해 왔다. 이 점의 단적인 예가 원자 력 발전소다. 가이누마 히로시(開沼博), 『'후쿠시마'론: 원자력 마을은 왜 생겼 는가?(「フクシマ」論: 原子力ムラはなぜ生まれたのか)』, 세이도샤(2011년) 이 책의 '5장'을 참조하라.

219 전전과 전후의 연속성에 관해서는, 야마노우치 야스시(山之内靖) 외 편저, 『총 력전과 현대화(總力戰と現代化)』(기리쇼보, 1995년)나 존 W. 다우어(John W. Dower)가 쓰고 아케타가와 도오루(明田川融)가 감역한 《쇼와: 전쟁과 평화의 일본(昭和: 戰爭と平和の日本)》(미스즈쇼보, 2010년)을 참조했다.

220 《신문 아카하타(しんぶん 赤旗)》(2010년 6월 24일)에서, 2003년부터 2009년 에 걸쳐 '경상이익 상위 100대 기업의 실질 법인세 부담률'을 조사했다.

221 물론, 소비자 또한 아마존에서 해적판을 구입하면 되니, 큰 문제는 없다.

222 윌리엄 번스타인 저, 오니자와 시노부(鬼澤忍) 옮김, 『화려한 교역: 무역은 세 계를 어떻게 바꾸어 놓았나(華麗なる交易: 貿易は世界をどう変えたか)』, 니혼 케이자이신문 출판사(2010년)

223 다나카 아키히코(田中明彦), 『새로운 중세: 상호 의존이 심화되는 세계 시스템 (新しい中世: 相互依存深まる世界システム)』, 닛케이비지니스진분코(2003년)

224 파라그 칸나(Parag Khanna) 저, 후루무라 하루히코(古村治彦) 옮김, 『넥스트 르네상스: 21세기 세계를 움직이는 방법(ネクスト·ルネサンス: 21世紀世界を

動かし方)』, 고단샤(2011년)

225 다시 말해, 여행을 떠나기 전의 이러한 과정 자체가 20년 전만 해도 생각할 수 없었던 일이다. 트위터나 이메일, 스카이프(Skype)처럼 비용이 거의 들지 않는 통신 수단을 사용하는 한, 대화 상대가 국내에 있든, 해외에 있든지 그것을 의식할 필요가 거의 사라지게 된 것이다.

226 베네딕트 앤더슨(Benedict Anderson) 저, 세키네 마사미(關根政美) 옮김, 「'원격지 내셔널리즘'의 출현(「遠隔地ナショナリズム」の出演)」, 《세카이(世界)》(1993년 9월호) 다만 베네딕트 앤더슨은, 외국에 살더라도 출생지의 정체성을 잃지 않고 계속 지닌다는 점을 강조하면서 논의를 진행했다.

227 '비거주자'의 정의는 재판을 통해 이루어지는 경우도 많다. 다케후지(武富士) 전 회장으로부터 전 전무에게로 상속된 재산과 관련한 상속세 사건은, 대법원까지 가서야 판결이 나왔다. 전 전무는 재산을 증여를 받기에 앞서 약 3년 6개월 동안, 그중 65% 이상의 기간을 홍콩에서 생활했다. 이에 대해 일본이 과세를 할 수 있는지 여부가 대법원 재판의 쟁점이 되었다. 결국, 국가의 과세는 위법이라는 판결이 나왔다. 그러나 조세특별조치법이 2000년에 개정되어, 현재 이러한 경우에는 과세 대상이 된다.

228 와타나베 미키(渡邊美樹), 『이제 더 이상, 국가에 의존하지는 않는다: 경영력이 사회를 변화시킨다!(もう, 国家には頼らない: 経営力が社会を変える！)』, 닛케이BP사(2007년)

229 예컨대 사회학자 고타니 사토시(小谷敏)는 베이직 인컴을 '게으를 수 있는 권리'의 측면에서 옹호했다. 그리고 거기서 정치적 자유를 보장받을 수 있는 가능성을 발견했다. 고타니 사토시, 「'게으를 수 있는 권리'를 향하여(『怠ける権利』の方へ)」, 『젊은이의 현재: 노동(若者の現在: 労働)』, 니혼토쇼센터(2010년) 아! 그러고 보니, 고타니 선생님을 만날 때마다 듣는 이야기인데, 선생님이 지금 백발인 것은 늙어서가 아니라 일찍이 백혈병을 앓았기 때문이라고 한다. 그래서 고타니 선생님이 아무리 할아버지처럼 보이더라도, 전철에서 마주쳤을 때 굳이 자리를 양보하지 않아도 된다. 그렇죠?

230 이러한 호리에몬의 구상에 관해서는, 가야노 도시히토(萱野稔人)와 호리에 다카후미(堀江貴文)가 쓴 「베이직 인컴은 제로 성장 사회의 구세주인가?(ベーシックインカムはゼロ成長社会の救世主なのか？)」(《kotoba》 2호, 2010년)를 참조했다.

231 중앙 집권적인 권력이 모두 폐기되기를 바라는 무정부주의에 반해, 무정부 자본주의(anarcho-capitalism)는 국가 권력을 완전히 폐기한 다음에, 자본주의를 전면적으로 신뢰하는 구조를 말한다.

232 실제로 와타나베 미키는 2011년의 도쿄 도지사 선거에 입후보했다. 만약 그가 도지사에 당선되었다면, 구청에서도 선술집에서 흔히 들을 수 있는 "어서 오세요, 납세자 님!" 하는 인사를 받을 수 있었을까? 안타깝게도 그가 낙선했기 때문에, 정녕 그랬을지는 알 길이 없다.

233 ETS TOEFL, 「Test and Score Data Summary for TOEFL iBT and PBT」(2009) 다만 일본은 응시자 수가 많기 때문에, 소수의 엘리트만이 시험에 응시하는 국가보다도 점수가 낮게 나타나는 경향이 있다.

234 NHK방송문화연구소, 「국민 생활시간 조사 보고서」

235 2011년 7월, 이전부터 추진되어 온 대로 아날로그 방송이 종료되었다. 이것을 계기로 텔레비전 시청을 그만두는 젊은이도 많아질 것이다. 「지상파 방송 디지털화까지 반년인데…… 젊은이는 텔레비전을 외면한다?(地デジ化まで半年ですが… 若者はテレビ離れ?)」, 《도쿄신문(東京新聞)》(2011년 1월 24일)

236 문화청(文化廳), 「국어에 관한 여론 조사(國語に関する世論調査)」 참고로 신문은 73.5%에서 41.8%까지 하락했다. 한편, 인터넷은 24.7%에서 48.1%까지 상승했다.

237 사토 다쿠미(佐藤卓己), 『텔레비전의 교양: 1억 명 모두의 박학다식화에 대한 계보(テレビ的教養: 一億總博知化への系譜)』, NTT출판(2008년) '젊은이의 텔레비전 외면'은 최근에 들어와서야 급격히 주목을 받은 문제가 아니다. 이를테면 1980년대에는 게임기와 비디오의 보급으로 이미 텔레비전의 방송 프로그램을 시청하지 않는 아이들의 증가해, 이 문제를 두고 논의가 진행된 바 있다.

238 정말로 '인터넷', 혹은 '트위터'가 사회를 바꿀지 여부는 알 수 없다. 새로운 기술이 등장할 때마다, '사회가 바뀐다.'라는 표현이 나왔다. 또한 큰 사건이 발생할 때마다, 그것의 발단을 비슷한 시점에 등장한 새로운 기술에서 찾았다. 예컨대 1989년에 '베를린장벽'이 무너졌을 때는, '위성 방송'이 중요한 역할을 담당했다는 말이 나왔었다.

239 참고로 NHK에서는 「프로페셔널: 일의 격식(プロフェッショナル: 仕事の流儀)」이라는 다큐멘터리 프로그램의 재방송을 통해 마쓰모토 히토시(松本人志)를 밀착 취재한 내용을 내보냈다. 일본의 텔레비전 방송국으로서는 당당해할

만한 프로그램 진행이었다. '일본'과 관련된 뉴스가 아니므로.

240 참고로 쩝쩝대면서 식사를 하는 사람에게 효과적인 방법은 아닌 듯하다. 또한, 달걀덮밥에 더하고 싶은 식재료는 잘게 썰어 볶은 닭고기, 가다랑어 포, 그리고 아이들에게 보여 주고 싶은 명작 애니메이션은 「호빵맨」과 「도라에몽」 등이었다.

241 랭킹은 24시간 내내 집계되기 때문에, 이것은 2월 12일 자정에 확인한 순위다. 믹시(mixi) 사용자의 명예를 위해 언급하자면, 이집트의 상황과 일본을 대조해 가며 장차 일본에서 이러한 민중 봉기가 일어나지 않을 가능성을 고찰한 일기, 무바라크 정권이 부패해 온 과정을 역사적으로 분석한 일기 등, 제법 진지한 게시물도 많았다.

242 여자 친구가 없는 사람의 특징은, '동기 여학생을 별명으로 부르지 못한다.' 여성의 옷차림새 중에 이해할 수 없는 것은 호피 무늬와 커다란 선글라스다. 남성이 밸런타인데이에 경험하고 싶은 일은, 귀갓길에 미리 숨어서 기다리고 있던 여성으로부터 "오래전부터 좋아했습니다."라는 고백을 받는 것이라고 한다.

243 그러나 2011년 3월에 동일본 대지진이 발생했을 때는, 믹시뉴스와 아메바뉴스에서도 온통 지진 관련 뉴스가 상위권에 랭크됐다. (5장 참조)

244 믹시와 아메바 측에 '톱뉴스 선정 기준'을 문의해 봤으나, 믹시는 어떠한 대답도 보내오지 않았다. 아메바는 "관계 부서에 확인 중이다."라는 말뿐이었다. 그 후로도 한 달 이상 연락이 없었다.

245 물론, 텔레비전을 시청하는 사람일지라도 뉴스를 보지 않고 버라이어티쇼 프로그램만 본다면, 별반 다르지 않을 것이다. 그러나 텔레비전 방송은 채널 가짓수에 제한이 있는 반면, 인터넷은 보다 개방적인 탓에 정보를 놓칠 확률 또한 훨씬 높다. 무바라크 정권 붕괴 내용은 트위터 사용자들로부터 지탄을 받은 만큼, 텔레비전의 뉴스 프로그램에서도 톱뉴스로 다뤄 크게 보도했다. 《아사히신문》과 《요미우리신문》 등의 전국지에서도 1면 톱기사로 '무바라크 정권 붕괴'라는 식의 표제와 이집트 대통령 관저로 밀어닥치는 시민들의 사진을 게재했다. 한편 《산케이신문》은 이유는 알 수 없으나, 자신들이 제안하는 '연금 개혁 시안'을 톱기사로 내놓았다. 그것과 동시에, '무바라크 정권 관련 뉴스'도 1면에 게재했다. 각각의 신문이 해당 뉴스를 1면에 할애한 면적은, 아사히신문이 550㎠, 요미우리신문이 1017㎠, 산케이신문이 446㎠이었다.

246 2011년 조사는 1월에 실시되었었기 때문에, 동일본 대지진 직후에 일어난 일본 붐(5장)의 영향은 받지 않았다.

247 가야마 리카(香山リカ),『프티내셔널리즘 증후군: 젊은이들의 일본주의(プチナショナリズム症候群: 若者たちのニッポン主義)』, 주코신쇼라쿠레(2002년)

248 후루이치 노리토시,『희망난민 일행 여러분: 피스보트와 '승인 공동체'의 환상』, 고분샤신쇼(2010년) 이 책에서도 지적했지만, 젊은이들을 동원하는 조력자가 교활한 마음을 품는다면 위험성은 충분하다. 하지만 그런 위험성, 즉 '내셔널리즘에 의한 동원'은 '국가' 이외에도 자신을 의탁할 수 있는 공동체가 폭발적으로 증가한 현재로서는 크게 걱정할 필요가 없을 듯하다. 오히려 내셔널리즘은 2차적 문제에 불과하다. 일단은 '승인의 공급 부족'에 대해 더 진지하게 대응할 수 있어야 한다.

249 미우라 아쓰시(三浦展),『애국 소비: 원하는 것은 일본 문화와 일본에 대한 자부심(愛國消費: 欲しいのは日本文化と日本への誇り)』, 도쿠마쇼텐(2010년)

250 'World Values Survey'의 조사에 따른 내용이다. 일부는 덴쓰소켄(電通總研) 일본 리서치센터가 엮은『세계 주요국 가치관 데이터 북(世界主要國價値觀データブック)』(도유칸, 2008년)에 정리되어 있다.

251 전반적으로 어느 나라에서나 젊은 층일수록 '나라를 위해 싸우겠다.'라고 대답하는 비율이 낮게 나타나는데, 그중에서도 일본이 특히 더 낮았다.

252 후쿠자와 유키치(福澤諭吉)의『학문의 권장(学問のすすめ)』이 한 권의 책으로 출판된 것은 1880의 일이다. 참고로 게이오기슈쿠 대학교에 입학하면, 신입생 모두에게『후쿠오지덴(福翁自傳)』원전을 빠짐없이 나눠 준다. 이 책은 자주 '야후 옥션'에 올라온다.

253 천재지변과 비교해 봐도 피해자 수가 엄청나다. '아시아·태평양전쟁'으로, 동일본 대지진으로 사망한 사람의 백 배 이상의 사람들이 희생됐다.

254 경시청(警視廳),「헤이세이 22년의 범죄 정세(平成二二年の犯罪情勢)」(2011년) 타살에 의한 사망자 수는 계속 감소하고 있으며, 2010년에 집계된 타살 사망 사건의 수는 1067건으로 전후 최저치를 기록했다. 이것 역시 '초식화(草食化)'의 결과인 것일까?

255 조정 수단이 마련된 국가 간의 전쟁에 비해, 다양한 국가들이 얽힌 분쟁이 발생하면 훨씬 참담한 상황이 빚어질 수 있다. 예컨대, 콩고민주공화국(舊 자이르)에서는 천연자원을 둘러싼 진흙탕 싸움이 이어지고 있으며, 그 희생자 수

는 1998년부터 2008년까지만 해도 약 540만 명 정도로 예상되고 있다. 요네카와 마사코(米川正子), 『세계 최악의 분쟁 '콩고': 평화 이외에 무슨 일이든 벌어지는 나라(世界最惡の紛爭「コンゴ」: 平和以外に何でもある国)』, 소세이샤신쇼(2010년)

256 기바타 요이치(木畑洋一), 『강좌 전쟁과 현대 2: 20세기의 전쟁이란 무엇이었나?(講座戰爭と現代 2: 20世紀の戰爭とは何であったか)』, 오쓰키쇼텐(2004년)

257 "분발하기 바란다면, 일본이 아니라 너희가 힘내야 한다."라는 말은 애처로우니까 하지 않았으면 좋겠다. 노인 정당 '일어서라, 일본'도 마찬가지다. 그들에게는 스스로 힘낼 능력도, 일어설 기력도 없으니까 말이다.

258 '초망굴기(草莽崛起)'의 기원은 맹자다. 또한, '대중이여, 일어나라!'라는 주장은 카를 마르크스의 '만국의 노동자들이여, 단결하라!'(『공산당 선언』)를 연상시킨다. 중국, 카를 마르크스와 친화성을 지닌 보수 단체답다. 과연 다모가미 도시오(田母神俊雄)다.

259 6000명이 참가했다고 보도한 곳도 있다. '그렇게 많았던 것 같지 않은데.'

260 그런데 신문에 게재된 내용은 "영해 방위에 대한 정부의 각오가 필요하다." 혹은 "해저 굴삭 사업에 미국 거대 석유 재벌을 참여시켜라." 등, 정부나 미국이 무엇인가 해 주기를 바라는 내용들뿐이었다.

261 최근에 '초식남'부터 '보살남', '사경녀(寫經女)'까지 다양한 명칭이 등장하고 있는데, 설마 그중에 '보수남', '보수녀'까지 있을 줄 몰랐다. 나는 당황한 기색이 얼굴에 드러나지 않도록 조심해 가며 이야기를 들었다.

262 실제로 그녀의 친구들은 '1차에 스터디 하고, 2차로 노래방을 가는' 행사를 수차례 진행했다고 한다.

263 그러나 실패했다. 다소 지나친 감이 있었다.

264 같은 날, 월드컵 경기에 앞서 요요기(代々木) 공원에서 개최된 'SAMURAI BLUE' 관련 이벤트에는 '산들바람' 행사의 수십 배나 되는 인파가 모였다. 한편, '산들바람' 행사에 참석한 사람 중 축구에 관심을 가진 사람은 없었다.

265 미야자키 현(宮崎縣)에서는 2010년 봄부터 여름까지, 소와 돼지, 물소를 대상으로 구제역이 유행했다. 당시에 감염 구역이 확대된 원인 중 하나로 '민주당 정권의 초동 대응 지체'가 지적되면서 비판이 일었다.

266 이제 모두가 잊었겠지만, 한때 '새로운 역사 교과서를 만드는 모임'은 기존의 역사 교육이 "과거에 적국이 내건 선전을 그대로" 게재해 "일본인의 긍지를

상실하게 만들었다."라고 주장했다. 이들은 자신들이 직접 '역사 교과서'를 만들겠다고 등장한 단체였다.

267 오구마 에이지·우에노 요코(上野陽子), 『'치유'의 내셔널리즘: 풀뿌리 보수 운동의 실증 연구(「癒し」のナショナリズム: 草の根保守運動の実証研究)』, 게이오기슈쿠대학출판회(2003년)

268 앞으로 기술하겠지만, '새로운 역사 교과서를 만드는 모임'이 '역사'와 '일본'을 '마음 둘 곳'으로 삼았던 것과 달리, '산들바람' 시위에 참가한 사람들의 생각(공통된 의식)은 상대적으로 가볍고 일시적이라는 인상을 줬다.

269 이 '산들바람'이 온건한 단체라는 사실이 알려진 덕인지 모르겠지만, 참가자들은 대부분 개방적이었다. 인터뷰에도 매우 호의적이었고, 협조적이었다. 참여 중인 시위를 잠시 멈추면서까지 인터뷰에 응해 줬으며, 심지어 "수고가 많아요. 좋은 연구 성과를 거두세요."라고 격려해 주는 사람도 많았다. '예, 그래서 열심히 이러한 분석을 해 봤습니다.'

270 일본에서도 경제 고도성장기 이전에는 '좌익들'조차 내셔널리즘에 바탕을 둔 '일본국 헌법'을 지키기도 했다. 오구마 에이지, 『'민주'와 '애국': 전후 일본의 내셔널리즘과 공공성(『民主』と『愛國』: 戰後日本のナショナリズムと公共性)』, 신요샤(2002년) 또한, 최근에는 '좌익'인 동시에 '내셔널리스트'로서 소득의 재분배를 요구하는 주장도 유행했다. 가야노 도시히토(萱野稔人), 「이제 좌익과 내셔널리즘을 옹호하는가?(あえて左翼とナショナリズムを擁護する?)」, 고타니 사토시 외 편저, 『젊은이의 현재: 정치(若者の現在: 政治)』, 니혼토쇼센터(2011년)

271 대부분의 사람들이 '일본 사회'를 타깃으로 삼고 있는 시점에서, 이것은 상당히 무의미한 구별이라고 생각된다. 이 책도 '사회'라고 하는 정의하기 어렵고 모호한 용어를 연발하고 있지만, 어쨌든 기본적으로는 '일본 사회'를 가리키고 있다. 만일, '사회'라는 개념에 대해 진지하게 고찰하고 싶다면, 이치노카와 야스타카(市野川容孝)가 쓴 『사회: 사고의 프런티어(社會: 思考のフロンティア)』(이와나미쇼텐, 2006년)를 읽어 보기 바란다.

272 자학적인 소재만으로 쉽게 몇 시간이나 이야기할 수 있는 사회학자 다카하라 모토아키(高原基彰)도, 기존의 '우'와 '좌'라고 하는 이원론에는 아무런 의미가 없다고 강조했다. 「'젊은이의 우경화론'의 배경과 내셔널리즘론('若者の右傾化'論の背景とナショナリズム論)」, 고타니 사토시 외 편저, 『젊은이의 현재: 정

치(若者の現在: 政治)』, 니혼토쇼센터(2011년)

273 후루이치 노리토시, 『희망난민 일행 여러분: 피스보트와 '승인 공동체'의 환상』, 고분샤신쇼(2010년)

274 물론, 그런 카테고리에 의미가 있는지 여부는 그것을 어떻게 정의할 것이며, 또 어떤 목적이 있느냐에 따라 결정될 것이다. 이번 장의 목적은 '사상의 내용'이 아니라, 사회 운동에 참여한 사람들의 '동기'다. 따라서 기본적으로 '우익', '좌익'이라는 사상적 구분에 그다지 구애받지 않는다.

275 사회운동론에 관해 진지하게 고찰해 보고 싶은 사람은 이토 마사아키(伊藤昌亮)가 쓴 『플래시몹: 의례와 운동의 혼합(フラッシュモブズ: 儀禮と運動の交わるところ)』(NTT출판, 2011년)이나 시오하라 쓰토무(鹽原勉)가 엮은 『자원동원과 조직 전략: 운동론의 새로운 패러다임(資源動員と組織戰略: 運動論の新パラダイム)』(신요샤, 1989년)을 참고하기 바란다. 해당 내용이 잘 정리되어 있다.

276 지금도 '불만'과 '승인 부족'이 사람들로 하여금 사회 운동에 참여하게 만든다고 생각하는 논자가 많다. 이를테면, 독일의 사회철학자 악셀 호네트(Axel Honneth)는 집단이 보이는 반항에서 굴욕, 자존심의 결여와 같은 '승인'의 문제를 중시했다. 악셀 호네트 저, 야마모토 히라쿠(山本啓)·나오에 기요타카(直江淸隆) 옮김, 『승인을 둘러싼 투쟁: 사회적 갈등의 도덕적 문법(承認をめぐる鬪爭: 社會的コンフリクトの道德的文法)』, 호세이대학출판국(2003년) 아직 어느 누구에게도 자랑하지 않았는데, 악셀 호네트가 일본을 방문했을 때 나는 이 책에 자필 사인을 받았다.

277 현재 일본에서 진행되고 있는 '지구의 날(earth day)' 행사와 관련해서는, 다음 웹사이트를 참조하기 바란다. http://www.earthday-tokyo.org

278 이처럼 가벼운 마음으로 참가할 수 있는 사회 운동은, 최근에 갑자기 등장한 것이 아니다. 예컨대 1960년에 안보투쟁이 일어났을 때도 그 수많은 시위 중에 '소풍 나온 기분'으로 참가할 수 있는 시위도 있었다. 또 전국에서 모여든 다양한 단체들이 사회 운동의 담당자이기도 했다. 오구마 에이지, 『'민주'와 '애국'(〈民主〉と〈愛國〉)』, 신요샤(2002년) 한편 오늘날의 '지구의 날' 행사를 보면, 훨씬 세련되게 변해 언뜻 봐서는 '정치색'도 거의 느낄 수 없을 것이다.

279 니시키도 마코토(西城戶誠), 『논쟁의 조건: 사회 운동의 문화적 접근(抗いの条

件: 社会運動の文化的アプローチ)』, 진분쇼인(2008년)

280 그래도 지구에 살고 있는 이상, 누구나 환경 문제의 주변적인 '수혜자'가 될 수 있다.

281 참고로 '디즈니랜드'와 '디즈니시티'의 연간 입장객 수를 합치면 약 2500만 명이다. 단순하게 이 수치를 365일로 나눠 보면, 하루에 6만 8000명이 이곳을 다녀간 셈이다. 한편 '지구의 날 행사'는 이틀 동안 개최된 행사였고, 따라서 이날의 행사는 의외의 선전을 한 것이다.

282 치안유지법은 '국체', 즉 천황제와 자본주의를 부정하는 활동과 그에 대한 지원을 금지하는 법률이다. 1928년에는 사형이 최고형으로 정해지면서, 전전에 행해진 언론 탄압의 상징이 되었다. 물론, 나 역시 치안유지법을 부정적으로 보고 있다. 전쟁에 반대하는 세력을 모조리 치안유지법 위반으로 검거하는 등, 이 법률은 일본을 전쟁으로 이끈 요인 중 하나임에 틀림없다. 가토 요코(加藤陽子), 『그런데도, 일본인은 '전쟁'을 선택하였다(それでも、日本人は「戦争」を選んだ)』, 아사히출판(2009년) 다만, 이런 치안유지법에 대해 일반인들이 얼마나 관심을 가졌으며, 영향을 받았는가에 대해서는 다소 의문이 남는다.

283 고마쓰 유타카(小松裕), 『일본의 역사 14: '생명'과 제국일본(日本の歴史 14: 'いのち'と帝国日本)』, 쇼가쿠칸(2009년) 당시의 《아사히신문》(1925년 2월 12일 석간)에는 5000명이 참가했다고 보도됐다.

284 이노우에 도시카즈(井上壽一), 『전전 쇼와의 사회: 1926-1945(戰前昭和の社會: 1926-1945)』, 고단샤겐다이신쇼(2011년)

285 아오키 고이치로(青木宏一郎), 『다이쇼 로망: 도쿄인의 즐거움(大正ロマン: 東京人の楽しみ)』, 주오코론신샤(2005년)

286 시바타 미치오(柴田三千雄) 외 편저, 『세계사에 묻다 6: 민중문화(世界史への問い 6: 民衆文化)』, 이와나미쇼텐(1990년)

287 그러나 이러한 민중 운동은 반드시 정권, 즉 '상부'만을 타깃으로 삼지 않았다. 바쿠후 말기의 '요나오시(世直し: 세상을 바꿔 보겠다는 행동 ― 옮긴이)' 소동은 민중 사이의 대립을 야기하기도 했다. 이를테면, 각각의 요나오시 세력은 다른 마을을 위협해 강제로 참가자를 동원하기도 했으며, 또한 농병종대(農兵縱隊)를 조직해 다른 요나오시 세력을 살해하기도 했다. 민중은 같은 민중에게도 폭력을 휘둘렀던 것이다. 스다 쓰토무(須田努), 『막말의 요나오시: 만인의

전쟁 상태(幕末の世直し: 万人の戦争状態)』, 요시카와코분칸(2010년)

288 니시모토 시노(西本紫乃), 『발언하는 중국인(モノ言う中国人)』, 슈에이샤신쇼 (2011년)

289 최근 지방자치단체에 '방사선 측정량'과 각종 자료 공개를 요구하는 서명 운동이 활발하게 일어나고 있다. 이러한 움직임의 주체는 '아이들을 지키고 싶다.'라는 바람을 지닌 어머니들이었다.

290 2010년 11월 11일에 준쿠도 이케부쿠로 점(ジュンク堂 池袋支店)에서 개최된 토크 섹션「젊은이들은, 지금을 어떻게 살아가고 있는가?(若者たちは、いまをどう生きているのか?)」에 나온 아사노 도모히코(淺野智彦)의 발언에 착안했다.

291 「선동 사회 2: 인터넷에서 증폭되는 불신(扇動社會 2: ネット上、増幅する不信)」,《아사히신문》(2010년 4월 30일 조간)

292 http://yama-ben.cocolog-nifty.com/ooinikataru/2010/05/post-6e5c.html

293 아사노 도모히코,「거리를 갈망하는 젊은이들: '만남을 원하는 계열'이라는 이름과 모순에 대해(距離を渴望する若者たち:「会いたい系」の名とうらはらに)」,《주간 도쿠쇼진(週刊讀書人)》(2010년 11월 5일)

294 '만나고 싶다.(会いたい)'라는 가사가 포함된 J-POP은 2010년에 들어 갑자기 증가한 것이 아니다. 적어도 1990년대부터 린드버그(LINDBERG)의「만나고 싶어서 Love Song(会いたくて Love Song)」(1993년)이나 글로브(globe)의「DEPARTURES」(1996년) 등 '만나고 싶은데 만날 수 없다.'라는 기분을 노래한 곡이 적잖았다. 다만, 니시노 카나(西野カナ)처럼 '만나고 싶어서 몸을 떨' 정도는 아니었지만 말이다.

295 일본에서는 2005년에 처음으로 윌콤(WILLCOM)에서 '음성 정액제'를 도입했는데, 내 여동생도 일반적으로 사용하는 휴대 전화 외에 '남자 친구 전용'의 윌콤을 즉시 구입했다. 몇 천 엔의 정액 요금으로 수 시간 동안 계속 통화할 수 있는 것이다. 여기서 중요한 점은, 두 사람 모두 계속 통화 상태를 유지하면서 같은 텔레비전 프로그램을 시청할 수 있다는 것이다. 게다가 이야기를 나누는 것뿐 아니라, 간혹 '아하하하' 하며 웃기도 한다. 확실히 이들을 보면, '만나고 싶어도 만날 수 없는' 상황을 그다지 상상할 수 없다.

296 9000만 대의 iPhone을 제조한 중국의 폭스콘(Foxconn) 공장에서는, 과거 열일곱 명의 자살자가 발생했다.「내 아이폰이 열일곱 명을 살해한 것인가?(ぼくのiPhoneが17人を殺したのか?)」,《WIRED》(vol.1, 2011년)

297 실제로 'LinkedIn Today' 등 사용자가 속한 네트워크나 업계 환경에 기초해, 뉴스를 추천해 주는 서비스가 증가하고 있다. 아직 정밀도 면에서 다소 떨어지는 편이다.

298 공식 웹사이트(http://jukugi.mext.go.jp)에는 사회봉사자가 그린 '만화로 알수 있는 숙의(熟議)'까지 게재되어 있다. 논의를 거듭해 가며 저녁 메뉴를 정하는 한 가정의 이야기나, 논의를 제대로 하지 않음으로써 처음 의도와 달리학교 축제에서 볶음 국수를 팔게 된 어느 학급의 사연을 소개하고 있다. 이것을 본 사람들은, 결국 "숙의란 무엇일까?", "문부과학성은 무슨 생각을 하고있는 것일까?"라고 생각하게 될 것이 뻔하다.

299 고노이 이쿠오(五野井郁夫),「글로벌 데모크라시론: 국경을 초월한 정치의 구상(グローバル・デモクラシー論: 國境を越える政治の構想)」, 오타가와 다이스케(小田川大典) 외 편저, 『국제 정치 철학(國際政治哲學)』, 나카니시야출판(2011년)

300 물론, 그것으로 충분할지도 모른다. 국가라고 하는 '서비스 공급자'가 국민이라고 하는 '고객'의 목소리에 귀를 기울이는 것은 당연한 일이기 때문이다. 적어도, '듣겠다.'라는 태도를 보여 주는 것은 잘못된 태도가 아니다. 그래서 '국립대학법인의 과제와 그 개선 방법' 등 부담스럽고 큼직한 화제가 아니라, 주변에서 느끼는 불만이나 제안을 들으면 되지 않을까 싶다. 하지만 커다란 화제를 논의하는 편이 성취감도 있고, 결과적으로 '고객 만족도'가 상승한다는점에서, 역시 잘못된 방법은 아니다.

301 엘리트주의의 이점이 결점을 이겼던 안정 성장기가 끝난 지금, 나의 주장은정당성을 잃어 가고 있다. 그동안 일부 '학력 엘리트'에게 중요한 의사 결정을맡겼던 대가가, 바로 현 정부와 도쿄전력의 적절치 못한 대응에서 기인한 '원자력 발전소 사고 관련 인재(人災)'일 것이다.

302 데모크라시가 파시즘으로 전환될 수 있다는 점은, 전전의 역사가 가르쳐 주는교훈이기도 하다. 1920년대에 '다이쇼(大正) 데모크라시'를 경험한 세대가, 그런 경험을 바탕으로 사회 저변에서부터 목소리를 낼 수 있었고, 결국 1930년대에 이르자 파시즘의 담당자로 변모해 갔다. 이것은 최근의 연구를 통해 지적되고 있는 사실이다. 이치노세 도시야, 『고향은 왜 병사를 죽였는가(故鄕はなぜ兵士を殺したか)』, 가도카와센쇼(2010년)

303 야스다 고이치(安田浩一),「'재특회'의 정체(「在特會」の正体)」,《g2》(vol. 6, 2010년)

304 야스다 고이치, 「재특회와 인터넷우익(在特會とネット右翼)」, 《g2 》(vol. 7 , 2011년)

305 다나카 료스케(田中良介), 「르포: 20세의 혁명 소녀(ルポ·20歳の革命少女)」, 《g 2 》(vol. 5 , 2010년) 매번 《g2 》에는 '행복한 기사'가 많이 실린다.

306 이처럼 '중2병'에 속하는 부류는, 과거였다면 정치 운동 세력으로 발전했을 것이다. 후루이치 노리토시, 「좀스러운 남자들의 이야기(ちっぽけな男たちの物語)」, 《유리이카(ユリイカ)》(2011년 6월호)

307 노동 운동에 관한 사례는, 하시구치 마사히로(橋口昌浩)가 쓴 『젊은이들의 노동 운동: '일하게 하라'와 '일하지 않겠다'의 사회학(若者たちの労働運動: 「働かせろ」と「働かないぞ」の社会学)』(세이카쓰쇼인, 2011년)을 참조했다. 이것은 학자가 저술한 책으로, 무려 열다섯 쪽에 달하는 방대한 참고 문헌이 열거되어 있다. 노동 문제를 주제로 한 학위 논문을 준비하는 사람이라면, 한 번쯤 읽어 두면 도움이 될 것이다.

308 일본에서 '냉각'이라고 하면, 교육사회학 용어로 사용되는 경우가 많다. 다케우치 요(竹内洋)의 『일본의 메리토크라시: 구조와 심성(日本のメリトクラシー: 構造と心性)』(도쿄대학출판회, 1995년)에서는 이 개념을 '포기'와 유사한 의미로 받아들이면 된다.

309 그 젊은이는 분신하고 병원으로 옮겨져 18일 동안 생존했다. 그러나 2011년 1월 4일에 사망했다. '아랍혁명'에 대해서는 《겐다이시소(現代思想)》(2011년 4월 임시 증간호)를 참고하라. 해외 논자들의 논고도 번역되어 실려 있고, 분 단위로 기록된 시위 실황까지 포괄적으로 정리되어 있다.

310 참고로 최빈국을 벗어나면서 교육 수준이 높아진 중간층도 있다. 이들은 위성 방송 '알 자지라'나 페이스북 등을 통해 서로 연결되어 있다.

311 매트 리들리(Matt Ridley) 저, 오타 나오코(大田直子) 옮김, 『번영: 내일을 개척하기 위한 인류 10만 년의 역사(繁榮: 明日を切り拓くための人類10万年史)』, 하야카와쇼보(2010년)

312 이치하시 다쓰야(市橋達也), 『체포될 때까지: 공백 2년 7개월의 기록(逮捕されるまで: 空白の 2 年 7ヵ月の記録)』, 젠토샤(2011년)

313 무라카미 류(村上龍), 『희망의 나라로 엑소더스(希望の国のエクソダス)』, 분슌분코(2002년) 해당 연구자 중에, 사회에 대응을 요구한다는 관점에서 등교 거부와 은둔형 외톨이 등 '집합적이면서도 집단적이지 못한' 현상을 제법 평가

하는 사람도 있다. 소라나카 세이지(曾良中淸司) 외 편저, 『사회 운동이라는 공공 공간: 이론과 방법의 프런티어(社会運動という公共空間: 理論と方法のフロンティア)』, 세이분도(2004년)

314 「학교 기본 조사」(2010년도)에서, 장기 결석 사유가 '등교 거부'로 분류된 초등학생·중학생의 수는 12만 5637만 명이었다. 이것은 '연간 30일 이상 결석한 학생'을 대상으로 한 것이며, 여기에 고등학생과 대학생까지 포함하면 실제 그 수는 더 많을 것으로 예상된다.

315 워낙 복잡한 현대 사회에서, '누구에게도 전혀 도움이 되지 않는' 행동을 한다는 것은 무척 어려운 일이다. '무언가'를 구입하면 누군가의 지갑이 두툼해진다. 심지어 무심코 휴지를 버리더라도 이것을 줍기 위한 고용이 창출되기도 한다. 같은 이유에서 '누구에게도 전혀 폐를 끼치지 않는' 행동을 한다는 것 역시 어려운 일이다.

316 메가타 모토코(目加田說子), 『행동하는 시민이 세계를 바꿨다: 클러스터 폭탄 금지 운동과 글로벌 NGO 파워(行動する市民が世界を変えた: クラスター爆彈禁止運動とグローバルNGOパワー)』, 마이니치신문사(2009년)

317 '시위'가 불만을 해소하는 수단으로 활용됨으로써 '피투성이 혁명'을 사전에 방지할 수 있다면, 결과적으로 사회에도 득이 될 것이다.

318 어느 시점까지는, 일상적인 업무를 하는 쪽보다 모금 활동을 하는 것이 더 많은 돈을 모을 수 있었다. 그러나 점차 모금을 호소하는 단체가 증가하면서, 모금을 통해 끌어모을 수 있는 금액도 감소해 갔다. 나는 '모금 활동에 호소하는 것보다, 맥도날드에서 아르바이트한 시급을 기부하는 쪽의 금액이 더 많을 때'를 가리켜 '모금 손익 분기점'이라고 부르고자 한다.

319 당일의 상황은 《아사히신문》(2011년 3월 18일 조간)에 「도쿄와 방글라데시 학생이 동시에 모금(東京とバングラ學生が同時募金)」이라는 제목의 기사로 소개됐다. 이 책에 기술된 참가자들의 발언은 3월 13일에 실시한 인터뷰 내용에 근거한 것이다.

320 http://www.gcm-p.com/story.html

321 학생들의 사회봉사 동아리가 활동을 시작하면서, 그리고 활동을 마칠 때 기념 촬영을 하는 것은 드문 광경이 아니다. 다만, 앞뒤 사정을 모르는 행인들은 "뭐야? 미팅이라도 한 거야?", "단체 여행인가?"라고 수군거렸다.

322 현재 이들은 'SAU(아시아학생대표자연합)'로 명칭을 바꿨다고 한다.

323 그는 취업 활동을 하며 "떨어지기도 했지만, 그것마저 모두 나의 자산이 됐다. 면접에서 새로운 나를 발견하기도 한다."라고 대답했다. 더불어 만족스러운 일상을 보내고 있다고 했다. 그리고 "감사의 중요성을 강조하는 기업"에서 일하고 싶다고 말했다.

324 시호의 발언과 관련해서는 「대지진을 통해 마음을 하나로: 가두모금에서 배우는 학생 그룹 SAU(大震災で心一つに: 街頭募金に学んだ学生グループSAU)」, 《니시닛폰신문(西日本新聞)》(2011년 4월 10일 조간)를 참조했다. 그리고 3월 17일에 실시한 인터뷰 내용을 정리해 참고했다.

325 「봉사 활동 참여자 급감: 성황인 피해 지역, GW 종반 일전 동일본 대지진(ボランティア急減: 盛況の被災地, GW終盤一轉 東日本大震災)」, 《아사히신문》(2011년 5월 8일 조간)

326 정식 명칭은 '재난 피해자와 NPO를 이어 주고, 지원하는 합동 프로젝트(被災者をNPOとつないで支える合同プロジェクト)'다.

327 'SET'에 관해서는, 이들의 공식 블로그(http://ameblo.jp/set-japan)를 참조했다.

328 생각해 보면, '일본은 강한 나라' 혹은 '일본의 힘을 믿는다.'라는 메시지도 왠지 남의 일처럼 느껴진다. 실제로 재해를 당한 사람이 "일본의 힘을 믿는다."라고 말하면, 'SOS 메시지'라고 납득할 수 있다. 하지만 도쿄에 사는 탤런트가 "일본의 힘을 믿는다."라고 말한다면, 그 발언은 도대체 누구를 향한 말인가?

329 정식 명칭은 '초거대 원전 반대 록 페스티벌 시위 in 고엔지: 재난 피해 지역 지원 의연금 모금, 원자력 발전 중지하라!'라고 한다.

330 정확하게 표현하면, 그들이 운영하는 가게의 이름이다. 참고로 운영자의 트위터에 따르면, '시로토노란(素人の乱)'의 중심인물인 마쓰모토 하지메(松本哉, 36세, 도쿄 도)는 원자력 발전소 사고 이후에 "방사능이 장난 아니라서" 도쿄를 떠나 몸을 피했다고 한다.

331 주최 측의 발표에 따르면, 1만 5000명의 참가자가 모였다고 한다. 언뜻 보기에도 1만 명 정도는 모인 듯싶었다.

332 참고로 2011년 5월 중순까지, 도쿄전력 앞에서 진행된 시위는 없었다.

333 물론, 선거에 투표하고 나서 시위에 나온 사람도 많았다. 그리고 눈에 띈 점은, 도쿄에 살고 있으면서도 주민 등록을 옮기지 않아, 이번 도지사 선거에 투표할 수 없는 사람이 있었다는 것이다.

334 사실 '재특회'에는 신념이라고 할 만한 것이 없으며, 비판을 위한 비판을 반복

하는 단체라는 인상을 강하게 준다.

335 대지진 발생 후에 실시된 여론 조사 결과를 살펴보면, 일본 전체적으로 '현상 유지파'가 다수를 차지했다.

336 개최 지역이 시부야였던 탓에, 길거리를 걸어 다니는 갸루(ギャル)들 사이에 서 "뭐야, 이 사람들, 무서워."라든가 "어? 이런 것을 좌익이라고 하나?" 등의 반응을 얻어 화제가 되기도 했다. 가만 생각해 보니, 이러니저러니 다른 발언 을 한다고 해도 결국 '정권 비판'을 반복한다는 점에서는 '좌익'과 유사한 면 이 있다고 볼 수 있다.

337 시부야의 시위에 대해서는 매스미디어도 크게 보도했다. 그러므로 정책 결정 과정이나 사람들의 의식에도 어떤 형태로든 영향을 미쳤을 수도 있다.

338 http://nerv.evangelion.ne.jp/about.html

339 코스모 석유 측에서 체인 메일의 내용을 부정하는 발표를 냈고, 대지진 발생 직 후에 나온 전형적인 '유언비어'로 처리된 사건 중 하나였다. 그런데 그 후에 나 온 보도를 통해 인접해 있던 열화우라늄 보관 시설도 연소했다는 사실이 밝혀 졌다. 「열화우라늄 보관 시설도 연소」,《지바일보(千葉日報)》(2011년 7월 1일)

340 2011년 3월 12일 심야에 확인했는데, '믹시뉴스'의 클릭 수 랭킹 1위는 「'동 일본 대지진': '일본 최악의 날' …국제 사회에 충격」, 2위는 「절전, 철저하게: '야시마 작전'에 찬성하는 사람들이 트위터에 확산되다」, 3위는 「'지진' 나가 노(長野)·아키타(秋田)에도 발생할까?: 동일본 전체를 뒤흔든 변화」였다. 그리 고 '아메바뉴스'의 종합 클릭 수 랭킹 1위는 「'트위터'에 구출을 요청하는 목 소리가 확산: 지진해일에 휩쓸려 트럭 위에 있습니다, 구해 주세요!」, 2위는 「샌드위치 도미자와(富澤)와 다테(伊達): 게센누마(氣仙沼)에서 지진을 만나, 담요로 밤을 견디다」, 3위는 「2차 피해를 방지하기 위해서!: 적절한 지진 대 책을 마련하라」였다. 믹시만 보면, 클릭 수 랭킹, 일기 랭킹 모두에서 상위 20 위까지 대지진 관련 뉴스가 차지했다. 하지만 아메바뉴스를 보면 상위 5위에 「가고 아이(加護亞依), '갸루처럼 보이는' 헤어스타일을 공개」가 오르는 등, 비 단 지진 관련 소식 일색은 아니었다. 나는 아메바뉴스까지도 지진 관련 소식 을 게재하는 것을 보고, 이번 대지진이 일본 사회에 끼친 영향이 얼마나 큰지 절실히 느낄 수 있었다.

341 본래 우리의 인생 자체가 최악의 시나리오인 데다, 결국 마지막에는 '사망'이 늘 준비되어 있는 불완전한 게임이다. 우리는 날마다 방대한 위험 속에서 생

활하고 있는 것이다.

342 원자력 발전과 관련한 내용으로는 '요소를 포함한 소독제를 마시면 안 된다.' 등, 달리 문제가 없는 정보를 검증할 뿐이었다. 그는 떠도는 소문이나 유언비어에 관해 '저항력'을 갖춘 사람이 늘어나야 한다는 점, 뜬소문의 확산을 막는 장치를 마련하자고 제안하지만, 전문가들조차 토론으로 해결하지 못한 '진실'과 '유언비어'의 애매한 경계를, 도대체 일반인이 어떻게 검증할 수 있을까? 오기우에 치키(荻上チキ), 『검증: 동일본 대지진의 떠도는 소문·유언비어(檢證: 東日本大震災の流言·デマ)』, 고분샤신쇼(2011년)

343 '동일본 대지진'이라는 이번 재해의 명칭을 존중해, 동일본 지역의 인구(약 4200만 명)를 더해 봐도, 일본 전체 인구의 절반도 되지 않는다.

344 경제산업성(經濟産業省) 도호쿠경제산업국(東北經濟産業局), 「도호쿠 지역 경제 데이터 북(東北地域經濟データブック)」

345 물론, 내가 그렇게 느꼈다는 것이다. 실제로는 친한 사람이 피해를 당해 마음이 아픈 사람도 많았을 것이다. 그런데 중부전력은 도카이도 신칸센(東海道新幹線)의 인터넷 게시판에 평소처럼 '원자력 발전을 추진해 가겠습니다.'라는 광고를 내보냈다. 그래서 "이런 것이구나!" 하는 생각이 들었던 기억이 있다.

346 곰곰이 생각해 보면, '끝나지 않는 일상'이라는 표현 자체가 직선적인 시간 축을 전제로 하는 지나친 근대주의적 시각일지도 모른다. 20세기 전반의 철학자들은 '일상에는 시작도 끝도 없다.'라고 주장하며, 그것의 현실성을 중시했다. 해리 하루투니언(Harry Harootunian) 저, 기모토 다케시(樹本健) 옮김, 『역사의 불온: 근대, 문화적 실천, 일상생활이라는 문제(歷史の不穩: 近代, 文化的實踐, 日常生活という問題)』, 고부시쇼보(2011년)

347 나카니시 신타로(中西新太郎), 『1995년: 미완의 제반 문제(1995年: 未了の諸問題)』, 오쓰기쇼텐(2008년) 이러한 생각은 나카니시 신타로가 처음 내놓은 주장이라기보다, 대중적으로 잘 알려진 사회학자나 사상가들도 종종 '1995년'을 전환점으로서 중시하고 있다.

348 오구마 에이지, 「"포스트 전후의 사상"은 어떻게 가능한가?(『ポスト戰後の思想』はいかに可能か?)」, 『우리는 지금 어디에 있는가(私たちはいまどこにいるのか)』(마이니치신문사(2011년) 오히려 분계선으로 고려해 볼 수 있는 것은 일본의 경제 성장이 결국 마이너스로 전환됐고, 또한 냉전이 종결됐으며, 걸프 전쟁이 발발한 1991년이다. 차라리 이때가 1995년보다 더 큰 의미를 가진다고

볼 수 있다. 이 논점에 대해서는 앞으로 다른 저서를 통해 밝히고자 한다.

349 예컨대 애국심과 관련된 수치는 단기적으로 상승할 수도 있다. 또한 미래에 대해 불안감을 느끼는 사람도 증가할 것이다. 그러나 그것들이 장기적인 양상을 보일지는 불분명하다.

350 소노 아야코(曽野綾子), 「소설가의 이기심 제40장: 게릴라의 시간(小說家の身勝手第40章: ゲリラの時間)」,《WiLL》(2011년 5월호)

351 내가 봤을 때, 도쿄에서 귀가를 못 해 거리에서 자거나 도심 숙박 시설을 이용해야 했던 젊은이들은 한 손에 스마트폰을 쥐고 침착하게 행동했다.

352 이 책을 집필하던 시점에서, 소노 아야코가 '노인 부대'를 조직해 원자력 발전소 처리에 나섰다는 정보를 어디에서도 확인할 수 없었다.

353 소노 아야코, 『만년의 행복을 위한 슬기와 지혜(老いの才覚)』, 베스토신쇼 (2010년) 참고로 『만년의 행복을 위한 슬기와 지혜』에는 대지진이 발생했을 때 어떻게 행동할 것인지에 대해 언급되어 있다. 그녀는 재난 피해자들에게 구조가 올 때까지 기다리지 말고, 무너진 가옥의 폐허 속에서 밥이라도 지으라고 조언했다.

354 「"지진해일, 일본인의 사욕을 씻는 천벌", 이시하라 신타로 도지사의 발언(『津波, 日本人の私欲洗う天罰』石原都知事が発言)」,《니혼케이자이신문(日本經濟新聞)》(2011년 3월 15일 조간)

355 이시하라 신타로, 「시련을 견뎌라, 우리에게는 역시 힘이 있다(試練に耐えて'われらなお力あり)」,《분게이슌주(文藝春秋)》(2011년, 5월호) 이시하라 신타로가 '천벌'이라고 발언하는 동안에, 이미 젊은이들은 움직이고 있었다. 정말로 젊은이들이 '자기중심주의자'라면, 재해 지역은 교육 기관이 아니므로, 젊은이들이 도우러 온다고 해도 민폐만 될 뿐이다.

356 니시무라 신고(西村眞悟), 「국민 구조를 위해 국민 총동원적 결단을(國民救助의 國民總動員的決斷を)」,《WiLL》(2011년 5월호)

357 와타나베 쇼이치(渡部昇一), 「하늘도 노한 사상 최악의 재상(天も怒った史上最低の宰相)」,《WiLL》(2011년 5월호)

358 예를 들어, 복구를 위해 'Cash For Work'라는 사고방식이 주목을 받고 있다. 재해 지역에서 현지 고용을 창출하고, 지역 경제의 자율적인 부흥을 지원하는 것이다. 'Cash For Work'의 개념은 다의적이지만, 이것은 '지역 공동체를 전제하는 것이 아니냐?' 하는 비판도 있다.《at프라스(atプラス)》(08호, 2011년)

에는 'Cash For Work'의 의의와 문제점이 잘 정리되어 있다.

359 가이누마 히로시(開沼博), 『'후쿠시마'론: 원자력 마을은 왜 생겼는가?(「フク シマ」論: 原子カムラはなぜ生まれたのか)』, 세이도샤(2011년)

360 다나카 가쿠에이(田中角榮), 『일본열도 개조론(日本列島改造論)』, 닛칸고교신문 사(1972년)

361 정확하게 말하면, 대지진의 영향으로 도호쿠 신칸센은 운행 중지되었다가 4월 29일에 이르러서야 마침내 신아오모리(新青森)에서부터 가고시마 주오(鹿兒島 中央)까지 연결되었다. 가령 신칸센을 타고 일본 열도를 종단할 경우, '하야테 (はやて)', '노조미(のぞみ)', '사쿠라(さくら)'를 갈아타며 무려 열 시간이 넘 는 여행을 소화해야 한다.

362 지방자치단체의 탑승률 보증 제도나 공항 내 행정 시설 설치, 오랜 전통을 지 닌 온천 료칸(旅館) 가가야(加賀屋)의 협조, 국제 전세 비행기 편의 적극 유치 등을 통해 독자적인 노선을 걷는 노토공항(能登空港)의 예도 있으나, 대부분의 지방 공항은 적자다. 우에무라 도시유키(上村敏之)·히라이 사유리(平井小百合) 공저, 『공항의 큰 문제를 알 수 있다(空港の大問題がよくわかる)』, 고분샤신쇼 (2010년)

363 최근에 '콤팩트 시티'라고 하는, 반성 없는 교외 개발을 중지하고 도시를 축소 해 가자는 구상이 유행하고 있을 정도다. 야하기 히로시(矢作弘), 『'도시 축소' 의 시대(「都市縮小」の時代)』, 가도카와쇼텐(2009년)

364 기토 히로시(鬼頭宏), 『2100년, 인구 3분의 1인 일본(2100年, 人口 3 分の 1 の 日本)』, 메디아팍토리신쇼(2011년)

365 오구마 에이지, 「도호쿠와 도쿄의 분단을 선명하게(東北と東京の分斷くっき り)」, 《아사히신문》(2011년 4월 29일 조간)

366 Azuma, Hiroki, "For a change, Proud to be Japanese", 《New York Times》 (2011년 3월 16일 호)를 참조했다. 아즈마 히로키가 직접 만든 일본어판 (http:/d.hatena.ne.jp/hazuma/20110322)도 있다.

367 나카타 히데토시(中田英壽), 「어떤 생활을 할 것인지 옛 일본에 힌트가 있다 (どんな生活をするか昔の日本にはヒントがある)」, 《AERA: 긴급 증판 동일본 대지진 100인의 증언(AERA緊急增判: 東日本大震災100人の證言)》(2011년 4월 10일 호)

368 과학에 대한 과신이 낳은 비극을, 더 좋은 과학을 통해 해결한다는 것은 애니

메이션 「도라에몽」에 자주 나오는 패턴이다. 후지코·F·후지오(藤子·F·不二雄)는 과학이 만들어 낸 온화한 미래를 믿고 있는 것이다. 참고로 도라에몽의 체내에는 소형 원자로가 탑재되어 있는데, 페블베드 형(pebble-bed型) 원자로로서 멜트다운을 일으키지 않는 안전한 차세대 원자로보다 더욱 진화한 형태인 듯싶다. 음, 그 주머니 안에 '원자폭탄'(단행본으로 수록됐을 때는 '지구 파괴 폭탄'으로 개정)이 들어 있기는 하지만 말이다.

369 레베카 솔닛(Rebecca Solnit) 저, 다카쓰키 소노코(高月園子) 옮김, 『이 폐허를 응시하라(일본어판 제목: 災害ユートピア)』, 아키쇼보(2010년) 지진 후에 패닉 상태가 발생하지 않은 점을 마치 '일본인의 미덕'처럼 말하는 사람도 있으나, 이 책에 따르면 재해가 발생한 대부분의 경우에 집단적인 패닉은 발생하지 않는다고 한다. 오히려 재해 상황에서 공통적으로 문제가 된 것은, 이른바 '엘리트 패닉'이라고 불리는 '민중을 믿지 않는 엘리트들의 과잉 방어'였다.

370 이를테면 프랑스혁명 후에, 혁명 정부가 엄청난 수의 사람들을 숙청했다는 사실은 잘 알려져 있다.

371 오쓰카 에이지(大塚英志), 「'전후' 문학론: 고양과 상실(『戦後』文學論: 高揚と喪失)」, 《at프라스》(08호, 2011년)

372 혼다 유키(本田由紀, 46세, 도쿠시마 현)의 비관적인 표현을 빌리자면, 현대 일본은 "사회 전체의 균열(격차와 빈곤, 분단과 고립, 허무와 절망)이 두드러지게 나타나고 있다."『젊은이의 기분: 학교의 '분위기'(若者の気分 : 学校の「空気」)』, 이와나미쇼텐(2011년)

373 사회보장 및 세대 간 격차와 관련된 내용은, 스즈키 와타루(鈴木亘)가 쓴 『사회 보장의 '불편한 진실': 육아·의료·연금을 경제학으로 고찰하다(社會保障の「不都合な真実」: 子育て·医療·年金を経済学で考える)』(니혼케이자이신문 출판사, 2010년)에 잘 정리되어 있다. 이 글에 언급된 인구 예측과 관련해서도 위 저서에 나온 수치를 참고했다.

374 아이가 급격하게 증가하지 않는 이상, 당장은 저출산·고령화를 전제로 한 소셜 디자인을 해 나갈 수밖에 없다. 정년 제도와 배우자 공제를 재검토하고, 고령자와 여성을 포함한 '모두'가 일하는 사회로 전환해 갈 필요가 있다. 세치야마 가쿠(瀬地山角), 『웃음의 젠더론(お笑いジェンダー一論)』, 게이소쇼보(2001년)

375 내각부에서 2005년에 발표한 「경제 재정 백서(經濟財政白書)」에 따른 계산이

다. 자세한 내용은 정의감에 넘치는 시마사와 마나부(島澤諭)·야마시타 쓰토무(山下努)가 쓴『손자는 조부보다 1억 엔의 손해를 본다: 세대 회계가 보여 주는 격차 일본(孫は祖父より1億円損をする: 世代会計が示す格差·日本)』(아사히신쇼, 2009년)를 참조했다.

376 조 시게유키(城繁幸),「노동 빅뱅이 젊은이를 구원한다(勞動ビックバンが若者を救う)」, 조 시게유키 등 공저『세대 간 격차란 무엇인가?: 젊은이는 왜 손해를 보는가?(世代間格差ってなんだ: 若者はなぜ損をするのか)』, PHP신쇼(2010년)

377 일본은 국제적 시각에서 봐도, 정규직 사원에 대한 해고 규제가 엄격하다고 알려져 있다.『문제를 일으키지 않는 올바른 사원 해고 방법·급료 인하 방법(トラブルにならない社員の正しい辞めさせ方·給料の下げ方)』(니혼시쓰교 출판사, 2009년) 등 경영자를 위한 '해고 매뉴얼'을 읽어 봐도, 그 장벽이 얼마나 높은지 알 수 있다.

378 와타나베 마사히로(渡邊正裕),「기업 내 세대 간 격차는 '문제'가 아니다(企業內の世代間格差は『問題』ではない)」,《Voice》(2011년 4월 호)

379 이러한 구조는 유연(flexibility)과 보장(security)을 의미하는 '플렉시큐리티(flexicurity)'라고 불린다. 자세한 내용은 미야모토 다로(宮本太郎)가 쓴『생활 보장: 배제하지 않는 사회로(生活保障: 排除しない社会へ)』(이와나미신쇼, 2009년)를 참조했다.

380 니헤이 노부히로(仁平展宏),「세대론을 다시 짜기 위하여: 사회·승인·자유(世代論を編み直すために: 社会·承認·自由)」, 유아사 마코토(湯淺誠) 외 편저『젊은이와 빈곤: 지금, 이곳에서부터 희망을(若者と貧困: いま, ここからの希望)』, 아카시쇼텐(2009년)

381 고타니 사토시,「젊은이는 다시 정치화하는가?(若者は再び政治化するか)」고타니 사토시 외 편저,『젊은이의 현재: 정치(若者の現在: 政治)』, 니혼토쇼센터(2011년)

382 야마다 마모루(山田眞茂留),『'보통'이라는 희망(〈普通〉という希望)』, 세이큐샤(2009년) 그러나 일본 전체가 균일하게 '젊은이 문화'에 젖어 들었던 것은 아니다. 고도성장기에 농업 종사자는 급속히 감소해 갔지만, 여전히 수많은 젊은이들은 지방이나 농촌에 계속 살고 있었다. 오히려 그 구도를 살펴보면, "도쿄 등 '중앙'에서 주목을 끈 새로운 문화가, 당시 급속하게 보급된

텔레비전 등 매스미디어를 매개로 지방에까지 전해졌다."라는 도식이 적절할 것이다.

383 예컨대 학생운동에 참여했던 젊은이의 수는 같은 세대 인구의 5% 정도였다고 한다. 유니클로 창업자인 야나이 다다시(柳井正)는 학생운동이 한창이던 시기에 와세다 대학교(早稻田大學)에 입학했으나, "영화나 파친코, 마작 등을 즐기고 어슬렁거리며 지낸 4년간"이었다고 회고했다. (『1승 9패(一勝九敗)』, 신초분코, 2006년) 또한, 당시 15세부터 24세까지의 젊은이들을 대상으로 한 의식 조사를 살펴봐도, 학생운동의 "주장이나 방식 모두 지지한다."라는 젊은이의 수는 2%에 불과했다. (내각부, 「청소년의 의식(靑少年の意識)」, 1970년) 물론 '가장 인구가 많은 세대'였기 때문에, 비록 몇 퍼센트밖에 되지 않았더라도 분명 영향력은 있었을 것이다. 1947년부터 1950년 사이에 태어난 사람은 출생자 수를 기준으로 1039만 명이나 됐다. (후생노동성, 「인구 동태 통계(人口動態統計)」)

384 주식회사 포인트(ポイント)가 운영하는 여성 브랜드. '일반적인 보통의 생활 감각을 지닌 여성'을 위한 브랜드라고 한다.

385 원작을 읽어 보면, 노부타(のぶ太)의 부모님은 전쟁 중에 태어났다.

386 미타 무네스케(見田宗介), 「근대의 모순의 '해동': 탈고도성장기의 정신 변용(近代の矛盾の『解凍』: 脱高度成長期の精神變容)」, 《시소(思想)》(No.1002, 2007년)

387 전후 일본의 경제 성장은 '동아시아의 기적'이라고까지 불렸다. 다만, 이것은 앞 세대의 '노력'이라기보다, 패전으로 인해 경제 후진국이 되었기 때문에 다른 나라를 본보기로 삼았다는 것, 전승국 미국이 대일 전략으로 경제 발전을 우선시했다는 점 등, 몇 가지 행운이 따라 준 덕에 가능했다. 또한 단카이세대를 비롯해 1945년 이후에 태어난 사람들이 철들 무렵에는 전쟁 뒤처리도 거의 끝나가고 있었으며, 1969년에 이르자 일본은 GDP 기준으로 세계 2위의 경제 대국으로 성장했다. 그러한 의미에서, 경제 발전의 중심을 담당한 것은 당시 '전무파(戰無派)'로 불리던 단카이세대가 아니라, 그보다 이전 세대. 하야사카 야스지로(早坂泰二郞), 『현대의 젊은이들: 전무파 세대의 의식을 탐구하다(現代の若者たち: 戰無派世代の意識を探る)』, 닛케이신쇼 (1971년)

388 에비하라 쓰구오(海老原嗣生), 『'젊은이는 불쌍하다'론의 거짓: 자료를 통해 밝히는 '고용 불안'의 정체(「若者はかわいそう」論のウソ: データで暴く「雇用不

安」の正体)』, 후소샤신쇼(2010년)

389 샐러리맨을 두고 "힘들지 않은 밥벌이 직업"이라고 노래한 곡까지 나왔던 1962년이었다. 그리고 그로부터 8년 후에는 《요미우리신문》에 '직장 사막(職場砂ばく)'이라는 연재물이 게재됐다. 샐러리맨의 비장함을 다룬 이 연재물을 인기를 끌었다.

390 결과적으로 이것은 '지금의 나보다 더 빛나는 내가 있을 것이다.'라고 믿는, 즉 끝없이 자기 찾기를 하는 '희망 난민'을 낳기도 했지만 말이다.

391 모타니 고스케, 『디플레이션의 정체: 경제는 '인구의 파도'로 움직인다』, 가도카와쇼텐(2010년)

392 http:/d.hatena.ne.jp/longlow/20090725/pl

393 '젊은이들의 이의 신청이 왜 없는가?'에 대해서는 주로 고용과 관련된 고찰이 나와 있다. 혼다 유키, 「젊은이에게 일한다는 것은 어떤 의미일까?: '능력 발휘'라는 속박(若者にとって働くとはいかなる意味をもっているのか: 『能力發揮』という呪縛)」 고타니 사토시 외 편저, 『젊은이의 현재: 노동(若者の現在: 労働)』, 니혼토쇼센터(2010년)을 참조했다.

394 동일본 대지진 발생 당시에, 수많은 봉사 활동 참여자가 모인 것은 '자신들'의 일이 아니라, '타자'의 상황이었기 때문일지도 모른다. 그러한 의미에서 보면, 이것은 '내셔널리즘의 고조'와는 전혀 다른 현상이다.

395 내각부, 「국민 생활에 관한 여론 조사(國民生活に関する世論調査)」(2010년) 국민 전체의 비율로 봤을 때, '사회 보장 제도의 정비'를 요구한 경우는 69.6%였다. 그리고 '고령화 사회 대책'의 경우에는 56.5%였다.

396 "In Japan, Young Face Generational Roadblocks", 《New York Times》(2011년 1월 28일 호)

397 실제로 유럽에서는 청년 실업률의 증가로 인해, 치안 악화와 마약 유행이 사회 문제로 대두됐다. 자세한 내용은 Petersen, Anne and Mortimer, Jeylan(eds), 『Youth Unemployment and Society』(Cambridge: Cambridge University Press, 1994)를 참조했다.

398 참고로 나는 일본에서 '무슨 일'이 일어나면 잽싸게 해외로 도망가야겠다고 생각할 정도로 내셔널리스트가 아니다. 하지만 이 책에서처럼 일본이 안고 있는 문제에 대해 장황하게 늘어놓을 정도의 내셔널리스트이기는 하다.

399 후생노동성, 「복지 행정 보고 예: 헤이세이 22년 12월분 개수(福祉行政報告例:

平成二二年 一二月分概數)」

400 경시청 안전기획과, 「헤이세이 22년 연중 자살 개요 자료(平成二二年中におけ
る自殺の概要資料)」

401 '세대' 문제로 치부해 버리면, 정책 결정자나 경제 단체의 책임을 간과하게 된
다는 주장도 있다.(「세대 간 대립이라는 함정: 우에노 지즈코 인터뷰(世代間對
立という罠: 上野千鶴子インタビュー)」, 《시소치즈(思想地圖)》Vol.2, 2008년)

402 사카이야 다이치(堺屋太一), 『단카이세대(団塊の世代)』, 분슌분코(2005년) 이
책의 초판은 1976년도로, 단카이세대의 미래를 그린 소설이다. 그는 마지막
부분에, '2000년'을 무대로 '노인 대책 사업'과 '에너지 문제'로 분주한 어느
52세 엘리트 관료의 모습을 그리고 있다.

403 '가족·아이들을 위한 공적 지출'에 비해 '고령자를 위한 공적 지출'이 많은 나
라일수록 출생률이 감소한다는 자료가 있다. 혼카와 유타카(本川裕), 『통계 데
이터는 재미있다!: 상관도로 알 수 있는 경제·문화·세상·사회 정세의 속내
(統計データはおもしろい！: 相関図でわかる經濟·文化·世相·社會情勢のウラ
側)』, 기주쓰효론샤(2010년)

404 일본에서는 '결혼한 부부'의 아이와 비교해, '결혼하지 않은 남녀 사이에 태어
난 아이'의 유산 상속은 '그 절반만 집행된다.'라고 정해져 있다. 재판에서도
합헌 판결이 계속 나오고 있다. 2010년에는 대법원이 관련 심리를 대법정에
회부하면서, 위헌 판결이 나오지 않을까 하는 관측도 있었으나, 당사자끼리 합
의가 이뤄졌다는 이유로 해당 소송은 각하되었다. 「혼외자 소송을 각하: 대법
원(婚外子訴訟を却下: 最高裁)」, 《아사히신문》(2011년 3월 12일 조간)

405 모자(母子) 가정에서 자라는 아이의 생활 수준은 다른 가정의 아이들보다 낮
은 편이다. 한편 '일본 모자 가정 어머니의 취업률'은 국제적으로 보면 제법
높은 편이지만, 경제 상황은 어렵다. 정부나 아버지로부터의 지원이 적어 심
각한 상황에 놓여 있다. 아베 아야(阿部彩), 『아이의 빈곤: 일본의 불공평을 고
찰하다(子どもの貧困: 日本の不公平を考える)』, 이와나미신쇼(2008년) 나라의
장래를 '진심으로' 걱정하는 내셔널리스트들은, 도대체 국가의 미래를 담당할
아이를 낳아 준 사람들에 대해 어떻게 생각하고 있는 것일까?

406 혼외 자녀가 증가하더라도, 대부분의 경우에 아이는 부모의 슬하에서 자란다.
따라서 '혼외 자녀 비율'이 상승해도 모자의 연대를 강화하기만 하면, '가족의
해체'를 막을 수 있다. 우에노 지즈코, 「가족의 임계: 케어의 분배 공정을 둘

주(註)

러싸고(家族の臨界: ケアの分配公正をめぐって)」무타 가즈에(牟田和惠) 편저, 『가족을 넘어서는 사회학: 새로운 삶의 기반을 찾아서(家族を越える社会学: 新たな生の基盤を求めて)』, 신요샤(2009년) 한 부모 가정의 비율은 스웨덴이나 프랑스에서도 20% 정도다. 결혼을 하지 않더라도, 실제로 부모가 육아를 담당하는 경우가 많다.

407 동일본 대지진이 발생 후에, 일본은 나라 전체가 초상을 당한 분위기였다. 하지만 인간은 망각하며 살아가는 생명체다. 현재 일본의 거리는 대부분 행복이 가득 넘치는 분위기로 완전히 되돌아왔다.

408 후생노동성이 발표한 「헤이세이 21년 인구 동태 통계(平成二一年人口動態統計)」(2009년)에서 사인(死因)이 '영양실조', '식량 부족'으로 분류된 사망자의 수. 다만, '식량 부족'은 영양실조로 쇠약해져 다른 요인으로 사망하는 경우도 있을 수 있으므로, 어디까지나 참고하기 위한 수치 중 하나다.

409 후생노동성, 「헤이세이 20년 소득 재분배 조사 보고서(平成二〇年所得再分配調査報告書)」(2010년)

410 '가족 복지'를 다룬 고전으로, 야마다 마사히로(山田昌弘)가 쓴 『패러사이트 싱글의 시대(パラサイト・シングルの時代)』(지쿠마신쇼, 1999년)가 있다.

411 예컨대 '2011년 현재 25세인 사람'이 태어난 1986년도에 출산한 부모들의 평균 연령을 살펴보면, 아버지가 29.7세, 어머니가 26.8세였다.(후생노동성, 「인구 동태 조사(人口動態調査)」)

412 '가족이 둘 이상인 세대 중에 근로자 세대'인 사람들의 수치다.(총무성, 「가계조사(家計調査)」, 2010년) 조사 시기는 2009년이었다.

413 여기에도 세대 간 격차 문제의 어려움이 존재한다. 세대 간 격차를 해결하기 위해 고령자들에게 강요하는 부담은, 결과적으로 그 자녀들의 부담으로 이어지기 때문이다.

414 국립사회보장인구문제연구소, 「제13회 출생 동향 기본 조사(第13回出生動向基本調査)」

415 이와가미 마미(岩上眞珠) 편저, 『'젊은이와 부모'의 사회학: 미혼기의 자립을 고찰한다(〈若者と親〉の社会学: 未婚期の自立を考える)』, 세이큐샤(2010년)

416 「국민 생활 백서(國民生活白書)」(2003년)

417 후생노동성이 내놓은 「헤이세이 20년 환자 조사(平成20年患者調査)」(2010년)에 나온 '치료를 받은 사람의 비율'을 근거로 계산했다.

418 물론, 이것은 도식적인 설명이며 실제로는 (프리터 출신 구직자가) 적절한 직업을 찾지 못해 발생하는 경우도 많다. 한편 지방 기업체, 특히 중소기업에서는 전직해 오는 사람을 적극적으로 영입하는 경우도 많다. 나카자와 다카오(中澤孝夫), 『일을 통해 사람이 성장하는 회사(仕事を通して人が成長する会社)』, PHP신쇼(2010년)

419 하시모토 겐지(橋本健二), 「전후사에서의 젊은이의 빈곤: 젊은이가 거대한 언더클래스를 형성한다(戰後史における若者の貧困: 若者が巨大なアンダークラスを形成する)」,《겐다이노리론(現代の理論)》(vol.26, 2011년)

420 후생노동성이 '15세부터 34세까지의 젊은이'를 대상으로 조사한 내용에 따르면, 과거 3년 동안 프리터를 정사원으로 채용한 기업체는 전체의 11.6%에 지나지 않았다고 한다.(「헤이세이 21년 젊은이 고용 실태 조사 결과의 개황(平成21年 若年者雇用實態調查結果の概況)」, 2010년) 다만, 프리터 경력을 "마이너스 평가한다."라고 응답한 기업체는 18.5%로, 과거 조사보다 감소했다.

421 호리 유키에(堀有喜衣), 『프리터에 머무는 젊은이들(フリーターに滯留する若者たち)』, 게이소쇼보(2007)

422 국립사회보장인구문제연구소가 실시한 「제13회 출생 동향 기본 조사 '독신자 조사'(第13回出生動向基本調查 '獨身者調查')」(2008년)에서 '약혼자가 있다.', '애인으로서 교제하는 이성이 있다.'라고 응답한 수치를 합산한 결과다. 그런데 굳이 '이성(異性)'을 강조하고 있어, "'동성애자'는 어떻게 파악할 것인가?"라고 젠더 연구 계통의 사람들로부터 반발을 살 우려가 있는 통계이기는 하다. 내각부가 2011년에 공표한 「결혼·가족 형성에 관한 조사(結婚·家族形成に関する調查)」(이곳의 위원장은, 물론 '곤카쓰(婚活)'로 잘 알려진 야마다 마사히로다.)에서도 '20대와 30대의 미혼 남녀' 중 연인이 있는 사람의 비율은 36%, 반대로 단 한 번도 교제해 본 경험이 없는 사람 또한 26%나 됐다. 특히, 지방에 거주하는 남성의 경우에 '한 번도 애인을 사귄 경험이 없는 사람'이 많았다. 그들 중 30대 후반의 경우, 31.8%에 이르렀다.

423 「행복과 불행의 경계선은 어디에?: 20대~30대 300명 조사(幸せと不幸の境目はどこに?: 20, 30代300人調查)」,《AERA》(2010년 10월 4일 호)

424 사실 나처럼 '정체를 알 수 없는 젊은이'가 쓴 책보다, 오히려 '트위터 유명인'이 올린 글을 읽는 독자의 수가 훨씬 많다. 글에 대한 반응이 곧장 전달되는 만큼, 자칭 '표현자들'에게 있어 트위터는 필수품일 것이다.

425 게임 실황 동영상을 올린 경험이 있는 사람은 1만 명, 다시 보기 클릭 수가 백만 회를 넘어선 동영상도 수십 개나 된다. 서로 얼굴을 모르는 실황 주체들이 '니코니코동영상'을 통해 연결되어 있다는 느낌을 받는 것은, 과거의 심야 라디오와 비슷하다고 볼 수 있다.(게임실황애호회(ゲーム實況愛好會) 편저, 『쌓인 이야기도 있겠지만, 우선 모두 함께 게임 실황을 보자고!(つも る話もあるけれど'とりあえずみんなゲーム実況をみようぜ！)』, 하베스토 출판사(2011년)

426 사토 도시키(佐藤俊樹), 『격차 게임의 시대(格差ゲームの時代)』, 주코분코 (2009년) 이 책에 수록된 인터넷론이 처음 제기된 때는 1990년대 후반이기는 하다. 하지만 지금 봐도 그리 오래됐다는 느낌이 들지 않는다. 그 이유는, 적어도 인터넷이 '이야기를 주고받을 수 있는 방식'이라는 측면에서 조금도 달라지지 않았기 때문이다.

427 고구레마사토(コグレマサト)·이시타니마사키(いしたにまさき), 『휩쓸리는 기술: 최전선에서 바라본 소셜미디어 마케팅(マキコミの技術: 最前線から見た ソーシャルメディア·マーケティング)』, 임프레스자판(2010년)

428 어쩌면 본래 사회적인 의식을 가지고 트위터를 활용하는 사람 자체가 그리 많지 않을 것이다.

429 오타케 후미오(大竹文雄) 외 편저, 『일본의 행복도: 격차·노동·가족(日本の幸福度: 格差·勞動·家族)』, 닛폰효론샤(2010년)

430 NHK '무연사회 프로젝트(無緣社會プロジェクト)' 취재팀 엮음, 『무연사회: '무연고 죽음' 3만 2000명의 충격(無緣社會: '無緣死'三万二千人の衝擊)』, 분게이슌주(2010년)

431 우에노 지즈코(上野千鶴子), 「'여연'의 가능성('女緣'の可能性)」, 『근대 가족의 성립과 종언(近代家族の成立と終焉)』, 이와나미쇼텐(1994년)

432 우메사오 다다오(梅棹忠夫), 『나의 삶의 보람론: 인생에 목적이 있는가?(わた しの生きがい論: 人生に目的があるか)』, 고단샤(1981년) '공동체'는 지난 삼십 년 동안 그다지 진보하지 않은 듯 보인다.

433 후루이치 노리토시, 『희망난민 일행 여러분: 피스보트와 '승인 공동체'의 환상』, 고분샤신쇼(2010년)

434 2009년도 기준으로, 출생지를 벗어나 외지에서 반년 이상 일한 사람을 농민공으로 봤을 경우, 그 수는 1억 4533만 명에 달한다.(중화인민공화국 통계국,

「신세대 농민공의 수, 구조와 특징(新生代农民的数量, 结构和特点)」, 2011년)

435 일본 엔으로 약 140엔이다.(2011년 4월 현재)

436 2004년에 소노다 시게토(園田茂人)가 톈진 시(天津市)에서, 1200명의 외부 유입 노동자와 600명의 도시 주민을 대상으로 실시한 조사 결과에 따랐다.(『불평등 국가 중국: 자기부정을 한 사회주의의 미래(不平等國家中國 : 自己否定した社會主義のゆくえ)』, 주코신쇼, 2008년) 하지만 중국은 각각의 도시마다 서로 다른 특색이 있다. 마치 다른 나라와 같은 성향을 보이기 때문에, 톈진 시의 조사 결과를 중국의 일반적인 사례로 다룰 수 있을지 여부는, 좀 더 검토해 봐야 할 문제다.

437 그러나 1990년대 후반부터 시작된 '춘춘퉁(村村通)'이라는 인프라 정비 사업을 통해 중국의 농촌 지역은 급속하게 발전했다. 최근에는 '자뎬샤샹(家電下鄉)' 정책에 따라 농촌의 가전제품 보급률도 높아지고 있다.

438 렌시(廉思) 저, 세키네 겐(關根謙) 옮김 및 감수, 『개미족: 고학력 워킹푸어들의 집단(蟻族: 高學歷ワーキングプアたちの群れ)』, 벤세이출판(2010년) 조사 방법이 다르기 때문에 일괄적으로 '농민공 조사'와 비교할 수는 없지만, 그들이 1%에 불과한 생활 만족도를 나타냈다는 점은 아무래도 고민해 봐야 할 결과다.

439 고토 요스케(厚東洋輔), 『글로벌라이제이션 임팩트: 동시대 인식을 위한 사회학 이론(グローバリゼーション・インパクト: 同時代認識のための社會學理論)』, 미네르바쇼보(2011년)

440 예컨대 북유럽의 여성 노동자 인구의 증가는, 정부가 의도한 것이라기보다 복지 국가가 확립됨에 따라, 공공 분야에서 대대적인 고용 창출이 이루어진 덕이다. 또한 같은 시기에 물가가 급상승하면서, 남성 홀로 가계를 꾸린다는 것이 더 이상 채산에 맞지 않게 되었다. 이런 변화에 뒤따라, 보육원과 육아 휴가 등의 사회 제도들이 마련되어 갔다. 자세한 내용은 Leira, Arnlaug, 『Welfare States and Working Mothers: The Scandinavian Experience』(Cambridge: Cambridge University Press, 1992)를 참조했다.

441 물론 '이등 시민들'이 '태평하게' 살 수 없는 사태가 벌어진다면, 상황은 달라질 것이다. 인간은 '모럴 이코노미(moral economy)'가 침범당했을 때, 그리고 먹고사는 일조차 곤란해졌을 때, 폭동을 일으킨다. 최근에 중국의 도시 지역에서는 '농민공 폭동'이 문제로 떠오르고 있다.

442 TRF가 부른 노래 「As it is」에서 인용했다. 앨범 「Lif-e-Motions」(2006년)에 수록되어 있다.

443 우메사오 다다오(梅棹忠夫), 『나의 삶의 보람론: 인생에 목적이 있는가?(わたしの生きがい論: 人生に目的があるか)』, 고단샤분코(1985년) 이 책의 바탕이 된 강연은 1960년에 진행됐다.

444 「정보 산업의 새벽: 원격 진단, 텔레비전 전화, 장밋빛 '미래 사회'(情報産業の夜明け: 遠隔診斷, テレビ電話 バラ色の'未來社會')」, 《요미우리신문》(1969년 2월 11일 조간)

445 「기류: 일요광장(氣流·日曜廣場)」, 《요미우리신문》(1979년 1월 21일 조간)

446 「새로운 성인에게 '구두쇠 되기'를 추천하다(新成人へ'ケチ'のすすめ)」, 《아사히신문》(1991년 1월 14일 조간)

447 「일본, 밑바닥을 실감하다: '새로운 성인'은 사상 최하인가?(日本はどん底を実感する'新成人'は史上最低か)」, 《주간 신초(週刊新潮)》(2011년 1월 20일 호)

448 「20대를 위한 일본 개조 계획(20代のためのニッポン改造計劃)」, 《주간 플레이보이(週刊プレイボーイ)》(2011년 5월 23일 호)

449 페미니즘의 관점에서 저항 폭력의 방기를 논한 책으로는 우에노 지즈코가 쓴 『살아남기 위한 사상: 젠더 평등의 함정(生き延びるための思想: ジェンダー平等の罠)』(이와나미쇼텐, 2006년)이 있다. 이 책에서 우에노 지즈코는 "도망치자, 살아남자."라는 '난민화사상'을 논하는데, 이것은 "거의 기도에 가까운 말"이었다고 저자 스스로 시간이 흐른 뒤에 회고했다. 센다 유키(千田有紀) 엮음, 『우에노 지즈코에게 도전하다(上野千鶴子に挑む)』, 게이소쇼보(2011년)

450 앤서니 기든스(Anthony Giddens) 저, 마쓰오 기요부미(松尾精文) 외 옮김, 『국민국가와 폭력(國民國家と暴力)』, 지리쓰쇼보(1999년)

451 후지와라 기이치(藤原歸一), 『'정당한 전쟁'은 정말 존재하는가?('正しい戦爭'は本当にあるのか)』, 록킹온(2003년)

452 그러나 비정규직 노동자를 포함한 많은 젊은이들은 동일본 대지진이 발생한 직후에도 자신들의 직무를 충실히 수행했고, 그들 중에 목숨을 잃은 사람도 있었다는 사실을 대중매체는 '미담'으로서 보도했다. 즉, '내셔널리즘'이 아니라 '높은 직업윤리' 탓에, 일본의 젊은이들에게는 '전쟁에 따라나설 가능성'이 충분히 있다.

453 이 말은 일본이, 자국(自國)이 아닌 다른 누군가에게 지배당해도 상관없다고

적극적으로 주장하는 것이 아니다. '일본'이라는 틀 속에서 할 수 있는 일이고, 그 목적을 달성하기 위해 '일본'이 유효하다면, 우리는 '일본'을 적극적으로 활용해야 한다. 또한, 사회 체제 이행기에는 큰 희생이 발생할 우려가 있으므로, 쉽게 '혁명'이나 '일본'의 종말을 기대해서는 안 된다.

절망의 나라의
행복한 젊은이들

1판 1쇄 펴냄 2014년 12월 20일
1판 11쇄 펴냄 2020년 12월 30일

지은이 후루이치 노리토시
옮긴이 이연숙
발행인 박근섭·박상준
펴낸곳 (주)민음사

출판등록 1966. 5. 19. 제16-490호
주소 서울특별시 강남구 도산대로1길 62(신사동)
       강남출판문화센터 5층 (우편번호 06027)
대표전화 02-515-2000 | 팩시밀리 02-515-2007
홈페이지 www.minumsa.com

한국어판 ⓒ (주)민음사, 2014. Printed in Seoul, Korea

ISBN 978-89-374-8956-3 (03330)